정보보안관제사 2급

국내 최초 NCS 적용 민간자격 도서
정보보안관제사 2급

2018년 1월 12일 초판 1쇄 인쇄
2018년 1월 19일 초판 1쇄 발행

지 은 이 : 공병철 외 4인
펴 낸 이 : 최 정 식
진　　행 : 인포더북스 출판기획팀

펴 낸 곳 : 인포더북스(books@infothe.com)
홈페이지 : www.infothebooks.com
주　　소 : (121-708) 서울시 마포구 마포대로 25(마포동, 신한디엠빌딩 13F)
전　　화 : (02) 719-6931
팩　　스 : (02) 715-8245
등　　록 : 제10-1691호

표지·내지 디자인 : 임준성

Copyright ⓒ 공병철, 여동균, 오원철, 이원연, 김형구 2018.
Printed in Seoul, Korea

본 도서는 저작권법에 의해 보호를 받는 저작물이므로 내용을 무단으로 복사, 복제, 전제 및 발췌하는 행위는 저작권법에 저촉되며, 민형사상의 처벌을 받게 됩니다.

정가 35,000원

ISBN 978-89-94567-81-5 (93000)

Ncs 국가직무능력표준
National Competency Standards

정보보안관제사
Information Security Controller

국내 최초 NCS 적용 민간자격 도서

정보보안관제사 2급

공병철 외 4인 지음
한국정보보호심사원협회, 정보보호연구회 감수

필기/실기

NCS(국가직무능력표준) 기반 직무수행능력평가 교재
정보보호(침해사고 분석 6수준, 보안로그 분석 5수준, 보안이벤트 대응 4수준) 적용도서

주최: 한국사이버감시단   시행: S·LINK (주)에스링크   출간: 인포더북스 | 보안뉴스

발간사

최근 국가 기반시설에 대한 사이버 위협의 증가와 '지능형 지속가능 위협(APT)' 관련 해킹사고가 잇따르고 있으며, 다양한 해킹 메일과 랜섬웨어 유포 등 지능화된 사이버 공격이 확산됨에 따라 실시간 정보 보안관제의 중요성과 필요성이 날로 증대되고 있습니다.

정부는 국가사이버안전관리규정 제10조의 2에 따른 국가·공공기관 보안관제센터 운영을 지원할 보안관제 전문업체를 2011년부터 지정하고 있습니다.

'정보보안관제'란 정보시스템에 가해지는 보안 위협을 24시간 365일 실시간으로 모니터링하여 악의적인 스캔공격, 해킹 등 다양한 침해 공격을 탐지하고 다양한 정보보호 솔루션과 정보시스템에서 생성되는 로그를 분석하여 사이버 위협에 대응하는 것을 말하며, 이러한 업무를 수행하는 이가 '침해대응전문가'이며 '정보보안관제사'입니다.

'정보보안관제사(Information Security Controller)'는 정보 시스템의 서버(시스템), 네트워크 장비 및 정보보안 장비에 대한 전문지식과 운용기술을 갖추고 실시간 정보보안관제 기술과 능력, 보안정책 수립과 보안대책 구현, 취약점 진단 및 침해사고 분석 기술, 정보보호관련 법규 준수 여부 등 다양한 보안전문 능력을 보유하고 사이버 공격에 대한 신속하고 정확한 대응업무 수행능력을 갖추고 있는 자를 말합니다.

정보보안관제사 자격증은 한국직업능력개발원으로부터 지난 2016년 7월 7일 민간자격등록증(제 2016-003176 호)을 취득하였으며, 주무부처는 과학기술정보통신부(등록번호 : 2016-003176)로 등록자격관리자는 주식회사 에스링크입니다.

정보보안관제사 자격증은 1, 2, 3급과 필기시험과 실기시험으로 나누어지며, 응시자격은 1급은 4년제 대학 졸업, 2급은 전문대학 졸업, 3급은 제한이 없으며, 시험과목은 1급의 경우 △

이론 시험은 보안관제 일반, 보안관제 기술, 보안관제 운용, 취약점 진단 기술, 침해사고 분석 기술 등 5과목을 평가하고 △실무시험으로 주관식 필답형, 기술실무를 평가한다. 2급은 이론시험의 4과목과 실무시험을 평가하고, 3급은 이론시험 3과목만을 평가한다. 시험시간은 150분이며 합격기준은 100점 만점기준 60점 이상 득점하여야 합니다.

특히, 정보보안관제사 2급 자격증 취득자는 '국가사이버안전관리규정에 따라 지정된 14개 보안관제 전문업체' 등 보안관제 관련 업종에 취업시 유리하며, 공공기관과 기업의 정보보안 관련 실무담당자로 취업이 가능합니다.

사단법인 한국사이버감시단(대표이사 공병철, KCGA)은 사이버상에서 이루어지는 피해사례에 대한 조정 및 해결을 통해 소비자 권익보호 및 올바르고 건전한 정보통신 문화를 만들어가며, 나아가 사이버상의 건전한 정보교류를 활성화하여 정보화 역기능 방지와 국가의 정보화 경쟁력 향상에 기여함을 목적으로 합니다.

제4차 산업혁명의 핵심인 지능정보기술(인공지능(AI), 사물인터넷(IoT), 클라우드, 빅데이터 등)로 다양한 산업에서 융합과 통합이 일어나고 있습니다. 미래의 IoT 초연결 사회를 대비하는 차세대 글로벌 융합형 정보보안 인재를 양성하기 위한 '정보보안관제사'는 정보보안관제 분야 국내 최초로 시행되는 민간자격증으로 정부의 '생애주기형 시큐리티 인력양성(잠재인력 발굴 → 예비인력 육성 → 경력단절 해소 → 전문인력 양성 → 전문역량 강화 → 최고인재 육성)' 전략에 따른 미래사회를 대비하기 위한 융합형 최정예 정보보안관제사 양성과 산업 맞춤형 최고 보안인재를 배출해 나가는데 기여할 것입니다.

본 단체 편찬도서의 훌륭한 원고를 주신 집필위원님들의 노고에 감사를 드리며, 아울러 본 교재의 감수기관인 한국정보보호심사원협회 임원과 정보보호연구회 위원님들께도 깊은 감사를 드립니다.

대표이사 공병철

❖ 학습 전략

본 교재는 정보보안관제사 자격증 취득을 위한 표준 도서로써 시험 준비생에게 필요한 내용으로 작성되었으며 각 분야별 보안 최고전문가가 참여하여 최신 보안관제 기술 경향분석을 통하여 시험을 대비할 수 있도록 준비하였습니다.

정보보안관제사 자격검증 1급과 2급은 필기시험과 실기시험을 보게 되며, 3급은 이론 필기시험만 봅니다. 본 수험도서는 필기와 실기시험을 동시에 대비하기 위한 표준 도서로써, 자격증 시험 준비생을 위하여 부족한 이론을 점검하고, 자격증 시험을 취득하기 위한 핵심도서로 활용하면 많은 도움이 될 것입니다.

❖ 시험 유형 분석

정보보안관제사는 시스템과 네트워크 장비 및 보안장비에 대한 전문 기술지식과 관제 운용 기술력을 갖추고 보안위험관리통제와 보안위험평가 여부를 판단하는 등의 업무를 수행하기 위한 능력을 검증하는 자격증으로 시스템, 응용 서버, 네트워크, 어플리케이션, 보안이론, 보안관제 기술과 운영, 관련법률, 최신 보안 동향까지 전반적인 내용에 대한 문제가 출제됩니다.

이론 필기시험은 〈1급〉의 경우 1편 보안관제 일반, 2편 보안관제 기술, 3편 보안관제 운용, 4편 취약점 진단 기술, 5편 침해사고 분석 기술 등 1편~5편까지 5과목을, 〈2급〉은 1편~4편까지 4과목과 실무시험을 평가하고, 〈3급〉은 1편~3편까지 3과목만을 평가합니다.

〈1급 및 2급〉 실무 실기시험으로 주관식 필답형으로 단답형 20문제(40점), 서술형 3문제(30점), 기술형 2문제(15점) 등 3가지 유형으로 보안관제 기술 실무를 평가합니다.

❖ 학습 스케줄표 (2급)

〈4주 완성〉 최종 점검을 위한 학습 방법은 다음과 같습니다.

주차	학습내용	세부내용
1주차	제 1과목 보안관제 일반 이론 학습	보안관제 정의 및 개념, 정보보안 일반, 정보보호 관련 법규 등 기본 지식 이해하기
2주차	제 2과목 보안관제 기술 이론 학습	보안관제 기술, 보안관제 로그 분석, 운영체제 및 서버 보안, 암호학 등 기본 지식 이해하기
3주차	제 3과목 보안관제 운용 이론 학습	보안관제 시스템 운영, 보안 및 지원 시스템 운영, 네트워크 보안 등 기본 지식 이해하기
4주차	제 4과목 취약점 진단 기술 이론 학습	서버/네트워크 장비 모의해킹 및 취약점 진단, 웹 취약점 진단 기술 등 기본 지식 이해하기

정보보안관제사(ISC) 자격검정 시험 개요

■ 검정기준

등급	검정 기준 (수행 직무)
1급	정보시스템의 서버(시스템), 네트워크 장비 및 정보보안장비에 대한 전문지식과 운용기술을 갖추고 실시간 정보보안관제 기술/능력 보유 여부, 보안정책수립과 보안대책 구현, 취약점 진단 및 침해사고 분석의 기술 보유 여부, 정보보호 관련 법규 준수 여부를 판단하는 등의 업무 수행 능력을 갖춘 최고급 수준의 능력을 가진 자
2급	정보보안관제사 1급 업무를 보조할 수 있는 기초 이론과 실무능력 등의 업무 수행 능력을 갖춘 중급 수준의 능력을 가진 자
3급	정보보안관제사 2급 업무를 보조할 수 있는 기초 이론과 실무능력 등의 업무 수행 능력을 갖춘 초급 수준의 능력을 가진 자

■ 응시자격

등급	세부 응시 자격	비고
1급	1. **기사** 등급 이상의 자격을 취득한 후 응시하려는 종목이 속하는 동일 및 유사 직무분야에서 **1년 이상 실무**에 종사한 사람 2. **기능사** 자격을 취득한 후 응시하려는 종목이 속하는 동일 및 유사 직무분야에서 **3년 이상 실무**에 종사한 사람 3. 응시하려는 종목이 속하는 동일 및 유사 직무분야의 다른 종목의 기사 등급 이상의 자격을 취득한 사람 4. **4년제 대학** 관련학과 졸업자등으로서 졸업 후 응시하려는 종목이 속하는 동일 및 유사 직무분야에서 **1년 이상** 실무에 종사한 사람 5. **3년제 전문대학** 관련학과 졸업자등으로서 졸업 후 응시하려는 종목이 속하는 동일 및 유사 직무 분야에서 **2년 이상** 실무에 종사한 사람 6. **2년제 전문대학** 관련학과 졸업자등으로서 졸업 후 응시하려는 종목이 속하는 동일 및 유사 직무 분야에서 **3년 이상** 실무에 종사한 사람 7. 응시하려는 종목이 속하는 동일 및 유사 직무분야에서 **5년 이상 실무**에 종사한 사람 8. **외국**에서 동일한 종목에 해당하는 자격을 취득한 사람	4년제 대학 관련학과 졸업자
2급	1. **기능사** 등급 이상의 자격을 취득한 후 응시하려는 종목이 속하는 동일 및 유사 직무분야에 **1년 이상 실무**에 종사한 사람 2. 응시하려는 종목이 속하는 동일 및 유사 직무분야의 다른 종목의 **산업기사 등급** 이상의 자격을 취득한 사람 3. 관련학과의 2년제 또는 3년제 **전문대학졸업자** 등 또는 그 졸업예정자 4. 관련학과의 대학졸업자등 또는 그 졸업예정자 5. 응시하려는 종목이 속하는 동일 및 유사 직무분야에서 1년 이상 실무에 종사한 사람 6. **외국**에서 동일한 종목에 해당하는 자격을 취득한 사람	전문대학 졸업자 등 또는 그 졸업예정자
3급	1. 응시하려는 종목이 속하는 동일 및 유사 직무분야의 다른 종목의 **기능사 등급** 이상의 자격을 취득한 사람 2. **중등학교** 졸업자 등 또는 그 졸업예정자 3. 동일 및 유사 직무분야의 기능사 수준 **기술훈련과정 이수자** 또는 그 이수예정자 4. **외국**에서 동일한 종목에 해당하는 자격을 취득한 사람	제한 없음
	1. **초등학교** 졸업자 등 또는 그 졸업예정자 (연령제한 없음)	주니어

■ 검정의 방법

○ 시험과목 및 시험방법

구 분		1급	2급	3급		문제유형	검정시간	합격기준
				일반	주니어			
필기시험	1. 보안관제 일반	20문항	20문항	20문항	25문항	객관식 4지 택일형	150분	평균 60점 이상 (각 과목당 40점 이상)
	2. 보안관제 기술	20문항	20문항	20문항	25문항			
	3. 보안관제 운용	20문항	20문항	20문항	×			
	4. 취약점 진단 기술	20문항	20문항	×	×			
	5. 침해사고 분석 기술	20문항	×	×	×			
실기 시험 (정보보안관제 실무)		고급형	중급형	×		주관식 필답형	180분	60점 이상
시험 접수		온라인	온라인	온라인				
수험서 표준도서		950p	800p	500p	200p			

○ 필기시험 (객관식) : 4지선다형 100문항 x 1점 = 100점

○ 실기시험 (주관식)

- 단답형 20문항 x 2점 = 40점
- 서술형 3문항 x 10점 = 30점 (부분점수 존재)
- 작업형 3문항(택2) x 15점 = 30점 (부분점수 존재)

■ 합격기준

○ 필기시험 : 100점 만점기준 각 과목 40점 이상, 전과목 평균 60점이상 득점한 자
○ 실기시험 : 100점 만점기준 60점 이상 득점한 자

■ 검정 일정

○ 자격검증 전용 홈페이지 : www.isc16.com
○ 기타 관련 문의 : isc@wwwcap.or.kr

정보보안 자격증과 취업
⟨자격증 응시자격 동일 및 유사 직무분야⟩

■ **정보보안 관련 자격증**
→ 정보보안(산업)기사, 정보시스템감리원, ISMS/PIMS심사원, CISA, CISSP, 유관자격 기술사
→ 「국가기술자격법 시행규칙」 별표 7의 검정대상 기술자격 종목 중 전자계산기, 정보통신, 통신설비, 통신기기, 통신선로, 정보기기운용, 전파통신, 전파전자, 무선설비, 방송통신, 정보관리, 정보처리, 사무자동화 및 전자계산조직응용 종목의 기술자격

■ **정보보안 관련 학과**
→ 정보처리기술 관련 학과 : 시스템, 전산, 정보전산, 컴퓨터제어, 컴퓨터응용제어, 컴퓨터응용, 컴퓨터응용설계, 구조시스템, 컴퓨터정보, 멀티미디어, 정보시스템, 전산통계, 정보처리
→ 정보통신 관련 학과 : 전기통신설비, 국제정보통신, 방송설비, 방송통신, 이동통신, 전자통신, 컴퓨터네트워크, 통신, 컴퓨터정보기술, 전파통신, 전기전자통신, 전기전자정보통신, 전자정보통신, 전자제어통신, 전자통신, 전파, 전파통신, 정보통신, 컴퓨터통신, 항공통신정보, 전자정보통신반도체, 전기전자전파, 통신컴퓨터, 무선통신
→ 전자 관련 학과 : 정보전자, 전자, 전자계산, 전기전자제어, 전자정보, 전자제어, 전기전자, 전자전기정보, 전자컴퓨터전기제어, 컴퓨터과학, 전기전자정보, 전자컴퓨터, 메카트로닉스, 전자재료, 제어계측, 반도체
→ 그밖에 교육인적자원부장관이나 해당 교육기관의 장으로부터 전자·통신 및 정보처리기술·정보보호 관련 학과로 인정받은 학과

■ **정보보안 관련 직업군**

→ 정보보안관제 유관 취업군 : 공공기관, 민간기업 등에서 실시간 정보보안관제 기술, 운용, 보안정책 수립과 보안대책 구현, 취약점 진단 및 침해사고 분석 기술에 해당되는 보안관제(자체, 파견, 원격) 분야에서 요원 업무 등을 수행

→ 정보보호 유관 취업군 : 공공기관, 민간기업, 교육기관 등에서 정보보호를 위한 공통 기반기술(암호 기술, 인증 기술 등을 말한다), 시스템·네트워크 보호(시스템 보호, 해킹·바이러스 대응, 네트워크 보호 등을 말한다) 또는 응용서비스 보호(전자거래 보호, 응용서비스 보호, 정보보호 표준화 등을 말한다)에 해당되는 분야에서 계획·분석·설계·개발·운영·유지보수·컨설팅 또는 연구개발 업무 등을 수행

→ 정보기술 실무자 취업군 : 공공기관, 민간기업, 교육기관 등에서 정보통신서비스(기간통신, 별정통신, 부가통신, 방송서비스 등을 말한다), 정보통신기기(정보기기, 방송기기, 부품 등을 말한다) 또는 소프트웨어 및 컴퓨터 관련 서비스(패키지 소프트웨어, 컴퓨터 관련 서비스, 디지털콘텐츠, 데이터베이스 제작 및 검색 등을 말한다)에 해당되는 분야에서 계획·분석·설계·개발·운영·유지보수·컨설팅·감리 또는 연구개발 업무 등을 수행

K-ICT 2016 사이버 시큐리티 인력양성 전략

⟨ 생애주기형 시큐리티 정보보안관제사 인력양성 체계도 ⟩

차세대 글로벌 융합형 최고 정보보안 인재 양성
정보보안관제사
Information Security Controller

정보보안관제사 과학기술정보통신부 (등록번호 제2016-003176호)

정보시스템의 서버(시스템), 네트워크 장비 및 정보보안장비에 대한 전문 지식과 운용 기술을 갖추고, 이와 더불어 실시간 정보 보안관제 기술과 능력, 보안 정책수립과 보안대책 구현, 취약점 진단 및 침해사고 분석의 기술, 정보보호 관련 법규 준수 여부 등 다양한 보안전문 능력을 보유하고, 사이버공격에 대한 신속하고 정확한 대응 업무 수행 능력을 갖추고 있는자

국가·공공기관 보안관제센터 운영을 지원할 보안관제 전문업체 지정
★ 국가사이버안전관리규정 제10조의2 (대통령훈령 제316호)

* 지정기관 : 과학기술정보통신부   * 수행기관 : KISA 한국인터넷진흥원

 ·········· ··········

○ 잠재 인력 발굴   ○ 예비/전문 인력 양성   ○ 융합형 최고보안 인재 육성

| 초·중·고 | 주니어 보안인재 양성
정보보호 영재 교육원
입시 수시/특별 전형
(특성화고교 및 대학) | 대학
군·경
창업 | 맞춤형 취업 지원
특성화 대학·석사
경력단절요인 해소
(군복무·출산) | 공공
기업
국제 | 보안
최고 관리자
최정예 인력
ICT융합보안 |

생애 주기형 차세대 시큐리티 인력 양성 ✈ 국가사이버 보안 역량 강화

정보보호산업을 이끌어 갈 **최고의 정보보호 인력** 육성과 **수요맞춤형 전문인력** 배출

Contents

1편 보안관제 일반

1장 보안관제 정의 및 개념

1.1 보안관제 개요
- Chapter 1. 보안관제의 정의 및 개념 ... 20
- Chapter 2. 보안관제센터의 기능 및 역할 ... 28
- Chapter 3. 보안관제센터의 업무 수행내용 ... 30

1.2 보안관제 구성 및 서비스
- Chapter 1. 보안관제 시스템 ... 36
- Chapter 2. 보안관제 서비스 유형 ... 45
- Chapter 3. 보안관제 구성요소 ... 51

2장 정보보안 일반

2.1 보안 인증 기술
- Chapter 1. 사용자 인증기술 ... 54
- Chapter 2. 메시지 출처 인증기술 ... 56
- Chapter 3. 디바이스 인증기술 ... 58
- Chapter 4. Kerberos 프로토콜 ... 60

2.2 접근통제 정책
- Chapter 1. 접근 통제 정책 구성요소 ... 64
- Chapter 2. 임의적 접근 통제정책 ... 66
- Chapter 3. 강제적 접근 통제정책 ... 67
- Chapter 4. 역할기반 접근 통제정책 ... 68
- Chapter 5. 접근 통제행렬과 ACL ... 69

2.3 전자서명과 공개키 기반구조(PKI)
- Chapter 1. 전자인증서 구조 ... 70
- Chapter 2. 전자서명 보안 서비스 ... 71
- Chapter 3. PKI 구성방식 ... 72

3장 정보보호 관련 법규

3.1 정보통신망 이용촉진 및 정보보호 등에 관한 법률
- Chapter 1. 용어의 정의 ... 74

Chapter 2. 정보통신망 및 정보보호 등 시책	75
Chapter 3. 개인정보 보호	76
Chapter 4. 정보통신망의 안정성 확보조치	83
Chapter 5. 정보통신망 침해 행위	87

3.2 정보통신기반 보호법
Chapter 1. 용어의 정의	90
Chapter 2. 주요정보통신기반시설 보호체계	90
Chapter 3. 주요정보통신기반시설의 지정과 취약점 분석	92
Chapter 4. 주요정보통신기반시설의 보호 및 침해사고의 대응	93

3.3 국가 사이버안전관리규정
Chapter 1. 용어의 정의	96
Chapter 2. 사이버안전대책의 수립/시행	97
Chapter 3. 보안관제 설치운영 등 규정 전반	98

3.4 보안관제 전문업체 지정요건
Chapter 1. 보안관제 전문업체의 요건	100
Chapter 2. 보안관제 전문업체의 평가 등	101

제2편 보안관제 기술

1장 보안관제 기술

1.1 탐지패턴 활용
Chapter 1. 탐지패턴 정의 및 개념	108
Chapter 2. 탐지패턴 개발 및 적용	112

2장 보안관제 로그 분석

2.1 보안관제 로그 분석
Chapter 1. 보안장비 탐지로그 분석방법	122
Chapter 2. 서버 및 네트워크 장비 로그 분석	125
Chapter 3. ESM 및 SIEM 등 로그 분석	149

3장 운영체제 및 서버 보안

3.1 운영체제

- Chapter 1. 운영체제 개념 및 구성 — 156
- Chapter 2. 운영체제(윈도우, 유닉스, 리눅스 등) 보안 — 163
- Chapter 3. 클라이언트 방화벽 설정 등 보안 — 168
- Chapter 4. 운영체제 인증과 접근통제 — 182
- Chapter 5. 서버 보안용 S/W운영 — 198

4장 암호학

4.1 암호 알고리즘

- Chapter 1. 암호 관련 용어 — 206
- Chapter 2. 암호 공격방식 — 216
- Chapter 3. 대칭키, 공개키 암호 시스템 특징 — 220

4.2 해시함수와 응용

- Chapter 1. 해시함수 일반 — 232
- Chapter 2. 전용 해시함수별 특징 — 235
- Chapter 3. 메시지 인증 코드(MAC) — 238
- Chapter 4. 전자서명 — 240

제3편 보안관제 운용

1장 보안관제 시스템 운영

1.1 방화벽 운영

- Chapter 1. 방화벽 기능 및 작동원리 — 248
- Chapter 2. 방화벽 탐지 로그 분석 — 260
- Chapter 3. 방화벽을 이용한 관제기술 — 261

1.2 ESM 운영

- Chapter 1. ESM 기능 및 작동원리 — 262
- Chapter 2. ESM 탐지 로그 분석 — 264
- Chapter 3. ESM을 이용한 관제기술 — 265

1.3 IPS(IDS) 및 TMS 운영
    Chapter 1. IPS(IDS)/TMS 기능 및 작동원리   269
    Chapter 2. IPS(IDS)/TMS 이용한 탐지 로그 분석   271
    Chapter 3. IPS(IDS)/TMS를 이용한 관제기술   279

1.4 DDoS 대응장비 운영
    Chapter 1. DDoS 장비 기능 및 작동원리   280
    Chapter 2. DDoS 장비 탐지 로그 분석   284
    Chapter 3. DDoS 장비를 이용한 관제기술   287

1.5 WIPS 운영
    Chapter 1. WIPS 장비 기능 및 작동원리   299
    Chapter 2. WIPS 장비 탐지 로그 분석   301
    Chapter 3. WIPS 장비를 이용한 관제기술   301

2장 보안 및 지원 시스템 운영
2.1 백신
    Chapter 1. 백신 시스템 기능 및 작동원리   306
    Chapter 2. 백신 시스템 탐지 로그 분석   308
    Chapter 3. 백신 시스템 장비를 이용한 관제기술   309

2.2 NAC 시스템
    Chapter 1. NAC 시스템 기능 및 작동원리   311
    Chapter 2. NAC 시스템 탐지 로그 분석   312
    Chapter 3. NAC 시스템을 이용한 관제기술   313

2.3 매체제어 시스템 등
    Chapter 1. 매체제어 시스템 기능 및 작동원리   315
    Chapter 2. 매체제어 시스템 탐지 로그 분석   317
    Chapter 3. 매체제어 시스템 장비를 이용한 관제기술   318
    Chapter 4. 기타 시스템을 이용한 보안   319

3장 네트워크 보안
3.1 네트워크 일반
    Chapter 1. TCP/IP 일반 및 OSI 7 레이어   328
    Chapter 2. 네트워크 장비 이해   339

Chapter 3. 네트워크 기반 프로그램 활용　　349
　3.2 네트워크 기반 공격 이해
　　Chapter 1. 서비스 거부(Dos) 공격 및 DDoS 공격　　351
　　Chapter 2. IP spoofing과 Session hijacking의 원리 및 실제　　360
　　Chapter 3. 각종 공격의 인지 및 이해　　361
　　Chapter 4. Trojan, Exploit 등 식별, 대처　　364

제4편 취약점 진단 기술

1장 서버/보안·네트워크 장비 취약점 진단
　1.1 서버 취약점 진단
　　Chapter 1. 서버 취약점 진단 개요　　380
　　Chapter 2. 서버 취약점 진단 기술　　381
　　Chapter 3. 서버 취약점 조치방안　　384
　1.2 보안·네트워크 장비 취약점 점검
　　Chapter 1. 보안·네트워크 장비 취약점 진단 개요　　498
　　Chapter 2. 보안·네트워크 장비 취약점 진단 기술　　499

2장 웹 취약점 진단 및 모의해킹
　2.1 웹 취약점 진단
　　Chapter 1. 웹 취약점 진단 개요　　504
　　Chapter 2. 웹 취약점 진단 기술　　504
　　Chapter 3. 웹 취약점 조치방안　　513
　　Chapter 4. 웹 모의해킹　　543

부록

제1편

〈NCS 보안이벤트 대응 4수준〉

보안관제 일반

1, 2, 3급 공통

주요 항목	세부 항목	세세 항목
1. 보안관제의 정의 및 개념	1. 보안관제의 개요	1. 보안관제의 정의 및 개념 2. 보안관제센터의 기능 및 역할 3. 보안관제센터의 업무 수행내용
	2. 보안관제의 구성 및 서비스	1. 보안관제 시스템 2. 보안관제 서비스 유형 3. 보안관제 구성요소
2. 정보보안 일반	1. 보안인증기술	1. 사용자 인증기술 2. 메시지 출처 인증기술 3. 디바이스 인증기술 4. Kerberos 프로토콜
	2. 접근통제정책	1. 접근통제정책 구성요소 2. 임의적 접근통제정책 3. 강제적 접근통제정책 4. 역할기반 접근통제정책 5. 접근통제행렬과 AC
	3. 전자서명과 공개키 기반구조 (PKI)	1. 전자인증서 구조 2. 전자서명 보안 서비스 3. PKI 구성방식(계층, 네트워크) 4. CRL 구조 및 기능 5. OCSP 동작절차
3. 정보보호 관련 법규	1. 정보통신망 이용촉진 및 정보보호 등에 관한 법률	1. 용어의 정의 2. 정보통신망 및 정보보호 등 시책 3. 개인정보 보호 4. 정보통신망의 안정성 확보조치 5. 정보통신망 침해 행위
	2. 정보통신기반 보호법	1. 용어의 정의 2. 주요 정보통신기반시설 보호체계 3. 주요 정보통신기반시설의 지정과 취약점 분석 4. 주요 정보통신기반시설의 보호 및 침해사고의 대응
	3. 국가사이버 안전관리규정	1. 용어의 정의 2. 사이버안전대책의 수립/시행 3. 보안관제 설치운영 등 규정 전반
	4. 보안관제 전문업체 지정요건	1. 보안관제 전문업체의 요건 2. 보안관제 전문업체의 평가 등

제 1장
보안관제의 정의 및 개념

1.1 보안관제의 개요

chapter 1. 보안관제의 정의 및 개념

■ **항목**

→ '보안관제(保安管制)'는 영어로 'Security Monitoring' 또는 'Security Monitoring & Control' 등으로 사용되고 있다. 'Monitoring'의 사전적 의미는 '컴퓨터의 프로그램 수행 중 일어날 수 있는 여러 가지 오류에 대비하기 위한 감시활동'이다. 국립국어원 표준국어대사전은 '관제'를 '국가나 공항 따위에서 필요에 따라 강제적으로 관리하여 통제하는 일'이라고 정의하지만, 이러한 설명은 현재 우리나라 보안관제서비스 업체나 국가·공공기관 등에서 수행하고 있는 전산망 보안관제의 개념과는 다소 거리가 있다. 1999년 9월 21일 우리나라 최초로 안랩코코넛이 민간업체를 대상으로 한 보안관제 서비스 사업을 시작한 이래, 현재까지 보안관제의 개념에 관한 명확하게 정의되지 않은 채로 민·관·군에서도 '보안관제'란 용어를 도입해 사용해 오고 있다.

→ 외국의 경우에도 보안관제의 개념에 대한 정의를 찾아보기가 어려우나, 미국의 학자 R. Bejtlich는 전산망 보안관제에 관해 '네트워크 트래픽 분석도구를 이용하여 24시간 서버와 네트워크를 통해 통신한 방대한 데이터에서 잠재적인 침입자의 공격시도를 규명하고 이러한 과정에서 분석된 내용을 토대로 불명확했던 침입시도를 규명하는 일련의 행위라고 정의한 바 있다. 하지만 이것도 우리나라에서 수행하고 있는 보안관제의 일부 업무만을 설명한 것에 불과하다.

→ 여기서 보안관제의 개념 정의에 앞서 검토되어야 할 사항은 관제업무의 내용과 범위이다. 다시 말하면, 사이버공격을 탐지, 분석, 대응하는 세부 내용은 무엇이고, 이 중 어느

단계까지의 업무를 보안관제의 범위에 포함할 것인지에 대한 검토가 있어야 할 것이다. 우선 보안관제와 관련하여 사용되는 용어의 개념은 다음과 같다.

- 사이버공격 : '사이버공격'은 정보통신 시스템에 저장되어 있거나 정보통신망을 이용하여 소통되는 정보의 절취나 위변조 및 가용성(Availability) 등을 저해하는 일체의 행위로서, 해킹, 전자우편 폭탄, 해킹 프로그램이 은닉된 이메일, 서비스 장애(Dos), 트로이목마(Trojan Horse), 논리폭탄(Logic Bomb), 웜(Worm), 트랩도어(Trap Door), 스니핑(Sniffing) 등이 공격수단으로 사용되고 있다.

- 사이버공격 탐지 : 국가전산망에 대한 전체적인 트래픽 급증·급감 및 내부 정보를 절취하기 위한 해킹 시도 및 악성 해킹 프로그램 유포 등과 같은 사이버공격 시도를 보안관제 시스템을 이용하여 사전에 알아내는 행위로서, 웜바이러스(봇 계열, 전자우편 등), DNS 정상작동 여부, 홈페이지 단절·지연·오류 등의 현상을 실시간으로 탐지한다. 또한 국가전산망이 해킹 경유지로 악용되지 않도록 보안취약점을 발굴하는 활동도 이에 포함된다.

- 탐지결과 분석 : 경유지 악용, 해킹메일 유포, 홈페이지 위·변조, 정보자료 절취 등과 같은 해킹 시도를 탐지한 뒤, 최신 해킹 기술 및 침해당한 전산망의 관련 로그정보를 수집하여 공격자 정보, 공격시간, 공격방법 등을 알아내고 자료절취 및 관리자 권한 피탈 등의 피해 규모를 파악하는 행위를 말한다.

- 대응 : 해킹 사실을 피해기관에 통보하고 분석 단계에서 파악된 공격자 정보와 취약점 정보를 활용하여 피해 시스템이 정상적으로 운영될 수 있도록 신속하게 전문기술을 제공하며 또한 공격에 사용한 해킹도구 및 해킹기법을 토대로 해킹공격 탐지기술(Signature)을 개발하고 보안관제업무에 활용함으로써 동일한 침해사고 발생을 미연에 방지한다.

→ 현재 보안관제는 각 보안관제센터의 기술 수준이나 관제 노하우 등에 따라 탐지, 분석, 대응활동이 다양한 형태로 이루어지고 있다. 따라서, '보안관제의 정의'는 보안관제업무의 세부내용을 수행하는 범위에 따라 협의의 보안관제와 광의의 보안관제로 나누어 볼 수 있다.

- 협의의 보안관제 개념 : '협의의 보안관제'는 Monitoring, 즉 사이버공격을 탐지하는 활동만을 포함한다.

- 광의의 보안관제 개념 : '광의의 보안관제'는 Monitoring & Control, 즉 탐지, 분석, 대응까지 포함하는 일련의 활동을 포함하는 개념이라고 볼 수 있다.
  - 보안관제 서비스는 일반적으로 보안관제 대상기관의 자체 보안관제 시설 및 기술의 부족, 전문 인력 부재 등의 문제를 해결해 주기 위한 것이므로 단순히 탐지만 한 뒤 결과를 통보한다면 보안관제 대상기관에서는 그것을 조치할 능력이 부족하여 보안관제의 효과가 반감될 수 있다. 우리나라 보안관제 서비스 업체나 국가·공공기관의 보안관제센터에서 사용하는 '관제'의 범위는 탐지 이외에 분석, 대응까지 포함하는 개념으로 사용하고 있는 실정이다.
  - 현재 보안관제 서비스 업체에서는 통상적으로 보안관제의 업무범위를 사이버공격을 사전에 탐지, 분석하여 동일 유형의 사고가 재발되지 않도록 대응하는 일련의 활동과정으로 보고 있다.
  - 『국가전산망 보안관제지침』은 보안관제를 '정보통신망을 대상으로 수행되는 사이버공격정보를 탐지·분석·대응하는 일련의 활동'으로 규정하고 있다.

보안관제 수행원칙

→ 사이버공격은 고도화된 기술을 바탕으로 시간과 장소에 구애받지 않고 진행되고 있는 특성이 있으므로, 보안관제업무는 다음의 원칙을 준수하면서 수행할 때 비로소 많은 성과를 낼 수 있다.

→ 첫째, 무중단의 원칙
  - 사이버공격을 실시간으로 신속하게 탐지·차단하기 위해서는 24시간 365일 중단 없이 보안관제업무를 수행해야 한다. 이를 위해 보안관제센터를 운영하는 기관의 장 또는 민간 보안관제업체는 적정 수의 보안관제 인력을 보유하고 교대근무 체계를 구축하고 있다. 특히, DDoS 공격 등 정보 시스템이나 네트워크의 가용성을 저해하거나 마비시키는 사이버공격 또는 정보탈취를 위한 해킹공격은 실시간으로 신속하게 탐지 및 대응하는 것이 필수적이다.

→ 둘째, 전문성의 원칙
- 보안관제업무 수행을 위해서는 사이버공격 정보탐지 시스템 등 보안관제에 필요한 시설과 함께 정보 시스템 및 네트워크 이론을 포함한 프로그램 분석, 포렌식, 해킹기술 등 다양한 방면에 대한 전문지식과 경험, 노하우를 가진 전문인력이 매우 중요하다. 보안관제 시설 및 인력의 전문성 수준에 따라 사이버공격정보를 탐지 및 대응하는 수준이 차이가 난다.

→ 셋째, 정보공유의 원칙
- 사이버공격은 동일하거나 유사한 공격이 여러 기관에 걸쳐 동시 다발적으로 발생하는 특성을 가지고 있기 때문에 어느 한 기관이나 기업에서 보안관제를 완벽하게 수행하여 공격을 사전에 탐지·차단한다고 하더라도 다른 기관에서는 동일한 공격으로 인한 침해사고가 발생할 수 있다. 따라서 범 국가차원에서 사이버공격을 철저하기 탐지·차단·대응하기 위해서는 관계 법령에 위배되지 않는 범위 내에서 보안관제 관련 정보가 신속하게 공유되어야 한다.

■ 법적 근거

→ 우리나라 국가·공공기관에 대한 보안관제업무는 2002년 12월 금융결제원에서 18개 시중은행에 대한 보안관제를 위해 설치한 금융 ISAC을 시작으로 각급기관이 독자적으로 수행해 오다가 2003년 1·25 인터넷 대란을 계기로 2004년 2월에 국가사이버안전센터가 출범하여 국가·공공기관을 대상으로 국가차원의 종합 보안관제센터 기능을 수행하게 되었다. 현재 우리나라의 보안관제기관은 국가사이버안전센터를 비롯하여 각 중앙행정기관이 설립한 분야별 부문 보안관제센터 및 각 개별기관별로 운영 중인 단위 보안관제센터 등이 있다.

→ 국가사이버안전센터는 『국가사이버안전관리규정』에 의거 2004년 2월 국가정보원 내에 설립되어 국가 주요 정보통신망을 대상으로 범국가 차원의 보안관제업무 수행을 위해 각급기관 전산망의 특성·중요도 및 보안 시스템 운영환경 등을 고려한 24시간 사이버공격 정보탐지 및 종합분석·대응체계를 유지하고 있다. 사이버공격에 대한 체계적인 대응 및 대비를 위해 사이버공격의 파급영향, 피해규모 등을 고려하여 관심·주의·경

계 · 심각 등 수준별 경보를 발령한다. 또한, 첨단 사이버공격에 효율적으로 대처하기 위하여 최신 보안관제기술을 개발하여 관제업무에 활용하는 한편 여타 관제센터에도 지원하고 있는데, 이러한 활동에 대한 법 · 제도적 근거가 마련되어 있다.

[표 1-1] 국내 보안관제 수행 관련 법적 근거

구 분	주요 내용	법적 근거	
		관련 규정	세부 내용
사이버 위협탐지 활동	보안관제	국가사이버안전관리 규정	제8조(국가사이버안전센터) 제2항 제3호 제14조(전문기관간 협력) 제1항
	예 · 경보 발령 및 전파	국가사이버안전관리규정	제8조(국가사이버안전센터) 제2항 제3호 제11조(경보발령) 제1항 제12조(사고통보 및 복구) 제1항
대응 · 복구활동	사고조사 및 복구	국가사이버안전관리규정	제13조(사고조사 및 처리) 제14조(전문기관간 협력) 제1항 제15조(연구개발) 제1항
		국가정보보안기본지침	제1074조(정보보안 사고조사)

관련 법률

※ 국가사이버안전관리규정 제4조 제2항(사이버안전 확보의 책무)

제4조(사이버안전 확보의 책무) ① 중앙행정기관의 장은 소관 정보통신망에 대하여 안전성을 확보할 책임이 있으며 이를 위하여 사이버안전업무를 전담하는 전문인력을 확보하는 등 필요한 조치를 강구하여야 한다.
② 관계 중앙행정기관의 장은 소관 공공기관 및 지방자치단체의 장으로 하여금 제1항의 규정에 의한 전문인력의 확보 등 필요한 조치를 강구하도록 하여야 한다.

관련 법률

※ 국가 사이버안전관리규정10조 2항(보안관제센터 설치 · 운영)

제10조의2(보안관제센터의 설치 · 운영) ① 중앙행정기관의 장, 지방자치단체의 장 및 공공기관의 장은 사이버공격 정보를 탐지 · 분석하여 즉시 대응 조치를 할 수 있는 기구(이하 "보안관제센터"라 한다)를 설치 · 운영하여야 한다. 다만, 보안관제센터를 설치 · 운영하지 못하는 경우에는 다른 중앙행정기관(국가정보원을 포함한다)의 장, 지방자치단체의 장 및 관계

공공기관의 장이 설치·운영하는 보안관제센터에 그 업무를 위탁할 수 있다.
② 보안관제센터를 설치·운영하는 기관의 장은 수집·탐지한 사이버공격 정보를 국가정보원장 및 관계 기관의 장에게 제공하여야 한다.
③ 보안관제센터를 설치·운영하는 기관의 장은 보안관제센터의 운영에 필요한 전담직원을 상시 배치하여야 한다.
④ 보안관제센터를 운영하는 기관의 장은 필요한 경우에는 과학기술정보통신부 장관이 지정하는 보안관제전문업체의 인원을 파견받아 보안관제업무를 수행하도록 할 수 있다. 이 경우 보안관제전문업체의 지정·관리 등에 필요한 사항은 과학기술정보통신부 장관이 국가정보원장과 협의하여 정한다. 〈개정 2013.5.24〉
⑤ 제1항의 보안관제센터의 설치·운영 및 제2항의 사이버공격 정보의 제공 범위, 절차 및 방법 등 세부사항은 국가정보원장이 관계 중앙행정기관의 장과 협의하여 정한다.

관련 법률

※ 국가 정보보안 기본지침 제125조 제2항(보안관제센터 설치·운영)

제125조(보안관제센터 설치·운영) ① 각급기관의 장은 소관 정보통신망에 대한 사이버공격 정보를 수집·분석·대응할 수 있는 보안관제센터를 설치·운영하여야 한다. 다만, 불가피한 사유가 있을 경우에는 다른 중앙행정기관(국가정보원을 포함한다)의 장, 지방자치단체의 장 및 관계 공공기관의 장이 설치·운영하는 보안관제센터에 그 업무를 위탁할 수 있다.
② 보안관제센터를 운영하는 기관의 장은 보안관제업무를 하루 24시간 중단없이 수행하여야 하며 보안관제센터 운영에 필요한 전담직원을 배치하여야 한다.

[보도자료]

정보보안업체, '정보보호인 윤리원칙 제정'나섰다

국내 최대 정보보호 커뮤니티 보안대첩(반장 구태언 테크앤로 대표 변호사)은 최근 5개조로 구성한 '정보보호인 윤리원칙'과 윤리원칙 가이드라인을 완성했다. 내년 초 공식 공표 행사와 함께 온라인 서명작업을 진행한다. 서명 참여자에게는 일련번호와 인증로고 등을 제공한다.

우선 5,000여명에 달하는 보안대첩 회원을 시작으로 윤리원칙 준수 참여를 독려할 방침이다.
각 보안 전문업체와 제정안을 공유해 정보보호 종사자 윤리 의식 제고에 활용한다. 오프라인 행사와 보안 관련 기술 세미나, 대학 강의, 동아리 활동 등과 연계해 윤리원칙 활성화 캠페인을 구상 중이다.

민감한 기업 정보와 개인 정보 등을 쉽게 접하는 정보보호 업무 종사자는 강한 책임감과 윤리의식이 요구된다. 올해 초 디지털 포렌식 전문가에 의한 인터뷰 녹취록 유출 사건이나 보안 전문가에 의한 금융권 디도스(DDoS) 공격, 공공기관 정보 프로그램 개발자에 의한 자료 유출 등이 발생해 신뢰도에 타격을 받았다.

보안대첩 정책·윤리분과 리더를 맡은 홍성권 EY한영 이사는 "법적 문제를 떠나 업계 종사자와 사회가 공감하는 윤리원칙 부재가 사고 발생으로 이어졌다"며 "기술적으로 뛰어나고 관련 지식이 많은 전문가에게도 기준으로 삼을 윤리원칙이 필요하다"고 정보보호인 윤리원칙 제정을 추진한 배경을 밝혔다.

최형순 이앤씨인터 대표, 강요한 드림이앤씨 본부장, 조주연 전국경제인연합회 IT보안팀장 등이 손을 보탰다. 지난 5월 작업을 시작해 초안 작성과 검토, 의견수렴 등을 거치고 이동필 법무법인 의성 대표 변호사 자문을 받아 세부 내용을 다듬었다.
정보보호 현직 종사자뿐만 아니라 대학생과 관련 동아리 구성원에게도 윤리원칙을 적극 알릴 계획이다. 대학 동아리 등에선 모의 해킹을 진행하면서 테스트 서버가 아니라 공개된 웹을 대상으로 진행하는 사례가 빈번하다. 스스로 인식하지 못하는 사이비 윤리적 행동에 발을 들여놓기 쉽다는 설명이다.
홍 이사는 "학생 사이에 정보보호·보안 종사자가 유망 직종으로 떠오르고 있는 만큼 적절한 보안윤리 의식 제고와 교육이 필요하다"며 "원칙만이 아니라 실제로 행동으로 옮기고 실천할 수 있도록 가이드라인도 함께 만들었다"고 말했다.

제1조	나는 정보보호인으로서 책임감과 자부심을 가지며 지속적으로 역량을 개발한다(Professional).
제2조	나는 정보보호인으로서 합법적이고 공정해야 한다(Fairness).
제3조	나는 정보보호인으로서 합리성과 객관성을 유지하여야 한다(Objectivity).
제4조	나는 정보보호인으로서 직무상 알게 된 정보에 대하여 비밀을 유지한다(Confidentiality).
제5조	나는 정보보호인으로서 보안과 관련된 사회적 의무를 다한다(Obligation).

2015.11. 이티뉴스 보도(http://www.etnews.com/20151120000272)

■ **보안인의 덕목**

보안인으로서 국가 중요기관과 기업의 중요정보자산을 다루고 보호하는 업무를 수행함에 있어 최소한의 도덕과 윤리가 선행되어야 한다. 또한 사회에 이바지한다는 봉사와 헌신의 뜻도 지닌다면 금상첨화이다. 사회에 나올 준비를 하는 취업 준비생이나 대학생이라면 보안에 발도 들여놓기 전에 도덕과 윤리 수업을 듣는 기분일 수 있다. 최근 용역업체 직원이 모 기업의 중요정보를 유출하거나 개인정보를 빼내어 금전적 이득을 취하는 일이 비일비재하기 때문이다. 최근에 보안업무 종사들의 자정노력에 대한 기사가 실리기도 했다. 이 기사에 공감하는 분들이 많아서 마음이 벅차다. 이 기사의 내용은 보안인의 가슴깊이 간직하고 되새겨야 하는 중요한 덕목이라 생각한다. 보안 관제 업무의 특성상 트래픽에 대한 모니터링이 가능하므로 단순 호기심, 금전적 이득을 취득하기 위한 마음을 버리고 강한 책임감과 윤리의식을 가지고 업무에 종사해야 한다.

■ **보안인의 마인드**

보안은 막무가내로 막고 지키는 것이 능사는 아니다. 이것은 막지 말고 빼앗기자는 뜻이 아니라, 정보시스템을 이용하는 이용자의 측면을 충분히 반영해야 한다는 의미이다. 세상은 변화하고 있으며, 우리의 보안의 기능과 역할도 변화하고 있다. 보안 역시 국가나 기업의 중요정보를 보호함과 동시에 국민과 시민의 생활에 안전하고 편리한 ICT 체계를 활용할 수 있도록 꾸준히 진보해야 한다.

보안은 또한 사명감과 자부심, 서비스 정신없이 행하기 힘들다. 특히 보안관제센터에서 근무한다면 인간의 기본적인 신체리듬을 깨어 가며 밤에도 업무를 수행하기 때문에, 처음 야간 근무에 들어간다면 체력적으로 적응하기 쉽지 않다.

이러한 어려움을 극복하고 보안관제센터의 교대근무를 수행하다가 보면 어느 순간 초임, 초보라는 딱지를 뗄 즈음에는 네트워크 이해와 정보보호시스템의 운영능력, 사이버공격을 탐지하고 대응하는 능력이 상당 수준 올라가 있는 자신의 모습을 발견할 것이다.

그리고 자율·능률·효율적으로 일한다는 생각으로 타인의 지시에 의한 업무수행보다 스스로가 사이버보안을 위해 필요한 점이 무엇인지 항상 생각하고 개선해야 할 사항이 무엇인지를 생각하면서 보안관제를 수행한다면 우리의 보안관제는 더 높은 수준을 기대할 수 있다. 또 안전한 사이버세상을 위해 국가나 시민들에게 안전한 서비스를 제공한다는 마음으로 업무에 임한다면 값진 보람을 느낄 수 있을 것이다.

chapter 2. 보안관제센터의 기능 및 역할

■ 국가 사이버 안전체계

→ 국가정보원의 국가사이버안전센터를 중심으로 국방 분야의 국군사이버사령부와 민간 분야의 과학기술정보통신부 한국인터넷진흥원에서 분야별로 사이버안전 역할을 수행하고 있다. 중앙부처의 사이버안전센터는 부문 보안관제센터로 분류되고, 중앙부처의 산하기관 등의 자체 관제센터는 단위 보안관제센터로 분류하고 있다. 또한 국가사이버안전의 최고 컨트롤타워 역할은 국가안보실에서 그 업무를 수행하고 있다.

[그림 1-1] 국가 사이버안전체계도

■ 국내 보안관제센터 역할 비교

→ 국내 사이버안전센터의 현황 및 역할
- 아래의 [표 1-2]와 같이 국가사이버안전센터, KISA의 인터넷침해대응센터, 정부통합전산센터, 각 부문별 중앙부처 사이버안전센터의 기능과 역할은 조금씩 상이하며, 관제 대상 및 범위 등 각각의 특징이 있음을 알 수 있다.

[표 1-2] 국내 분야별 보안관제센터 역할 및 기능

	국가사이버안전센터	인터넷침해대응센터	정부통합전산센터	각 부문별 사이버안전센터
목적	국가차원에서 사이버공격에 대한 종합적이고 체계적인 대응을 수행	국내 민간 전산망 정보보호 - 침해사고 예방을 위한 기술지원 - 실질적인 침해사고 대응 및 분석, 피해 복구 기술 지원 - 침해사고 대응을 위한 단일 창구 운영 - 그 밖의 침해사고예방 활동	정부기관별로 분산 구축/운영되던 정부자원을 통합하고 국가 차원의 정보보호체계 구축	사이버위협으로부터 보안전문인력에 의해 예방, 탐지, 대응 활동을 통하여 정부 및 기관의 주요정보 자산을 보호
주요 업무	국가사이버안전 정책 총괄 - 국가사이버안전 정책 기획·조율 - 국가사이버안전 제도·지침 수립 - 국가사이버안전 전략회의 및 대책회의 운영 - 民·官·軍 정보공유체계 구축 및 운영 사이버 위기 예방활동 - 각급기관 전산망 보안컨설팅 및 안전측정 - 정보보호 제품 평가·인증 및 보안적합성 검증 - 사이버위기 대응훈련 - 정보보안 관리실태 평가 사이버공격 탐지활동 - 24×365 각급기관 보안관제	전산망 보호침해사고 예방활동 - 침해사고 예방을 위한 기술지원 - 전산망 보안 기술 지침 개발 및 보급 - 기술 세미나 지원 침해사고 처리 지원 - 침해사고의 접수 - 전산망 보안 침해 사고 진단 분석 지원 국제 사고대응 활동 참여를 위한 창구 제공 - FIRST 활동 참여 - FIRST 제공 정보의 공유	운영총괄과 - 정보시스템 운영관련 고객 대응 - 정보시스템 운영개선 및 안정화 - 대전 운영·유지보수 사업 총괄 정보시스템과 - 고객기관 전산장비 관리·운영 - 전산실 관리 - 백업(스토리지), DRS 등 보조장비 운영 관리 - 금융시스템 관리·운영 서비스운영과 - 시스템 SW 관리·운영 - 공통서비스 관리·운영 - 우편 및 사무시스템 관리·운영 - 고객기관 재해복구시스템 운영	관제운영 - 24×365 실시간 관제 - 보안침해사고 탐지/대응 - 보안시스템 운영 및 보안관리 - 국내 유관기관과 협력체계 구축/운영 침해사고 분석 및 대응 - 침해사고 예방 및 대응 - 보안관제를 통한 침해사고 대응 - 사고분석 전문도구를 이용한 원인분석 - 침해사고 복구지원 - 침해사고 대응 보고서 보안점검 - 보안가이드라인 제공 - PC 보안 시스템모니터링 및 통보·조치 지원 - 서버, 네트워크, 홈페이지 취약점 진단 - 보안점검 실시

	국가사이버안전센터	인터넷침해대응센터	정부통합전산센터	각 부문별 사이버안전센터
주요 업무	− 단계별 사이버위기 경보발령 − 각급기관 보안관제센터 운영 및 교육지원 − 신종 해킹 탐지기술 개발·지원 사고조사 및 복구지원 활동 − 해킹사고 발생 시 사고조사 및 원인규명 − 시스템 복구지원 및 공격기법 분석 − 사이버위기 대책본부 구성·운영 − 해외유관기관과 협력체계 구축	기타 활동 − 사고 통계 및 분석 결과 배포 − 국내 유관 기관 협력	보안통신과 − 통합관제(서비스데스크 포함) 및 장애관리 − 센터 정보보호시스템 운영 및 관리 − 국가정보통신망 및 센터 통신망 운영 − 정보보호 취약점 분석 및 평가	대응 및 복구강화 − 침해사고에 대한 전문화·고도화된 분석 − 악성코드 수집·분석, 탐지 및 대응 − 침해사고 유형별 대응/개선 − 침해사고 재방방지 대책 수립 및 전파 − 내부 모의훈련 실시

chapter 3. 보안관제센터의 업무 수행내용

■ **보안관제요원이 수행하는 업무**

→ 아래의 업무는 보안관제센터에서 분야별로 인원을 적절하게 분배하여 운영이 필요하다. 또한 한 분야의 전문인력을 양성하여 타 파트와의 협력을 통한 기술공유도 보안관제센터 내에서 활용해야 하는 중요한 사항이다.

> 1. 실시간 보안관제
> 2. 웹 취약점 점검 수행
> 3. 서버 및 네트워크 시스템, 보안시스템 취약점 점검
> 4. 해킹메일 모의훈련
> 5. DDoS 공격 대응 모의훈련
> 6. 침해사고 분석
> 7. 정보보안 교육
> 8. 정보보호 기술 교육
> 9. 무선랜 취약점 점검
> 10. 각종 보안감사 준비를 위한 보안점검
> 11. 을지연습 사이버전 대응

■ **세부 수행업무**

→ 실시간 보안관제
  ▪ 홈페이지 위변조 및 공격에 대한 모니터링, 서버/네트워크 장비에 대한 트래픽 추이

및 공격사항 모니터링, 사용자 PC에서 발생되는 악성코드 감염 등 모든 외부로부터의 사이버위협에 실시간 대응하고 있다. 그리고 대부분의 보안관제센터에서는 실시간 서버/네트워크 시스템에 대한 별도의 인력이 장애관련사항도 함께 모니터링 하는 실정이다. 물론 장애 관련 모니터링 요원이 없다면 사이버공격을 대응하는 보안관제 요원이 업무를 겸하기도 한다.

→ 취약점 점검 수행
- 서버/네트워크 취약점 진단 : 자동 스캐너 이용 및 점검스크립트를 이용한 수동점검을 실시한다.
  - 자동스캐너 종류
    ☞ COPS : 유닉스 OS에서 실행하는 시스템 취약점 점검 도구
    ☞ SARA : SATAN을 기반으로 개발되어진 서버/네트워크 취약점 점검 도구
    ☞ SAINT : 네트워크 취약점 점검도구로써 HTML 형식의 보고서 기능이 있음
    ☞ Nmap : 네트워크 포트 스캔
  - 수동점검 방법 : 수동점검은 점검 스크립트를 활용하여 시스템 설정상태를 손쉽게 확인할 수 있는 방법이다.
- 웹 취약점 점검 : 기본적으로 자동 스캐너는 웹 취약점을 찾아준다. 웹 취약점을 찾을 수 없는 부분은 실제 프락시 툴을 이용한 수동점검을 실시한다.
    * 자동스캐너 종류 : APP SCAN, Nikto, Acunetix, Zap, Paros 등

→ 침해사고 분석 및 대응
- 침해사고 탐지 시에는 초기분석과 상세분석을 통하여 피해확산을 방지하는 업무를 수행한다. 제5편의 "침해사고 분석 기술"에서 상세히 다루었으므로 참고하기 바란다.

→ 실질적인 모의훈련 실시
- 악성코드 대응 훈련 : 악성메일 모의훈련 솔루션을 이용하여 메일을 기업이나 기관의 직원들에게 대량 발송하고 악성코드를 첨부하거나, 본문에 악의적인 사이트로 유도 접속되도록 링크를 삽입해 놓고 클릭 시 사이버위협에 대응하는 실질적인 훈련이다.
- DDoS 공격대응 모의훈련 : DDoS(Distributed Denial of Service)란, 분산서비스 거부란 뜻으로 다수의 공격자가 목표 시스템을 동시에 공격하여 해당 시스템이 정상 서비스를 못하도록 하는 공격이다.

[그림 1-2] 악성메일 모의훈련 시스템 절차도

- ☞ 웹 해킹 및 침투 공격과는 달리 중요정보 습득, 시스템 파괴가 주요 목적은 아니라고 볼 수 있다.
- ☞ 최근에는 DDoS 공격과 내부 침투공격을 병행하는 경우도 있으며, 지능적인 공격자는 DDoS 공격을 수행하여 그쪽으로 관심을 유인 및 대응팀의 집중도를 분산시킨 후에 은밀하게 내부로 접근/침투하는 사례도 많이 확인되고 있다.
- 종합장애대응 모의훈련 : 정전, 화재 및 전산장비 고장 등으로 전산 시스템 장애가 우려됨에 따라 유사시 신속한 보고 및 장애복구 모의훈련을 통하여 장애 대응 능력과 체계를 강화하기 위함이며, 보안관제센터에서는 장애 모니터링을 수행하기도 하기 때문에 실질적인 훈련에 가담하여 대응능력을 강화해야 한다.

→ 보안 권고 및 동향 전파
- 보안관제센터에서는 최신 취약점 보완사항, 보안이슈, 유해 IP 등에 대한 정보를 관련된 관제연동 기관에 즉각적으로 배포 및 전파한다.

[그림 1-3] DDoS 공격대응 절차

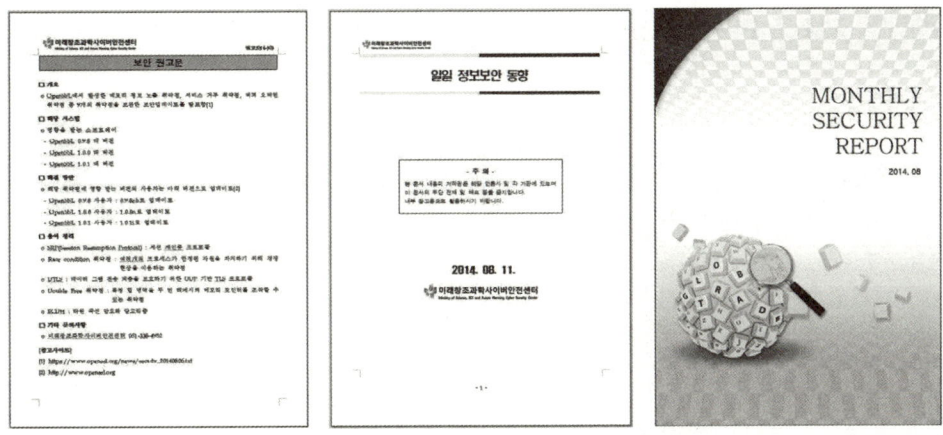

[그림 1-4] 보안 권고문 및 일일 정보보안 동향 예시

→ 정보수집 및 확인
- 해킹사이트, 보안 커뮤니티 게시판을 검색하여 기관과 관련된 홈페이지 중 해킹피해 여부를 점검한다.

[표 1-3] 홈페이지 변조 여부 검색 사이트

주소	점검 항목
http://www.zone-h.org	해킹 피해사이트 점검
http://www.xssed.com	Cross-site-scripting 공격 피해사이트 점검
http://www.phishtank.com	Phishing(피싱) 공격 피해사이트 점검

☞ http://www.zone-h.org는 해킹피해를 검색하는 사이트다. 홈페이지 관리자 권한 획득 후 주로 파급효과가 큰 메인 페이지를 변조한 후 결국 자랑하기 위해서 해커들이 사이트 URL을 등록하게 된다. 이들의 목적은 해킹단체, 해커 이름을 알리는 것일 뿐 정보탈취 등은 하지 않는다.

☞ http://www.zone-h.org 접속
관제대상 홈페이지 URL로 검색(예를 들어 아래와 같이 www.olivero.net을 검색했더니, defacements 라고 나온다. www.naver.com이라고 검색했는데 나오지 않으면 해킹당하지 않았다는 의미이다.)

■ **보안관제센터의 업무분장**

→ 일반적으로 보안관제센터에는 실시간 보안관제팀, 침해사고 분석팀 등으로 구성되어 있으며, PM 및 PL 등 구성원의 기본적인 업무수행 내용과 역할은 아래와 같다.

[표 1-4] 보안관제센터 세부 업무내역

업무 구분	세부 업무 내역
보안관제센터장	센터 업무 총괄 및 정책 최종결정
센터운영팀장	센터 운영업무 총괄
사이버안전센터 담당	보안관제 운영 관리 및 대외업무 담당 침해사고 대응등급 발령 정보보호 교육계획 수립 및 수행

업무 구분		세부 업무 내역
관제 PM		기관 본부 정보보안 업무지원 정보보호 기획 및 홍보 업무지원 사이버안전센터 보안관제 업무 총괄 각종 산출물 작성 및 보고 　• 기간별(주간, 월간, 연간 등) 탐지현황 보고서 등 　• 업무지침 및 절차서, 보안관제 매뉴얼 작성 관제, 장애, 이벤트 등 각종 현황 작성 및 관리 관제요원 근무일정표 작성 및 각종 취약점 점검 결과 보고/관리 외부 관람서비스 브리핑 시연 등 운영 지원(브리핑 자료 수정 등) 관제인력 관리 및 사업수행 진척 보고
관제 PL		사이버안전센터 보안관제 업무 관리 및 지원 각종 산출물 작성 및 보고 기간별(주간, 월간, 년간 등) 탐지현황 보고서 등 　• 업무지침 및 절차서, 보안관제 매뉴얼 현행화 작성 회원기관 통합보안관제 연동관리 관제요원 근무일정표 작성 및 각종 취약점 점검 결과 보고/관리 관제, 장애, 이벤트 등 각종 현황 작성 및 지원
침해사고대응팀(CERT)		관제운영 관리 관제 시스템 운영 침해 초기 분석대응 침해 상세 분석대응 분석결과에 대한 관제업무 고도화 지원 포렌식 관리
취약점 진단		정보자산 보안취약점 점검 해킹유형 및 취약점 분석 취약점 점검 스크립트 개선 및 항목추가 웹 취약점 점검의 항목확대 및 테스트 케이스 확보 포렌식 관리
보안관제 요원	분석 (선임)	24시간 365일 관제시스템 운영 및 모니터링 정보보호시스템 모니터링 및 웹서비스 모니터링 관제시스템 운용(방화벽 및 위협관리시스템 등 보안장비 정책 관리) 이벤트 분석 침해사고시 1차 분석대응
	모니터링 (후임)	24시간 365일 관제시스템 운영 및 모니터링 정보보호시스템 모니터링 및 웹서비스 모니터링 관제시스템 운용(방화벽 및 위협관리 시스템 등 보안장비 정책 관리) 이벤트 분석 침해사고시 상황전파 및 중점 모니터링 수행 보고서 작성 지원 취약점 점검 지원

1.2 보안관제 구성 및 서비스

chapter 1. 보안관제 시스템

■ **보안관제 시스템 개요**

→ 보안관제에 이용되는 시스템은 기본적으로 침입을 탐지하고 대응하기 위한 시스템들이 필요하며, 대표적으로 침입탐지 시스템(IDS), 침입방지 시스템(IPS), 침입차단 시스템(방화벽)과 같은 정보보호 시스템을 이용한 방법이 있다. 최근에는 내부정보 유출, APT 공격과 같은 지능화된 공격을 탐지하고 대응하기 위해 다양한 시스템에서 발생하는 로그와 이벤트를 활용한 통합 보안관제 전용 시스템을 이용하는 방향으로 보안관제 시스템이 발전하고 있다.

[그림 1-5] 보안관제 시스템 구성 개념도

■ **정보보호 시스템**

→ 정보보호 시스템은 무엇을 보호하기 위한 것인지 대상 및 목적에 따라 다양한 종류로 나뉜다. 보안관제를 수행함에 있어 각기 다른 정보보호 시스템의 기능과 역할을 이해하는 것도 무척이나 중요하다. 방화벽, IPS 등 네트워크 기반의 정보보호 시스템 외에 서버를 보호하거나 사용자 컴퓨터 등 엔드 포인트를 보호하는 시스템을 이해하면 악성코드를 방어하는 데 정밀하고 다차원적인 방어가 가능하다.

→ 정보보호 시스템 구축도

※ 보안장비의 기본적인 탐지원리는 유사하나, 제조사에 따라 공격탐지 기술적인 패턴내용 및 운영메뉴/기능 상의 차이가 있음

[그림 1-6] 네트워크 정보보호시스템 구축 사례

[그림 1-7] 영역별 정보보호 시스템 구성도 사례

[표 1-5] 정보보호 시스템 종류 및 기능

구 분	기 능
홈페이지 APT 웹셸공격 탐지 및 차단 시스템	웹셸 및 홈 디렉터리 설정변경 탐지 악성코드유포지 URL탐지 웹셸 탐지 정보 및 이력 저장
정보시스템 서버 접근 통제 및 보안감사 시스템	접근 통제에 의한 모든 작업 이력 저장 장애 및 보안사고 발생 시 사후 추적 기능
지능형 네트워크 접근 통제 시스템(NAC)	네트워크 접속 단말인증 및 무결성 검증 필수 S/W 설치 및 불법 소프트웨어 삭제 유도
위협관리 시스템(TMS)	위협관리시스템(Threat Management System)으로 유해 트래픽 및 악성코드를 실시간 탐지하는 시스템
방화벽(FW)	침입차단시스템으로 내부 시스템을 보호하기 위해 IP 및 프로토콜 기반으로 내·외부를 접속 차단하는 시스템
침입방지 시스템(IPS)	실시간 사이버 공격을 탐지 및 차단하는 시스템으로, 악성코드 및 악의적인 바이러스에 대해 문자열 방식으로 탐지하여 차단하는 시스템 ※ 사람이 건물에 입장할 때 1차적으로 얼굴인식으로 현관을 통과하는 것이 방화벽의 역할이라면 소지품 검사대에서 엑스레이 검사하는 것이 침입방지 시스템의 역할

구분	기능
내부정보유출 방지 시스템	사용자 컴퓨터에서 사용하는 메신저(MSN, 네이트온 등) 프로그램 사용 차단 및 이메일 송신 시 붙임파일 용량 통제 등 내부정보의 유출을 방지하기 위한 시스템
홈페이지 위·변조 감시 시스템	악의적인 사이버공격에 의한 홈페이지 화면 위/변조 사항을 실시간 탐지 및 웹 접속 정상 상태를 모니터링하는 시스템
무선랜 침입 차단 시스템(WIPS)	기관 내 비인가 무선 AP 탐지 및 무선랜에 대한 위협을 탐지·차단하는 시스템 • 기관 내의 중요정보를 모바일 기기를 이용하여 이메일·SNS 등을 통하여 인터넷으로 전송하는 기능을 탐지·차단함 • 허가 없이 설치한 무선 공유기 및 무선장비를 실시간 탐지/차단하여 기관내의 시스템으로 침입하는 등의 외부 사이버 공격을 방어함
DDoS 공격대응 장비	DDoS 공격에 대한 차단에 특화된 시스템
개인정보유출방지 시스템	컴퓨터에서 주민번호, 여권번호 등 고유식별정보 및 중요정보가 포함된 문서를 식별하거나 외부유출 시 차단하는 시스템
웹 방화벽(WAF)	웹 서비스에 대한 사이버 공격 차단에 특화된 시스템
해킹메일 차단시스템	악의적인 바이러스 및 악성코드 포함된 메일 수신 시에 탐지 및 차단하는 시스템
스팸메일 차단 시스템	일반적인 다량의 메일 수신 및 비정상적인 메일 수신 시 차단하는 시스템
지능형지속위협(APT) 공격 대응 시스템	시그니처(문자)기반의 정보보호시스템과는 달리 비정상적인 행위를 판별하여 이상 징후를 탐지 및 차단하는 시스템
매체제어 시스템	인가된 USB 저장장치, 이동형 저장장치의 연결을 허용하고 기타 비인가된 장치에 대해서는 차단 등의 통제 시스템

[표 1-6] 기업 규모별 정보보호 시스템 맵

분류	Step 1	Step 2	Step 3	Step 4
네트워크 보안	방화벽(Firewall)	침입탐지시스템(IDS), 프로토콜 분석기	침입방지 시스템(IPS)	네트워크 접근 통제(NAC)
시스템 보안	바이러스 백신, 시스템 방화벽	스팸차단 소프트웨어, 패치관리시스템(PMS)	보안운영체제, 시스템 취약점 분석툴	—
애플리케이션 보안	—	웹방화벽(WAF), 스팸메일차단 솔루션	문서저작권관리(DRM), DB보안 솔루션, 웹스캐너(취약점 분석)	소스코드 분석도구, 취약점 스캔 Appliance
통합보안관리	로그관리 및 분석도구	보안구성관리(SCM)	통합보안시스템(UTM), 전사적 보안관리(ESM)	위협관리 시스템(TMS), 위험관리 시스템(RMS), 포괄적위협관리(CTM)
인증 및 접근 통제	싱글사인온(SSO)	스마트 카드 통합접근관리(EAM)	하드웨어 토큰, 일회용 비밀번호(OTP), 통합계정관리(EIM)	바이오인식 시스템(지문, 정맥, 얼굴, 홍채, 다중인식 등)
PC 보안	바이러스 백신, 안티 스파이웨어	개인용 PC 방화벽	개인용 인티스팸	통합 PC 보안

분류	Step 1	Step 2	Step 3	Step 4
기타 보안	가상사설망(VPN)	공개키 기반구조(PKI), 무선랜 보안(Wireless)	모바일 보안(Mobile), RFID 보안	기업정보 유출방지
보안 서비스	(공인/사설) 인증	솔루션 유지보수	보안관제, 보안교육훈련	보안컨설팅

[표 1-7] 단계별 정보보호 시스템 구성

단계	적용범위	설명
Step1	소규모 조직(15명 이하), 비영리 기관	조직을 안전하게 운영하기 위한 최소한의 보안솔루션
Step2	중소기업	중소 규모의 조직에서 효과적인 보안 체계를 갖추기 위한 보안솔루션
Step3	대기업	대규모 조직에서 효율적으로 관리 및 통제하기 위한 보안솔루션
Step4	기밀정보를 다루는 주요 조직	군사, 주요 정부기관, 핵심 사업부 등 고도의 보안 수준을 요구하는 조직을 위한 보안솔루션

출처 : 한국침해사고대응협회, 한국정보보호진흥원, CERT 구축 및 운영가이드

■ **보안관제 시스템의 종류와 기능**

→ 침입탐지 시스템(IDS)/침입방지 시스템(IPS)

- 침입을 탐지하기 위한 시스템으로 침입탐지 시스템(IDS : Intrusion Detection System), 침입방지 시스템(IPS : Intrusion Prevention System)이 대표적이다. IDS와 IPS의 차이는 IDS는 탐지 전용 장비이고, IPS는 탐지뿐만 아니라 차단 기능까지 가지고 있다. 그리고 적용 영역에 따라 네트워크용 N-IDS/IPS와 시스템용 H-IDS/IPS가 있다.
- IDS와 IPS 솔루션에 대한 선택은 보안관제 사이트의 규모(관제 트래픽)와 네트워크 성능 등을 고려하여 선택하고 있다.
- IDS/IPS 시스템 설치 후 가장 신경 써야 할 부분이 침입탐지패턴(Signature) 관리인데 침입탐지패턴 관리가 안 될 경우 오탐(False-Positive)으로 정상적인 서비스에 장애가 발생하거나, 미탐(False-Negative)으로 공격이 탐지되지 않는 문제가 발생한다. 그렇기 때문에 침입탐지패턴을 항상 최신 정보로 유지해야 하며, 신규 침입탐지패턴 적용 후 보안관제 사이트 특성을 고려한 최적화가 필요하다.
- 최근에는 IDS/IPS의 침입탐지패턴 최적화를 위해 Self-Learning 기능을 활용하여 정확한 탐지 및 신속한 대응이 가능한 장비도 있다.

[그림 1-8] 침입방지 시스템(IPS) 실시간 탐지화면

→ 홈페이지 APT 웹셸공격 탐지 및 차단 시스템
  ▪ 최근에 웹셸에 의한 홈페이지 공격이 많이 발생되고 있다. 홈페이지 취약점을 이용하거나 내부 사용자 컴퓨터를 해킹하여 내부 네트워크의 취약점을 이용해서 웹서버에 웹셸을 업로드할 수도 있다. [그림 1-9]는 실제적으로 홈페이지 서버에 업로드된 b374k-2.8.php 웹셸 파일을 탐지한 화면이다. 탐지패턴은 create_function으로 이러한 웹셸은 원격에서 웹서버를 컨트롤할 수 있는 기능이 있다.
→ 서버 접근 통제 및 보안감사 시스템
  ▪ 서버로의 접근은 반드시 서버접근 통제 시스템을 통하여 접속하는 방식으로 권한에 따라 각각의 서버에 접근을 금지/허용 등 통제할 수 있으며, 모든 접근 로그는 책임추적성을 확인할 수 있도록 변조되지 않은 완전무결한 상태로 보존된다.
→ 통합보안관리 시스템(ESM)
  ▪ 통합보안관리 시스템은 최근에는 통합보안관제 시스템이라고도 부르며, 특징은 모든 보안장비 및 서버/네트워크 장비의 SYSLOG 등 모든 로그를 수집하여 정규식으로 표현하여 이해하기 어렵게 나열된 로그를 보기 쉽도록 나타냄에 따라 실시간 모니터링에 활용하고 있다.

[그림 1-9] 웹셀 탐지 화면

[그림 1-10] 시스템 접근제어 및 보안감사 솔루션 구성도

- 예를 들어 수많은 보안장비(방화벽, IPS 등)의 화면을 각각으로 볼 수는 없는 현실이다. 그래서 ESM을 사용하면 모든 보안장비의 탐지 이벤트를 수집 후 종합적으로 모니터링이 가능하여, 통합보안관제센터에서는 빠져서는 안 될 필수 시스템이 되었다.

[그림 1-11] 실제 ESM의 실시간 탐지 화면

→ 보안정보 및 이벤트 관리(SIEM : Security Information and Event Management)
- SIEM은 전사적 보안관리(ESM : Enterprise Security Management)와 상호보완적인 관계로 다양한 정보 시스템에 대한 로그 관리 및 분석이 강화되고 빅데이터 기술이 접목되어 정보 시스템 전반에 대한 신속한 위협탐지를 가능하게 하는 지능형 로그 관리 플랫폼이다.
- 즉 정보 시스템(서버, 네트워크 장비, 보안장비, PC 등)에서 생성되는 각종 로그와 이벤트를 통합적으로 관리하고 분석하여 외부의 사이버공격과 내부 정보 유출 시도를 신속하게 탐지할 수 있도록 한 차세대 보안관제 시스템이라 할 수 있다.
- 특히 지능형 지속 위협(APT : Advanced Persistent Threat) 공격에 대응하기 위한 차세대 보안 패러다임으로 부각되고 있는 보안 인텔레전스(지능형 보안 : Security Intelligence)에 적합한 보안관제 시스템으로 SIEM이 주목받고 있다.
- ESM과 SIEM이 구현방식과 기능이 유사하지만 일반적으로 ESM은 보안솔루션(주로 방

화벽, IDS, IPS)의 로그를 수집해 상호연관관계를 분석하여 주로 외부 네트워크로부터의 공격 탐지에 중점을 두고 있었다. 반면에 SIEM은 기존에 ESM이 담당했던 영역에 추가적으로 내부의 정보유출 탐지영역까지 담당하고 있다고 할 수 있다. 또한, SIEM이 필요성이 증가되는 요인 중에는 개인정보관련 법에서 요구하고 있는 접속기록의 보관 및 모니터링을 충족시켜 법규를 준수하기 위한 목적도 있다.

- 기능적 특징 면에서 ESM/SEM은 실시간 모니터링, 이벤트 상관관계 분석, 대시보드 및 알람 기능을 제공했고 SIM은 주로 로그의 저장과 분석 및 보고 기능을 제공해 왔다.
- 기술적인 발전단계 측면에서 로그관리에서 출발한 SIEM은 기존 ESM과 SIM에 어플리케이션 로그관리까지 포괄하는 NG-SIEM로 발전 중에 있다.

출처 : 정보통신산업진흥원

[그림 1-12] SIEM 시스템 발전 단계

- APT 공격에 대응하기 위해 SIEM이 주목받는 이유는 기존 IDS/IPS에 의존적인 공격 탐지방식으로는 역부족이기 때문에 추가적으로 다양한 정보 시스템에서 생성된 대용량 데이터를 분석하기 위한 보안솔루션이 필요한데 SIEM 솔루션이 추구하는 발전방향과 일치하기 때문이다.

chapter 2. 보안관제 서비스 유형

■ **관제조직에 따른 분류**

→ 직접 보안관제

직접 보안관제는 '내부 기밀 유지' 및 '신속한 사고 처리'에 초점이 맞춰져 있다. 또 내부의 자체 인력을 기반으로 운용되기 때문에 정보보안 관련 기술을 보유할 수 있다는 점과 보안관제업무와 관련해 연속성이 보장되는 장점이 있다.

→ 파견 보안관제

파견관제 서비스는 직접 보안관제를 수행하는 것과 큰 차이점은 없다. 보안관제 시스템을 별도로 구축해야 하는 점은 동일하지만 조직 구성과 관련해 전문 보안업체의 신뢰할 수 있는 보유 기술력과 노하우를 바탕으로 최소한의 리스크를 가지고 운영할 수 있다는 장점이 있다.

- 파견관제 서비스 시장은 2013년 매출은 791억 1100만 원이며, 2014년 매출은 835억 4400만 원으로 5.6%가 증가한 것으로 추정했다. 파견관제 서비스는 종사자가 50인 이상 100인 미만인 기업의 매출이 20억 3500만 원이며, 100인 이상인 기업의 매출이 797억 1500만 원으로, 파견관제 서비스는 종사자가 100인 이상인 기업에서 주로 판매되는 것으로 나타났다. 특히 파견관제 서비스는 공공부문 매출이 54.0%, 서비스 부문 매출이 27.6%로 주로 공공 부문의 수요가 높은 서비스로 나타났다(출처 : 보안뉴스).

[그림 1-13] 직접 보안관제 형태

→ 원격 보안관제

원격관제 서비스는 전문 업체에서 보유하고 있는 검증된 관제센터의 시스템을 그대로 사용하기에 신뢰성을 확보할 수 있고, 별도의 관제 시스템을 구축할 필요가 없는데다 조직을 별도로 구성할 필요가 없어 최소한의 비용으로 보안 서비스를 제공받을 수 있다.

- 원격관제 서비스의 2013년 매출은 711억 9900만 원이며, 2014년 매출은 743억 4800만 원으로 4.4%의 증가한 것으로 추정했다. 또 원격관제 서비스는 종사자가 10인 이상 50인 미만인 기업의 매출이 2014년 기준 22억 8200만 원이며, 100인 이상인 기업의 매출이 705억 5100만 원으로 원격관제 서비스는 종사자가 100인 이상인 기업에서 주로 판매되는 것으로 나타났다. 특히 서비스 부문의 매출은 46.8%, 제조 부문 매출은 26.3%로 나타나 주로 서비스 부문의 수요가 높은 것으로 나타났다.

[그림 1-14] 원격 보안관제 형태

→ 보안관제 전문업체

- 국가사이버안전관리규정 제10조의2(대통령훈령 제316호)에 따른 국가·공공기관 보안관제센터 운영을 지원할 보안관제 전문업체를 지정하고 있다. (시행일 : 2011년 7월 1일)
- 국가사이버안전관리규정에 따라 보안관제 전문업체 지정은 과학기술정보통신부가 하고, 보안관제 전문업체에 대한 관리는 한국인터넷진흥원이 수행하고 있다.

- 공공기관뿐만 아니라 기업 자체적으로 보안관제를 하기 위해서는 관련 시스템을 구축하고 이를 운용할 전문인력을 확보해야 하는 어려움이 있다. 따라서 많은 공공기관과 기업이 외부 보안관제 서비스 업체에 보안관제업무를 위탁하고 있다. 2016년 8월 현재 보안관제 전문업체로 지정된 기업은 14곳이다.

→ 보안관제 아웃소싱(파견/원격 보안관제) 시에는 장점사항과 기관별 특성에 맞는 다양한 사항을 고려해야 한다.

[표 1-8] 보안관제 아웃소싱의 이점 및 고려사항

장점	고려사항
보안전문인력 확보 용이 보안전문기술 유지 용이 보안관제시설 확보 및 운영비용 절감 침해사고 시 법적 증거 제공(독립성, 객관성 확보)	서비스 제공 수준(SLA)의 적정성 확보와 서비스 범위의 명확성 보안관제를 위한 자체 보안장비 활용 및 구매 혹은 임대 선택 보안관제 업체의 신뢰성, 사업 지속역량 보안관제 정보관리의 보안성 확보

[표 1-9] 파견 보안관제와 원격 보안관제 비교

구분	파견 보안관제	원격 보안관제
관제 방식	정보보호 시스템 및 정보 시스템(서버/네트워크 장비 등) 등이 운영되는 현장에서 관제하는 방식	보안관제 전문업체 등의 원격지 보안관제센터에서 대상 시스템에 대한 사이버공격에 대한 로그만 수신하여 관제하는 방식
비용	현장에 상주로 인한 인건비용이 높음	현장 파견이 아니기 때문에 원격지 모니터링 수행으로 비용은 낮음
효율성	고객과의 협조 및 소통으로 보안관제업무 진행이 원활함	고객과의 협조 및 소통의 부재로 보안관제업무 진행이 다소 원활하지 않은 경우가 발생
신속성 (대응력)	사이버공격 발생 시 현장에서 직접적인 로그 확인 및 분석 등의 신속성이 우수	사이버공격 발생 시 원격지의 대상 시스템에 대한 직접적인 원시로그 확인 등이 어렵고 대응시간이 다소 지연됨

■ 관제 시스템에 따른 분류

→ 단위 보안장비를 이용한 관제

침입차단 시스템(방화벽), 침입탐지 시스템(IDS) 등 단위 보안장비를 이용하여 보안관제를 진행하는 경우로 해당 보안장비에서 생성되는 이벤트 정보 또는 로그를 모니터링하여 보안관제 업무를 수행한다. 주로 보안관제 도입단계 혹은 소규모 사이트에서 많이 사용되고 있다.

[표 1-10] 단위 보안장비별 보안관제 예시

단위 보안장비별 관제 서비스	부가 서비스
IDS/IPS 관제 서비스 Firewall 관제 서비스 UTM 관제 서비스 WAF 관제 서비스 DDoS 방어 서비스	스팸 차단 서비스 메시지 보완 서비스 취약점 관리 서비스 시스템 하드닝 서비스 침해사고 분석 서비스 모의해킹 서비스

- 네트워크에 대한 유해트래픽 등 네트워크 공격에 대한 모니터링
  - 각종 네트워크를 통해 발생하는 사이버 위협에 대해 침입탐지 시스템(IDS), 침입방지 시스템(IPS), 침입차단 시스템(방화벽/Firewall), 위협관리 시스템(TMS : Threat Management System), DDoS 대응 솔루션, ESM(Enterprise Security Management) 등을 이용하여 네트워크 유해 트래픽, 홈페이지 공격, 서버/네트워크 장비에서의 악성코드 발생 등 분야별로 사이버 보안관제를 수행한다.
- 웹 공격에 대한 모니터링
  - 웹을 통한 공격을 웹방화벽(WAF : Web Application Firewall)의 탐지로그와 웹서버의 웹로그를 분석하여 웹 공격의 유무를 실시간 모니터링한다. 또한 IDS(침입탐지 시스템)과 방화벽의 로그와 비교 분석을 통해 공격을 탐지하기도 한다.
- 서버 및 네트워크 장비에 대한 공격 모니터링
  - 서버나 네트워크 장비에서 발생하는 장애 혹은 비정상적인 상황에 대해 SMS(서버관리 시스템), NMS(네트워크관리 시스템)을 통해 수집된 정보와 보안솔루션에서 발생된 정보의 연관성을 조사하여 사이버공격에 대해서 조사한다.
- 사용자 컴퓨터 모니터링
  - 사용자 컴퓨터에도 악성코드가 발견되어 외부 인터넷상으로 트래픽이 나간다면 위에서 언급한대로 보안 시스템에서 탐지되며, 컴퓨터와 같이 엔드포인트 단말기에서는 백신 및 네트워크 접근 통제 시스템(NAC)을 모니터링하여 단말기에서의 악성코드 감염 및 이상 트래픽을 모니터링한다.

→ 통합 보안관제 시스템을 이용한 보안관제
  - 다수의 시스템으로부터 수집된 정보를 종합적으로 분석하는 통합 보안관제 시스템을 이용하는 방법

- 주로 ESM(Enterprise Security Management) 보안관제 장비를 활용해 방화벽, IDS 등 네트워크 보안장비에서 발생되는 이벤트를 종합적으로 분석하여 신속하게 공격을 탐지하는 것을 의미한다.
- 최근에는 기존 ESM을 통한 모니터링뿐만 아니라 내부적인 보안정책의 준수, 응용 시스템 및 클라이언트 단말에서 생성되는 이벤트 및 로그 분석까지 포함하는 전체 정보 시스템에 대해 보안관제하는 것을 의미한다. 이 경우 사용되는 보안 솔루션은 주로 SIEM(Security Information and Event Management) 솔루션을 이용하여 통합 보안관제 시스템을 구축한다.
- 통합 보안관제의 범위가 넓어짐에 따라 통합 보안관제를 인텔리전스 보안관제라고 부르기도 한다. 인텔리전스 보안관제는 모든 소스 및 데이터의 수집을 통한 연관분석과 이상행위의 지능적인 탐지, 그리고 비즈니스 손실을 최소화할 수 있는 조치와 업무 효율성 향상을 위한 자동화 기능 등을 제공한다. 이를 통해 각 기업들은 보안을 강화하고 비즈니스 리스크를 줄일 수 있는 것이다. 통합 보안관제는 대부분의 사이버안전센터 및 보안관제센터에서 직접 및 파견 보안관제와 원격 보안관제를 혼합하여 실시간 사이버위협에 대응하고 있다.

[그림 1-15] 통합보안관제 구성 사례

→ ESM을 이용한 탐지 이벤트 전송방식
- 각 보안장비의 탐지로그는 중요 정보로 볼 수 있으며, 사이버공격에 악용될 소지도 있으므로 각 기관의 로그는 안전한 암호화 전송이 이루어져야 한다.

- 사이버안전센터 ESM 서버로 탐지로그를 전송하여 통합보안관제 가능
  - Agent에서 수집한 탐지로그는 ESM 서버로 실시간 전송
  - 수집정보 : 공격 이벤트 정보 및 보안장비의 성능(CPU, 메모리 사용률) 정보 등
- 연동 장점
  - 다양한 기종의 보안장비에서 수집한 탐지로그를 통합적으로 모니터링 가능
  - 각 보안장비의 탐지로그를 연관성 분석하여 효율적인 보안관제 수행

→ 융합 보안관제

무단출입 및 기업정보유출 시도 등 보안 위협에 입체적, 다각적으로 대처 가능하도록 물리적, 관리적, 기술적 다양한 보안 기술들의 접목과 보안 시스템(출입통제, 내부 정보유출방지, 출력물 보안 시스템 등)의 로그를 종합적으로 분석하여 이상 징후 발생 유무에 대해 통보하고 평가하여 이를 기반으로 침해시도 및 정보유출 시도를 원천 차단하는 상황인지(Context Awareness)형 융합보안 서비스이다.

출처 : 이글루시큐리티

[그림 1-16] 융합 보안관제 개념도

chapter 3. 보안관제 구성요소

■ **보안관제 시스템**
→ 보안관제는 크게 보안관제 정보를 수집하기 위한 보안관제 시스템과 보안관제 조직으로 구성된다. 다음은 보안관제를 위한 대표적인 시스템들이다.

[표 1-11] 보안관제 구성 시스템

구분	시스템 명
네트워크 영역	침입탐지시스템(IDS) 침입차단시스템(방화벽) DDoS대응솔루션 TMS(Threat Management System) 솔루션 UTM(Unified Threat Management) 솔루션 NAC(Network Access Control)
서버 영역	웹방화벽시스템(WAF) 호스트 침입탐지시스템(H-IDS) 보안운영체제(SecureOS) 백신(Anti-Virus)
통합 및 분석	ESM(Enterprise Security Management) 솔루션 TMS(Threat Management System) 솔루션 RMS(Risk Management System) 솔루션 SIEM(Security Information and Event Management) 시스템
기타	사이버대피소

■ **보안관제 조직**
→ 보안관제 모니터링 조직은 24시간 365일 보안관제 시스템에서 발생되는 이벤트에 대해 모니터링하고 미리 정해진 이상 트래픽 등 이벤트가 발생할 경우 정해진 절차에 따라 보고 및 대응조치를 수행한다.
→ 침해사고대응 조직(CERT)은 모니터링 조직에 의해 확인된 이상 트래픽이나 이벤트에 대해 침해여부에 대한 상세 분석과 대응조치를 수행한다. 침해사고대응 조직은 침해사고 발생 전에 발생 가능성이 높은 취약점에 대해 관제대상 시스템에 대한 영향을 사전에 조사하기도 한다.
→ 정보공유분석센터(ISAC)는 유사 업무 분야별로 해킹, 바이러스 등 사이버테러와 침해사고에 대해 효과적으로 공동 대응하기 위한 조직이다. ISAC은 사이버테러 취약점과 침해

요인, 대응방안에 관한 정보를 가입기관에 제공하고 침해사고가 나면 실시간 경보와 분석업무를 수행하게 된다. 아울러 분야별 여건을 고려, 침해사고 대응체계 구성 및 운영, 정보통신기반시설의 보호 시스템 시험, 정보보호 관련 교육과 훈련 서비스 등을 부가적으로 제공한다.

제 2장

정보보안 일반

2.1 보안 인증 기술

chapter 1. 사용자 인증기술

■ **사용자 인증 개요**
→ 주체가 객체인 자원에 접근하기 위해서는 식별, 인증, 허가의 단계를 거치게 된다. 네트워크에서는 불법 접속을 시도하는 것을 차단하는 방법이 필요하고 이러한 정당한 사용자를 확인하는 과정을 사용자 인증이라 한다.

■ **사용자 인증기술**
→ 식별, 인증, 허가
→ 식별(Identification)
- 사용자가 본인이라는 것을 시스템에 밝히는 것이다.
- 접근 주체가 누구인지를 유일하게 판별하는 단계이다.
- 책임 추적성 분석의 자료가 된다.

→ 인증(authentication)
- 시스템이 본인임을 주장하는 사용자가 그 본인이 맞다고 인정해주는 것이다.
- 식별된 주체가 원래 의도된 것인지를 입증하는 단계이다.
- 임의의 정보에 접근할 수 있는 주체의 능력이나 주체의 자격을 검증하는 단계이다.

→ 허가(authorization)
- 인증받은 자에게 자원에 대한 접근 권한을 허용하는 것이다.
- 주체의 신분에 따른 허가 등급이 필요하다.
    - 접근 원칙
        ☞ 알 필요성 원칙(Need to know) : 해당 업무에 대한 접근 권리만 부여하는 원칙이다.

☞ 최소권한 원칙(Least privilege policy) : 업무수행에 필요한 최소 권한만 부여하는 원칙이다.
→ 직무분리 원칙(Separation of Duty) : 한 사람에게 모든 업무(권한)를 부여하지 않는 원칙이다.
→ 인증기술은 적용하는 기반 기술을 바탕으로 여러 형태(type)으로 구분된다. TYPE-I이 가장 낮은 단계의 인증수단이고 TYPE이 높을수록 강한 인증방식이다. 단일인증(single factor) 방식보다 여러 개의 인증방식을 혼용하는 다중인증(multi factor) 체계가 더 효과적이다.

[표 1-12] 인증기술 구분

인증구분	설명	기반	종류
TYPE-I	something you know	지식	패스워드, PIN, pass phrase
TYPE-II	something you have	소유	스마트카드, 토큰, 신분증
TYPE-III	something you are	존재	홍채, 지문, 정맥
TYPE-IV	something you do	행동	음성, 서명, keystroke dynamics

→ 패스워드 인증 프로토콜(PAP : Password Authentication Protocol)
  특정 사용자가 자신만이 알고 있는 비밀 정보인 패스워드를 사용자 이름과 함께 인증서버에 제공함으로써 서버의 서비스를 제공받을 수 있는 가장 전통적인 개인 식별방법이다.
→ 일회용 패스워드(OTP : One Time Password) 인증
  일회용 패스워드는 매 세션마다 서로 상이한 패스워드를 사용하므로 패스워드가 노출되어도 다음 세션에 사용될 패스워드를 예측할 수 없다. 패스워드 인증방식 중 안전성이 가장 높다.
→ 시도응답 인증 프로토콜(CHAP : Challenge Handshake Authentication)
  자신의 신분을 다른 실체에게 증명하기 위하여 자기 자신만이 소유하고 있는 어떤 비밀 정보를 자신이 알고 있다는 사실을 간접적으로 보여주는 프로토콜로 비밀키 암호 및 공개키 암호에 기반을 두고 있다.
  신분 증명을 요청하는 서버가 신분을 밝히라는 시도(challenge)를 클라이언트에게 보내면 클라이언트는 그 비밀 정보를 이용하여 응답(response)함으로써 서버에게 자신을 증명하는 프로토콜이다.
→ 생체 인증(Bio Metric)

생체 인증이란 개인의 독특한 생체 정보를 추출하여 정보화시키는 인증방식을 말한다. 즉, 인간의 신체적, 행동적 특징을 자동화된 장치로 측정하여 개인 식별의 수단으로 활용하는 모든 것을 가리킨다.

- 지식기반(패스워드)과 소유기반(스마트카드) 인증의 문제점을 해결하는 방법이다.
- 보안성은 가장 우수하지만 가장 비용이 많이 드는 인증방법이다.
- 도용예방, 복제불가, 변경불가, 분실방지, 사후추적 관리가 가능하다.
- 신체적 특징 자체를 인증하는 존재기반과 행동기반 인증으로 구분된다.
    - 생체인증 오류율(정확성을 나타내는 척도)
        - ☞ False Rejection Rate(FRR) : Type I 에러 : 정상인데 오류로 인식하는 비율(%)이다.
        - ☞ False Acceptace Rate(FAR) : Type II 에러 : 오류인데 정상으로 인식하는 비율(%)이다.
        - ☞ 사용자의 편리성을 위해서는 FRR을 낮추고, 보안의 엄격성을 위해서는 FAR을 낮추어야 한다.

chapter 2. 메시지 출처 인증기술

- **메시지 인증 개요**

→ 메시지 인증은 전달되는 메시지의 이상 유무, 즉 무결성을 확인할 수 있는 기능으로 전송 중 발생할 수 있는 메시지 내용 변경, 메시지 순서 변경, 메시지 삭제 여부를 확인하는 기능이다. 메시지 인증 방식으로 메시지 암호화 방식, 해시함수를 이용하는 방식, MAC(Message Authentication Code) 방식 등이 있다.

- **메시지 암호화 방식**

→ 비밀키 암호 : A가 메시지(평문) M을 인증하여 검증자 B에게 전달하는 경우에 A, B는 비밀키(대칭키, 관용키) 암호 방식을 사용하고 있으므로 사전에 동일한 키(Single key)를 분배해 갖고 있어야 한다. 이 경우 메시지 인증과 비밀성 서비스가 동시에 제공된다.

→ 공개키 암호 : 공개키(Public Key)와 개인키(Private Key)의 기능을 반대로 이용하면 용이하게 메시지 인증 기능을 실현할 수 있다.

■ **해시함수 방식**
→ 해시함수 방식은 일방향 함수로 메시지 압축 기능을 갖고 있는 해시함수값 H=h(M)를 메시지 M에 부가시켜 전송하면 이를 수신한 수신자는 메시지 M으로부터 해시값 H를 계산하여 수신한 해시값 H를 비교하여 메시지 인증을 할 수 있다.
→ 메시지 인증에 필요한 해시함수의 성질
- 고정길이 압축 : 해시함수 h는 임의의 메시지 M을 입력할 수 있어야 하며 이를 일정 길이의 해시값 H로 출력할 수 있어야 한다.
- 효율성 : 해시함수 h는 어떠한 메시지 입력에도 해시값 H의 계산이 간단해야하며 하드웨어 혹은 소프트웨어 구성이 용이해야 한다.
- 일방향성 : 어떠한 해시값 H에 대해서도 h(M) = H가 되는 메시지 M을 찾는 것이 계산상 불가능해야 한다.
- 역상저항성 : 어떠한 메시지 M과 그의 해시값 H=h(M)이 주어졌을 때 h(M')=H이 되는 메시지를 찾는 것이 계산상 불가능해야 한다.
- 충돌회피성 : h(M)=h(M')이 되는 서명문 쌍(M, M'), (M≠M')을 찾는 것이 계산상 불가능해야 한다.

■ **MAC**(Message Authentication Code)
→ 비밀키 암호 방식(대칭키)을 이용하여 메시지M으로부터 작은 길이의 암호학적 checksum이나 MAC(Message Authentication Code)을 만들어 메시지에 부가시키는 방법으로 MAC은 인증과 무결성을 동시에 제공할 수 있으며, 암호화에 비해 연산이 빠르다는 장점이 있다.
→ 비밀키 방식을 사용하기 때문에 메시지 인증을 하는 사용자와 검증자는 사전에 비밀키 K를 나누어 갖고 있어야 한다.
→ 메시지 인증코드는 메시지 무결성과 인증은 제공하지만 부인방지는 지원하지 못한다.
→ 재생공격과 키 추측 공격에 취약하다.

chapter 3. 디바이스 인증기술

■ 디바이스 인증의 정의
→ 디바이스(기기) 인증이라 함은 네트워크에 참여하는 다양한 기기의 안전한 운영을 위하여 해당 기기를 식별하고 진위를 판단할 수 있는 신뢰된 인증 방법을 의미한다.
→ 네트워크 환경에서 디바이스는 사용자 요구만 처리하는 수동적 개념이 아닌 능동적인 주체로의 역할을 수행하므로 위협에 대비할 수 있는 보안성이 필요하다.

■ 디바이스 인증 도입 배경
→ 기기 사양의 고도화
  - 기기가 수준 높은 기능 및 서비스를 제공하기 위한 전제조건이다.
→ 네트워크 환경의 변화
  - 유/무선 네트워크의 대역폭이 꾸준히 증가되고 있다. 특히 무선 환경은 2G에서 4G까지 발전했을 뿐만 아니라 다양화되고 있고, 서비스 지역 역시 확장되고 있다.
  - 또한 유비쿼터스 환경에서 기기가 단순히 사람의 요청을 처리하는 수동적인 입장이 아니라 네트워크를 통해 정보를 주고받는, 네트워크에서의 또 다른 주체로 발전하면서 더 많은 리소스가 요구되고 있다.
→ 서비스의 다양화
  - 기기가 고도화됨에 다라 본래의 기능을 넘어선 다양한 서비스가 등장하고 있다.
  - 서비스의 다양화는 기기해킹, 복제 등의 위협으로부터 자유롭지 못할 수 있다.
→ 해킹 수법의 발전
  - 스스로 악성코드를 인지할 수 없는 기기의 경우 인간의 손길이 닿지 않는 환경에서 감염된다면 경우에 따라 매우 심각한 피해를 입힐 수 있다.
  - 그동안 유선 인터넷 환경에서 이루어지던 DDoS, 개인정보 절취 등 외부 공격시도가 무선 환경과 다양한 정보통신기기로 옮겨지고 있는 추세이다.

■ 디바이스 인증 도입의 장점
→ 보안성

- 민간기업 등에서 기기 서비스를 할 경우의 위협요소 및 대응방안을 디바이스 인증체계 속에서 제시되어질 수 있다.
- 디바이스 인증서의 발급부터 이용까지의 절차적 도움을 받을 수 있고, 서비스 자체의 검증된 보안 수준을 구축함으로써 보안성을 제공한다.

→ 경제성
- 일관된 보안정책 및 안정성을 마련함으로써 구축 및 운영비용을 절감한다.

→ 상호연동성
- 유비쿼터스 환경에서 디바이스의 서비스 간, 기종 간 통신 및 인증의 요구가 발생한다.
- 단일 프레임워크를 기반으로 하는 상호연동성이 보장되는 디바이스 인증체계 도입이 필요하다.

■ **디바이스 인증 기술**

→ 아이디/패스워드 기반 인증
- 무선 네트워크 ID(SSID) 이용 : 무선랜 고유 식별자인 SSID를 AP와 무선단말기 간에 공유하여 인증한다.
- 무선 단말과 AP 간 WEP키 이용 : 무선단말과 AP간에 공유키 인증방식으로 올바른 WEP를 갖지 못하면 인증에 실패한다.
- 서버 간 접근제어 시 PAP 이용 : 아이디와 패스워드를 전송하여 클라이언트/서버, 서버/서버를 인증한다.
- RFID 태그와 리더기 간 인증 : RFID 태그 식별자인 아이디 또는 태그마다 저장하고 있는 유일한 키값을 통해 인증한다.
- 휴대인터넷(와이브로) 간 상호인증 : 사용자 아이디/패스워드를 이용한 상호인증을 위해 해시 또는 대칭키 암호를 이용한다.

→ MAC 주소값 인증
- 단말기의 MAC 주소값을 인증서버 또는 AP에 등록하여 네트워크 접속 요청 시 아이디 인증 없이 MAC 주소만으로 접속하는 방식이다.

- MAC 주소란 데이터링크 계층에서 사용하는 주소로 네트워크카드(LAN카드)가 생성될 때 부여되는 유일한 값으로 기기를 판별하는 고유한 식별자 역할을 수행한다.

→ 암호 프로토콜을 활용한 인증
- 무선랜 AP(access point)를 통한 침입 시도를 차단 가능하다.
- 인증방식으로는 802.1x, WPA 표준과 EAP 사용자 인증, AES 암호 알고리즘을 이용하는 WPAv2 CCMP가 사용된다.

→ 시도/응답(Challenge/Response) 인증
- OTP와 유사하게 일회성 해시값을 생성하여 사용자를 인증하는 방법이다.
- 매 인증 시마다 난수를 새로 생성하기 때문에 Rainbow attack, Replay attack, Brute force attack으로부터 안전하다.
- 키보드 후킹 방법에 의해 패스워드 자체가 노출된 경우 이 방식은 의미가 없다.

■ **PKI 기반 디바이스 인증 체계**

→ 개요 : PKI 디바이스 인증 체계는 PC, 휴대폰, 스마트칩, PDA 등의 유무선 통신디바이스에 공개키 기반 구조의 인증서와 하드웨어 특성을 조합한 기기인식의 지문을 탑재하고 서비스 제공자는 서비스 제공 시 공인인증기관에서 기기인증서를 발급 받고 정당한 기기인지를 인증한 후 서비스를 제공하는 체계이다.

→ PKI 디바이스 인증 시 고려사항
- 사용자가 아닌 기기(device) 자체의 인증을 위한 공개키 기반의 인증
- 사용자 등록 및 개입이 없는 인증서 발급 및 사용
- 이 기종 통신망 및 기기 간의 상호인증
- 사용자의 인증서에 대한 부담을 해소하며 안전한 보안서비스 제공

chapter 4. Kerberos 프로토콜

■ **커버로스 개요**

→ 커버로스(Kerberos)는 네트워크 사용자를 인증하는 것과 관련하여 미국 MIT의 Athena 프

로젝트에서 개발된 네트워크 인증 표준이다. 커버로스는 개방된 안전하지 않은 네트워크상에서 사용자를 인증하는 시스템이며 DES와 같은 암호화 기법을 기반으로 하기 때문에 그 보안 정도는 높다고 할 수 있다. 커버로스는 티켓이라는 것으로 사용자를 인증하고, 보안상으로 볼 때 좀 더 안전하게 통신할 수 있게 한다.

■ **커버로스 구성요소**
→ 커버로스 프로토콜에서는 3개의 서버를 사용한다. 하나는 인증 서버(AS)이고, 다른 하나는 티켓-발급 서버(TGS), 그리고 사용자에게 서비스를 제공하는 데이터 서버이다.
→ 인증 서버(AS : Authentication Server)
- 커버로스 프로토콜의 KDC
- 사용자는 인증서버에 등록을 하고 ID와 패스워드 발급 받음

[그림 1-17] Kerberos 동작 구성도

- AS는 사용자들의 ID와 패스워드에 대한 DB를 갖고 있음
- 사용자 Alice와 TGS 사이에 사용될 세션 키를 발급, TGS에게 티켓 발급
→ 티켓-발급 서버(TGS : Ticket-Granting Server)
  - 사용자 Bob에게 티켓을 발급
  - 사용자 Alice와 Bob 사이에 사용할 세션 키 KAliceBob 발급
  - AS는 한번 검증하지만, TGS는 접속할 서버 수만큼 접속
→ 데이터 서버
  - Server(Bob)은 사용자(Alice)에게 실제 서비스 제공

■ **주요특징**
→ 비밀키 암호방식에 기초를 둔 티켓 기반의 인증 서비스로 SSO(싱글사인온) 솔루션이다.
→ 신뢰성 있는 KDC(키분배 센터)를 통해 발급되는 허가티켓(TGT)과 서비스 티켓(ST)를 이용해 인증을 수행한다. 이때 허가티켓은 서비스티켓을 확보하기 위한 수단이다.
→ 티켓 안에는 비밀키로 암호화된 세션키와 클라이언트 및 서버명, 인증시간 등의 정보가 수록되어 있다.
→ 사용자 인증은 허가티켓을 통해서, 사용자가 접근할 응용서버는 서비스 티켓을 통해 허가된다.
→ 타임스탬프를 이용하므로 재생공격(replay attack)을 예방할 수 있다.

■ **Kerberos 키 분배 프로토콜**
→ 로그온 시에 사용자는 KDC로 사용자 인증티켓 TGT를 요청한다.
→ KDC에서 정당한 사용자인지 확인하고 비밀키로 암호화한 인증티켓 TGT과 세션키를 제공한다.
→ 사용자가 응용서버(ERP서버 등)를 사용해야 할 때 KDC에 인증티켓 TGT를 제시한 후, 응용서버에 접근할 서비스 티켓(ST)를 요청한다.
→ 응용 서버에 대한 접근을 위해 KDC에서 비밀키로 암호화한 서비스 티켓과 세션키를 제공한다.
→ KDC로부터 받은 서비스티켓(ST)을 응용 서버에 제출하여 응용서비스를 요청한다.

→ 응용 서버는 서비스 TGT 확인 후 사용자에게 접근 권한을 허용한다.

■ **Kerberos 인증의 문제점**
→ 서비스 거부(DOS) 공격에 취약하다.
→ 키 분배 센터(KDC)가 실패의 단일점(Single Point of Failure)으로 존재한다.
→ 키 공유 시 공격자가 키의 탈취가 가능하다.
→ 사용자의 패스워드 변경 시 비밀키로 변경해야 하는 번거로움이 발생한다.
→ 패스워드 추측 공격에 취약하다.
→ UDP 기반으로 방화벽에서 자주 차단된다.

2.2 접근통제 정책

chapter 1. 접근 통제 정책 구성요소

- **접근 통제 정책**
→ 개념 : 접근 통제 정책은 어떤 주체(who)가 언제(when), 어디서(where), 어떤 객체(what)에 대하여, 어떠한 행위(how)를 하도록 허용하거나 하지 못하도록 거부할 것인지를 정의한다.
→ 접근 통제 시스템
  - 접근 통제란 주체와 객체 사이의 정보의 흐름을 제한하는 것으로 특정 권한을 가진 자만 접근할 수 있도록 하여 객체의 기밀성, 무결성, 가용성을 보장하는 것이다.
  - 운영체제에서 지원하는 참조 모니터(Reference Monitor)가 그 역할을 수행한다.
    - 참조 모니터(Reference Monitor)
      ☞ 접근 통제 결정을 중재하는 OS의 요소로 모든 접근 요청이 통과되어야 하는 단일점(Single Point)이다.
      ☞ 주체에 의한 객체로의 모든 접근을 중재하는 일련의 소프트웨어이다.
      ☞ 객체로의 접근이 요청될 때만 작동하고, 방화벽은 참조 모니터의 특별한 형태이다.
      ☞ 완전성(Completeness), 격리성(Isolation), 검증가능성(Verifiability)의 3가지 요소를 만족해야 한다.
→ 접근 통제 영역(Layer) : 보안체계 및 접근 통제는 관리적 통제 → 기술적 통제 → 물리적 통제의 프레임워크를 수립하는 것이 바람직하다.
  - 관리적 통제
    - 조직의 목표를 달성하기 위해 구성원들이 준수해야 할 책임과 역할 등의 관리 통제이다.
    - 정책, 표준, 지침, 절차, 보안인식 교육, 훈련, 인적관리 등

- 기술적 통제
  - 조직의 시스템 및 데이터를 보호하기 위한 기술 통제이다.
  - 암호화, 패스워드, 스마트카드, 방화벽, IDS 등
- 물리적 통제
  - 조직 내 시스템을 보호하기 위한 시설 및 환경 통제이다.
  - 울타리, 자물쇠, 맨트랩, ID 배지, CCTV, 센서 등

→ 접근 통제 정책 요구사항
- 업무 요구사항에 따른 통제의 방법과 범위를 결정해야 한다.
- 책임회피 예방을 위한 역할과 책임을 할당하고 문서화해야 한다.
- 문서화는 실행규칙과 선택 규칙으로 구분하여 문서화해야 한다.
- 영역별 접근 통제 지침이 포함되어야 한다(서버, 네트워크, 방화벽 등).
- 알 필요성 원칙, 최소권한 원칙, 직무분리 원칙이 기본적으로 적용되어야 한다.
  - 접근 통제 원칙
    - ☞ 알 필요성 원칙(Need to know) : 해당 업무에 대해서만 접근 권한을 부여하는 원칙이다.
    - ☞ 최소권한의 원칙(least privilege policy) : 업무수행에 필요한 최소한의 권한만 부여하는 원칙이다.
    - ☞ 직무분리 원칙(Separation of Duty) : 특정인에게 모든 업무 권한을 부여하지 않는 원칙이다.

→ 접근 통제 정책에 대한 서술 형태
- 권한 부여의 과정에서 어떤 정책은 기관의 부서별로 모든 결정이 제어되거나 특정 타깃에 대하여 개인별 권한 부여가 서술될 수 있다.
- 사용자 및 타깃들이 공통의 처리를 위하여 함께 그룹을 형성하여 서술될 수 있다.
- 어떤 정책이 시스템적 요소에 의하여 강제적으로 시행될 수 있는 일반적 규칙들로 서술될 수 있다.

■ **접근 통제 정책의 구분**

→ 임의적 접근 통제정책(DAC : Discretionary Access Control)

→ 강제적 접근 통제정책(MAC : Mandatory Access Control)
→ 역할기반 접근 통제정책(RBAC : Role-based Access Control)

chapter 2. 임의적 접근 통제정책(DAC, Discretionary Access Control)

■ DAC의 개념
→ 데이터의 소유자(Owner)가 접근을 요청하는 사용자의 신분, 즉 식별자(Identity : ID)에 기초하여 객체에 대해 접근을 제한하는 접근 통제 방법이다.

■ DAC의 특징
→ 접근 권한을 객체의 소유자가 임의로 지정하는 자율적 정책이다.
→ 허가된 주체에 의하여 변경 가능한 하나의 주체와 객체 간의 관계를 정의한다.
→ 접근 통제 목록(ACL : Access Control List) 등을 사용한다.
→ 강제적 접근제어(MAC) 방식을 대체하는 기술은 아니다.
→ 오렌지북 C-레벨의 요구사항이다.
- Orange Book(미국 국방부 컴퓨터 시스템 평가기준 : TCSEC)
☞ 시스템, 즉 운영체제에 대한 신뢰 수준을 정의한 문서
☞ 시스템 보안 평가 기준 중 최초로 수용된 평가 기준
☞ 네트워크를 고려하지 않은 단일 시스템 보안 평가 기준

■ DAC의 종류
→ Identity-Based DAC : 주체와 객체의 ID(Identity)에 따른 접근 통제로 유닉스에서 사용한다.
→ User-Directed : 객체를 소유하고 있는 소유자가 접근 권한을 설정 및 변경할 수 있는 접근 통제이다.

- **장·단점**
→ 장점 : 융통성이 많아 상업적 용도로 사용된다.
→ 단점 : 신분(ID)도용 시 통제 방법이 없다.

chapter 3. 강제적 접근 통제정책(MAC : Mandatory Access Control)

- **MAC의 개념**
→ 강제적인 접근 제한 또는 MAC은 정보 시스템 내에서 어떤 주체가 어떤 객체에 접근하려 할 때 양자의 보안레이블(보안등급)을 비교하여 높은 보안을 요하는 정보가 낮은 보안수준의 주체에게 노출되지 않도록 접근을 제한하는 접근 통제 방법이다.

- **MAC의 특징**
→ 접근승인은 보안레벨과 카테고리로 구성되는 보안 레이블(Security label)에 의해 제한된다.
→ 접근정책은 시스템에 의하여 강제적으로 정의되기 때문에 Rule-based 접근 통제라고도 한다.
→ 오렌지북 B-레벨의 요구사항으로 DAC보다 안전하다.

- **MAC의 종류**
→ Rule-based MAC : 주체와 객체의 특성에 관계된 특정 규칙에 따른 접근 통제이다.
→ Administratively-directed MAC : 객체에 접근할 수 있는 시스템 관리자에 의한 통제이다.
→ CBP(Compartment-Based Policy) : 일련의 객체 집합을 다른 객체들과 분리하여 통제이다.
→ MLB(Multi-Level Policy) : 각 객체별로 지정된 등급만 사용하고, TCSEC(미 국방성의 컴퓨터 보안 평가지표)에서 사용되고 있으며 BLP(벨-라파둘라) 모델로 표현이 가능하다.

- **장·단점**
→ 장점 : 보안이 매우 엄격하여 군대와 같은 민감한 정보의 기밀성을 보장하는 데 사용된다.
→ 단점 : 모든 접근에 대해 보안등급을 정의하고 정책을 확인해야 하기 때문에 개발, 구현이 어렵다.

chapter 4. 역할기반 접근 통제정책

■ RBAC의 개념
→ 주체가 적절한 역할(Role)에 할당되고 역할에 적합한 접근권한이 할당된 경우만 객체에 접근할 수 있는 비임의적 접근제어(Non DAC) 방식으로 전통적인 DAC와 MAC의 대체 수단으로 사용된다.

■ RBAC의 특징
→ 주체의 역할이나 임무에 따라 객체의 접근 권한을 제어하는 방식이다.
→ 조직의 기능 변화나 인사이동에 따른 관리적 업무의 효율성을 꾀할 수 있다.
→ 역할에 따라 설정된 권한만 할당하기에 보안 관리를 아주 단순하고 편리하게 할 수 있다.
→ 알 필요성 원칙, 최소권한 원칙, 직무분리 원칙이 지켜진다.
→ 금융기관, 정부나 공공기관에서 효과적으로 사용된다.
→ 오렌지북 C-레벨의 요구사항이다.

■ RBAC의 종류
→ Role-Based Model : 회사 내 개인의 역할에 의해 결정된다.
→ Task-based Model : 해당 업무에 해당하는 것만 접근가능하다.
→ Latticed-based Model : 역할에 할당된 민감도 레벨에 의해 접근이 결정되고, 관련된 정보로만 접근할 수 있도록 통제된다.

■ RBAC의 장점
→ 관리자에게 편리한 관리능력을 제공, 비기술적 정책 입안자들도 쉽게 이해할 수 있다.
→ 사용자가 개인별로 접근권한을 설정하는 것이 아니라 사용자에게 부여된 임무 기반으로 역할을 설정, 그 역할에 허용된 연산을 허용함으로써 조직이 기능변화에 따른 관리적 업무의 효율성을 제공한다.
→ RBAC는 최소한의 특권 원리를 효과적으로 구현. 각각의 역할은 그 역할에 필요한 최소한의 접근 권한의 집합을 포함한다(최소권한의 원칙).

→ 조직 내에서 부여된 개인의 직무에 따라 결정되므로 시스템상으로 오용을 일으킬 정도의 충분한 특권이 부여된 사용자가 없도록 한다(직무분리의 원칙).

chapter 5. 접근 통제행렬과 ACL

- **접근 통제행렬**(Access Control Matrix)
→ 접근 보안 정책 특정 영역의 주체에 대응하는 행과 객체에 대응하는 열을 포함하는 행렬로 표현되며, 각 행렬의 엔트리는 주체가 대응하는 객체에 대하여 실행할 수 있는 접근 허가(권한 또는 특권)을 나타낸다.

[표 1-13] 접근 통제행렬(예시)

객체 \ 주체	인사DB	회계DB	품목DB
이사	R/W	R/W	R/W
부장	R	R/W	R/W
과장	R	R/W	R

- **접근제어 목록**(ACL, Access Control Lists)
→ 객체의 관점에서 객체에 어떤 주체가 어떤 접근 권한을 갖는지를 명시
→ 객체 중심으로 하나의 객체에 대한 접근권한을 갖고 있는 주체들의 모임을 나타냄

- **자격 목록**(Capability List, 권한 리스트)
→ 권한은 주체가 객체에 대해 갖는 접근권한을 의미. 자격 목록은 한 주체가 갖는 자격들의 리스트. 자격 목록은 접근제어 행렬을 행 단위로 관리하는 것
→ Capability List의 형태는 콘텐츠의 보안성이 보장받지 못하는 분산환경에서의 사용에 적합. Capability List의 편리함과 불편함은 ACL의 편리함과 불편함의 반대

2.3 전자서명과 공개키 기반구조(PKI)

chapter 1. 전자인증서 구조

- **전자인증서의 특징**
→ 사용자의 공개키와 사용자 ID정보를 결합해 인증기관이 서명한 문서이며 공개키의 인증성을 제공한다.
→ 사용자 확인, 특정권한, 능력 등을 허가하는 데 활용되며, 개인의 신분증 같은 역할을 한다.
→ 인증기관(CA)는 자신의 개인키를 사용해 전자서명을 생성하여 인증서에 첨부하고 CA의 공개키를 사용해 인증서의 유효성을 확인한다.

- **X.509 인증서 표준**
→ ITU에 의해 제안된 인증서에 대한 기본 형식을 정의한 규격을 말한다.

- **전자인증서 구조**
→ 버전(Version) : 인증서 형식의 연속된 버전의 구분
→ 일련번호(Serial Number) : 발행 CA 내부에서의 유일한 정수값
→ 알고리즘 식별자(Algorithm Identifier : 인증서를 생성하는 데 이용되는 서명 알고리즘을 확인하기 위한 서명 알고리즘 OID 값)
→ 발행자(Issuer) : 인증서를 발행하고 표시하는 CA
→ 유효기간(Period of Validity) : 인증서가 유효한 첫 번째와 마지막 날짜 두개로 구성
→ 주체(Subject) : 인증서가 가리키는 사람
→ 공개키 정보(Public-key Information) : 주체의 공개키와 이 키가 사용될 알고리즘 식별자
→ 서명(Signature) : CA의 개인 서명키로 서명한 서명문

chapter 2. 전자서명 보안 서비스

- **전자서명의 기능**
→ 사용자 인증 : 사용자 인증은 자신이 보내지 않았다고 송신을 부인하는 데 대한 부인방지 기능을 한다.
→ 메시지 인증 : 메시지 인증은 송신자가 보낸 메시지가 중간에 변조되지 않았음을 확인하는 기능을 한다.

- **전자서명의 특징**
→ 위조불가 : 서명자 이외의 타인이 서명을 위조하기 어려워야 한다.
→ 서명자 인증 : 누구의 서명인지를 확인할 수 있어야 한다.
→ 부인 불가 : 서명자는 서명 사실을 부인할 수 없어야 한다.
→ 변경불가 : 한 번 서명한 문서는 내용을 변조할 수 없어야 한다.
→ 재사용 불가 : 다른 문서의 서명을 위조하거나 기존의 서명을 재사용할 수 없다.

- **공개키를 이용한 메시지 전달방식과 전자서명의 차이점**
→ 공개키를 이용한 메시지 전달방식 : 송신자 부인방지나 전달되는 메시지의 무결성을 검증하는 기능이 없다.
→ 공개키를 이용한 전자서명 : 송신자 부인방지 및 메시지 무결성을 보증할 수 있다.

chapter 3. PKI 구성방식(계층, 네트워크)

- **PKI**(Public Key Infrastructure : 공개키 기반 구조)
→ 공개키 인증서의 인증성(무결성)을 제공하기 위한 신뢰구조를 말한다.

- **PKI 구성요소**(컴포넌트 : Component)
→ 공개키 인증서(Public Key Certificate) : 공개키 정보와 주인의 정보

- 구성 : 공개키 인증서/인증서 정책/인증서 경로/인증서 철회 리스트(CRL, Certificate Revocation List)
→ 인증기관(CA, Certification Authority) : CA인증기관은 PKI 구조에 가장 기반이 되는 요소
  - 인증서 상태관리, 인증서 문제시 해당 인증서를 철회를 위한 CRL 발급
  - 유효한 인증서와 CRL의 리스트 발행
  - 지금까지 발행한 인증서와 CRL의 모든 리스트의 저장
  - CA는 인증서와 인증서 관리를 위한 모든 작업을 담당
→ 등록기관(RA, Registration Authority) : 인증서 신청 시, CA 대신 신분, 소속을 확인해주는 기관
→ 저장소, 디렉터리(Repository) : 인증서와 CRL을 사용자에게 분배하는 역할
  - CA로부터 인증서와 CRL을 받아 저장하고, 이를 요구하는 사용자에게 나눠줌
→ 사용자(User)

[표 1-14] 계층별 인증기관의 역할

구분	역할
정책 승인기관 (PAA, Policy Approval Authorities)	PCA를 위한 정책 수립 및 PCA의 정책 승인 PCA의 인증서 발행
정책 인증기관 (PCA, Policy Certification Authorities)	CA의 정책 수립 수립된 정책의 적절한 운용 검사 CA의 인증서 발행
인증 기관 (CA, Certification Authority)	PCA의 정책에 의해 하위 CA, 사용자, RA의 인증서 발행
등록 기관 (RA, Registriation Authority)	사용자와 CA간에서 사용자 등록 수행 사용자 신원 확인 인증서 발급 없음(은행 등)

- **PKI 구성 방식**
→ 계층 방식(트리구조)
  - 최상위 인증기관인 Root CA에 대한 신뢰를 바탕으로, 하부 CA 간의 상호인증은 원칙으로 배제하는 방식
  - Root CA 간의 상호 인증으로 국제적으로 구성이 가능
→ 네트워크 구조 방식
  - 여러 Root CA를 두어 운영함 / 복잡함

제 3장

정보보안 관련 법규

3.1 정보통신망 이용촉진 및 정보보호 등에 관한 법률

chapter 1. 용어의 정의

- "정보통신망"이란 『전기통신사업법』 제2조 제2호에 따른 전기통신설비를 이용하거나 전기통신설비와 컴퓨터 및 컴퓨터의 이용기술을 활용하여 정보를 수집·가공·저장·검색·송신 또는 수신하는 정보통신체제를 말한다.
- "정보통신서비스"란 『전기통신사업법』 제2조 제6호에 따른 전기통신역무와 이를 이용하여 정보를 제공하거나 정보의 제공을 매개하는 것을 말한다.
- "정보통신서비스 제공자"란 『전기통신사업법』 제2조 제8호에 따른 전기통신사업자와 영리를 목적으로 전기통신사업자의 전기통신역무를 이용하여 정보를 제공하거나 정보의 제공을 매개하는 자를 말한다.
- "이용자"란 정보통신서비스 제공자가 제공하는 정보통신서비스를 이용하는 자를 말한다.
- "전자문서"란 컴퓨터 등 정보처리능력을 가진 장치에 의하여 전자적인 형태로 작성되어 송수신되거나 저장된 문서형식의 자료로서 표준화된 것을 말한다.
- "개인정보"란 생존하는 개인에 관한 정보로서 성명·주민등록번호 등에 의하여 특정한 개인을 알아볼 수 있는 부호·문자·음성·음향 및 영상 등의 정보(해당 정보만으로는 특정 개인을 알아볼 수 없어도 다른 정보와 쉽게 결합하여 알아볼 수 있는 경우에는 그 정보를 포함한다)를 말한다.
- "침해사고"란 해킹, 컴퓨터 바이러스, 논리 폭탄, 메일 폭탄, 서비스 거부 또는 고출력 전자기파 등의 방법으로 정보통신망 또는 이와 관련된 정보 시스템을 공격하는 행위를 하여 발생한 사태를 말한다.
- "게시판"이란 그 명칭과 관계없이 정보통신망을 이용하여 일반에게 공개할 목적으로 부호·문자·음성·음향·화상·동영상 등의 정보를 이용자가 게재할 수 있는 컴퓨터 프로그램이나 기술적 장치를 말한다.

- "통신과금서비스"란 정보통신서비스로서 다음의 업무를 말한다.
→ 타인이 판매 · 제공하는 재화 또는 용역(이하 "재화 등"이라 한다)의 대가를 자신이 제공하는 전기통신역무의 요금과 함께 청구 · 징수하는 업무
→ 타인이 판매 · 제공하는 재화 등의 대가가 가목의 업무를 제공하는 자의 전기통신역무의 요금과 함께 청구 · 징수되도록 거래정보를 전자적으로 송수신하는 것 또는 그 대가의 정산을 대행하거나 매개하는 업무
- "통신과금서비스제공자"란 제53조에 따라 등록을 하고 통신과금서비스를 제공하는 자를 말한다.

chapter 2. 정보통신망 및 정보보호 등 시책

- **제4조**(정보통신망 이용촉진 및 정보보호등에 관한 시책의 마련)
→ 과학기술정보통신부장관 또는 방송통신위원회는 정보통신망의 이용촉진 및 안정적 관리 · 운영과 이용자의 개인정보보호 등(이하 "정보통신망 이용촉진 및 정보보호등"이라 한다)을 통하여 정보사회의 기반을 조성하기 위한 시책을 마련하여야 한다.
→ 시책에는 다음의 사항이 포함되어야 한다.
  - 정보통신망에 관련된 기술의 개발 · 보급
  - 정보통신망의 표준화
  - 정보내용물 및 정보통신망 응용서비스의 개발 등 정보통신망의 이용 활성화
  - 정보통신망을 이용한 정보의 공동활용 촉진
  - 인터넷 이용의 활성화
  - 정보통신망을 통하여 수집 · 처리 · 보관 · 이용되는 개인정보의 보호 및 그와 관련된 기술의 개발 · 보급
  - 정보통신망에서의 청소년 보호
  - 정보통신망의 안전성 및 신뢰성 제고
  - 그 밖에 정보통신망 이용촉진 및 정보보호등을 위하여 필요한 사항
→ 과학기술정보통신부장관 또는 방송통신위원회는 시책을 마련할 때에는 『국가정보화 기본법』에 따른 국가정보화 기본계획과 연계되도록 하여야 한다.

- **제5조**(다른 법률과의 관계)
→ 정보통신망 이용촉진 및 정보보호등에 관하여는 다른 법률에서 특별히 규정된 경우 외에는 이 법으로 정하는 바에 따른다. 다만, 통신과금서비스에 관하여 이 법과 『전자금융거래법』의 적용이 경합하는 때에는 이 법을 우선 적용한다.

chapter 3. 개인정보 보호

- **제22조**(개인정보의 수집 · 이용 동의 등)
→ 정보통신서비스 제공자는 이용자의 개인정보를 이용하려고 수집하는 경우에는 다음의 모든 사항을 이용자에게 알리고 동의를 받아야 한다. 다음의 어느 하나의 사항을 변경하려는 경우에도 또한 같다.
  - 개인정보의 수집 · 이용 목적
  - 수집하는 개인정보의 항목
  - 개인정보의 보유 · 이용 기간

→ 정보통신서비스 제공자는 다음의 어느 하나에 해당하는 경우에는 동의 없이 이용자의 개인정보를 수집 · 이용할 수 있다.
  - 정보통신서비스의 제공에 관한 계약을 이행하기 위하여 필요한 개인정보로서 경제적 · 기술적인 사유로 통상적인 동의를 받는 것이 뚜렷하게 곤란한 경우
  - 정보통신서비스의 제공에 따른 요금정산을 위하여 필요한 경우
  - 이 법 또는 다른 법률에 특별한 규정이 있는 경우

- **제23조**(개인정보의 수집 제한 등)
→ 정보통신서비스 제공자는 사상, 신념, 가족 및 친인척관계, 학력(學歷) · 병력(病歷), 기타 사회활동 경력 등 개인의 권리 · 이익이나 사생활을 뚜렷하게 침해할 우려가 있는 개인정보를 수집하여서는 아니 된다. 다만, 이용자의 동의를 받거나 다른 법률에 따라 특별히 수집 대상 개인정보로 허용된 경우에는 필요한 범위에서 최소한으로 그 개인정보를 수집할 수 있다.

→ 정보통신서비스 제공자는 이용자의 개인정보를 수집하는 경우에는 정보통신서비스의 제공을 위하여 필요한 범위에서 최소한의 개인정보만 수집하여야 한다.
→ 정보통신서비스 제공자는 이용자가 필요한 최소한의 개인정보 이외의 개인정보를 제공하지 아니한다는 이유로 그 서비스의 제공을 거부하여서는 아니 된다. 이 경우 필요한 최소한의 개인정보는 해당 서비스의 본질적 기능을 수행하기 위하여 반드시 필요한 정보를 말한다.

■ **제23조의2**(주민등록번호의 사용 제한)
→ 정보통신서비스 제공자는 다음의 어느 하나에 해당하는 경우를 제외하고는 이용자의 주민등록번호를 수집·이용할 수 없다.
  ■ 본인확인기관으로 지정받은 경우
  ■ 법령에서 이용자의 주민등록번호 수집·이용을 허용하는 경우
  ■ 영업상 목적을 위하여 이용자의 주민등록번호 수집·이용이 불가피한 정보통신서비스 제공자로서 방송통신위원회가 고시하는 경우
→ 주민등록번호를 수집·이용할 수 있는 경우에도 이용자의 주민등록번호를 사용하지 아니하고 본인을 확인하는 방법(이하 "대체수단"이라 한다)을 제공하여야 한다.

■ **제24조**(개인정보의 이용 제한)
→ 정보통신서비스 제공자는 제22조 및 제23조제1항 단서에 따라 수집한 개인정보를 이용자로부터 동의받은 목적이나 제22조제2항 각 호에서 정한 목적과 다른 목적으로 이용하여서는 아니 된다.

■ **제24조의2**(개인정보의 제공 동의 등)
→ 정보통신서비스 제공자는 이용자의 개인정보를 제3자에게 제공하려면 다음의 모든 사항을 이용자에게 알리고 동의를 받아야 한다. 다음의 어느 하나의 사항이 변경되는 경우에도 또한 같다.
  ■ 개인정보를 제공받는 자
  ■ 개인정보를 제공받는 자의 개인정보 이용 목적

- 제공하는 개인정보의 항목
- 개인정보를 제공받는 자의 개인정보 보유 및 이용 기간

→ 정보통신서비스 제공자로부터 이용자의 개인정보를 제공받은 자는 그 이용자의 동의가 있거나 다른 법률에 특별한 규정이 있는 경우 외에는 개인정보를 제3자에게 제공하거나 제공받은 목적 외의 용도로 이용하여서는 아니 된다.

→ 정보통신서비스 제공자등은 제공에 대한 동의와 개인정보 취급위탁에 대한 동의를 받을 때에는 개인정보의 수집·이용에 대한 동의와 구분하여 받아야 하고, 이에 동의하지 아니한다는 이유로 서비스 제공을 거부하여서는 아니 된다.

- **제25조**(개인정보의 취급위탁)

→ 정보통신서비스 제공자와 그로부터 이용자의 개인정보를 제공받은 자(이하 "정보통신서비스 제공자등"이라 한다)는 제3자에게 이용자의 개인정보를 수집·보관·처리·이용·제공·관리·파기 등(이하 "취급"이라 한다)을 할 수 있도록 업무를 위탁(이하 "개인정보 취급위탁"이라 한다)하는 경우에는 다음의 사항 모두를 이용자에게 알리고 동의를 받아야 한다. 다음의 어느 하나의 사항이 변경되는 경우에도 또한 같다.
- 개인정보 취급위탁을 받는 자(이하 "수탁자"라 한다)
- 개인정보 취급위탁을 하는 업무의 내용

→ 정보통신서비스 제공자등은 개인정보 취급위탁을 하는 경우에는 수탁자가 이용자의 개인정보를 취급할 수 있는 목적을 미리 정하여야 하며, 수탁자는 이 목적을 벗어나서 이용자의 개인정보를 취급하여서는 아니 된다.

→ 정보통신서비스 제공자등은 수탁자가 규정을 위반하지 아니하도록 관리·감독하여야 한다.

→ 수탁자가 개인정보 취급위탁을 받은 업무와 관련하여 이 장의 규정을 위반하여 이용자에게 손해를 발생시키면 그 수탁자를 손해배상책임에 있어서 정보통신서비스 제공자등의 소속 직원으로 본다.

- **제26조의2**(동의를 받는 방법)

→ 동의(이하 "개인정보 수집·이용·제공 등의 동의"라 한다)를 받는 방법은 개인정보의 수집매체, 업종의 특성 및 이용자의 수 등을 고려하여 대통령령으로 정한다.

- **시행령 제12조**(동의획득방법)
→ 정보통신서비스 제공자 등이 동의를 얻는 방법은 다음의 어느 하나와 같다. 이 경우 정보통신서비스 제공자 등은 동의를 얻어야 할 사항(이하 "동의 내용"이라 한다)을 이용자가 명확하게 인지하고 확인할 수 있도록 표시하여야 한다.
  - 인터넷 사이트에 동의 내용을 게재하고 이용자가 동의 여부를 표시하도록 하는 방법
  - 동의 내용이 기재된 서면을 이용자에게 직접 교부하거나, 우편 또는 모사전송을 통하여 전달하고 이용자가 동의 내용에 대하여 서명날인 후 제출하도록 하는 방법
  - 동의 내용이 적힌 전자우편을 발송하여 이용자로부터 동의의 의사표시가 적힌 전자우편을 전송받는 방법
  - 전화를 통하여 동의 내용을 이용자에게 알리고 동의를 얻거나 인터넷주소 등 동의 내용을 확인할 수 있는 방법을 안내하고 재차 전화 통화를 통하여 동의를 얻는 방법
→ 정보통신서비스 제공자 등은 개인정보 수집 매체의 특성상 동의 내용을 전부 표시하기 어려운 경우 이용자에게 동의 내용을 확인할 수 있는 방법(인터넷주소·사업장 전화번호 등)을 안내하고 동의를 얻을 수 있다.

- **제27조**(개인정보 보호책임자의 지정)
→ 정보통신서비스 제공자등은 이용자의 개인정보를 보호하고 개인정보와 관련한 이용자의 고충을 처리하기 위하여 개인정보 보호책임자를 지정하여야 한다. 다만, 종업원 수, 이용자 수 등이 대통령령으로 정하는 기준에 해당하는 정보통신서비스 제공자등의 경우에는 지정하지 아니할 수 있다.
→ "대통령령으로 정하는 기준에 해당하는 정보통신서비스 제공자 등"이 개인정보 보호책임자를 지정하지 아니하는 경우에는 그 사업주 또는 대표자가 개인정보 보호책임자가 된다.
→ 개인정보 보호책임자의 자격요건과 그 밖의 지정에 필요한 사항은 대통령령으로 정한다.

- **시행령 제13조**(개인정보관리책임자의 자격요건 등)
→ 정보통신서비스 제공자와 그로부터 이용자의 개인정보를 제공받은 자(이하 "정보통신서비스 제공자등"이라 한다)가 지정하는 개인정보 보호책임자는 다음의 어느 하나에 해당하는 지위에

- 임원
  - 개인정보와 관련하여 이용자의 고충처리를 담당하는 부서의 장
→ "대통령령으로 정하는 기준에 해당하는 정보통신서비스 제공자등"이란 상시 종업원 수가 5명 미만인 정보통신서비스 제공자등을 말한다. 다만, 인터넷으로 정보통신서비스를 제공하는 것을 주된 업으로 하는 정보통신서비스 제공자등의 경우에는 상시 종업원 수가 5명 미만으로서 전년도 말 기준으로 직전 3개월간의 일일평균이용자가 1천명 이하인 자를 말한다.
→ '16.03.22 법률 개정으로 시행령도 "개인정보 관리책임자"에서 "개인정보 보호책임자"로 변경될 예정이나, '16.08월 기준으로 시행령은 아직 미개정된 상태이다.

- **제27조의2**(개인정보 처리방침의 공개)
→ 정보통신서비스 제공자등은 이용자의 개인정보를 취급하는 경우에는 개인정보 처리방침을 정하여 이용자가 언제든지 쉽게 확인할 수 있도록 대통령령으로 정하는 방법에 따라 공개하여야 한다.
→ 개인정보 처리방침에는 다음의 사항이 모두 포함되어야 한다.
  - 개인정보의 수집·이용 목적, 수집하는 개인정보의 항목 및 수집방법
  - 개인정보를 제3자에게 제공하는 경우 제공받는 자의 성명(법인인 경우에는 법인의 명칭을 말한다), 제공받는 자의 이용 목적과 제공하는 개인정보의 항목
  - 개인정보의 보유 및 이용 기간, 개인정보의 파기절차 및 파기방법(개인정보를 보존하여야 하는 경우에는 그 보존근거와 보존하는 개인정보 항목을 포함한다)
  - 개인정보 취급위탁을 하는 업무의 내용 및 수탁자(해당되는 경우에만 취급방침에 포함한다)
  - 이용자 및 법정대리인의 권리와 그 행사방법
  - 인터넷 접속정보파일 등 개인정보를 자동으로 수집하는 장치의 설치·운영 및 그 거부에 관한 사항
  - 개인정보 보호책임자의 성명 또는 개인정보보호 업무 및 관련 고충사항을 처리하는 부서의 명칭과 그 전화번호 등 연락처
→ 정보통신서비스 제공자등은 개인정보 처리방침을 변경하는 경우에는 그 이유 및 변경내

용을 대통령령으로 정하는 방법에 따라 지체 없이 공지하고, 이용자가 언제든지 변경된 사항을 쉽게 알아 볼 수 있도록 조치하여야 한다.

■ **시행령 제14조**(개인정보취급방침의 공개 방법 등)
→ 정보통신서비스 제공자등은 개인정보의 수집 장소와 매체 등을 고려하여 다음 중 어느 하나 이상의 방법으로 개인정보취급방침을 공개하되, 그 명칭을 '개인정보취급방침'이라고 표시하여야 한다.
- 인터넷 홈페이지의 첫 화면 또는 첫 화면과의 연결화면을 통하여 이용자가 볼 수 있도록 하는 방법. 이 경우 정보통신서비스 제공자등은 글자 크기, 색상 등을 활용하여 이용자가 개인정보취급방침을 쉽게 확인할 수 있도록 표시하여야 한다.
- 점포·사무소 안의 보기 쉬운 장소에 써 붙이거나 비치하여 열람하도록 하는 방법
- 동일한 제호로 연 2회 이상 계속적으로 발행하여 이용자에게 배포하는 간행물·소식지·홍보지·청구서 등에 지속적으로 게재하는 방법

→ 개인정보취급방침의 변경 이유 및 내용은 다음 중 어느 하나 이상의 방법으로 공지한다.
- 정보통신서비스 제공자등이 운영하는 인터넷 홈페이지의 첫 화면의 공지사항란 또는 별도의 창을 통하여 공지하는 방법
- 서면·모사전송·전자우편 또는 이와 비슷한 방법으로 이용자에게 공지하는 방법
- 점포·사무소 안의 보기 쉬운 장소에 써 붙이거나 비치하는 방법

→ '16.03.22 법률 개정으로 시행령도 "개인정보 취급방침"에서 "개인정보 처리방침"으로 변경될 예정이나, '16.08월 기준으로 시행령은 아직 미개정된 상태이다.

■ **27조의3**(개인정보 누출 등의 통지·신고)
→ 정보통신서비스 제공자등은 개인정보의 분실·도난·누출(이하 "누출 등"이라 한다) 사실을 안 때에는 지체 없이 다음의 모든 사항을 해당 이용자에게 알리고 방송통신위원회 또는 한국인터넷진흥원에 신고하여야 하며, 정당한 사유 없이 그 사실을 안 때부터 24시간을 경과하여 통지·신고해서는 아니 된다. 다만, 이용자의 연락처를 알 수 없는 등 정당한 사유가 있는 경우에는 대통령령으로 정하는 바에 따라 통지를 갈음하는 조치를 취할 수 있다.

- 누출 등이 된 개인정보 항목, 누출 등이 발생한 시점
- 이용자가 취할 수 있는 조치, 정보통신서비스 제공자등의 대응 조치
- 이용자가 상담 등을 접수할 수 있는 부서 및 연락처

→ 신고를 받은 한국인터넷진흥원은 지체 없이 그 사실을 방송통신위원회에 알려야 한다.
→ 정보통신서비스 제공자등은 정당한 사유를 방송통신위원회에 소명하여야 한다.
→ 정보통신서비스 제공자등은 개인정보의 누출등에 대한 대책을 마련하고 그 피해를 최소화할 수 있는 조치를 강구하여야 한다.

■ **제28조**(개인정보의 보호조치)
→ 정보통신서비스 제공자등이 개인정보를 취급할 때에는 개인정보의 분실·도난·누출·변조 또는 훼손을 방지하기 위하여 대통령령으로 정하는 기준에 따라 다음 각 호의 기술적·관리적 조치를 하여야 한다.
- 개인정보를 안전하게 취급하기 위한 내부관리계획의 수립·시행
- 개인정보에 대한 불법적인 접근을 차단하기 위한 침입차단 시스템 등 접근 통제장치의 설치·운영
- 접속기록의 위조·변조 방지를 위한 조치
- 개인정보를 안전하게 저장·전송할 수 있는 암호화기술 등을 이용한 보안조치
- 백신 소프트웨어의 설치·운영 등 컴퓨터바이러스에 의한 침해 방지조치
- 그 밖에 개인정보의 안전성 확보를 위하여 필요한 보호조치

→ 정보통신서비스 제공자등은 이용자의 개인정보를 취급하는 자를 최소한으로 제한하여야 한다.

■ **제29조**(개인정보의 파기)
→ 정보통신서비스 제공자등은 다음의 어느 하나에 해당하는 경우에는 지체 없이 해당 개인정보를 복구·재생할 수 없도록 파기하여야 한다. 다만, 다른 법률에 따라 개인정보를 보존하여야 하는 경우에는 그러하지 아니하다.
- 동의를 받은 개인정보의 수집·이용 목적을 달성한 경우
- 동의를 받은 개인정보의 보유 및 이용 기간이 끝난 경우

- 정보통신서비스의 제공에 관한 계약에 따른 서비스 및 요금정산과 다른 법률에 특별한 규정이 있어 이용자의 동의를 받지 아니하고 수집·이용한 경우에는 개인정보의 보유 및 이용 기간이 끝난 경우
- 사업을 폐업하는 경우

→ 정보통신서비스 제공자등은 정보통신서비스를 1년의 기간 동안 이용하지 아니하는 이용자의 개인정보를 보호하기 위하여 대통령령으로 정하는 바에 따라 개인정보의 파기 등 필요한 조치를 취하여야 한다. 다만, 그 기간에 대하여 다른 법령 또는 이용자의 요청에 따라 달리 정한 경우에는 그에 따른다.

→ 정보통신서비스 제공자등은 기간 만료 30일 전까지 개인정보가 파기되는 사실, 기간 만료일 및 파기되는 개인정보의 항목 등 대통령령으로 정하는 사항을 전자우편 등 대통령령으로 정하는 방법으로 이용자에게 알려야 한다.

chapter 4. 정보통신망의 안정성 확보조치

- **제45조**(정보통신망의 안정성 확보 등)

→ 정보통신서비스 제공자는 정보통신서비스의 제공에 사용되는 정보통신망의 안정성 및 정보의 신뢰성을 확보하기 위한 보호조치를 하여야 한다.

→ 과학기술정보통신부장관은 보호조치의 구체적 내용을 정한 정보보호조치에 관한 지침(이하 "정보보호지침"이라 한다)을 정하여 고시하고 정보통신서비스 제공자에게 이를 지키도록 권고할 수 있다.

→ 정보보호지침에는 다음 각 호의 사항이 포함되어야 한다.
- 정당한 권한이 없는 자가 정보통신망에 접근·침입하는 것을 방지하거나 대응하기 위한 정보보호 시스템의 설치·운영 등 기술적·물리적 보호조치
- 정보의 불법 유출·변조·삭제 등을 방지하기 위한 기술적 보호조치
- 정보통신망의 지속적인 이용이 가능한 상태를 확보하기 위한 기술적·물리적 보호조치
- 정보통신망의 안정 및 정보보호를 위한 인력·조직·경비의 확보 및 관련 계획수립 등 관리적 보호조치

- **제45조의2**(정보보호 사전점검)
→ 정보통신서비스 제공자는 새로이 정보통신망을 구축하거나 정보통신서비스를 제공하고자 하는 때에는 그 계획 또는 설계에 정보보호에 관한 사항을 고려하여야 한다.
→ 과학기술정보통신부장관은 다음 각 호의 어느 하나에 해당하는 정보통신서비스 또는 전기통신사업을 시행하고자 하는 자에게 대통령령으로 정하는 정보보호 사전점검기준에 따라 보호조치를 하도록 권고할 수 있다.
  - 이 법 또는 다른 법령에 따라 과학기술정보통신부장관의 인가·허가를 받거나 등록·신고를 하도록 되어 있는 사업으로서 대통령령으로 정하는 정보통신서비스 또는 전기통신사업
  - 과학기술정보통신부장관이 사업비의 전부 또는 일부를 지원하는 사업으로서 대통령령으로 정하는 정보통신서비스 또는 전기통신사업

- **제45조의3**(정보보호 최고책임자의 지정 등)
→ 정보통신서비스 제공자는 정보통신 시스템 등에 대한 보안 및 정보의 안전한 관리를 위하여 임원급의 정보보호 최고책임자를 지정할 수 있다. 다만, 종업원 수, 이용자 수 등이 대통령령으로 정하는 기준에 해당하는 정보통신서비스 제공자의 경우에는 정보보호 최고책임자를 지정하고 과학기술정보통신부장관에게 신고하여야 한다.
→ 정보보호 최고책임자는 다음 각 호의 업무를 총괄한다.
  - 정보보호 관리체계의 수립 및 관리·운영
  - 정보보호 취약점 분석·평가 및 개선
  - 침해사고의 예방 및 대응
  - 사전 정보보호대책 마련 및 보안조치 설계·구현 등
  - 정보보호 사전 보안성 검토
  - 중요 정보의 암호화 및 보안서버 적합성 검토
  - 그 밖에 이 법 또는 관계 법령에 따라 정보보호를 위하여 필요한 조치의 이행

- **제46조**(집적된 정보통신시설의 보호)
→ 타인의 정보통신서비스 제공을 위하여 집적된 정보통신시설을 운영·관리하는 사업자 (이하 "집적정보통신시설 사업자"라 한다)는 정보통신시설을 안정적으로 운영하기 위하여 대통령령

으로 정하는 바에 따른 보호조치를 하여야 한다.
→ 집적정보통신시설 사업자는 집적된 정보통신시설의 멸실, 훼손, 그 밖의 운영장애로 발생한 피해를 보상하기 위하여 대통령령으로 정하는 바에 따라 보험에 가입하여야 한다.

- **시행령 제37조**(집적정보통신시설사업자의 보호조치)
→ 타인의 정보통신서비스 제공을 위하여 집적된 정보통신시설을 운영·관리하는 사업자(이하 "집적정보통신시설사업자"라 한다)가 법 제46조제1항에 따라 정보통신시설의 안정적 운영을 위한 보호조치는 다음과 같다.
  - 정보통신시설에 대한 접근 권한이 없는 자의 접근 통제 및 감시를 위한 기술적·관리적 조치
  - 정보통신시설의 지속적·안정적 운영을 확보하고 화재·지진·수해 등의 각종 재해와 테러 등의 각종 위협으로부터 정보통신시설을 보호하기 위한 물리적·기술적 조치
  - 정보통신시설의 안정적 관리를 위한 관리인원 선발·배치 등의 조치
  - 정보통신시설의 안정적 운영을 위한 내부관리계획(비상시 계획을 포함한다)의 수립 및 시행
  - 침해사고의 확산을 차단하기 위한 기술적·관리적 조치의 마련 및 시행
→ 과학기술정보통신부장관은 관련 사업자의 의견을 수렴하여 보호조치의 구체적인 기준을 정하여 고시한다.

- **제46조의2**(집적정보통신시설 사업자의 긴급대응)
→ 집적정보통신시설 사업자는 다음 각 호의 어느 하나에 해당하는 경우에는 이용약관으로 정하는 바에 따라 해당 서비스의 전부 또는 일부의 제공을 중단할 수 있다.
  - 집적정보통신시설을 이용하는 자(이하 "시설이용자"라 한다)의 정보 시스템에서 발생한 이상현상으로 다른 시설이용자의 정보통신망 또는 집적된 정보통신시설의 정보통신망에 심각한 장애를 발생시킬 우려가 있다고 판단되는 경우
  - 외부에서 발생한 침해사고로 집적된 정보통신시설에 심각한 장애가 발생할 우려가 있다고 판단되는 경우
  - 중대한 침해사고가 발생하여 과학기술정보통신부장관이나 한국인터넷진흥원이 요청하는 경우

→ 집적정보통신시설 사업자는 제1항에 따라 해당 서비스의 제공을 중단하는 경우에는 중단 사유, 발생일시, 기간 및 내용 등을 구체적으로 밝혀 시설이용자에게 즉시 알려야 한다.
→ 집적정보통신시설 사업자는 중단사유가 없어지면 즉시 해당 서비스의 제공을 재개하여야 한다.

■ **제47조**(정보보호 관리체계의 인증)
→ 과학기술정보통신부장관은 정보통신망의 안정성·신뢰성 확보를 위하여 관리적·기술적·물리적 보호조치를 포함한 종합적 관리체계(이하 "정보보호 관리체계"라 한다)를 수립·운영하고 있는 자에 대하여 인증 기준에 적합한지에 관하여 인증을 할 수 있다.
→ 정보통신서비스 제공자로서 다음의 어느 하나에 해당하는 자는 인증을 받아야 한다.
  ▪ 『전기통신사업법』에 따른 허가를 받은 자로서 대통령령으로 정하는 바에 따라 정보통신망서비스를 제공하는 자
  ▪ 집적정보통신시설 사업자
  ▪ 연간 매출액 또는 이용자 수 등이 대통령령으로 정하는 기준에 해당하는 자
→ 정보보호 관리체계 인증의 유효기간은 3년으로 한다.
→ 과학기술정보통신부장관은 한국인터넷진흥원 또는 과학기술정보통신부장관이 지정한 기관(이하 "정보보호 관리체계 인증기관"이라 한다)으로 하여금 인증에 관한 업무를 수행하게 할 수 있다.
→ 한국인터넷진흥원 및 정보보호 관리체계 인증기관은 정보보호 관리체계의 실효성 제고를 위하여 연 1회 이상 사후관리를 실시하고 그 결과를 과학기술정보통신부장관에게 통보하여야 한다.

■ **시행령 제49조**(정보보호 관리체계 인증 대상자의 범위)
→ "대통령령으로 정하는 바에 따라 정보통신망서비스를 제공하는 자"란 서울특별시 및 모든 광역시에서 정보통신망서비스를 제공하는 자를 말한다.
→ "대통령령으로 정하는 기준에 해당하는 자"란 다음 각 호의 어느 하나에 해당하는 자를 말한다.
  ▪ 연간 매출액 또는 세입이 1,500억원 이상인 자로서 다음 각 목의 어느 하나에 해당하

는 자

　가. 「의료법」 제3조의4에 따른 상급종합병원

　나. 직전연도 12월 31일 기준으로 재학생 수가 1만명 이상인 「고등교육법」 제2조에 따른 학교

- 정보통신서비스 부문 전년도(법인인 경우에는 전 사업연도를 말한다) 매출액이 100억원 이상인 자. 다만, 「전자금융거래법」 제2조제3호에 따른 금융회사는 제외한다.
- 전년도 말 기준 직전 3개월간의 일일평균 이용자 수가 100만명 이상인 자. 다만, 「전자금융거래법」 제2조 제3호에 따른 금융회사는 제외한다.

chapter 5. 정보통신망 침해 행위

- **제48조**(정보통신망 침해행위 등의 금지)
→ 누구든지 정당한 접근권한 없이 또는 허용된 접근권한을 넘어 정보통신망에 침입하여서는 아니 된다.
→ 누구든지 정당한 사유 없이 정보통신 시스템, 데이터 또는 프로그램 등을 훼손·멸실·변경·위조하거나 그 운용을 방해할 수 있는 프로그램(이하 "악성 프로그램"이라 한다)을 전달 또는 유포하여서는 아니 된다.
→ 누구든지 정보통신망의 안정적 운영을 방해할 목적으로 대량의 신호 또는 데이터를 보내거나 부정한 명령을 처리하도록 하는 등의 방법으로 정보통신망에 장애가 발생하게 하여서는 아니 된다.

- **제48조의2**(침해사고의 대응 등)
→ 과학기술정보통신부장관은 침해사고에 적절히 대응하기 위하여 다음의 업무를 수행하고, 필요하면 업무의 전부 또는 일부를 한국인터넷진흥원이 수행하도록 할 수 있다.
  - 침해사고에 관한 정보의 수집·전파
  - 침해사고의 예보·경보
  - 침해사고에 대한 긴급조치
  - 그 밖에 대통령령으로 정하는 침해사고 대응조치

→ 다음의 어느 하나에 해당하는 자는 침해사고의 유형별 통계, 해당 정보통신망의 소통량

통계 및 접속경로별 이용 통계 등 침해사고 관련 정보를 과학기술정보통신부장관이나 한국인터넷진흥원에 제공하여야 한다.
- 주요정보통신서비스 제공자
- 집적정보통신시설 사업자
- 그 밖에 정보통신망을 운영하는 자로서 대통령령으로 정하는 자

→ 과학기술정보통신부장관은 침해사고 관련 정보를 제공하여야 하는 사업자가 정당한 사유 없이 정보의 제공을 거부하거나 거짓 정보를 제공하면 상당한 기간을 정하여 그 사업자에게 시정을 명할 수 있다.

→ 과학기술정보통신부장관이나 한국인터넷진흥원은 제공받은 정보를 침해사고의 대응을 위하여 필요한 범위에서만 정당하게 사용하여야 한다.

■ **시행령 제56조**(침해사고 대응조치)

→ "그 밖에 대통령령으로 정한 침해사고 대응조치"란 다음의 조치를 말한다.
- 주요정보통신서비스 제공자 및 타인의 정보통신서비스 제공을 위하여 집적된 정보통신시설을 운영·관리하는 사업자에 대한 접속경로(침해사고 확산에 이용되고 있거나 이용될 가능성이 있는 접속경로만 해당한다)의 차단 요청
- 『소프트웨어산업 진흥법』에 따른 소프트웨어사업자 중 침해사고와 관련이 있는 소프트웨어를 제작 또는 배포한 자에 대한 해당 소프트웨어의 보안상 취약점을 수정·보완한 프로그램(이하 "보안취약점보완프로그램"이라 한다)의 제작·배포 요청 및 정보통신서비스 제공자에 대한 보안취약점보완프로그램의 정보통신망 게재 요청
- 언론기관 및 정보통신서비스 제공자에 대한 법 제48조의2제1항제2호에 따른 침해사고 예보·경보의 전파
- 국가 정보통신망 안전에 필요한 경우 관계 기관의 장에 대한 침해사고 관련정보의 제공

■ **시행령 제57조**(침해사고 관련정보 제공자)

→ "정보통신망을 운영하는 자로서 대통령령으로 정하는 자"란 정보통신망을 운영하는 자 중 다음의 어느 하나에 해당하는 자를 말한다.
- 『정보통신기반 보호법』에 따라 과학기술정보통신부장관이 수립 및 제정하는 주요정보통

신기반시설보호계획 및 보호지침의 적용을 받는 기관
- 정보통신서비스 제공자의 정보통신망운영현황을 주기적으로 관찰하고 침해사고 관련정보를 제공하는 서비스를 제공하는 자
- 인터넷진흥원으로부터 『인터넷주소자원에 관한 법률』에 따른 인터넷 프로토콜 주소를 할당받아 독자적으로 정보통신망을 운영하는 민간사업자 중 과학기술정보통신부장관이 정하여 고시하는 자
- 정보보호산업에 종사하는 자 중 컴퓨터바이러스 백신소프트웨어 제조자

- **제48조의3**(침해사고의 신고 등)
→ 다음의 어느 하나에 해당하는 자는 침해사고가 발생하면 즉시 그 사실을 과학기술정보통신부장관이나 한국인터넷진흥원에 신고하여야 한다. 이 경우 『정보통신기반 보호법』에 따른 통지가 있으면 신고를 한 것으로 본다.
  - 정보통신서비스 제공자
  - 집적정보통신시설 사업자
→ 과학기술정보통신부장관이나 한국인터넷진흥원은 침해사고의 신고를 받거나 침해사고를 알게 되면 필요한 조치를 하여야 한다.

- **제49조**(비밀 등의 보호)
→ 누구든지 정보통신망에 의하여 처리·보관 또는 전송되는 타인의 정보를 훼손하거나 타인의 비밀을 침해·도용 또는 누설하여서는 아니 된다.

3.2 정보통신기반 보호법

chapter 1. 용어의 정의

- "정보통신기반시설"이라 함은 국가안전보장·행정·국방·치안·금융·통신·운송·에너지 등의 업무와 관련된 전자적 제어·관리 시스템 및 정보통신망을 말한다.
- "전자적 침해행위"라 함은 정보통신기반시설을 대상으로 해킹, 컴퓨터 바이러스, 논리·메일 폭탄, 서비스 거부 또는 고출력 전자기파 등에 의하여 정보통신 기반시설을 공격하는 행위를 말한다.
- "침해사고"란 전자적 침해행위로 인하여 발생한 사태를 말한다.

chapter 2. 주요정보통신기반시설 보호체계

- **제3조**(정보통신기반보호위원회)
→ 주요정보통신기반시설의 보호에 관한 사항을 심의하기 위하여 국무총리 소속하에 정보통신기반보호위원회를 둔다.
→ 위원회의 위원은 위원장 1인을 포함한 25인 이내의 위원으로 구성한다.
→ 위원회의 위원장은 국무조정실장이 되고, 위원회의 위원은 대통령령이 정하는 중앙행정기관의 차관급 공무원과 위원장이 위촉하는 자로 한다.
→ 위원회의 효율적인 운영을 위하여 위원회에 공공분야와 민간분야를 각각 담당하는 실무위원회를 둔다.
→ 위원회 및 실무위원회의 구성·운영 등에 관하여 필요한 사항은 대통령령으로 정한다.

■ **제4조**(위원회의 기능)
→ 주요정보통신기반시설 보호정책의 조정에 관한 사항
→ 주요정보통신기반시설에 관한 보호계획의 종합·조정에 관한 사항
→ 주요정보통신기반시설에 관한 보호계획의 추진 실적에 관한 사항
→ 주요정보통신기반시설 보호와 관련된 제도의 개선에 관한 사항
→ 그 밖에 주요정보통신기반시설 보호와 관련된 주요 정책사항으로서 위원장이 부의하는 사항

■ **제5조**(주요정보통신기반시설보호대책의 수립 등)
→ 관리기관의 장은 취약점 분석·평가의 결과에 따라 소관 주요정보통신기반시설 및 관리 정보를 안전하게 보호하기 위한 예방, 백업, 복구 등 물리적·기술적 대책을 포함한 주요정보통신기반시설보호대책을 수립·시행하여야 한다.
→ 관리기관의 장은 주요정보통신기반시설보호대책을 수립한 때에는 이를 주요정보통신기반시설을 관할하는 관계중앙행정기관의 장에게 제출하여야 한다. 다만, 관리기관의 장이 관계중앙행정기관의 장인 경우에는 그러하지 아니하다.
→ 지방자치단체의 장이 관리·감독하는 관리기관의 주요정보통신기반시설보호대책은 지방자치단체의 장이 행정자치부장관에게 제출하여야 한다.
→ 관리기관의 장은 소관 주요정보통신기반시설의 보호에 관한 업무를 총괄하는 정보보호책임자를 지정하여야 한다. 다만, 관리기관의 장이 관계중앙행정기관의 장인 경우에는 그러하지 아니하다.
→ 정보보호책임자의 지정 및 업무 등에 관하여 필요한 사항은 대통령령으로 정한다.

■ **제6조**(주요정보통신기반시설보호계획의 수립 등)
→ 관계중앙행정기관의 장은 제출받은 주요정보통신기반시설보호대책을 종합·조정하여 소관분야에 대한 주요정보통신기반시설보호계획을 수립·시행하여야 한다.
→ 주요정보통신기반시설보호계획에는 다음 각호의 사항이 포함되어야 한다.
  ■ 주요정보통신기반시설의 취약점 분석·평가에 관한 사항
  ■ 주요정보통신기반시설 및 관리 정보의 침해사고에 대한 예방, 백업, 복구대책에 관한 사항

- 그 밖에 주요정보통신기반시설의 보호에 관하여 필요한 사항
→ 관계중앙행정기관의 장은 소관분야의 주요정보통신기반시설의 보호에 관한 업무를 총괄하는 정보보호책임관을 지정하여야 한다.

■ **제7조**(주요정보통신기반시설의 보호지원)
→ 국가안전보장에 중대한 영향을 미치는 다음의 주요정보통신기반시설에 대한 관리기관의 장이 기술적 지원을 요청하는 경우 국가정보원장에게 우선적으로 그 지원을 요청하여야 한다.
- 도로 · 철도 · 지하철 · 공항 · 항만 등 주요 교통시설
- 전력, 가스, 석유 등 에너지 · 수자원 시설
- 방송중계 · 국가지도통신망 시설
- 원자력 · 국방과학 · 첨단방위산업관련 정부출연연구기관의 연구시설

→ 국가정보원장은 금융 정보통신기반시설 등 개인정보가 저장된 모든 정보통신기반시설에 대하여 기술적 지원을 수행하여서는 아니 된다.

chapter 3. 주요정보통신기반시설의 지정과 취약점 분석

■ **제8조**(주요정보통신기반시설의 지정 등)
→ 중앙행정기관의 장은 소관분야의 정보통신기반시설중 다음의 사항을 고려하여 전자적 침해행위로부터의 보호가 필요하다고 인정되는 정보통신기반시설을 주요정보통신기반시설로 지정할 수 있다.
- 정보통신기반시설을 관리하는 기관이 수행하는 업무의 국가사회적 중요성
- 기관이 수행하는 업무의 정보통신기반시설에 대한 의존도
- 다른 정보통신기반시설과의 상호연계성
- 침해사고가 발생할 경우 국가안전보장과 경제사회에 미치는 피해규모 및 범위
- 침해사고의 발생가능성 또는 그 복구의 용이성

■ **제8조의2**(주요정보통신기반시설의 지정 권고)

→ 과학기술정보통신부장관과 국가정보원장등은 특정한 정보통신기반시설을 주요정보통신기반시설로 지정할 필요가 있다고 판단되는 경우에는 중앙행정기관의 장에게 해당 정보통신기반시설을 주요정보통신기반시설로 지정하도록 권고할 수 있다.
→ 과학기술정보통신부장관과 국가정보원장등은 주요정보통신기반시설로의 지정 권고를 위하여 필요한 경우에는 중앙행정기관의 장에게 해당 정보통신기반시설에 관한 자료를 요청할 수 있다.
→ 주요정보통신기반시설의 지정 권고 절차, 그 밖에 필요한 사항은 대통령령으로 정한다.

- **제9조**(취약점의 분석·평가)
→ 관리기관의 장은 대통령령이 정하는 바에 따라 정기적으로 소관 주요정보통신기반시설의 취약점을 분석·평가하여야 한다.
→ 관리기관의 장은 약점을 분석·평가하고자 하는 경우에는 대통령령이 정하는 바에 따라 취약점을 분석·평가하는 전담반을 구성하여야 한다.
→ 관리기관의 장은 취약점을 분석·평가하고자 하는 경우에는 다음에 해당하는 기관으로 하여금 소관 주요정보통신기반시설의 취약점을 분석·평가하게 할 수 있다. 다만, 이 경우 전담반을 구성하지 아니할 수 있다.
  - 한국인터넷진흥원
  - 정보공유·분석센터
  - 정보보호 전문서비스 기업
  - 한국전자통신연구원

chapter 4. 주요정보통신기반시설의 보호 및 침해사고의 대응

- **제10조**(보호지침)
→ 관계중앙행정기관의 장은 소관분야의 주요정보통신기반시설에 대하여 보호지침을 제정하고 해당 분야의 관리기관의 장에게 이를 지키도록 권고할 수 있다.
→ 관계중앙행정기관의 장은 기술의 발전 등을 감안하여 제1항의 규정에 의한 보호지침을

주기적으로 수정 · 보완하여야 한다.

- **제11조**(보호조치 명령 등)
→ 관계중앙행정기관의 장은 다음의 어느 하나에 해당하는 경우 해당 관리기관의 장에게 주요정보통신기반시설의 보호에 필요한 조치를 명령 또는 권고할 수 있다.
  - 주요정보통신기반시설보호대책을 분석하여 별도의 보호조치가 필요하다고 인정하는 경우
  - 주요정보통신기반시설보호대책의 이행 여부를 분석하여 별도의 보호조치가 필요하다고 인정하는 경우

- **제12조**(주요정보통신기반시설 침해행위 등의 금지)
→ 누구든지 다음에 해당하는 행위를 하여서는 아니된다.
  - 접근권한을 가지지 아니하는 자가 주요정보통신기반시설에 접근하거나 접근권한을 가진 자가 그 권한을 초과하여 저장된 데이터를 조작 · 파괴 · 은닉 또는 유출하는 행위
  - 주요정보통신기반시설에 대하여 데이터를 파괴하거나 주요정보통신기반시설의 운영을 방해할 목적으로 컴퓨터바이러스 · 논리폭탄 등의 프로그램을 투입하는 행위
  - 주요정보통신기반시설의 운영을 방해할 목적으로 일시에 대량의 신호를 보내거나 부정한 명령을 처리하도록 하는 등의 방법으로 정보처리에 오류를 발생하게 하는 행위

- **제13조**(침해사고의 통지)
→ 관리기관의 장은 침해사고가 발생하여 소관 주요정보통신기반시설이 교란 · 마비 또는 파괴된 사실을 인지한 때에는 관계 행정기관, 수사기관 또는 인터넷진흥원(이하 "관계기관 등"이라 한다)에 그 사실을 통지하여야 한다.
→ 정부는 침해사고를 통지함으로써 피해확산의 방지에 기여한 관리기관에 예산의 범위안에서 복구비 등 재정적 지원을 할 수 있다.

- **제14조**(복구조치)
→ 관리기관의 장은 소관 주요정보통신기반시설에 대한 침해사고가 발생한 때에는 해당 정보통신기반시설의 복구 및 보호에 필요한 조치를 신속히 취하여야 한다.

→ 관리기관의 장은 복구 및 보호조치를 위하여 필요한 경우 관계중앙행정기관의 장 또는 인터넷진흥원의 장에게 지원을 요청할 수 있다. 다만, 국가안전보장에 중대한 영향을 미치는 주요정보통신기반시설에 해당하는 경우에는 그러하지 아니하다.

- **제16조**(정보공유 · 분석센터)

→ 금융 · 통신 등 분야별 정보통신기반시설을 보호하기 위하여 다음의 업무를 수행하고자 하는 자는 정보공유 · 분석센터를 구축 · 운영할 수 있다.
  - 취약점 및 침해요인과 그 대응방안에 관한 정보 제공
  - 침해사고가 발생하는 경우 실시간 경보 · 분석체계 운영

→ 정부는 정보공유 · 분석센터의 구축을 장려하고 그에 대한 재정적 · 기술적 지원을 할 수 있다.

3.3 국가 사이버안전관리규정

chapter 1. 용어의 정의

- "정보통신망"이라 함은 전기통신설비를 활용하거나 전기통신설비와 컴퓨터 및 컴퓨터의 이용기술을 활용하여 정보를 수집·가공·저장·검색·송신 또는 수신하는 정보통신체제를 말한다.
- "사이버공격"이라 함은 해킹·컴퓨터바이러스·논리폭탄·메일폭탄·서비스방해 등 전자적 수단에 의하여 국가정보통신망을 불법침입·교란·마비·파괴하거나 정보를 절취·훼손하는 일체의 공격행위를 말한다.
- "사이버안전"이라 함은 사이버공격으로부터 국가정보통신망을 보호함으로써 국가정보통신망과 정보의 기밀성·무결성·가용성 등 안전성을 유지하는 상태를 말한다.
- "사이버위기"란 사이버공격으로 정보통신망을 통해 유통·저장되는 정보를 유출·변경·파괴함으로써 국가안보에 영향을 미치거나 사회·경제적 혼란을 발생시키거나 국가 정보통신 시스템의 핵심기능이 훼손·정지되는 등 무력화되는 상황을 말한다.
- "공공기관"이라 함은 다음 각목의 기관을 말한다.
→ 『공공기관의 운영에 관한 법률』에 따라 지정된 공기업 또는 준정부기관인 공공기관
→ 『정부출연연구기 등의 설립·운영 및 육성에 관한 법률』 및 과학기술 분야 정부출연연구기관 등의 설립·운영 및 육성에 관한 법률』에 따른 연구기관
→ 『초·중등교육법』 및 『고등교육법』에 따른 국·공립학교
→ 그 밖에 다른 법령의 규정에 의하여 설립된 공공기관 중 국가사이버안전전략회의에서 정보통신망의 안전성 확보가 필요하다고 지정한 기관

chapter 2. 사이버안전대책의 수립/시행

- **제9조**(사이버안전대책의 수립 · 시행 등)
→ 중앙행정기관의 장은 소관 정보통신망을 보호하기 위하여 사이버안전대책을 수립 · 시행하고, 이를 지도 · 감독하여야 한다.
→ 관계 중앙행정기관의 장은 공공기관의 장 및 지방자치단체의 장으로 하여금 사이버안전대책을 수립 · 시행하도록 할 수 있다.
→ 국가정보원장은 제1항 및 제2항에 따른 사이버안전대책의 수립에 필요한 국가사이버안전매뉴얼 및 관련 지침을 작성 배포할 수 있다. 이 경우 국가정보원장은 미리 관계 중앙행정기관의 장과 협의하여야 한다.
→ 국가정보원장은 제1항 및 제2항에 따른 사이버안전대책의 이행여부 진단 · 평가 등 정보통신망에 대한 안전성을 확인할 수 있으며 필요하다고 인정하는 경우에는 해당 중앙행정기관의 장에게 시정 등 필요한 조치를 권고할 수 있다. 다만, 지방자치단체 및 공공기관의 정보통신망에 대한 안전성 확인은 관계 중앙행정기관의 장과 협의하여 수행한다.

- **제9조의2**(사이버위기 대응 훈련)
→ 중앙행정기관, 지방자치단체 및 공공기관의 장은 소관 정보통신망을 대상으로 매년 정기적으로 사이버위기 대응 훈련을 실시하여야 한다.
→ 국가정보원장은 국가 차원의 사이버위기 발생에 대비하여 중앙행정기관, 지방자치단체 및 공공기관의 정보통신망을 대상으로 사이버위기 대응 통합훈련을 실시할 수 있다. 이 경우 국가정보원장은 특별한 사유가 없으면 사전에 훈련 일정 등을 해당 기관의 장에게 통보하여야 한다.
→ 국가정보원장은 사이버위기 대응 통합훈련 필요하다고 판단하는 경우에는 중앙행정기관, 지방자치단체 및 공공기관의 장에게 필요한 시정조치를 요청할 수 있다. 이 경우 해당 기관의 장은 특별한 사유가 없는 한 그 요청에 따라야 한다.

- **제10조**(사이버공격과 관련한 정보의 협력)
→ 중앙행정기관의 장, 지방자치단체의 장 및 공공기관의 장은 국가정보통신망에 대한 사이

버공격의 계획 또는 공격사실, 사이버안전에 위협을 초래할 수 있는 정보를 입수한 경우에는 지체없이 그 사실을 국가안보실장 및 국가정보원장에게 통보하여야 한다. 다만, 수사사항에 대하여는 수사기관의 장이 국가기밀의 유출·훼손 등 국가안보의 위협을 초래한다고 판단되는 경우에 입수한 정보를 국가안보실장 및 국가정보원장에게 통보하여야 한다.
→ 국가정보원장은 관련 정보를 제공받은 경우에는 대응에 필요한 조치를 강구하고 그 결과를 정보를 제공한 해당기관의 장에게 통지한다.

chapter 3. 보안관제 설치운영 등 규정 전반

■ **제10조의2**(보안관제센터의 설치·운영)
→ 중앙행정기관의 장, 지방자치단체의 장 및 공공기관의 장은 사이버공격 정보를 탐지·분석하여 즉시 대응 조치를 할 수 있는 보안관제센터를 설치·운영하여야 한다. 다만, 보안관제센터를 설치·운영하지 못하는 경우에는 다른 중앙행정기관(국가정보원을 포함한다)의 장, 지방자치단체의 장 및 관계 공공기관의 장이 설치·운영하는 보안관제센터에 그 업무를 위탁할 수 있다.
→ 보안관제센터를 설치·운영하는 기관의 장은 수집·탐지한 사이버공격 정보를 국가정보원장 및 관계 기관의 장에게 제공하여야 한다.
→ 보안관제센터를 설치·운영하는 기관의 장은 보안관제센터의 운영에 필요한 전담직원을 상시 배치하여야 한다.
→ 보안관제센터를 운영하는 기관의 장은 필요한 경우에는 과학기술정보통신부장관이 지정하는 보안관제전문업체의 인원을 파견받아 보안관제업무를 수행하도록 할 수 있다.
→ 보안관제센터의 설치·운영 및 사이버공격 정보의 제공 범위, 절차 및 방법 등 세부사항은 국가정보원장이 관계 중앙행정기관의 장과 협의하여 정한다.

■ **제11조**(경보 발령)
→ 국가정보원장은 사이버공격에 대한 체계적인 대응 및 대비를 위하여 사이버공격의 파급영향, 피해규모 등을 고려하여 관심·주의·경계·심각 등 수준별 경보를 발령할 수 있

다. 다만, 민간분야에 대하여는 과학기술정보통신부장관이 경보를 발령하고, 국방분야에 대하여는 국방부장관이 경보를 발령하며, 국가정보원장, 과학기술정보통신부장관 및 국방부장관은 국가차원에서의 효율적인 경보 업무를 수행하기 위하여 경보 관련 정보를 발령 전에 상호 교환하여야 한다.

→ 경보를 발령하였을 때에는 관계 중앙행정기관의 장은 공공기관의 장 및 지방자치단체의 장에게 이를 신속히 전파하고 적절한 조치를 취하여야 한다.

→ 국가정보원장은 사이버공격이 국가안보에 중대한 위해를 초래할 것으로 판단되는 경우에는 국가안보실장과 협의하여 심각 수준의 경보를 발령할 수 있다.

→ 국가정보원장은 제1항의 규정에 의한 경보 발령에 필요한 정보를 관계 중앙행정기관의 장에게 요청할 수 있다. 이 경우 관계 중앙행정기관의 장은 특별한 사유가 없는 한 이에 협조하여야 한다.

■ **제12조**(사고통보 및 복구)

→ 중앙행정기관의 장은 사이버공격으로 인한 사고의 발생 또는 징후를 발견한 경우에는 피해를 최소화하는 조치를 취하고 지체없이 그 사실을 국가안보실장 및 국가정보원장에게 통보하여야 한다.

→ 지방자치단체의 장 및 공공기관의 장은 사이버공격으로 인한 사고의 발생 또는 징후를 발견한 경우에는 피해를 최소화하는 조치를 취한 후 그 사실을 지체 없이 국가안보실장, 국가정보원장 및 관계 중앙행정기관의 장에게 통보하여야 한다.

→ 국가정보원장은 사이버공격으로 인한 사고의 발생 또는 징후를 발견하거나 통보를 받은 때에는 관계 중앙행정기관의 장에게 사고복구 및 피해의 확산방지에 필요한 조치를 요청할 수 있으며, 요청받은 관계 중앙행정기관의 장은 특별한 사유가 없는 한 이에 협조하여야 한다.

■ **제18조**(안전성 확인 등에 대한 특례)

→ 국방분야의 사이버안전과 관련해서는 국방부장관이 그 업무를 수행한다.

→ 국방부장관은 국가안보에 필요하다고 판단되는 경우에는 관련 내용을 국가정보원장에게 통보하여야 한다.

3.4 보안관제 전문업체 지정요건

chapter 1. 보안관제 전문업체의 요건

■ **근거**

→ 국가사이버안전관리규정 제10조의2(대통령훈령제316호)

→ 보안관제 전문업체 지정 등에 관한 공고(과학기술정보통신부 공고 제2013-089호)

(지정기관 : 과학기술정보통신부, 수행기관 : 한국인터넷진흥원)자보안관제 전문업체 지정기준 : (고급기술자 3명 이상, 중급기술자 6명 이상을 포함해야 한다)

- 자기 자본금이 20억 원 이상일 것(기업 재무제표의 자본총계를 의미한다)
- 최근 3년간 보안관제 수행실적 합계 금액이 30억 원 이상 또는 보안관제 수행능력 평가기준에 따라 실시한 심사에서 70점 이상을 받을 것

→ 다음의 어느 하나에 해당하는 사람이 임원으로 있는 법인은 보안관제 전문업체로 지정받을 수 없다.

- 미성년자, 금치산자 또는 한정치산자
- 파산선고를 받고 복권되지 아니한 사람
- 금고 이상의 실형을 선고받고 그 집행이 끝나거나(집행이 끝난 것으로 보는 경우를 포함한다.) 면제된 날로부터 2년이 지나지 아니한 사람
- 금고 이상의 형의 집행유예를 선고받고 그 유예기간 중에 있는 사람
- 지정 취소된 법인의 취소 당시의 임원이었던 사람

   (취소된 날로부터 2년이 지나지 아니한 사람만 해당한다)

- **보안관제 수행실적의 인정요건**

→ 보안관제 수행실적은 다음 각 호의 요건을 만족하여야 한다.
- 보안관제가 프로젝트의 주된 목적일 것
- 지정신청을 한 날 현재 종료된 보안관제 프로젝트일 것
  (다년 계약의 경우 해당년도 실적)
- 해당업체 참여율이 50퍼센트를 초과하여 참여한 프로젝트일 것
  (참여율에 비례하여 수행 실적을 인정한다.)
- 기술인력의 연간 프로젝트 참여비율의 총합이 100퍼센트를 넘지 않을 것

→ 다음의 경우, 해당 실적의 50퍼센트를 보안관제 수행실적으로 인정할 수 있다.
- 보안관제 대상에서 수행된 침해사고 대응 서비스 수행실적(단순 유지 보수는 제외한다.)
- 보안관제 수행 목적 이외 개별적으로 납품한 보안 시스템(기업보안관리제품, 침입차단 시스템, 침입탐지·방지 시스템 등)의 운용실적
- 하도급을 받아 수행한 보안관제 실적은 하수급업체의 실적으로 한다.(하수급업체의 참여율에 비례하여 실적을 인정하며, 공동수급인 경우에도 또한 같다)

chapter 2. 보안관제 전문업체의 평가 등

- **보안관제 전문업체 사후관리**

→ 과학기술정보통신부장관은 매년 보안관제 전문업체에 대한 사후관리 심사를 실시한다.
→ 사후관리 심사에서는 보안관제 전문업체가 지정기준을 충족하고 있는지 여부를 확인한다.
→ 사후관리 심사를 수행하는 자는 심사의 목적과 심사자의 인적 사항 등을 기재한 서류를 보안관제 전문업체의 장에게 교부하여야 한다.

- **보안관제 전문업체 지정취소**

→ 과학기술정보통신부장관은 보안관제 전문업체가 다음 각 호의 어느 하나에 해당할 경우 보안관제 전문업체의 지정을 취소할 수 있다.
- 부정한 방법으로 지정을 받은 경우

- 지정기준에 미달한 경우
- 사후관리 심사를 통과하지 못한 경우
- 임원이 결격사유에 해당하게 된 경우(다만, 임원이 결격사유에 해당된 날부터 3개월 이내에 그 임원을 바꾸어 임명한 경우는 제외한다.)

→ 보안관제 근무자가 근무 중 지득한 사실을 언론이나 인터넷 등을 통해 유포하였거나 근무태만 또는 기타 계약 조건을 위반하여 심각한 보안사고가 발생한 경우에 보안관제센터를 운영하는 기관의 장은 지식경제부장관에게 신고할 수 있다.

→ 과학기술정보통신부장관은 신고를 접수받은 경우 사실을 확인하고 관계기관의 장과 협의하여 보안관제 전문업체 지정을 취소할 수 있다.

→ 지정이 취소된 법인은 2년간 보안관제 전문업체로 지정을 받을 수 없다.

■ 보안관제 전문업체 현황(2016년 8월 기준)

No.	업체명	전화번호	홈페이지
1	㈜이글루시큐리티	02-3452-8814	http://www.igloosec.co.kr
2	한국통신인터넷기술(주)	02-597-0600	http://www.ictis.kr
3	㈜안랩	031-722-8000	http://www.ahnlab.com
4	한전KDN(주)	061-931-7114	http://www.kdn.com
5	㈜싸이버원	02-3475-4955	http://www.cyberone.kr
6	에스케이인포섹(주)	02-6361-9114	http://www.skinfosec.com
7	유넷시스템(주)	02-2088-3030	http://www.unet.kr
8	㈜윈스	031-622-8600	http://www.wins21.co.kr
9	롯데정보통신(주)	02-2626-4000	http://www.ldcc.co.kr
10	(주)에이쓰리	02-6292-3001	http://.a3security.co.kr
11	㈜시큐어원	02-6090-7690	http://www.secureone.co.kr
12	한솔넥스지㈜	02-577-8426	https://www.hansolnexg.com
13	㈜포스코ICT	054-280-1114	https://www.poscoict.co.kr
14	㈜ktds	070-4168-2900	https://www.ktds.com

출처 : 과학기술정보통신부 홈페이지(msit.go.kr), 정보공개_정부3.0_사전정보공개, 보안관제전문업체 소개

MEMO

MEMO

⟨NCS 보안이벤트 대응 4수준⟩

보안관제 기술

1, 2, 3급 공통

주요 항목	세부 항목	세세 항목
1. 보안관제 기술	1. 탐지패턴 활용	1. 탐지패턴 정의 및 개념 2. 탐지패턴 개발 및 적용
2. 보안관제 로그 분석	1. 보안장비 탐지로그 분석	1. 보안관제 로그 분석방법 2. 서버 및 네트워크 장비 로그 분석 3. ESM 및 SIEM 등 로그 분석
3. 운영체제 및 서버 보안	1. 운영체제	1. 운영체제 개념 및 구성 2. 운영체제(윈도우, 유닉스, 리눅스 등) 보안 3. 클라이언트 방화벽 설정 등 보안 4. 운영체제 인증과 접근통제 5. 서버 보안용 S/W 운영
4. 암호학	1. 암호 알고리즘	1. 암호 관련 용어 2. 암호 공격방식 3. 대칭키, 공개키 암호시스템 특징
	2. 해시함수와 응용	1. 해시함수 일반 2. 전용 해시함수별 특징 3. 메시지 인증 코드(MAC) 4. 전자서명

제 1장

보안관제 기술

1.1 탐지패턴 활용

chapter 1. 탐지패턴 정의 및 개념

- **탐지패턴이란?**
→ 특정 바이러스나 악성코드 등 특정 패킷이 네트워크를 통과할 때 탐지하기 위해 제작한 일종의 문구(시그니처)이며, RULE이라 부른다.

- **스노트**(Snort)
→ 스노트는 'Sniffer and more'에서 유래되었는데, 처음 공개되었을 때는 코드도 얼마 되지 않는 단순한 Packet Sniffer 프로그램이었다. 그러나 이후 현재의 IDS와 같이 Rule을 이용한 분석 기능이 추가되고, 보완과 향상을 통해 지금과 같이 다양한 기능과 탁월한 성능을 갖춘 프로그램이 되었다.
  - 현재 많은 침입탐지시스템 솔루션 제품에서 Snort 룰 기반으로 정책을 설계하고, 전 세계에서 IDS 룰이라 함은 Snort Rule을 비공식적으로 통용화되고 있는 실정이다.
→ 1988년 Sourcefire 사의 CTO(최고기술경영자)인 Martin Roesch(마티로시)가 발표하였으며, 현재 가장 많이 사용되는 IDS 중 하나이다. 단순한 패킷 스니퍼 프로그램에서 IDS와 같이 Rule을 이용한 분석 기능이 추가되고, 커뮤니티를 이용한 계속적인 기능 보완과 향상을 통해 지금같이 탁월한 성능을 갖추게 되었다.
  - 현재 윈도우, 유닉스, 리눅스에 이르기까지 다양한 운영체제를 지원하고 있으며, 네트워크단에서 모든 패킷을 스니핑하여 트래픽을 모니터링하고 기본적인 IDS를 수행한다.
  - 스노트는 프로토콜 분석, 데이터를 검색 및 매칭시킴으로서 여러 가지 공격을 탐지해 낼 수 있으며 사용자의 Rule 작성 또한 다양한 옵션으로 만들 수 있다.

→ 스노트의 기능

[표 2-1] 스노트의 기능

패킷 스니퍼(Sniffer)	네트워크의 패킷을 읽어 보여주는 기능
패킷 로거(Llogger)	모니터링한 패킷을 저장하고 로그에 남기는 기능
network IDS	네트워크 트래픽을 분석하여 공격을 탐지하는 기능
기타	프로토콜 분석, 컨텐츠 검색, 조합 작업, Buffer overflows, stealth port scans, CGI attacks, SMB probes, OS fingerprinting attempts 등의 기능을 수행

- Snort는 오픈 소스로 개발 중인 패킷 캡처 라이브러리인 libpcap을 사용하여 패킷을 캡처하고, 수집된 패킷이 사전에 정의된 Snort 공격 룰과 비교하여 만약 매칭되었을 경우 syslog를 통해 로그를 남기거나 특정 디렉토리의 특정 파일 또는 database에 남기도록 할 수 있다.

→ 스노트의 구조 : 스노트 프로그램은 몇 가지 구성 요소들이 플러그인 형태로 이루어져 있어 쉽게 각자의 환경에 따라 변경하고 수정할 수 있도록 되어 있는데, 기본적으로 다음과 같은 네 가지 구성요소로 이루어져 있다.

① 스니퍼(sniffer) : Snort IDS를 통과하는 모든 패킷을 수집한다.

② Preprocessor : 효율적인 공격탐지를 위해 플러그인을 먼저 거쳐 매칭되는지 확인한다.

③ 탐지엔진 : rule에 기반한 탐지. 정의된 룰과 매칭되는지 확인하여 탐지한다.

④ 로깅(출력) : 정책에 따라서 로그를 기록한다.

→ 스니퍼에서 캡처한 네트워크 패킷은 전처리기로 이동한다. 전처리기는 패킷을 탐지엔진에서 비교하기 전에 사전 처리 작업을 해주는 역할을 한다.

- 예를 들어 stream 전처리기는 여러 TCP 패킷을 하나로 모음으로서 여러 패킷에 걸친 공격을 잡아내는 역할을 한다. Snort의 다른 부분과 마찬가지로 전처리기도 플러그-인 방식으로 되어 있다.
- 플러그-인 방식의 장점은 필요한 플러그-인을 추가, 삭제하기 쉽기 때문에 훨씬 유연한 소프트웨어를 운영할 수 있다는데 있다.

- 전처리기는 효율적인 공격 탐지를 위해 몇 가지 플러그인을 먼저 거치며 매칭되는지 확인한다.
→ 탐지엔진은 스노트의 핵심 모듈로서 패킷과 rule을 비교하여 패킷에 해당하는 rule이 있을 경우 경고를 발생한다.
  - 스노트의 rule은 스노트에서 가장 중요한 부분으로 나름대로 rule 문법이 있다.
  - 이 문법은 프로토콜의 종류, 컨텐츠, 길이, 헤더, 기타 여러 요소(버퍼 오버플로우를 정의하기 위한 쓰레기 문자 등)를 포함하고 있다.
  - rule을 잘 설정하면 Snort를 자신의 환경에 맞게 커스터마이징하는 것이 가능하다.
→ 스노트가 발생시킨 경고는 출력모듈로 전송된다. 출력 모듈도 플러그-인 구조로 되어 있으며, 현재 스노트는 로그 파일, 네트워크 연결, UNIX 소켓 또는 윈도우 팝업(SMB), 또는 SNMP 트랩, MySQL과 Postgres와 같은 SQL 데이터베이스로 경고를 보낼 수 있다.
  - 스노트의 경고를 분석하기 위한 여러 툴이 나와 있는데 그 중 대표적인 툴로 SnortSnarf와 Swatch, ACID 등을 들 수 있다.
→ 스노트 룰 이해
  스노트 룰은 룰헤더와 룰옵션으로 구성되며, 옵션과 옵션은 세미콜론(;)으로 구분하고, 룰 옵션을 구성하는 옵션키와 옵션값은 콜론(:)으로 구분한다.
  - 탐지패턴 개발에서 자세하게 설명한다.

[표 2-2] Snort 룰 이해

룰액션	프로토콜	출발지 IP	출발지 포트	방향	목적지 IP	목적지 포트	탐지룰 명	탐지룰 패턴
alert	tcp	any	any	->	any	any	(msg :"attack" :	content :"attack";)
룰 헤더(header)							룰 옵션(Option)	

- **탐지패턴의 종류**
→ 일반적인 탐지패턴
  - 예)일반적인 문자열 탐지패턴 : any any -> "yahoo"로 접속할 때 탐지/차단해야 하는 경우가 있다고 가정하자. yahoo로 접속하거나, yahoo가 들어간 첨부파일·메일·그림파일 이름에 yahoo라는 문자가 있으면 모두 탐지한다. 이 경우에는 실질적인

yahoo사이트로 접속 시에만 탐지/차단해야 하는데, 오탐의 경우가 많아지므로 16진수 형태로 탐지패턴을 변경해서 적용하는 것이 바람직하다.

→ HEXA CODE 방식의 탐지패턴 : 핵사 코드는 16진수로 나타내는 인코딩 방식이다. 문자열 탐지 패턴이란 점은 동일하지만, 패턴으로 작성된 글자는 숫자로 표시되어 무슨 뜻인지 이해할 수 없는 16진수 형태의 탐지패턴이다. %67%83%05%98%34%93%33

→ 바이너리 방식은 육안으로는 뜻을 알 수 없다.
- 예를 들면 네이버의 문자 URL을 핵사코드로 변환하면 '%67%83%05%98%34%93%33'으로 표현된다. 또 DNS에 질의(Query)를 던질 때 핵사코드로 통신한다.
- URL을 차단하려면 일반 영문자가 아닌 핵사코드로 탐지패턴을 넣어야 한다는 뜻이다.

→ PCRE 탐지패턴 : 중요한 사항은 현재 시그니처 방식의 보안장비에서는 탐지패턴을 필히 등록한 것만 탐지할 수 있다.
- PCRE라고 불리는 정규식의 고급탐지패턴 만드는 방법은 방대한 내용으로 별도 학습하여야 한다.
- http://www.pcre.org에서 소스와 문서를 다운로드할 수 있다.

O PCRE

펄 호환 정규 표현식(Perl Compatible Regular Expressions, PCRE)은 펄 프로그래밍 언어의 정규 표현식 기능에 착안하여 만든, 정규 표현식 C 라이브러리로서, 1997년 여름 필립 하젤(Philip Hazel)이 작성을 시작하였다. PCRE의 문법은 POSIX 정규 표현식이나 수많은 전통적인 정규 표현식 라이브러리들보다 더 강력하고 유연하다. 이름과는 달리 PCRE와 펄의 기능은 서로 공유되지는 않는다.

PCRE 라이브러리는 수많은 저명한 오픈 소스 프로그램들에 통합되어 있는데, 이를테면 아파치 HTTP 서버, PHP, R 스크립트 언어가 있으며 사유 소프트웨어(BSD 라이선스)에도 통합할 수 있다. 펄 5.10을 기준으로 PCRE는 re : :engine : :PCRE 모듈을 통해 펄의 기본 정규 표현식 엔진을 대체하여 이용할 수 있다(출처 : 위키피디아 백과사전).

chapter 2. 탐지패턴 개발 및 적용

■ **탐지패턴 개발**

→ 탐지패턴 개발
- 일반적인 탐지시스템(예 : IDS/IPS/TMS 등)은 탐지패턴으로 등록된 룰을 이용해 공격을 탐지하는데, 위험에 대하여 인위적으로 작성한 탐지패턴의 기술력, 개발 수량에 따라 장비의 위협 탐지 성능이 달라진다.

→ 핵사 코드를 이용한 탐지패턴 개발
- 특정 사이트의 접근을 차단할 때 탐지문자열을 텍스트 형식으로 한다면, 해당 사이트 명을 검색만 해도 보안장비에 탐지가 될 수도 있다. 이 경우를 대비해 실제 접속 사이트에 접근할 경우 핵사코드로 인코딩되었을 때 탐지되도록 한다.

[그림 2-1] 탐지문자열 텍스트

- 위 그림은 gwangjuh***.co.kr에 접근했을 때, 와이어샤크라는 패킷캡처 툴을 통해 아래 그림 속 사이트의 핵사 코드를 확인한 것이다. 대부분의 보안 관제센터에서는 인코딩 및 디코딩 툴을 이용하여 손쉽게 자동 변환할 수 있다.
- 밑줄 친 67,77,61,6e,67,6a,75,68,6f,**,**,**,**,63,6f,2e,6b,72가 gwangjuh***.co.kr의 16진수로 표현된 핵사 코드이다.

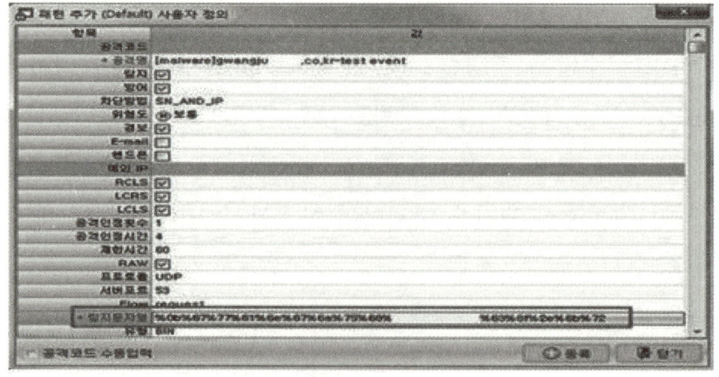

[그림 2-2] IPS 탐지 패턴 상세확인 화면

- IPS에 해당 사이트의 접근을 막기 위한 정책을 추가한다. 탐지문자열엔 gwangjuh***.co.kr 대신 헥사코드를 넣어 탐지되도록 한다.
- 웹접속 시 DNS 서버에 질의(Query)를 던질 때 16진수로 통신하기 때문에 일반 영문자가 아닌 헥사코드로 탐지패턴을 넣어야 한다는 뜻이다.
- 이로 인해 실제 URL로 접근했을 때, 사이트의 해당 헥사코드 패턴이 탐지되어 IPS에서 차단되는 것을 확인할 수 있다. 이렇듯 헥사코드 형식으로 탐지패턴을 넣어 정탐율을 높인다.

[그림 2-3] 헥사코드 형식 탐지패턴

→ 스노트 룰을 이용한 탐지패턴 개발
- 개발 예시 1
  다음 예시는 Snort 탐지룰에 pcre 구문을 결합하여 만든 것이다.
- 이런 예문을 살펴보았을 때 앞에 alert tcp any any -> 255.255.255.255 any 이 부분은 시그니처 헤더에 속하는 부분과 (content :"POST"; pcre :"/(./x2Exls|\x2Exml|\x2Exlsx)/si";) 시그니처 옵션에 해당되는 부분으로 나뉠 수 있다.

[그림 2-4] IPS 탐지 패턴 상세확인 화면

* ₩x문자는 '\x' 와 동일한 문자이다. 다만 한글에서 글씨체에 따라서 '₩x' 이렇게 표시된 것임을 이해하기 바란다.

- **시그니처 헤더**

  ① alert(Action) : 경고를 생성하여 로그를 남김

  ② tcp(Protocol) : 어떠한 프로토콜이든 IP, UDP, ICMP, TCP가 존재

  ③ any(SRC_IP) : 출발지 IP를 의미

  ④ any(SRC_PORT) : 포트주소를 표기하는데 여기서 모든 포트를 탐지한다는 뜻으로 any를 사용함

  ⑤ -> (방향지시자) : 패킷이 가는 방향을 의미하며, -> <> 이 존재한다(<>는 출발지와 목적지를 구분하지 않으며 양방향이라는 의미)

  ⑥ 목적지 ip 주소

  ⑦ 목적지 포트번호

    - 시크니처 옵션 부분에서는 해당 pcre 문구를 살펴보라

  ⑧ content : : 옵션키의 하나로서, "내용이 무엇인가? 어떤 콘텐츠인가?"라는 뜻

  ⑨ 콜론(:) : 콜론은 옵션키와 옵션값의 구분하기 위함

  ⑩ "POST" : 옵션값의 하나로서, GET과 POST 방식중에 해당 패킷이 POST방식이라는 의미

  ⑪ pcre : 옵션키의 하나로서, pcre 패턴의 시작을 의미

  ⑬ Wx : 16진수 숫자와 일치하는 것을 탐지한다.

  ⑭ 2E : 마침표(.)를 의미한다.

  ⑮ xls : .xls라는 의미이다.

  ⑯ |(버티컬 바) : or라는 뜻이다. 왼쪽 혹은 오른쪽과 일치하는 것은 탐지하라는 의미

  ⑰ s|

    - s : 줄을 바꾸어도 문자를 연결하여 인식하거나, 또는 모든 문자를 표시하라는 의미

예) 111.xl   s|Wx2Exml

    - 예제와 같이 xl과 s가 떨어져도 xls로 인식

    - i : 대문자, 소문자를 구분 안 함

- 본 탐지패턴을 전체적으로 요약하면

프로토콜은 tcp이고 출발지IP 및 포트는 any에서 목적지 IP는 255.255.255.255 포트는 any이고 타입은 POST 방식을 사용하며 .xls 또는 .xml 또는 .xlsx의 확장자를 가진 패킷을 탐지하라는 의미이다.

→ 개발 예시(2)

```
alert tcp any 1024 : -> any any(content :"POST"; pcre :"/(\.hwp|\.xls/";)
```

- 이러한 pcre를 이용한 패턴을 살펴본다면, 프로토콜은 tcp이고 출발지는 any 포트는 1024 이상의 포트를 사용하고 목적지IP와 포트는 둘다 any이고 타입은 POST 방식을 사용하며 .hwp 또는 .xls인 패킷을 탐지하는 내용이다. (여기서 '\' 역슬래시는 바로 다음에 오는 문자인 '.'을 특수문자가 아닌 일반 확장자 앞에 찍는 '마침표' 문자로 인식하라는 의미이며, 실제로 키보드에서는 원 표시(₩)이지만 글자체에 따라서 '\' 역슬래시로 표현되기도 한다.)
- 포트를 범위로 표현하고자 한다면 :을 사용하여 범위를 표현해주면 된다.
- 예를 들어 192.168.200.30 1 :1024는 포트가 1~1024인 패킷, 192.168.200.30 1024 :는 포트가 1024 이상인 패킷, 192.168.200.30 :1024는 포트가 1024 이하인 패킷으로 표현된다. 즉 : 쌍점이 왼쪽에 있느냐 오른쪽에 있느냐의 차이이다.

→ pcre 역시 content가 pcre를 호출하는 구조, 즉 content에서 정의된 문자열이 포함된 패킷만을 pcre 옵션으로 검사하는 룰 구조를 이용할 것을 권장한다.

> **TIP** 탐지패턴에 해석과 관련한 정보보안기사 유사 기출문제
>
> - (패턴의 일부분) content :"⟨script"; nocase; content :"src=http://";within :10; nocase; content :".js)"; within :40;
>   - 문제 : nocace의 의미는 무엇인가?
>   - 정답 : 대문자 소문자를 구분하지 않는다는 뜻이다. 예를 들어 (content : "a"; nocase;)의 의미는 a와 A를 모두 검사한다는 뜻이다. 패턴에 대한 경험이나 지식이 없으면 정답을 도출하기가 쉽지만은 않다.

→ pcre 역시 content가 pcre를 호출하는 구조, 즉 content에서 정의된 문자열이 포함된 패킷만을 pcre 옵션으로 검사하는 룰 구조를 이용할 것을 권장하며, 이런 구조를 통해 pcre 사용에 의한 성능 저하를 예방할 수 있다.

> **TIP** Sql Injection 탐지 패턴의 종류
>
> - [information_schema.tables] 패턴
> ☞ GET./index.php?option=com_contenthistory&view=history&list[ordering]=&item_id=1&type_id=1&list[select]=(select 1 from (select count(*),concat((select (select concat(session_id)) from #__session limit 0,1),floor(rand(0)*2))x from information_schema.tables group by x)a).HTTP/1.1..User.Agent-.Mozilla/5.0.(Macintosh;.Intel.Mac.OS.X.10_10_4).AppleWebKit/537.36.(KHTML,.like.Gecko).Chrome/42.0.2311.152.Safari/537.36..Host-.www.test.go.kr..Connection-.Keep.Alive
> ☞ INFORMATION_SCHEMA는 데이터베이스의 메타데이터를 조회하게 해준다.
> ☞ 데이터들의 데이터라 불리는 메타데이터 중요하다.
> ☞ 데이터베이스 또는 테이블 이름, 컬럼의 데이터 타입, 또는 접근권한과 같은 것을 말한다.
> ☞ 혹자는 DD(Data Dictionary) 라고 일컫기도 한다.
> ☞ INFORMATION_SCHEMA는 정보데이터베이스로 MySQL서버가 운영하는 모든 다른 데이터베이스에 대한 정보를 저장하는 장소이다.
> ☞ 데이터베이스의 메타데이터를 그룹별로 나타내는 것을 통해 구조를 파악하는 공격
>
> - ' or '='1 패턴
> ☞ GET /postal/retrieveNewAdressAreaCdSearchAllService/retrieveNewAdressAreaCdSearchAllService/getNewAddressListAreaCdSearchAll?countPerPage&totalPage=1&srchwrd=여수산단2로 220"or"1"="1&serviceKey=fJ3jjSK0Fl45MUTXqhdRxTz18ZTkhlHcPcrxXcg8WZm1cteHdCfhC4VVvicJCruDR3q1fDbaMaF7tX5XrDvCaw== HTTP/1.1..User-Agent- Java1.6.0.20..Host- openapi.test.go.kr..Accept- text/html, image/gif, image/jpeg, */*; q=.2.. Connection- Keep-Alive........

- 대표적인 sql injection 공격으로 논리적 에러를 이용한다. 싱글쿼터(') 이용

  - [AND 8=8] 문자열 패턴
  - GET./eng/sub/EMS_Search.jsp?contId=e1020600 aND 8=8.HTTP/1.1..User.Agent-.Mozilla/4.0.(compatible;.MSIE.6.0;.Windows.NT.5.0)..Accept-.*/*..Host-.www.koreapost.go.kr..Cache.Control-.no.cache....
  - 쿼리 가능여부를 이용하는 Blind sql injection으로 참/거짓을 확인하여 정보 획득
  - and 8=8 〈정상적인 페이지 출력〉, and 8=9 〈거짓으로 정상적으로 페이지가 출력되지 않음〉

  - 저장 프로시저를 이용하는 Stoerd Procedure SQL Injection
  - 저장 프로시저 : 운영상 편의를 위해 만들어둔 SQL 집합형태, 특히 MSSQL에서 사용할 수 있는 xp_cmdshell 등의 프로시저
  - http://www.test.com/main.asp?id=';creat.....r.dbo.xp_cmdshell%20' netstat%20-an';

  - 타임기반의 Blind SQL injection
  - MSSQL에서 SLEEP() 함수를 이용하여 5초 후에 쿼리 결과를 얻도록 공격문자열 삽입
  - 5초 후에 쿼리 결과가 화면에 출력된다면 취약점이 존재한다고 판단
  - http://www.test.com/index.php?id=1 and sleep(5)

  - 에러 기반의 SQL Injection
  - GET, POST, HTTP header value, cookie value에 특수문자(') 혹은(;) 삽입 시 에러 발생하면 취약점이며 해당 취약점(에러 구문)을 이용하여 구조를 파악할 수 있다

TIP 스노트 룰 상세 설명

[표 2-3] 스노트 룰 구성

Rule header							Rule option
action	protocol	IP address	port	→	IP address	Port	(option)
1	2	3	4	5	6	7	8

① action 설명
- action에는 패킷처리 방법을 alert, log, pass, activate, dynamic 중에서 1개를 지정한다.
- dynamic 시그너처는 단독으로 동작하지 않고, activate 시그너처가 있어야만 한다.

action	의 미
alert	alert를 발생하고 패킷을 기록한다(로그에 남긴다).
log	패킷을 기록한다.
pass	패킷을 무시한다.
activate	alert를 발생시키고, 대응하는 dynamic 시그너처를 유효하게 한다.
dynamic	activate 시그너처에 의해 유효하게 된 경우에 log 액션과 같이 로그를 남긴다.
reject	drop과 동일하지만, TCP일 경우에는 RST 패킷으로 응답하고, UDP일 경우에는 ICMP Destination Unreachable 메시지를 남긴다.
drop	패킷을 차단하고 로그를 남긴다.
sdrop	패킷을 차단하고 로그를 남기지 않는다.

② protocol
- protocol에는 패킷의 프로토콜을 tcp, udp, icmp, ip 중에서 선택한다.

③,⑥ IP address
- IP address에는 ③에 송신자, ⑥에 수신자의 ip 주소를 지정한다. 임의의 ip 주소인 any를 지정할 수도 있다. ip 주소는 192.168.0.24와 같은 형식으로 넷마스크도 함께 지정한다. 특정 호스트만 지정하는 경우에는 10.1.1.20/32와 같이 넷마스크를 32비트로 한다.
  동시에 여러 ip 주소를 지정하는 경우, 192.168.0.0/24, 10.0.0.0/8과 같은 형식을 사용하면 된다.
  !192.168.0.0/24와 같이 기술하면 not 192.168.0.0/24를 의미하게 된다.
  또한, Snort.conf에서 지정한 변수를 참조할 수도 있다.
  예를 들어, HOME_NET을 참조하려면, $HOME_NET라고 기술한다.

④⑦ port
- port에는 송수신자의 포트 번호를 지정한다. 하나만 지정하는 경우에는 25나 80과 같이 수치를 기입한다. 콜론(:)을 사용하면 포트 범위를 지정할 수 있다.
  예를 들어, 1:1024라고 기술한 경우, 1~1024까지의 포트 번호를 지정하게 된다.
  :500(500번 이하의 모든 포트), 6000:(6000번 이상의 모든 포트)와 같이 지정할 수도 있다.
  ip 주소와 동일하게 여기에서도 any(임의의 포트)나 !(지정한 이외의 포트)를 사용할 수 있다.

⑤ direction
- direction에는 패킷의 방향을 나타내는 기호를 지정한다. ->를 지정하면 좌측이 송신자 ip 주소, 우측이 수신자 IP 주소임을 의미한다.
  <>는 송수신자 구별 없이 지정한 ip 주소 사이의 모든 패킷이 대상이 된다.

⑧ option
- option에 지정할 수 있는 룰 옵션은 매우 많으므로, 자주 사용되는 것만 설명한다.
  모든 옵션에 관한 설명은 Snort 웹사이트를 참조하기 바란다.

옵션	표현형식 및 설명
msg	○ msg : "메세지 텍스트"; - 지정한 메시지가 alert 발생 시나 로그 보존 시에 이벤트명으로 사용된다. - content 옵션과 마찬가지로 큰 따옴표(" ") 사이에 문자열을 넣는다.

옵션	표현형식 및 설명
dsize	○ dsize : 〈〉 한계치(숫자); 예) dsize : 400〈〉1000 – 패킷 페이로드의 사이즈가 400바이트에서 1000바이트 이하인 것을 탐지 – dsize 옵션을 지정하면 간단히 버퍼 오버플로우를 감시할 수 있다.
content	○ content : "검색할 문자열"; – 검색 문자열에는 텍스트 데이터와 바이너리 데이터를 지정할 수 있다. 텍스트 데이터의 경우에는 단순히 검색할 문자열을 지정하면 된다. 바이너리 데이터의 경우에는 16진수로 표시한 데이터를 "丨"로 둘러쌀 필요가 있다. 또한, 텍스트 데이터는 매칭할 때 대소문자를 구별하는 것에 주의한다. – 텍스트인 경우 → content : "/bin/sh"; 바이너리인 경우 → content : "丨 00 01 02 AA AB FF 丨"; 혼합시킨 경우 → content : "丨 90 90 90 丨 /bin/sh";
offset	○ offset : 오프셋 번호; – content 옵션 명령이 검색을 시작할 패킷의 특정 위치를 지정한다. 다량의 패킷 중 검색해야 할 데이터의 양을 한정 지음으로써 패턴 매칭 알고리즘의 성능을 향상시킬 수 있는 장점이 있다. default offset 값은 "0"으로 패킷 페이로드의 첫 byte를 의미한다.
depth	○ depth : 페이로드 깊이값; – content 옵션 명령이 검사할 byte 수를 지정하는 옵션으로 offset과 같이 패턴 매칭 알고리즘의 성능을 향상시킬 수 있는 장점이 있다. offset 옵션과 함께 사용할 경우에는 offset 설정 byte부터, offset 옵션이 설정되지 않은 경우에는 패킷 첫 byte부터 depth 설정값까지 검사를 수행한다. 예) alert tcp any any -〉 any 21 (content : "anonymous"; depth : 20; msg : anonymous FTP;) – 처음부터 20번째 byte까지 데이터 중에서, 21번 포트를 사용하는 ftp 로그인 시에 anonymous(익명) 계정으로 로그인한 경우 탐지하라는 의미이고, 메세지명(이벤트명)은 anonymous FTP이다.
nocase	○ nocase; – 텍스트 데이터의 패턴 매칭을 할 때에 대문자와 소문자의 구별을 하지 않는다. 보통 텍스트 데이터의 패턴 매칭은 대문자와 소문자를 구별하기 때문에 이것을 노린 공격을 감지할 수 없는 가능성이 있다. nocase 옵션을 지정하면 이와 같은 미탐지를 막을 수 있다. – nocase는 옵션키와 옵션값의 형식이 아닌, 단독으로 사용됨
distance	○ distance : 숫자; – 이전 content 옵션 명령이 찾은 패턴의 끝부분 이후 몇 byte부터 검색할지를 지정하는 옵션으로 다수의 content 옵션이 사용될 때 유용하다. 예) alert tcp any any -〉 any 21 (content : "USER"; content : "anonymous"; distance : 1; msg : 이후 생략함) – 21번 포트를 사용한 것중에 "USER" 문자열을 검색하고, 1바이트 이후에 "anonymous" 문자열을 검색하라는 의미
within	○ within : 숫자; – 이전 content 옵션 명령이 찾은 패턴의 끝부분 이후 몇 byte 이내에 다음 content 탐지 패턴이 나와야 하는지를 지정하는 옵션으로 비정상 패킷이나 버퍼 오버플로우 공격 탐지에 유용하다.
pcre	○ pcre : pcre표현 값; – pcre는 스노트 룰 옵션에 강력하고 유연한 기능을 제공한다.

옵션	표현형식 및 설명
flags	○ flags : 플래그 알파벳; – Non-Payload 탐지 규칙 옵션으로 TCP flags 필드값이 특정 flag로 설정되어 있는지를 검사하며, 옵션값은 플래그를 대표하는 알파벳으로 표기한다. 또한 플래그 값은 혼용하여 사용 가능하다. 예) alert tcp any any -> any 21 (flags : SF; content : "anonymous"; msg : anonymous FTP;) – 플래그 옵션 중에 SYN 플래그와 FIN 플래그를 검사하는 의미 * 플래그 옵션 종류 : 알파벳 A는 ACK 플래그 검사, P는 PSH 플래그 검사, R은 RST 플래그 검사, U는 URG 플래그 검사, 0(숫자)은 패킷에 설정된 TCP 플래그가 없는 경우, 1은 패킷의 예약비트 1, 2는 패킷의 예약비트 2, +는 특정한 플래그가 켜져 있고 다른 플래그도 켜져 있는지 검사, A+는 ACK 플래그와 다른 플래그가 켜져 있는지 검사하는 의미

threshold	○ threshold : type(limit 또는 threshold 또는 both), track(by_src 또는 by_dst) count 숫자, second 숫자;
	– 일정 시간 내 발생하는 동일 이벤트 중 해당 개수를 넘었을 때 경고 발생
	예) alert tcp any any -> any any (msg : http get flooding; content : "*get /http/1.*"; nocase; depth : 25; sid : 10000004; threshold : type threshold, track bt_dst, count 10, second 1;)
	– 외부에서 들어오는 패킷들 중에 "*get /http/1.*" 문자열을 포함하는 페이로드를 대소문자 구분없이 25바이트까지 검색하고, 이 패킷이 1초에 10번 발생 시 탐지하라는 의미
	
	※ limit : 매 m초 동안 s번째 이벤트까지 action을 수행한다.
	  * threshold type limit, track by_src, count 3, second 20
	    (매 20초 동안 3번째 이벤트까지 action을 수행한다.)
	
	※ threshold : 매 m초 동안 s번째 이벤트마다 action을 수행한다.
	  * threshold type threshold, track by_src, count 10, second 20
	    (매 20초 동안 10번째 이벤트마다 action을 수행한다.)
	
	※ both : 매 m초 동안 s번째 이벤트 시 한 번 action을 수행한다.
	  * threshold type both, track by_src, count 10, second 20
	    (매 20초 동안 10번째 이벤트 시 한 번 action을 수행한다.)
	
	※ track by_dst : 출발지 ip 기준으로 추적, track by_src : 목적지 ip 기준으로 추적

sid	○ 룰을 식별하고자 하는 식별자 – 100 미만은 예약 – 100~100만 사이 : www.Snort.org에서 배포하는 룰 번호 – 100만 초과 : 사용자 정의 룰 번호

참조 : 보안관제학, http://www.mojily.com/bbs/board.php?bo_table=B16&wr_id=48&page=3

제 2장

보안관제 로그 분석

2.1 보안관제 로그 분석

chapter 1. 보안장비 탐지 로그 분석방법

- **로그(Log)란 ?**
→ 로그를 간단히 요약하자면 시스템의 모든 기록을 담고 있는 데이터라고 할 수 있다.
  - 이 데이터에는 성능, 오류, 경고 및 운영 정보 등의 중요 정보가 기록되며, 특별한 형태의 기준에 따라 숫자와 기호 등으로 이루어져 있다. 하지만 로그를 분석하지 않고 그대로 활용하기란 매우 어렵다.
  - 웹서버의 경우 많게는 하루에 수백 메가에서 기가 단위의 로그가 쌓이기도 하며, 이러한 로그를 일일이 살펴보기란 쉽지 않기 때문이다. 대량의 로그를 필요로 하는 정보로 만들어 내는 행위를 로그 분석이라 할 수 있으며, 이에 대한 정의를 다음과 같이 내릴 수 있다.
→ 로그 분석이란 로그 데이터를 분석하여 필요로 하는 유용한 정보를 만들어내는 행위
→ 로그 데이터 분석을 통해 얻을 수 있는 정보는 다음과 같이 다양하게 활용되고 있다.
  - 외부로부터의 침입 감지 및 추적
  - 시스템 성능관리
  - 마케팅 전략으로 활용
  - 시스템의 장애 원인 분석
  - 시스템 취약점 분석
→ 로그 데이터의 중요성
  - 시스템에서 발생하는 모든 문제에 대한 유일한 단서
  - 시스템에서 발생한 오류 및 보안 결함 검색이 가능
  - 잠재적인 시스템 문제를 예측하는 데 사용될 수 있음

- 장애 발생 시 복구에 필요한 정보로 활용
- 침해사고 시 근거 자료로 활용
- 각종 법규 및 지침에서 관리 의무화

→ 로그 분석에 필요한 정보로는 로그 설정방법, 파일의 저장위치, 로그에서 나타내는 정보를 들 수 있다.

- 로그를 관리하기 위해서는 로그의 실시간 저장 및 무결성을 확보해야 하는데 이를 위해서는 시스템의 로컬에 로그를 저장하기보다는 원격 로그 서버를 구축하거나 DB서버와 연동을 통해 로그를 저장하는 방식을 추천한다.
- 다수의 시스템을 관리하는 경우에는 중앙 집중식의 원격 로그 서버를 구축하여 운영하는 방안이 효율적이며, 주기적으로 로그를 백업하여 시스템 오류 및 장애로 인한 로그의 손실을 최대한 줄여야 한다.

■ 방화벽 로그 분석

→ 방화벽은 외부망과 연동하는 유일한 창구로서 외부로부터 내부망을 보호하기 위해 각 서비스별로 서비스를 요구한 시스템의 IP 주소 및 Port 번호를 이용하여 외부의 접속을 차단하거나 또는 사용자 인증에 기반을 두고 외부접속을 차단한다.

- 상호 접속된 내·외부 네트워크에 대한 트래픽을 감시하고 기록하는 기능을 수행한다.

→ 방화벽에서는 외부로부터 불법적인 접근이나 해커의 공격으로부터 내부 네트워크를 방어하기 위해 내부 네트워크와 외부 네트워크 사이의 통로에 설치하여 두 네트워크 간의 트래픽을 제어하는 기능을 공한다.

- 방화벽에서는 패킷의 IP 헤더 정보에 대한 분석을 통해 비인가된 서비스 접속에 대한 허용 또는 차단 정책을 설정하고, 내·외부 간 네트워크 사용자에 대한 통제 및 트래픽 감시 기능을 제공하게 된다.
- 일반적인 차단 정책은 그림과 같이 출발지 IP/포트, 도착지 IP/포트, 프로토콜 및 허용여부, 허용 시간 정보와 같은 여덟 가지 정보로 구성된다.
- 방화벽 관리자는 아래와 같은 설정을 통해 정책을 설정하고 이를 기반으로 방화벽 시스템에서는 각 패킷에 대해 정책 부분을 적용하게 된다.

[표 2-4] 방화벽 관리자의 정책 설정

순번	출발지 IP	출발지 PORT	도착지 IP	도착지 PORT	프로토콜	허용 여부	허용 시간
1	any	any	1.1.1.1	80	TCP	허용	any
2	2.1.*.*	any	any	any	TCP	차단	any
3	3.1.*.*	any	any	any	TCP	허용	any
4	any	any	any	any	any	허용	any
...	...	...	...	...	...	...	...
99	any	any	any	any	any	차단	any

■ **IDS 로그 분석**

→ DS는 단순한 접근 제어 기능을 넘어서 침입의 패턴 데이터베이스와 Expert System을 사용해 네트워크나 시스템의 사용을 실시간 모니터링하고 침입을 탐지하는 보안 시스템이다.

- IDS는 허가되지 않은 사용자로부터 접속, 정보의 조작, 오용, 남용 등 컴퓨터 시스템 또는 네트워크상에서 시도됐거나 진행 중인 불법적인 예방에 실패한 경우 취할 수 있는 방법으로 의심스러운 행위를 감시하여 가능한 침입자를 조기에 발견하고 실시간 처리를 목적으로 하는 시스템이다.

→ 공격 로그는 Snort 실행 시 로그 디렉토리로 지정한 /var/log/Snort에 남게 된다.

- 로그 디렉토리에는 경고 메시지가 저장되는 alert 파일과 포트스캔 결과가 저장되는 portscan.log 파일 그리고, 각 ip 주소별로 좀 더 상세한 로그를 저장한다.

```
Jan 19 16:18:40 HOST_SNORT snort: [116:55:1] (snort_decoder): Truncated Tcp Options (TCP) 10.0.18.97:80 -> 10.0.19.234:1589
Jan 19 16:18:40 HOST_SNORT snort: [119:7:1] (http_inspect) IIS UNICODE CODEPOINT ENCODING (TCP) 203.252.21.71:23564 -> 10.0

[**] [1:1417:2] SNMP request udp [**]
[Classification: Attempted Information Leak] [Priority: 2]
01/06-13:58:51.325191 255.255.213.73:34738 -> 203.252.215.73:161
UDP TTL:253 TOS:0x0 ID:13274 IpLen:20 DgmLen:157 DF
Len: 129
[Xref => http://cve.mitre.org/cgi-bin/cvename.cgi?name=CAN-2002-0013][Xref => http://cve.mitre.org/cgi-bin/cvename.cgi?name

[**] [1:483:2] ICMP PING CyberKit 2.2 Windows [**]
[Classification: Misc activity] [Priority: 3]
01/06-13:53:02.671446 203.252.23.8 -> 10.0.18.77
ICMP TTL:90 TOS:0x0 ID:2670 IpLen:20 DgmLen:92
Type:8 Code:0 ID:512 Seq:59153 ECHO
[Xref => http://www.whitehats.com/info/IDS154]
```

[그림 2-5] 로그의 예

[표 2-5] 로그의 예

Source IP	Destivation IP	[date]	"request"	status	bytes
10.0.18.97	10.0.19.234	Jan 19 16 :18 :40	Truncated Tcp Options		
203.252.23.8	10.0.18.77	01/06-13 :53 :02	ICMP PING www.hitehats.com/info/IDS154		

→ 이러한 로그의 예와 같이 IDS가 공격 메시지나 비정상적인 시도를 탐지하게 되면 로그 디렉토리에 해당 공격을 시도한 ip 주소로 디렉토리를 만들고 관련 정보를 파일로 생성한다.

chapter 2. 서버 및 네트워크 장비 로그 분석

본서에서는 윈도우 및 리눅스에 대한 서버 로그 분석을 위주로 담았다.

■ **윈도우**

→ 이벤트 로그의 이해 : 윈도우 시스템에서는 시스템의 로그가 이벤트 로그 형식으로 관리되며, 이벤트 로그를 확인하기 위해서는 윈도우의 이벤트 뷰어를 이용해야 한다.
- 이벤트 뷰어를 이용한 개별 이벤트 확인방법은 다음과 같다.
- 이벤트 뷰어 실행방법 : [시작] -> [제어판] -> [관리도구] -> [이벤트 뷰어]

→ 윈도우 시스템은 응용 프로그램 로그, 보안 로그, 시스템 로그와 같은 세 가지 로그를 이벤트에 기록하며, OS 구성에 따라 디렉토리 서비스 로그, 파일 복제 서비스 로그, DNS 서버 로그가 추가될 수 있다.

[표 2-6] 윈도우 시스템 이벤트 로그의 종류

이벤트 로그	설명	비고
응용 프로그램 로그	응용 프로그램이 기록한 다양한 이벤트가 저장되며, 기록되는 이벤트는 소프트웨어 개발자에 의해 결정된다.	
보안 로그	유효하거나 유효하지 않은 로그온 시도 및 파일 생성, 열람, 삭제 등의 리소스 사용에 관련한 이벤트를 기록한다. 감사 로그 설정을 통해 다양한 보안 이벤트 저장이 가능하다.	
시스템 로그	윈도우 시스템 구성요소가 기록하는 이벤트로 시스템 부팅 시 드라이버가 로드되지 않는 경우와 같이 구성요소의 오류를 이벤트에 기록한다.	
디렉토리 서비스 로그	Wndows Active Directory 서비스에서 발생하는 이벤트 ex) 서버와 글로벌 카탈로그 사이의 연결 문제	도메인 컨트롤러 구성
파일 복제 서비스 로그	Wndows 파일 복제 서비스에서 발생하는 이벤트 ex) 도메인 컨트롤러가 시스템 볼륨 변경 정보로 업데이트 되고 있는 동안 발생하는 파일 복제 실패	
DNS 서버 로그	윈도우 DNS 서비스에서 발생하는 이벤트	DNS 서버 구성

[그림 2-6] 이벤트 뷰어 창

→ 각 이벤트 로그에는 헤더정보와 이벤트 설명을 포함한다.
  ① 이벤트 헤더 : 이벤트 헤더에는 이벤트 영역들에 대한 내용을 설명하고 있다.
  ② 이벤트 설명 : 이벤트에 대한 상세 설명이 제공되며, 여기에는 영향을 받는 리소스와 기타 다른 기술 정보가 포함되어 있다.

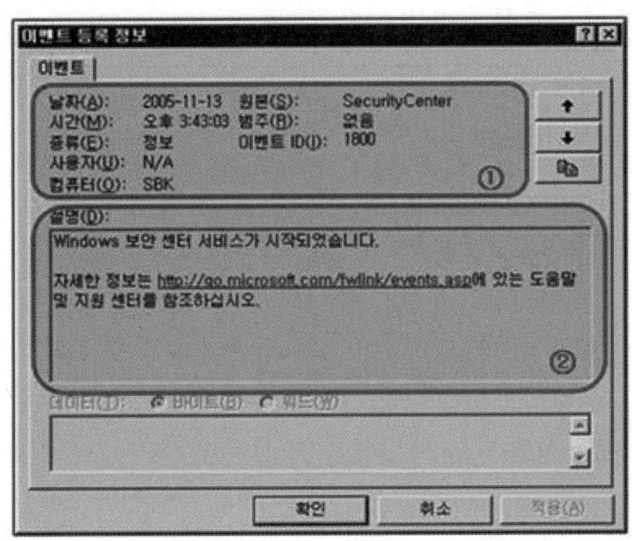

[그림 2-7] 헤더 정보와 이벤트 설명

[표 2-7] 리소스들과 기타 기술 정보

정보	의미	정보	의미
날짜	이벤트가 발생한 날짜	원본	이벤트를 기록한 소프트웨어 (이벤트가 일어난 프로세스)
시간	이벤트가 발생한 시간	이벤트 ID	해당 원본의 특정 이벤트 유형을 식별하는 번호
사용자	이벤트를 발생시킨 사용자의 이름	범주	이벤트 원본에 의한 이벤트 분류로 주로 보안 로그에서 사용됨
컴퓨터	이벤트가 발생한 컴퓨터 이름	유형	이벤트 심각도의 분류로 오류, 정보, 경고, 성공 감사, 실패 감사로 분류

→ 이벤트 뷰어에는 다음과 같은 다섯 가지 이벤트 유형을 표시한다.

[표 2-8] 이벤트의 다섯 가지 유형

이벤트 유형	설명
오류	데이터 손실이나 기능 상실 같은 중대한 문제로, 시스템을 시작하는 동안 서비스가 로드되지 못했을 경우와 같은 로그가 기록된다.
경고	시스템에 문제가 발생할 수 있는 문제를 미리 알려주는 이벤트로, 디스크 공간이 부족할 때와 같은 로그가 기록된다.
정보	응용 프로그램, 드라이버 또는 서비스가 성공적으로 수행되었음을 설명하는 이벤트이다.
성공 감사	성공자가 시스템에 성공적으로 로그온 했을 경우와 같이 감사된 보안 이벤트가 성공했음을 나타낸다.
실패 감사	사용자가 시스템에 로그온 실패했을 경우와 같이 감사된 보안 이벤트가 실패했음을 나타낸다.

→ 감사 정책 및 구성 방법
- 감사정책이란 개체 액세스, 로그온/로그오프, 감사 정책 설정 변경 등의 보안 관련 로그를 기록하며, 지정한 이벤트 범주의 사용자나 시스템 동작을 기록하도록 정책 설정이 가능하다.
- 감사정책의 자세한 설명 및 로그 관리를 위한 권장값은 다음과 같다.

[표 2-9] 로그 관리를 위한 권장값과 설명

항목	권장값	설명
개체 엑세스 감사	성공, 실패	특정 파일이나 디렉토리, 레지스트리 키, 프린터 등과 같은 객체에 대하여 접근을 시도하거나 속성을 변경하려는 것 등을 탐지한다. 물론 이 설정만을 한다고 하여 모든 객체에 대해 감사를 실시하는 것은 아니다.
계정 관리 감사	성공, 실패	신규 사용자, 그룹의 추가, 기존 사용자, 그룹의 변경, 사용자의 활성화나 비활성화, 계정 패스워드 변경 등을 감사한다. 또한 사용자 계정이 잠금 상태가 될 때에도 이 계정 관리 성공 이벤트가 남게 된다.
계정 로그온 이벤트 감사	성공, 실패	계정 로그온 이벤트 감사와 로그온 이벤트 감사의 가장 큰 차이점은 전자는 도메인 계정으로의 사용으로 생성되며, 후자는 로컬 계정의 사용으로 생성된다는 점이다. 실패 이벤트 추적은 Brute Force 시도 등을 확인할 수 있게 하며 성공 이벤트 추적은 사후 문제 시 추적을 위한 용도로 사용된다.
권한 사용 감사	(정의 안함)	각종 권한 사용 내역을 추적하는 것이다. 이 이벤트를 활성화할 경우 상당히 많은 양의 로그가 생성될 수 있다.
로그온 이벤트 감사	성공, 실패	계정 로그온 이벤트 감사와 비슷하나 로컬 계정의 접근 시 생성되는 이벤트를 감사하는 것이다.
시스템 이벤트 감사	성공, 실패	시스템을 시작하거나 셧다운시켰을 때, 혹은 이벤트 로그가 가득 찼을 때 등과 같이 컴퓨터 자체에 영향을 줄 수 있는 경우에 대해 기록한다.

항목	권장값	설명
정책 변경 감사	성공, 실패	사용자 권한 할당 정책, 감사 정책 또는 신뢰 정책이 변경되는 모든 이벤트를 감사할지 여부를 결정한다.
프로세스 추적 감사	(정의 안 함)	사람이, 혹은 어플리케이션이 프로세스를 시작하거나 중지할 때 해당 이벤트가 발생한다. 이 이벤트를 활성화할 경우 상당히 많은 양의 로그가 생성될 수 있다. 특이한 목적이 있는 경우에만 활성화할 것을 고려한다.

→ 감사 정책 구성 방법
- 감사 정책을 구성하기에 앞서 유의해야 할 사항을 알아본다.
- 첫 번째로 지나치게 넓은 범위의 감사 범위 설정으로 중요 로그의 검색에 어려움이 발생할 수 있다. 불필요한 로그를 저장하고 관리하는 것은 비단 검색의 어려움뿐 아니라 시스템의 리소스를 불필요한 곳에 쓰게 되는 문제도 있다. 이로 인해 시스템의 성능 저하 및 로그 관리의 어려움이 발생할 수 있으므로 시스템 감사 구성에 필요한 항목을 사전에 선정함으로써 시스템 운영 시 필요한 로그만을 관리해야 할 것이다.
- 두 번째로 잘못된 최대 이벤트 로그의 크기 설정 시 용량 한계로 시스템이 중지될 수 있다. 시스템 장애가 발생한다는 것은 서비스를 위해 서버를 운영하는 기업에선 엄청난 손실을 가져다 줄 수 있다. 윈도우 시스템 설치 시 이러한 문제를 방지하게 위해 디폴트 설정으로 오래된 항목 덮어쓰기 옵션이 설정되어 있다. 하지만 공격자가 임의로 생성시킨 로그로 인해 중요 로그가 삭제될 수 있는 문제 발생 가능성이 존재한다. 이 문제는 자동 로그 백업 또는 원격으로 그 서버 구성을 통해 해결이 가능하다.
- 감사 정책을 구성하는 방법으로는 크게 로컬보안정책 설정을 이용하는 방법과 보안 템플릿을 이용한 감사 정책 구성방법이 있다.
  ① 로컬보안정책 설정을 이용한 감사 정책 구성
  - 로컬보안정책을 이용한 감사 정책을 구성하기 위해서는 로컬 컴퓨터의 Administrators 그룹의 구성원이거나 적절한 권한이 위임된 사용자여야 한다. 구성방법은 다음과 같다.
  - 로컬보안정책 실행방법 : [시작] -> [설정] -> [제어판] -> [관리도구] -> [로컬보안정책]

[그림 2-8] 계정 로그온 이벤트 감사 등록 정보

② 보안 템플릿을 이용한 감사 정책 구성
- 보안 템플릿이란 보안 구성을 표시하는 파일로 로컬 컴퓨터 및 그룹 정책 개체 적용하거나 보안 분석에 사용된다. 보안 템플릿을 이용한 감사 정책 구성 시 장점으로는 구성에 필요한 적절한 보안 설정을 수정하는 과정을 보안 템플릿을 이용하여 스크립트로 자동화가 가능하며, 로컬 권한과 보안 설정, 로컬 그룹 구성원, 서비스, 파일과 디렉토리 접근 권한, 레지스트리 키 사용 권한 등의 설정이 가능하다. 또한 도메인이 구성되어 있지 않은 네트워크의 여러 컴퓨터에 동일한 보안 구성을 손쉽게 적용이 가능하다. 간단하게 정리하자면 보안정책을 스크립트화하여 자동으로 설정 및 관리가 가능하다는 점이다. 이는 대량의 서버를 운영할 경우 매우 유용하게 사용될 수 있다.
- 보안 템플릿을 이용한 감사 설정방법은 다음과 같다.
  ☞ 보안 템플릿 도구 구성
  ☞ 보안 템플릿 생성
  ☞ 구성할 템플릿과 현재 보안 설정 비교 분석
  ☞ 로컬 컴퓨터에 보안 템플릿 적용
- 보안 템플릿을 이용하여 감사 정책을 구성하다 보면 윈도우에서 기본으로 제공되는 보안 템플릿이 있는 것을 확인할 수 있다. 각각의 템플릿 및 이에 대한 의미는 다음과 같다.

[그림 2-10] 템플릿명과 그 의미

템플릿명	의미
Compatws	보안 등급이 낮은 윈도우 NT 4.0과 호환되도록 설정
Hisecdc	DC를 위한 높은 등급의 시스템 보안 제공
Hisecws	멤버 서버와 워크스테이션(PC)을 위한 높은 등급의 보안을 제공s
Securedc	DC를 위한 낮은 등급의 시스템 보안을 제공
Securews	멤버 서버와 워크스테이션(PC)을 위한 낮은 등급의 보안을 제공
Setup security	레지스트리와 NTFS 권한, 사용자 권한, 시스템 서비스 상태 등을 초기화

[그림 2-9] 콘솔 루트

→ 로그 분석
- 감사 로그 설정이 완료되었다면 시스템을 운영하면서 필요한 모든 이벤트가 보안 이벤트에 저장이 될 것이다. 하지만 앞서 설명한 것과 같이 로그를 저장하는 것만으로는 시스템에서 어떠한 일이 발생되고 있는지 확인이 불가능하다. 이를 위해서는 로그를 검색하고 분석하는 일련의 작업이 주기적으로 이루어져야 한다.
- 모든 이벤트 로그는 특정 이벤트를 찾거나 이벤트 하위 집합을 보기 위해 로그를 검색 또는 필터링할 수 있다. 다음 그림은 감사 정책이 변경되었을 경우 발생되는 이벤트를 검색하는 방법 및 잘못된 계정 또는 패스워드로 인한 로그인 실패 이벤트에 대해서 필터링 하는 방법에 대해서 보여주고 있다.

- 이벤트 검색 방법 : [시작] -> [제어판] -> [관리 도구] -> [이벤트 뷰어] 보기 메뉴에서 찾기 탭 클릭 : 감사 정책이 변경된 이벤트 검색 (이벤트 ID 612)

[그림 2-10] 감사 정책이 변경된 이벤트 검색

- 이벤트 필터링 : [시작] -> [제어판] -> [관리 도구] -> [이벤트 뷰어]의 보기 메뉴에서 필터 탭 클릭 : 잘못된 계정 또는 패스워드로 인한 로그인 실패 필터링 (이벤트 ID 529)

[그림 2-11] 로그인 실패 필터링

- 모든 이벤트 로그는 이벤트 ID 또는 상세설명의 필드를 통해 공격패턴에 대해서 분석이 가능하다.

→ 사례분석

[표 2-11] 보안 이벤트 로그

이벤트 ID	설명	감사 정격
560	시스템 엑세스 컨트롤 목록이 설정되어 있을 경우 각 객체에 대한 접근 여부	개체 엑세스 이벤트
624, 626	사용자 계정 생성	계정 관리 이벤트
642, 644	계정 잠금	
629, 630	사용자 계정 상태 변경	
636, 637	로컬 그룹 수정	
627, 628	사용자 계정 암호 변경	계정 로그온 이벤트
78675, 677	도메인 로그온 시도 실패	
682, 683	터미널 서비스 공격	
577, 578	원격 시스템에서 강제로 종료 (SeRemoteShutdownPrivilege)	권한 사용 이벤트
577	시스템 종료 (SeShutdownPrivilege)	
577, 578	파일 또는 개체의 소유권을 획득 (SeTakeOwnershipPrivilege)	
529, 530, 531, 532, 533, 534, 537	로컬 로그온 실패	로그온 이벤트
529, 534	공격자가 로컬 계정의 사용자 이름과 암호 조합 추측 시도	
530, 531, 532, 533	계정의 잘못된 사용	
530	허가되지 않은 시간이나 날짜에 로그온 시도	
532, 535	유효기간이 다 되었거나 암호 만기	
533	로그온 제한된 워크스테이션에서 로그온 시도	
539	계정 잠김	
6008	예상치 않게 다시 시작한 경우(DoS 공격)	시스템 이벤트
612, 517	보안 로그 수정 또는 삭제	

- Brute force 공격 시도 : 계정 잠김 정책이 설정되어 있을 경우 계정 또는 패스워드의

잘못된 입력으로 계정이 잠길 수 있다.
- 보안 이벤트에서 대량의 로그인 실패 이벤트 또는 계정 잠김에 관련된 이벤트 검색을 통해 이러한 유형의 공격을 확인할 수 있다.

[그림 2-12] 이벤트 검색으로 공격 확인

- 허가되지 않은 IP 에서의 터미널서비스 접속 시도 : 허가되지 않은 IP에서 터미널서비스 접속 및 터미널 서비스 인터넷 사용자 계정의 패스워드 변경시도를 확인할 수 있다.

[그림 2-13] 이벤트 검색으로 패스워드 변경시도 확인

→ 이벤트 로그 관리 방안
- 이벤트 로그 보호 : 이벤트 로그 항목의 유지 관리 및 보안을 위해 다음과 같은 방법을

이용할 수 있다.
- 저장을 위한 정책을 정의하고 모든 이벤트 로그를 덮어쓰기 적용
- 게스트가 이벤트 로그에 액세스하지 못하도록 보안 정책을 설정
- 보안 로그의 내용을 지우려는 시도가 있는지 판별하기 위해 성공 및 실패 모두에 대한 시스템 이벤트 감사를 수행 (이벤트 ID 517, 612)

- 최대 이벤트 로그 크기 : 이벤트 로그의 크기를 잘못 설정하여 시스템 장애가 발생할 수 있다는 내용을 앞에서 언급한 바 있다. 이러한 장애 및 로그의 손실을 줄이기 위해서는 관리되는 시스템에 쌓이는 로그 양을 분석하여 이벤트 로그의 크기를 결정해야 한다.

- 평균 이벤트는 약 500바이트를 소비한다. 이를 염두에 두고 이벤트 로그 크기를 다음과 같이 산정할 수 있다.
  - 4주 기준으로 하루에 약 1000개의 이벤트 발생 시
  - 500바이트 * 1000이벤트/일 * 30 = 15,000,000 바이트

[그림 2-14] 로그 크기 설정

- 로그 백업 : 로그 데이터는 다음과 같은 세 가지 형식으로 백업이 가능하다.

- 이벤트 로그(.evt)
- 텍스트(탭 구분 형식)(.txt)
- CSV(쉼표 구분 형식)(.csv)
- 로그 백업 방법 : [시작] -> [제어판] -> [관리 도구] -> [이벤트 뷰어] 확장 후 보관할 로그의 메뉴 중 다른 이름으로 로그 파일 저장을 클릭 -> 파일 저장 위치와 파일 이름 지정

[그림 2-15] 로그 백업 화면

- 로그 관리 도구 : 이벤트 로그의 경우 Unix 계열의 Syslog와는 로그를 외부로 전송할 수 있는 기능을 제공하고 있지 않아 로그 백업 및 관리의 어려움이 있다. 이를 해결하기 위해 MS 사에서는 다음과 같은 별도의 로그 관리 및 분석도구를 제공하고 있다.
  - 이벤트 로그를 주기적으로 텍스트 형태로 저장하는 방법 : 윈도우 2000 Server Resource Kit에 포함되어 있는 Dumpel.exe를 이용하여 이벤트 로그를 탭으로 구분한 텍스트 파일로 덤프가 가능하다.
  - 다수의 서버를 이벤트 분석 도구 : EventCombMT 도구를 이용하여 여러 서버의 이벤트 로그를 동시에 분석할 수 있으며, 각 서버마다 검색 기준에 포함되는 별도의 실행 스레드를 열 수 있다. 이 도구는 다수의 서버가 도메인 컨트롤러로 연결되어 있을 경우 유용하게 쓰일 수 있다.

- **웹서버 로그 분석**

→ 일반적으로 웹서버의 로그 분석이란, 웹 사이트의 방문객이 남긴 자료를 근거로 웹의 운영 및 방문 행태에 대한 정보를 분석하는 것을 뜻한다.
  - 방문객이 웹 사이트에 방문하게 되면 웹서버에는 액세스 로그, 에러 로그, 리퍼러(referer) 로그, 에이전트 로그 등의 자료가 파일 형태로 기록된다.
  - 액세스 로그는 누가 어떤 것을 읽었는지, 에러 로그는 오류가 있었는지, 리퍼러(referer) 로그는 경유지 사이트와 검색 엔진 키워드 등의 단서를 파악한다.
  - 에이전트 로그는 웹 브라우저의 이름, 버전, 운영 체계(OS), 화면 해상도 등의 정보를 제공한다.
  - 이러한 기본적 분석 외에도 실시간 분석을 위해 분석 태그를 웹 사이트에 삽입하여 분석하는 방법도 있다. 웹 로그 분석에 의해 얻은 방문자 수, 방문 유형, 각 웹 페이지별 방문 횟수, 시간·요일·월·계절별 접속 통계 등의 자료는 웹의 운영 및 마케팅 자료로 유용하게 이용된다.

→ 웹 로그(access_log) 분석의 예
  - 아래 로그는 실제적인 웹서버에 저장된 웹접속 로그(access_log)이다.
  - 지속적으로 php로 작성된 웹서버에서 [setup.php] 파일이 존재하는지 자동 스캔한 공격의 로그이다. 결과는 404(Not Found) 페이지로, 존재하지 않는 페이지로 나타났다.
  - 이는 공격이 성공하지는 못했지만, [setup.php] 페이지가 있었다면 공격자에게 정보를 탈취당할 수 있는 상황이었음을 알 수 있다.

```
222.***.241.131  - [12/Oct/2014 :16 :21 :57 +0900] "GET /muieblackcat HTTP/1.1" 404 345 "-" "-"
222.***.241.131  - [12/Oct/2014 :16 :21 :58 +0900] "GET //scripts/setup.php HTTP/1.1" 404 345 "-" "-"
222.***.241.131  - [12/Oct/2014 :16 :21 :58 +0900] "GET //phpMyAdmin/scripts/setup.php HTTP/1.1" 404 345 "-" "-"
222.***.241.131  - [12/Oct/2014 :16 :21 :58 +0900] "GET //phpmyadmin/scripts/setup.php HTTP/1.1" 404 345 "-" "-"
```

- **기타 보안장비의 탐지 로그 분석**

→ 위에서 살펴본 방화벽, IDS(침입탐지 시스템), 웹서버 등의 로그 외에 IPS, TMS, ESM 등의

탐지로그 분석에 대한 사항은 제 3편에서 더 상세히 설명한다.

■ **Linux**

→ 로그 파일의 종류

- 리눅스의 로그 파일은 기본적인 로그 파일만 하더라도 10여 개가 넘는다.
- 보안툴(예 tripwire, nmap) 등을 설치하고 나면 이들에 관한 로그 파일들이 새로 생기게 된다. 리눅스의 로그 파일의 종류는 다음과 같다.

[표 2-12] 로그 파일의 종류

로그 파일 종류	관련 데몬	의미와 내용
/dev/console	kernel	콘솔에 뿌려지는 메시지(콘솔로그)
/var/log/messages	거의 모든 데몬	시스템 로그 파일
/var/log/secure	xinetd	보안인증에 관한 메시지 로그 파일. tcpd 로그 파일 (xinetd)
/var/log/maillog	sendmail, pop 등	메일 로그 파일(메일 관련 로그데몬에 의해 기록됨)
/var/log/cron	crond	크론 로그 파일로서 crond에 의해 기록되는 파일
/var/log/xferlog	proftpd, vsftpd	ftp 로그 파일. ftp 데몬에 의해서 기록되는 로그 파일
/var/log/dmesg	kernel	부팅될 당시에 각종 메시지들을 저장하고 있는 로그 파일. 즉 부팅 시의 로그 파일을 부팅 후에 확인하고자 할 때 사용
/var/log/wtmp /var/log/utmp		시스템에 로그인 기록이 저장되는 파일 wtmp는 전체 로그인 기록을 하는 파일 utmp는 현재 로그인 사용자에 대한 기록하는 파일
/var/log/lastlog		각 계정들의 가장 최근 로그인 기록을 하는 파일
기타 로그 파일	○ 관련 데몬은 반드시 그런 것은 아님 ○ syslogd 데몬에 의해 각 로그 파일의 기록 내용이 달라질 수 있음 ○ 즉 로그 파일과 관련 데몬, 그리고 기록 내용은 /etc/syslog.conf 파일의 설정 내용에 따라서 달라질 수 있음	

- 콘솔 로그(/dev/console) : 이 로그는 커널(kernel)에 관련된 내용을 시스템 콘솔에 뿌려주는 로그이다. 물론 messages 내용과 일치하지는 않지만, 시스템에 관련된 중요한 내용(예, 시스템풀, 다운 등)에 대한 로그를 관리자에게 알리고자 함이 목적이기 때문에 출력을 파일로 저장하는 것이 아니라 장치명(/dev/console)을 사용하여 콘솔로 로그를 뿌려주게 된다.
- 시스템 로그(/var/log/messages) : 시스템에 관련된 중요한 이벤트들은 모두 /var/log/

messages에 남겨지게 된다. /var/log/secure 파일처럼 계속적으로 모니터링을 하려면 "tail -f /var/log/messages"라고 하면 된다.

```
[root@kebia_2 /root]# tail -f /var/log/messages
Aug  1 19:15:03 kebia_2 PAM_unix[8217]: authentication failure; (uid=0) -> sspark
Aug  1 19:15:03 kebia_2 sshd[8217]: Failed password for sspark from 211.220.193.13
Aug  1 19:15:08 kebia_2 sshd[8217]: Received disconnect: 13: Authentication cancel
Aug  1 19:15:08 kebia_2 PAM_unix[8217]: (system-auth) session closed for user sspa
Aug  1 19:15:08 kebia_2 sshd[8217]: Cannot delete credentials: Authentication serv
Aug  1 19:15:15 kebia_2 sshd[8238]: Could not reverse map address 211.220.193.134.
Aug  1 19:15:15 kebia_2 sshd[8238]: Accepted password for papa from 211.220.193.13
Aug  1 19:15:15 kebia_2 PAM_unix[8238]: (system-auth) session opened for user papa
Aug  1 19:15:17 kebia_2 PAM-Wheel[8260]: Access granted to 'papa' for 'root'
Aug  1 19:15:19 kebia_2 PAM_unix[8260]: (system-auth) session opened for user root
```

[그림 2-16] 중요한 시스템 이벤트의 계속적인 모니터링

이 파일에 기록되는 내용을 변경하고자 한다면 /etc/syslog.conf 파일의 내용에서 수정을 해주면 된다.

- 보안로그(/var/log/secure) : inetd에 의한 로그 파일이다.
  - telnet이나 ftp 또는 ssh 등으로 23번 포트, 21번 포트, 22번 포트 등을 타고 들어오는 접속에 관련된 로그에 관한 기록을 하는 파일이 /etc/syslog.conf 파일에 설정된 것처럼 /var/log/secure이다.
  - 이들에 관한 로그를 계속적으로 모니터링하고자 한다면, "tail -f /var/log/secure"라고 하면 된다.

```
[root@kebia_2 /root]# tail -f /var/log/secure
Aug  1 18:30:02 kebia_2 xinetd[2477]: START: finger pid=8039 from=211.220.193.182
Aug  1 18:35:02 kebia_2 xinetd[2477]: START: finger pid=8059 from=211.220.193.182
Aug  1 18:40:02 kebia_2 xinetd[2477]: START: finger pid=8081 from=211.220.193.182
Aug  1 18:45:02 kebia_2 xinetd[2477]: START: finger pid=8101 from=211.220.193.182
Aug  1 18:50:02 kebia_2 xinetd[2477]: START: finger pid=8123 from=211.220.193.182
Aug  1 18:55:02 kebia_2 xinetd[2477]: START: finger pid=8143 from=211.220.193.182
Aug  1 19:00:02 kebia_2 xinetd[2477]: START: finger pid=8165 from=211.220.193.182
Aug  1 19:05:02 kebia_2 xinetd[2477]: START: finger pid=8187 from=211.220.193.182
Aug  1 19:10:02 kebia_2 xinetd[2477]: START: finger pid=8209 from=211.220.193.182
Aug  1 19:15:02 kebia_2 xinetd[2477]: START: finger pid=8230 from=211.220.193.182
```

[그림 2-17] 보안 로그에 대한 계속적인 모니터링

- 메일 로그(/var/log/maillog) : senmmail이나 pop(qpopper 등) 등으로 인하여 메일 경유 또는 메일 송수신에 관련된 기록은 /var/log/maillog 파일에 기록을 하게 된다.

- 메일 관련 로그 파일을 모니터링하려면 "tail -f /var/log/maillog"라고 하면 된다.

[그림 2-18] 메일 로그에 대한 모니터링

- **크론 로그**(/var/log/cron) : 시스템에는 크론(crond)에 관한 로그를 기록하는 파일이 존재하면 보는 바와 같이 /var/log/cron에 존재한다. crond은 시스템에 정기적으로 실행되는 것에 대한 설정을 가지고 지정된 시각에 실행을 하게 되는 데몬이다.
  - crond는 /usr/sbin/crond이며, 이 데몬에서 남겨지는 로그 기록은 /var/log/cron에 하게 된다.
  - 이를 모니터링하는 방법은 위와 동일하게 "tail -f /var/log/cron"으로 하면 된다.

[그림 2-19] 크론 로그에 대한 모니터링

- **부팅 로그**(/var/log/boot.log) : 부팅 시의 에러나 부팅 시 장애 등을 확인하려면 부팅 로그(/var/

log/boot.log) 파일을 살펴보면 된다.

```
[root@kebia_2 /root]# tail -f /var/log/boot.log
Jul 29 21:33:50 kebia_2 snmpd: snmpd shutdown succeeded
Jul 29 21:42:35 kebia_2 snmpd: snmpd startup succeeded
Jul 29 22:57:03 kebia_2 snmpd: snmpd shutdown succeeded
Jul 29 23:04:38 kebia_2 snmpd: snmpd startup succeeded
Jul 29 23:13:02 kebia_2 snmpd: snmpd shutdown succeeded
Jul 30 07:53:51 kebia_2 crond: crond shutdown succeeded
Jul 30 07:53:51 kebia_2 crond: crond startup succeeded
```

[그림 2-20] 부팅 로그에 대한 모니터링

- 실제로 부팅 시의 메시지(로그 기록)를 확인할 때에는 대부분 /var/log/dmesg라는 파일을 살펴보는 것이 일반적이며, 이 파일(/var/log/dmesg)의 내용을 확인하는 명령어가 아래의 예처럼 /bin/dmesg에 존재한다.

```
[root@kebia_2 /root]#
[root@kebia_2 /root]# ls -l /bin/dmesg
-rwxr-xr-x    1 root     root        4260 Aug 31  2000 /bin/dmesg
[root@kebia_2 /root]#
[root@kebia_2 /root]# dmesg | grep hdd
```

[그림 2-21] 부팅 시의 로그 기록 확인

- 이 명령어를 통해서 관련 부팅 시의 로그 기록을 살펴보는 방법은 아래와 같다. 즉, "dmesg | grep 관련문자"로 로그 기록을 살펴보면 된다. 아래의 예는 부팅 시에 disk 관련 로그 기록을 보고자 한 것이다.

```
[root@kebia_2 /root]# dmesg | grep disk
RAM disk driver initialized:  16 RAM disks of 4096K size
Detected scsi disk sda at scsi0, channel 0, id 0, lun 0
[root@kebia_2 /root]#
[root@kebia_2 /root]#
```

[그림 2-22] 부팅 시의 disk 관련 로그 기록 확인

- FTP로그(/var/log/xferlog) : ftp나 ncftp 등의 접속이 이루어졌을 때 이 로그 파일에 기록된다.
  - 예를 들어 ws_ftp나 cute_ftp 등을 사용했을 때 이 로그 파일에 기록되고, 업로드한 파일과 다운로드한 파일들에 대한 자세한 기록과 함께 남겨진다.

```
# more xferlog
 Sun Feb 27 20 :40 :31 2000 6 file.test.kr 3191923 /home/user/fire.mp3 b _ o r user ftp 0 * c
 Sun Feb 27 20 :40 :38 2000 7 file.test.kr 4728392 /home/user/노래다.mp3 b _ o r user ftp 0 * c
```

[표 2-13] 로그 기록 항목과 설명

항목	설명
Sun Feb 27 20 :40 :31 2000	이 파일을 전송한 시간
6	전송 소요 시간
file.test.kr	전송한 호스트 네임
3191923	파일 크기
/home/user/fire.mp3	파일 이름
b	전송 방식
special action flag	Special action flag는 C, U, T, _의 값을 가지며 각 플래그의 의미는 다음과 같다. C 압축된 파일 (Compressed file) U 비압축된 파일 (Uncompressed file) T 묶인 파일 (Tar'ed file) _ No action was taken
direction	o outgoing i incoming d deleted
access 방식	a, g, r의 세 가지 값을 가진다. a는 anonymous를 의미하고, g는 guest, r은 real을 의미한다.
user	사용자 이름
ftp	Service 방식
authentication 방식	o 또는 l 값을 가지며, 여기서 o는 none을 l은 RFC931의 인증방식을 사용한다는 것을 의미한다.
*	인증된 사용자 이름
완료 상태	c, i의 값을 가지며, c는 완료된 상태, i는 불완료된 상태를 의미한다.

→ /etc/syslog.conf 파일의 예

```
[root@edu /]# cat /etc/syslog.conf
# Log all kernel messages to the console.
# Logging much else clutters up the screen.
```

```
#kern.*                                         /dev/console
# Log anything (except mail) of level info or higher.
# Don't log private authentication messages!
*.info;mail.none;authpriv.none;cron.none        /var/log/messages
# The authpriv file has restricted access.
authpriv.*                                      /var/log/secure
# Log all the mail messages in one place.
mail.*                                          /var/log/maillog
# Log cron stuff
cron.*                                          /var/log/cron
# Everybody gets emergency messages
*.emerg                                         *
# Save news errors of level crit and higher in a special file.
uucp,news.crit                                  /var/log/spooler
# Save boot messages also to boot.log
local7.*                                        /var/log/boot.log
[root@edu /]#
```

- **각 행의 의미**
    - 서비스 종류.우선순위;서비스 종류.우선순위;서비스 종류.우선순위 로그 파일 위치
- **규칙**
    - 서비스 종류는 facility, 우선순위는 priority, 로그 파일위치는 logfile-location을 각각 의미함
    - 서비스 종류와 우선순위는 .(점)으로 구분함
    - "서비스 종류.우선순위" 그리고 "서비스 종류.우선순위" 사이에는 ;(세미콜론)으로 구분함
    - 서비스 종류는 mail, cron, kern, uucp 등과 같은 해당 서비스의 종류를 의미함
    - 우선순위는 지정된 서비스 종류의 상황 정도를 의미함
    - 로그 파일위치는 서비스 종류와 우선순위에 의해서 발생되는 로그가 기록될 파일의 위치를 의미함
    - 서비스 종류 자리에 *가 설정되면 모든 서비스를 의미함
    - 우선순위 자리에 *가 설정되면 모든 우선순위(상황)을 의미함
    - 로그 파일위치 자리에 *가 설정되면 모든 로그 파일을 의미함

→ /etc/syslog.conf 파일의 이해와 활용

[표 2-14] 서비스 종류(facility, 데몬 종류)

서비스 종류	설 명
auth	로그인과 같이 사용자 인증에 관한 메시지
authpriv	보안 및 승인에 관한 메시지
cron	crond 데몬과 atd 데몬에 의해 발생되는 메시지
daemon	telnet, ftp 등과 같은 데몬에 의한 메시지
kern	kernel에 의한 메시지로서 커널 메시지라고 함
lpr	프린터 데몬인 lpd에 의해 발생되는 메시지
mail	sendmail, pop, qmail등과 같은 메일 관련 메시지
news	innd 등과 같은 뉴스 시스템에 의해 발생되는 메시지
uucp	uucp에 의한 시스템에 의한 메시지
*	모든 서비스에 의해 발생되는 메시지

[표 2-15] 서비스 종류(facility, 데몬 종류)

우선순위(상황정도)		설 명
9	*	모든 상황의 메시지(all)
8	debug	debugging에 관한 메시지(가장 낮은 단계)
7	info	단순한 프로그램에 대한 정보 메시지(information)
6	notice	에러가 아닌 알림에 대한 메시지
5	warn	주의를 요하는 메시지(warning)
4	err	에러로 인한 메시지(error)
3	crit	급한 상황은 아니지만 치명적인 시스템 문제 발생 메시지(critical)
2	alert	즉각적인 조치를 해야 하는 메시지
1	emerg	매우 위험한 상황의 메시지(가장 높은 단계, emergency)
0	none	해당사항 없음, 메시지 없음(기록될 내용이 없음)

▪ syslogd와 klogd의 시작과 종료
- syslogd 데몬과 klogd 데몬 실행확인

```
[root@edu log]# ps -ef | grep syslogd
root 3070 1 0 15 :37 ? 00 :00 :00 syslogd -m 0
root 3078 1977 0 15 :38 pts/0 00 :00 :00 grep syslogd
[root@edu log]#
[root@edu log]# ps -ef | grep klogd
root 3072 1 0 15 :37 ? 00 :00 :00 klogd -x
root 3080 1977 0 15 :38 pts/0 00 :00 :00 grep klogd
[root@edu log]#
```

- syslogd 서비스의 시작 : /etc/rc.d/init.d/syslog start

```
[root@edu log]# /etc/rc.d/init.d/syslog start
Starting system logger : [ OK ]
Starting kernel logger : [ OK ]
[root@edu log]#
```

- syslogd 서비스의 종료 : /etc/rc.d/init.d/syslog stop

```
[root@edu log]# /etc/rc.d/init.d/syslog stop
Shutting down kernel logger : [ OK ]
Shutting down system logger : [ OK ]
[root@edu log]#
```

- syslogd 서비스의 재시작 : /etc/rc.d/init.d/syslog restart

```
[root@edu log]# /etc/rc.d/init.d/syslog restart
Shutting down kernel logger : [ OK ]
Shutting down system logger : [ OK ]
Starting system logger : [ OK ]
Starting kernel logger : [ OK ]
[root@edu log]#
```

→ 로그 파일의 로테이트를 위한 logrotated

- **로그 자동 관리를 위한 로테이트 처리**
  - crond에 의해서 주기적으로 실행되는 logrotated 데몬에 의해 수행됨

- 로테이트(rotate) 작업 내용
    - ☞ 로그 파일 자르기(rotate), 보관하고, 삭제하고, 압축하고, 메일로 보내기 등
- 단, 해당 조건체크의 실행은 crond에 의해 주기적으로 자동실행되지만
    - ☞ 로테이트 작업이 발생하기 위해서는 해당 조건에 해당되어야 함
    - ☞ 해당 조건은 /etc/logrotate.conf 파일과 /etc/logrotate.d/ 디렉토리 내에 있는 파일들에서 설정

- **로테이트(rotate) 처리**
    - 특정 날짜 또는 특정 용량 이상이 되었을 때 로그 파일을 로테이트(교체)한다(size).
    - 로테이트 작업 직전과 직후에 특정작업을 수행할 수 있다.
        (prerotate/endscript, postrotate/endscript)
    - 로테이트 작업을 하면서 압축을 하거나 하지 않을 수 있다.(compress, nocompress)
    - 로테이트 후에 보관할 파일의 수를 지정할 수 있다(rotate).
    - 로테이트 후에 생성되는 파일의 소유주와 퍼미션등을 설정할 수 있다(create).
    - 로테이트 후에 생성되는 파일의 확장자 임의로 지정할 수 있다(extension).
- **로테이트된 로그 파일들의 실제 예**

```
[root@edu]# ls -l /var/log/
합계 45620
-rw------- 1 root root 275 2월 14 11:40 boot.log
-rw------- 1 root root 324 2월 11 10:09 boot.log.1
-rw------- 1 root root 269 2월 3 09:43 boot.log.2
-rw------- 1 root root 721 1월 27 16:03 boot.log.3
-rw------- 1 root root 1046 1월 20 20:15 boot.log.4
-rw------- 1 root root 179056 2월 14 22:40 cron
-rw------- 1 root root 451656 2월 12 04:02 cron.1
-rw------- 1 root root 451951 2월 5 04:02 cron.2
-rw------- 1 root root 451647 1월 29 04:02 cron.3
-rw------- 1 root root 451656 1월 22 04:02 cron.4
-rw-r--r-- 1 root root 15922 12월 12 22:05 dmesg
-rw------- 1 root root 1818881 2월 14 22:39 maillog
-r-------- 1 root root 19136220 2월 14 22:40 lastlog
-rw------- 1 root root 4950358 2월 12 04:02 maillog.1
-rw------- 1 root root 4716323 2월 5 04:02 maillog.2
```

```
-rw-------  1 root root 5114028 1월 29 04:02 maillog.3
-rw-------  1 root root 5058371 1월 22 04:02 maillog.4
-rw-------  1 root root  517495 2월 14 22:40 messages
-rw-------  1 root root  998580 2월 10 15:52 messages.1
-rw-------  1 root root 1653245 2월  5 04:00 messages.2
-rw-------  1 root root 1276373 1월 29 04:00 messages.3
-rw-------  1 root root 1602436 1월 22 04:00 messages.4
-rw-------  1 root root   81232 2월 14 22:40 secure
-rw-------  1 root root  208676 2월 12 04:00 secure.1
-rw-------  1 root root  435757 2월  5 04:00 secure.2
-rw-------  1 root root  229603 1월 29 04:00 secure.3
-rw-------  1 root root  230319 1월 22 04:00 secure.4
-rw-rw-r-- 1 root utmp 2136960 2월 14 22:40 wtmp
-rw-r--r-- 1 root root 8569951 2월 14 22:35 xferlog
[mons@su020.suidc.com ~]$
```

[표 2-16] logrotated 관련 파일들

구 분	위치 및 실행방법	설 명
logrotated 데몬	/usr/sbin/logrotate	logrotated 데몬파일
logrotated 주로그 파일	/etc/logrotate.conf	logrotated의 주된 설정 파일 개별 설정 파일들에는 이 파일의 설정 파일의 내용이 글로벌하게 적용됨
개별 설정파일	/etc/logrotate.d/*	개별 설정 파일들의 저장 위치 /etc/logrotate.conf 파일에서 불러들임
cron 실행	/etc/cron.daily/logrotate	crond 데몬에 의해 /etc/cron.daily/logrotate 파일을 실행함. 이 파일의 실행으로 logrotated 데몬이 주기적(1일 1회, 주로 새벽 4시)으로 실행됨
상황파일	/var/lib/logrotate.status	logrotate한 작업내역을 보관한 파일

- /etc/logrotate.conf 파일은 logrotated 데몬의 주 설정파일로서 글로벌하게 적용되는 파일임
- /etc/logrotate.d/ 디렉토리 내에 존재하는 파일들은 개별 로그 파일의 개별 logrotate 설정 파일
- /etc/logrotate.d/ 디렉토리 내에 로그 파일에 대한 추가파일을 설정해 두면 그 로그 파일을 로테이트(rotate) 처리를 할 수 있음

→ 기타 로그 파일
- wtmp : 사용자들의 로그인 및 로그아웃한 정보 정보를 가지고 있으며, utmp와 같은

데이터 스트럭처를 사용. 텔넷을 통한 로그인뿐만 아니라, FTP를 통한 로그인 등 실질적으로 로그인 프로세스를 거친 정보 및 last와 같이 시스템과 관련된 정보 취득. last 명령어를 사용하여 정보를 확인할 수 있다.

```
$ last
raghu  pts/0  :0.0 Wed Dec 26 11:02 still logged in
raghu  tty8   :0   Wed Dec 26 03:00 still logged in
reboot system boot 3.5.0-17-generic Wed Dec 26 03:00 - 11:30 (08:29)
raghu  pts/0  :0.0 Wed Dec 26 02:18 - 02:20 (00:01)
raghu  tty8   :0   Tue Dec 25 18:36 - down   (07:44)
reboot system boot 3.5.0-17-generic Tue Dec 25 18:35 - 02:21 (07:45)
raghu  pts/0  :0.0 Tue Dec 25 14:36 - 14:38 (00:02)
raghu  pts/0  :0.0 Tue Dec 25 13:33 - 14:14 (00:40)
root   pts/0  :0.0 Tue Dec 25 13:25 - 13:25 (00:00)
root   pts/0  :0.0 Tue Dec 25 13:23 - 13:23 (00:00)
root   pts/0  :0.0 Tue Dec 25 13:21 - 13:21 (00:00)

---output truncated---

wtmp begins Mon Nov 5 21:10:35 2012
```

- utmp : 시스템에 현재 로그인한 사용자들에 대한 상태 정보 수집. 상태정보는 사용자 이름, 터미널 장치 이름, 원격 로그인 시 원격 호스트 이름, 사용자가 로그인한 시간 등을 기록. who, w, whodo, users, finger 등의 명령어

```
$ who
 root  tty1  2012-12-26 11:53
 raghu tty8  2012-12-26 03:00 (:0)
 raghu pts/0 2012-12-26 11:02 (:0.0)
```

- pacct : 사용자가 로그인한 후부터 로그아웃할 때까지 입력한 명령과 시간, 작동된 tty 등에 대한 정보를 수집. lastcomm 명령어를 이용하여 분석
- history : history 로그는 사용자별로 실행한 명령을 기록하는 로그. bash, sh,

tcsh, csh 등 사용자들이 사용하는 에 따라서 각각 .bash_history, .sh_history, .history 등의 파일로 기록을 남기며, 명령어뿐만 아니라 파일위치 및 파일명까지 기록. vi 편집기, history 명령어로 로그 분석
- sulog : su 명령어를 사용한 결과를 저장하는 로그. vi 에디터 활용
- lastlog : 서버에 접속한 사용자의 IP 별로 가장 최근에 로그인한 시간이 기록. lastlog 명령어
- btmp : 5번 이상 로그인 실패를 했을 경우에 로그인 실패 정보를 기록. lastb 명령어

```
$ lastb
 raghu tty8  :0 Fri Dec 21 06 :36 - 06 :36 (00 :00)
 root tty1 Tue Dec 11 14 :14 - 14 :14 (00 :00)
 raghu tty7  :0 Mon Dec 10 18 :51 - 18 :51 (00 :00)
```

- syslog : syslog 데몬에서 일괄적인 방법으로 생성된 로그들에는 authlog, messages, syslog, secure 등 /var/log 디렉토리에 대한 로그가 있다.
- messages : syslog 계열의 로그로 콘솔 상의 화면에 출력되는 메시지들을 저장하고 시스템의 장애에 대한 기록뿐만 아니라 보안측면에서 취약점에 의한 공격 흔적을 기록으로 남기게 된다. vi 명령어로 로그 분석
- secure 로그 : secure 로그는 보안과 관련된 주요한 로그를 남기는 파일로 사용자 인증에 관련된 로그를 기록한다. vi 에디터
- 웹 관련 로그 : vi 명령어로 분석

chapter 3. ESM 및 SIEM 등 로그 분석

■ **ESM 및 SIEM의 비교**
→ 보안정보 및 이벤트 관리(SIEM : Security Information and Event Management)
- SIEM은 전사적 보안관리(ESM : Enterprise Security Management)와 상호보완적인 관계로 다양

[그림 2-23] SIEM 시스템 발전 단계 〈출처 : 정보통신산업진흥원〉

한 정보 시스템에 대한 로그 관리 및 분석이 강화되고 빅데이터 기술이 접목되어 정보 시스템 전반에 대한 신속한 위협탐지를 가능하게 하는 지능형 로그 관리 플랫폼이다.

- 즉 정보 시스템(서버, 네트워크 장비, 보안장비, PC 등)에서 생성되는 각종 로그와 이벤트를 통합적으로 관리하고 분석하여 외부의 사이버공격과 내부 정보 유출 시도를 신속하게 탐지할 수 있도록 한 차세대 보안관제 시스템이라 할 수 있다.
- 지능형 지속 위협(APT : Advanced Persistent Threat) 공격에 대응하기 위한 차세대 보안 패러다임으로 부각되고 있는 보안 인텔레전스(지능형 보안 : Security Intelligence)에 적합한 보안관제 시스템으로 SIEM이 주목받고 있다.
- ESM과 SIEM이 구현방식과 기능이 유사하지만 일반적으로 ESM은 보안솔루션(주로 방화벽, IDS, IPS)의 로그를 수집해 상호연관 관계를 분석하여 주로 외부 네트워크로부터의 공격 탐지에 중점을 두고 있었다. 반면에 SIEM은 기존에 ESM이 담당했던 영역에 추가적으로 내부의 정보유출 탐지영역까지 담당하고 있다고 할 수 있다. 또한, SIEM이 필요성이 증가되는 요인 중에는 개인정보관련 법에서 요구하고 있는 접속기록의 보관 및 모니터링을 충족시켜 법규를 준수하기 위한 목적도 있다.
- 기능적 특징면에서 ESM/SEM은 실시간 모니터링, 이벤트 상관관계 분석, 대쉬보

드 및 알람 기능을 제공했고 SIM은 주로 로그의 저장과 분석 및 보고 기능을 제공해 왔다.
- 기술적인 발전단계 측면에서 로그관리에서 출발한 SIEM은 기존 ESM과 SIM에 어플리케이션 로그관리까지 포괄하는 NG-SIEM으로 발전 중에 있다.
- APT 공격에 대응하기 위해 SIEM이 주목 받는 이유는 기존 IDS/IPS에 의존적인 공격 탐지방식으로는 역부족이기 때문에 추가적으로 다양한 정보 시스템에서 생성된 대용량 데이터를 분석하기 위한 보안솔루션이 필요한데 SIEM 솔루션이 추구하는 발전방향과 일치하기 때문이다.
- ESM 및 SIEM, 서버, 네트워크장비, 보안장비의 로그는 각 로그의 종류에 따라 저장 보관해야 하는 주기가 동일하지는 않다. 아래 법령에서와 같이 정보 시스템 접속로그는 6개월 이상, 정보보호 시스템의 로그는 3개월 이상 보관해야 한다.

■ ESM 및 SIEM의 로그 분석

→ ESM 및 SIEM의 로그는 유사하다. 또한 이 시스템의 로그는 일반적으로 방화벽, IPS, IDS, 웹방화벽의 로그를 수집하여 정례화하여 나타내기 때문에 기존 보안장비들의 로그 형태와 유사하다.
- 이에 대한 로그의 예는 '제 3편의 보안관제 시스템운영'에서 각 장비별로 상세히 설명한다.

[표 2-17] 로그 관리 관련 법규

관련 법규	내용
정보통신망 이용촉진 및 정보보호 등에 관한 법률	- 제48조의4(침해사고의 원인 분석 등) ③ 과학기술정보통신부장관은 제2항에 따른 침해사고의 원인을 분석하기 위하여 필요하다고 인정하면 정보통신서비스 제공자와 집적정보통신시설 사업자에게 정보통신망의 접속기록 등 관련 자료의 보전을 명할 수 있음 - 개인정보의 기술적·관리적 보호조치 기준 제5조(접속기록의 위변조방지) 정보통신서비스 제공자등은 개인정보취급자가 개인정보처리시스템에 접속한 기록을 월 1회 이상 정기적으로 확인·감독하여야 하며, 시스템 이상 유무의 확인 등을 위해 최소 6개월 이상 접속기록을 보존·관리하여야 하고, 기간통신사업자의 경우에는 보존·관리해야 할 최소 기간을 2년으로 규정함 - 정보보호조치에 관한 지침에 최소 1개월 이상 로그 기록 유지관리(정보보호시스템은 3개월)하여야 함
개인정보보호법	- 개인정보의 안전성 확보조치 기준 제7조(접속기록의 보관 및 점검)에 개인정보취급자가 개인정보처리시스템에 접속한 기록을 6개월 이상 보관·관리하고, 개인정보의 유출·변조·훼손 등에 대응하기 위하여 개인정보처리시스템의 접속기록 등을 반기별로 1회 이상 점검하도록 규정
금융기관 전자금융업무 감독규정 시행 세칙	- 제6조, 제10조에 전산자료 보호대책, ip 주소 사용대책(1년 이상 정보 시스템 가동 기록 보존 및 인터넷 접속내용 기록 보관) - 금융감독원 모범 규준에 내부통제 강화를 위한 메신저, 이메일 등에 대한 로그 기록 저장 체제 구축
정보통신기반보호법	- 제13조 1항에 침해사고의 통지, 원본 로그에 대한 보관 및 사후 보고하도록 하고 있음

MEMO

제 3장
운영체제 및 서버 보안

3.1 운영체제

chapter 1. 운영체제 개념 및 구성

- **운영체제 개념**
→ 하드웨어와 응용프로그램 간의 인터페이스 역할을 하면서 중앙처리장치, 주기억장치, 입출력장치 등의 컴퓨터 자원을 관리한다.
  - 운영체제는 인간과 컴퓨터간의 상호작용을 제공함과 동시에 컴퓨터의 동작을 구동(booting)하고 작업의 순서를 정하며 입출력 연산을 제어한다. 또 프로그램의 오류나 부적절한 사용을 방지하기 위해 실행을 제어하며 데이터를 파일에 저장하는 등 장치를 관리하는 기능을 한다.
  - 운영체제의 기능은 크게 메모리 관리, 프로세스 관리, 장치 및 파일 관리의 세 가지로 볼 수 있다.
→ 운영체제는 유형별로 OS 상에서 동시에 구동되는 프로그램의 수에 따라 싱글/멀티태스킹 OS, 동시에 사용하는 사용자의 수에 따라 싱글/멀티 사용자 OS로 구분할 수 있다.
  - 네트워크로 연결된 개별 컴퓨터를 하나의 컴퓨터로 관리하게 해주는 분산 OS, 임베디드 시스템 상에서 구동되는 임베디드 OS, 데이터나 이벤트를 정해진 짧은 시간 내에 처리하도록 보장하는 실시간 OS 등으로 구분할 수 있다.
→ 최초의 운영체제는 IBM-701 대형 컴퓨터(mainframe)의 사용을 위하여 제너럴 모터스(General Motors; GM) 연구소에서 1950년 초반 처음 개발되었다. 그 후 1955년에는 IBM-704의 운영체제가 NAA(North American Aviation)와 GM의 합작으로 개발되었다.
  - 1964년 IBM 사는 시스템/360을 발표하고, 1966년에는 OS/360 최초의 판이 사용 가능하였다.
  - OS/360은 시스템/360 계열 전체에 이용하려 한 일괄처리용 운영체제로서 운영체제

개념의 명확화와 기능의 체계화가 이루어졌다.
- 그 이후 세그먼트 기법, 페이징에 의한 가상기억방식의 도입, 계층적 디렉토리를 갖는 파일링시스템 등의 개념이 도입되면서 운영체제 개발이 급속히 진전되었다.
- 이러한 대형 시스템용 OS는 시스템이 작업을 처리 방식에 따라 일괄처리(batch), 멀티프로그래밍(multiprogramming) 그리고 시분할시스템 형태로 발전하였다.

→ 1960년대 말 초기 유닉스 운영체제들이 AT&T 벨 연구소에서 개발되었는데 높은 이식성으로 인해 미니컴퓨터 및 워크스테이션에 채택되어 사용되었다. 유닉스 계열 운영체제는 유닉스로부터 파생된 운영체제들로 시스템 V, BSD, GNU/Linux 등이 있다.
- 1970년대 가정용 마이크로컴퓨터가 처음 등장한 이후 1980년대에는 개인용 컴퓨터의 보급이 보편화되면서 개인용 컴퓨터 운영체제로 MS-DOS, Microsoft 윈도우 등이 개발되었다.
- 1970년대 말에는 제록스의 알토 컴퓨터 시스템에서 GUI(Graphical User Interface)가 개발되면서 VMS나 OS/2, OS X 등의 GUI 기반 운영체제가 출현하였다.
- 2000년대 이후 스마트폰의 사용이 일반화되면서 모바일 장치나 정보기기를 제어하는 운영체제로 노키아의 심비안, 구글의 안드로이드, 애플의 iOS, RIM의 블랙베리, 삼성의 타이젠 등의 모바일 운영체제가 개발 및 사용되고 있다.

→ 운영체제 내에는 메모리에 상주하며 운영체제의 다른 부분이나 응용 프로그램을 수행하기 위해 환경을 설정하는 핵심 소프트웨어인 커널(Kernel)이 존재한다.
- 운영체제는 수정 및 변경이 용이하도록 설계되어야 하며 각 구성 요소가 커널과 상호작용하는 유형에 따라 단순 구조, 계층 구조, 마이크로 커널 운영체제로 구분된다.
- 단순 구조 운영체제는 작고 간단하며 MS-DOS와 같이 커널과 시스템 프로그램으로 구성된 운영체제를 말한다. 계층 구조는 유닉스와 같이 유사한 기능을 수행하는 그룹을 하나의 계층으로 모듈화 하여 인접 계층에서 제공하는 기능과 서비스만 사용하는 구조이다.
- 마이크로 커널 운영체제는 커널을 최소한으로 경량화한 OS로 새로운 구조로 OS를 이식(porting)하기 쉽도록 구조화되어 있다.

[그림 2-24] 운영체제의 다섯 가지 기능 구조도

- **운영체제의 목적**

→ 운영체제의 목적은 컴퓨터 시스템의 자원(하드웨어 자원, 정보)을 최대한 효율적으로 관리, 운영함으로써 사용자들에게 편의성을 제공하고자 하드웨어와 사용자 프로그램 사이에 존재하는 시스템 프로그램으로 사용자 인터페이스 제공, 성능 향상 등 한정된 자원을 효율적으로 사용하는 데 있다.

- 신뢰도의 향상, 처리량의 향상, 응답 시간의 단축, 단순한 계산 능력만을 제공하는 하드웨어를 유저가 쉽게 접근할 수 있도록 제공, 제한된 시스템 소스를 효율적으로 통제하고 운영함으로써 보다 높은 성능을 발휘할 수 있도록 지원하는 것이다.
- 처리 능력 향상 : 단위 시간 내에 최대한 많은 양의 일을 처리할 수 있게 하는 것
- 응답 시간 단축 : 사용자가 어떤 일의 처리를 컴퓨터 시스템에 의뢰하고 나서 그 결과를 얻을 때까지 소요되는 시간으로, 짧을수록 좋음
- 신뢰도 향상 : 시스템이 주어진 문제를 어느 정도로 정확하게 해결하는가를 의미
- 사용 가능도 향상 : 컴퓨터 시스템을 각 사용자가 요구할 때 어느 정도로 신속하게 시스템 자원을 지원해 줄 수 있는가를 나타내는 것

- **운영체제의 구조**

→ 커널과 유틸리티

- 운영체제의 구조는 컴퓨터 시스템 자원관리 계층에 따라 분류하면 일반적으로 다섯 가지 기능을 수행하는 것으로 볼 수 있다.
    - 프로세서 관리(계층1) : 동기화 및 프로세서 스케줄링 담당
    - 메모리 관리(계층2) : 메모리의 할당 및 회수 기능을 담당
    - 프로세스 관리(계층3) : 프로세스 생성, 제거, 메시지 전달, 시작과 정지 등의 작업
    - 주변장치 관리(계층4) : 주변장치의 상태파악과 입출력 장치의 스케줄링
    - 파일(정보)관리(계층5) : 파일 생성과 소멸, 파일 열기와 닫기, 파일 유지 및 관리 담당
- 커널은 하드웨어 특성으로부터 프로그램들을 격리시키고, 하드웨어와 직접적으로 상호 작동함으로써, 프로그램들에게 일관된 서비스를 제공한다. 커널의 기본개념은 프로세스와 파일의 관리이다. 그밖에 입출력장치 관리, 메모리 관리 및 시스템호출 인터페이스 등이다. shell이나 유틸리티 또는 응용 프로그램들은 정의된 시스템호출을 통해서 커널과 통신한다. UNIX 계열의 시스템이 부팅될 때 가장 먼저 읽혀지는 운영체제의 핵심 부분으로 주기억 장치에 상주하게 되며 프로세스 스케줄링, 기억 장치 관리, 파일 시스템 관리, 운영체제의 고유 기능을 제공한다.
- 시스템 호출(System call)
    - 이중 모드에서 사용자 모드는 특권 명령어를 사용할 수 없으며 이런 경우에 사용자 프로세스는 운영체제에 도움을 요청하게 되는데 이를 시스템 호출이라 한다. 즉, 시스템 호출은 실행 중인 프로그램과 운영체제 사이에 인터페이스를 제공하는 것이다.

→ 이중 모드(dual mode) 구조
- 다중 프로그래밍 환경에서는 실행 중인 하나의 프로그램의 오류가 실행 중인 다른 프로그램에게 영향을 줄 수 있으므로 적절한 보호가 필요하다. 이중 모드는 이런 보호 메커니즘 중 하나로서, 두 가지 동작 모드를 제공하여 문제를 일으킬 소지가 있는 명령들을 함부로 실행할 수 없도록 제어한다.
    - 사용자 모드 : 사용자 모드의 소프트웨어는 특권이 부여되지 않은 상태로 동작하며 시스템 리소스에 제한적으로만 액세스할 수 있다. 보호 받는 하위 시스템들은 각자가 소유하고 있는 보호 받는 공간에서 실행되며 서로 간섭하지 않는다. 즉, 사용자 모드에서는 제한적인 명령의 사용만 가능하다.

- 모니터 모드 : 커널 모드, 슈퍼바이저 모드라 하며 문제를 일으킬 소지가 있는 명령들은 특권 명령으로 분류하고, 이런 명령들은 모니터 모드에서만 수행되도록 제한한다. 이 모드에서는 모든 명령어 사용이 가능하다.

→ 프로세스 관리
- 하드웨어에 의존된 가장 하위 단계 수준으로 프로세스 스케줄링을 통해 실행가능한 프로세스 추적 관리

→ 주기억장치 관리
- 주기억장치의 접근을 관리, 제어하는 처리 장치의 부분으로 주소 변환, 기억 보호, 버퍼 기억 등의 기능을 수행

→ 보조기억장치 관리
- 하드디스크나 디스켓 등의 기억장치에 대한 접근 관리, 제어 등을 수행하는 기능

→ 입출력 시스템 관리
- 컴퓨터의 입출력장치(Input/Output device : I/O장치)는 중앙 시스템과 외부와의 효율적인 통신 방법을 제공한다. 입출력장치는 일명 주변장치라고도 하는데, 가장 기본적인 것으로 키보드, 디스플레이장치, 프린터와 보조저장장치인 자기테이프나 자기 디스크 등이 있다.
- 장치 구동기 : 운영체제와 응용프로그램 및 하드웨어간의 인터페이스를 담당하는 프로그램으로 하드웨어와 운영체제 응용프로그램의 연결 고리가 되는 프로그램으로 하드웨어 구성 요소가 운영체제 아래서 제대로 작동하는데 꼭 필요한 프로그램이며, 장치제어기 또는 드라이버라고 말하기도 한다. 장치 제어기는 명령어를 장치 제어기에 입력하기 위해 하나 이상의 장치 레지스터를 갖고 있는데 장치 구동기는 이들 명령어를 발생시키고 적절하게 수행되는지를 점검하는 기능을 수행한다. 디스크 구동기는 디스크 제어기가 가지고 있는 많은 레지스터의 사용량, 용도를 관리하게 되며 섹터, 트랙, 실린더, 헤드, 암의 움직임, 디스크 인터리브 계수, 모터 구동기, 헤드 설정 시간 등 디스크가 적절하게 작업할 수 있는 모든 기계적인 정보들을 알고 있다.
- 인터럽트와 DMA : 컴퓨터 시스템에서 사용하는 데이터의 입출력 방식에는 프로그램에 의한 입출력, 인터럽트에 의한 입출력, DMA에 의한 입출력 등이 있다.
  - 프로그램에 의한 입출력은 데이터의 입출력 동작이 CPU가 수행하는 프로그램의 I/

O 명령에 의해 수행된다. 따라서, 프로그램 제어하에서 데이터전송을 수행하려면, 입출력을 수행할 준비가 되어있는가를 알기 위해 CPU가 주변장치의 상태를 계속 감시하고 있어야 한다.
- 인터럽트에 의한 입출력은 프로그램에 의한 입출력의 단점을 개선하기 위한 방식이다. 즉 CPU가 계속해서 입출력 상태를 검사하고 있는 것이 아니라 입출력 장치가 데이터를 전송할 준비가 되면 CPU에 인터럽트를 발생시킨다. 따라서 CPU가 다른 프로그램을 수행하고 있는 동안에, 인터페이스가 외부소자를 모니터한다. CPU가 인터럽트 신호를 받으면 프로그램 카운터에 있는 복귀주소를 메모리 스택에 저장한 다음, 입출력 전송을 위한 서비스 루틴으로 제어를 이동한다.
- DMA(Direct Memory Access)는 CPU를 거치지 않고 주변장치와 메모리 사이에 직접 데이터를 전달하도록 제어하는 인터페이스 방식으로서, 고속 주변장치(M/T, DISK 등)와 컴퓨터 간의 데이터 전송에 많이 사용한다.

■ 버퍼링과 스풀링
- 버퍼링(Buffering) : 입출력 장치와 보조 기억장치는 기계적 요인 때문에 CPU와 비교할 때 매우 느린 속도로 작동한다. 이와 같은 입출력 장치의 느린 속도를 보완하는 한 가지 방법으로 버퍼링이 있다. 한 레코드가 읽혀 CPU가 그것에 대한 연산을 시작함과 동시에 입출력 장치가 곧 다음에 필요한 레코드를 미리 읽어서 주기억장치에 저장함으로써 CPU가 필요한 레코드를 기다림이 없도록 하는 것이다. 이때 이와 같이 미리 읽혀진 레코드들이 존재하는 곳은 주기억장치의 일부인데 이를 버퍼라 하고, 이와 같은 일련의 과정을 버퍼링이라 한다.
- 스풀링(Spooling) : 버퍼링은 주기억장치를 버퍼로 사용하는 반면, 스풀링은 디스크를 매우 큰 버퍼처럼 사용하는 것이다. 프로세스들은 입력 또는 출력을 실제 입출력 장치(Physical Device)를 통하지 않고 가상적 입출력 장치(Virtual Device)인 디스크를 매체로 이용한 후, 이들을 다시 실제의 입력 장치나 출력 장치가 행하도록 한다.

→ 파일 관리
운영체제는 프로그램이나 데이터를 파일단위로 관리하며 저장장치에 파일 단위로 저장한다. 파일에 대한 조작, 저장방식, 접근방법 등에 대한 관리 수행

[그림 2-25] 프로세스의 상태 변화

→ 인터럽트
- 인터럽트는 시스템에 예기치 않은 상황이 발생하였을 때 그것을 운영체제에 알리고 이를 해결하는 메커니즘이다. CPU는 인터럽트 발생을 알리는 신호를 받으면 프로그램 카운터(Program Counter)의 내용과 프로그램 수행 상태에 관한 모든 정보를 저장한 후에, 문제의 해결을 위한 처리 과정이 기술된 프로그램인 인터럽트 루틴의 시작 주소를 프로그램 카운터로 옮긴다. 그 후 인터럽트 루틴을 수행하여 해당 상황을 처리하고, 인터럽트가 발생하기 이전에 수행하던 프로그램을 계속한다.
- 인터럽트의 종류
    - 입출력 인터럽트(I/O interrupts) - 프로세스가 요청한 입출력의 완료 등과 관련하여 발생
    - 클럭 인터럽트(clock interrupts) - 프로세스의 시간 할당량 종료와 관련하여 발생
    - 콘솔 인터럽트(console interrupts) - 콘솔 터미널에서 인터럽트 키(interrupt key)를 누를 때 발생
    - 프로세스 간 통신 인터럽트(interprocess communication interrupt) - 임의의 프로세스가 지역 호스트 또는 원격 호스트의 다른 프로세스로 부터 통신 메시지를 받을 경우 발생

- 시스템 호출 인터럽트(system call interrupts, SVC interrupts) - 시스템 호출을 하였을 때 발생
- 프로그램 오류 인터럽트(program check interrupts) - 프로그램의 실행 중 논리적인 오류로 인하여 발생
- 하드웨어 검사 인터럽트(machine check interrupt) - 하드웨어상의 오류가 있을 때 발생

chapter 2. 운영체제(윈도우, 유닉스, 리눅스 등) 보안

■ **윈도우 보안**
→ 윈도우 운영체제 활용
  ■ 제어판 활용
  - 관리도구-로컬보안정책 : 계정정책, 로컬정책 등을 설정 가능
    ☞ 암호정책 : 암호의 사용기간, 길이, 복잡도 등을 설정하여 시스템에 등록되는 암호정책을 일괄적으로 적용 가능
    ☞ 계정잠금정책 : 로그온 시도에서 다수 입력 값이 잘못 입력되면 계정을 잠글 수 있으며, 계정 크랙도구로부터 시스템을 보호할 수 있다.
  - 관리도구-서비스
    ☞ 윈도우의 서비스를 관리하며 불필요한 서비스를 제거하여 시스템 효율성 및 보안을 강화할 수 있다.
  - 관리도구-이벤트뷰어
  - 관리도구-컴퓨터관리
    ☞ 장치관리, 로컬사용자 및 그룹 관리, 디스크 관리 기능
  - 네트워크
    ☞ TCP/IP 등록정보 이해
    ☞ 윈도우에서 제공하는 네트워크 프로토콜 이해
  - 프로그램 추가/삭제
    ☞ 대부분의 프로그램은 프로그램을 설치하면 프로그램 추가/삭제 메뉴에 등록이 되고 삭제도 가능하다.

☞ 프로그램을 설치할 때 프로그램 추가/삭제에 등록되지 않는 프로그램 종류

■ **공유자료 관리**

→ 파일 시스템 이해 : NTFS

- 파일 시스템 : 파일 시스템이란 운영제제가 파일을 시스템의 디스크상에 구성하는 방식을 말한다. 운영체제는 시스템의 디스크 파티션상에 파일들을 연속적이고 일정한 규칙을 가지고 저장하는데 파일 시스템은 이러한 규칙들의 방식을 제시하는 역할을 한다. 또한 파일 시스템은 시스템 디스크나 파티션 그리고 파일 시스템의 형식을 말할 경우에도 쓰일 수 있다. 윈도우 운영체제 지원 파일시스템은 FAT, NTFS 파일시스템이 있다.

- NTFS 파일 시스템 : NTFS는 윈도우 NT에서 지원하는 것으로 NTFS의 클러스터 크기는 512바이트, 1킬로, 2킬로, 4킬로바이트까지 사용자 지정이 가능하다. 파일크기 및 볼륨은 이론상으로 최대 16EB(ExaByte=10의 18승 바이트) 이나 실질적으로는 2테라바이트까지 지원한다. 또한, 이 파일시스템은 안정성, 자세한 사용자 제한, 보안성 등이 FAT32보다 향상된 기능을 가지고 있다.

    - NTFS 보안은 NTFS 파일 시스템으로 포맷된 볼륨이나 파티션에 적용된다. 로컬 파일 시스템 보안을 제공하며, 네트워크를 통해 액세스하는 사용자에게도 적용된다.

    - NTFS 볼륨의 기본 NTFS 보안은 공유보안과 같이 Everyone 그룹에 대해서 모든 권한이 '허용'이다. NTFS 볼륨이나 파티션의 기본 NTFS 보안을 변경하면 사용자마다 서로 다른 NTFS 보안을 적용시킬 수 있다.(로컬 파일 시스템보안) 공유 보안에서는 파일 단위까지 보안을 적용시킬 수 없었지만 NTFS 보안에서는 가능하다. 더욱이 파일에 설정한 NTFS 보안이 폴더에 설정한 NTFS 보안보다 우선순위가 높기 때문에 더욱 강력한 보안을 설정할 수 있는 것이다.

    - NTFS 시스템에 특정 사용자가 생성한 폴더나 파일에 대해서는 생성한 사용자에게 소유권한이 있다. 이것은 소유권을 가진 폴더나 파일에 대해서 NTFS 보안을 설정할 수 있다는 의미이다. 그러나 윈도우 2000 서버의 시스템 폴더에 대해서는 일반 사용자가 설정할 수 없다. 이것을 설정할 수 있는 사용자는 Administrators 그룹

과 Power Users 그룹의 구성원만이 가능하다.
- NTFS 폴더 사용 권한 종류는 폴더 또는 파일에 대한 해당 폴더의 [등록정보]의 [보안] 탭에서 확인 가능하다.
- NTFS 주요 기능
  ☞ 파일과 폴더 차원의 보안 : NTFS는 파일과 폴더에 대한 접근 제어 가능
  ☞ 디스크압축 : NTFS 압축 파일로 더 많은 저장공간 사용 가능
  ☞ 디스크 할당 : NTFS는 사용자별 디스크 사용공간을 제어 가능
  ☞ 파일 암호화 : NTFS는 파일에 대한 암호화 지원

→ 네트워크 드라이브의 이해
- 네트워크 드라이브는 대상 컴퓨터의 드라이브를 내 컴퓨터에서 네트워크 드라이브로 설정하여 내 컴퓨터의 드라이브처럼 사용할 수 있는 기능이다.
- 설정방법 : 바탕화면의 내 컴퓨터에서 마우스 오른쪽 버튼을 클릭하여 네트워크 드라이브 설정을 클릭하면 기능을 이용할 수 있다.
  - 명령프롬프트에서 'net use 드라이브명 : ₩₩ip₩설정대상드라이브$'를 실행하고 계정 및 패스워드를 입력하면 설정 가능

→ 공유폴더 보안
- 윈도우 NT 이상에서는 "관리목적을 위한 기본공유"라는 것이 기본적으로 존재한다. 즉, 명령프롬프트에서 net share를 실행하면 기본적으로 ADMIN$, IPC$, C$ 등이 공유가 된다(컴퓨터의 드라이브가 C 드라이브 1개로 설정되어 있는 경우).
  - 공유해제 방법
    ☞ HKLM₩SYSTEM₩CurrentControlSet₩Services₩lanmanserver₩parameters 디렉토리에 DWORD 값을 추가하고 값을 0으로 설정한다.
- 공유폴더 사용권한 설정 : 폴더를 공유할 경우에는 공유되는 폴더의 등록정보에서 공유-사용권한에서 사용자 및 읽기, 변경, 모든 권한을 선택하여 설정할 수 있다.

윈도우탐색기의 도구-폴더옵션에서 보기 탭을 선택하면 '숨김파일 및 폴더 표시안함'을 선택하여 숨겨진 파일의 공유설정을 방지할 수 있으며, 오프라인 파일 탭을 이용하여 오프라인에서 네트워크 공유 파일을 이용할 수 있는 기능을 해제한다.

레지스트리 활용

→ 윈도우 레지스트리의 기본 개념과 활용
- 윈도우 95, 윈도 98, 윈도 NT 시스템에서 사용하는 시스템 구성 정보를 저장한 데이터베이스이며, 윈도우 환경과 프로그램에 관련된 사항 등이 저장된 system.dat, user.dat 파일이 바로 레지스트리이다.
  - 윈도우와 프로그램에 관련된 사항은 레지스트리 외에도 win.ini, system.ini 파일을 비롯한 각종 INI 파일에도 저장되어 있으며 16비트 프로그램을 위한 여러 개의 INI 파일이 존재하긴 하지만 윈도우의 표준을 지키는 32비트 프로그램에 관련된 설정값은 모두 WINDOWS 디렉토리에 있는 레지스트리 파일에 저장된다.
  - 레지스트리는 텍스트가 아닌 16진수로 되어 있어 INI 파일보다 속도가 빠를 뿐 아니라 전용 프로그램(레지스트리 편집기, regedit.exe)을 이용하지 않으면 고칠 수 없다. 그리고 모든 프로그램 설정이 하나의 레지스트리에 저장되기 때문에 관리가 용이하다.
  - 윈도우 레지스트리는 총 6개로 구성되어 있다. [시작]-[실행]을 누른 뒤 빈칸에 'regedit'라고 입력하고 엔터를 누르면, 윈도의 레지스트리 내용을 보거나 편집할 수 있는 화면이 나온다.
  - 이 화면이 바로 윈도의 [레지스트리 편집기]이다. 마치 윈도 탐색기를 실행한 것과 같은 화면이므로 쉽게 이해할 수 있을 것이다.
  - 각각의 루트 키의 이름은 HKEY_로 시작된다.
  - 이것은 'Key Handle'의 약자로 고유한 식별표지라고 생각하면 된다.
  - 레지스트리 키 설명
    ☞ HKEY_CLASS_ROOT : 파일의 각 확장자에 대한 정보와 파일과 프로그램 간의 연결에 대한 정보가 들어 있다.
    ☞ HKEY_CURRENT_USER : 윈도우가 설치된 컴퓨터 환경설정에 대한 정보가 들어 있다.
    ☞ HKEY_LOCAL_MACHINE : 설치된 하드웨어와 소프트웨어 설치드라이버 설정에 대한 정보가 들어 있다.
    ☞ HKEY_USERS : 데스크탑 설정과 네트워크 환경에 대한 정보가 들어 있다.
    ☞ HKEY_CURRENT_CONFIG : 디스플레이와 프린터에 관한 정보가 들어 있다.
- 레지스트리 백업 및 복구

- 백업 : 레지스트리 백업은 regedit.exe를 실행하여 활성화된 레지스트리 편집기에서 메뉴에서 백업을 실행하여 백업이 가능
- 복원 : 레지스트리 복원은 regedit.exe를 실행하여 활성화된 레지스트리 편집기에서 메뉴에서 복원을 실행하고 백업된 레지스트리 백업 파일을 선택한다.

■ 관련파일
- 윈도우에서 레지스트리 정보는 ₩windows or ₩winnt 폴더에 USER.DAT, SYSTEM.DAT 라는 파일로 저장된다.
- 윈도우의 모든 시스템 정보를 백업 및 복구하기 위해서는 USER.DAT, SYSTEM.DAT, SYSTEM.INI, WIN.INI가 있어야 한다.

chapter 3. 클라이언트 방화벽 설정 등 보안

■ PC용 방화벽 운영

→ PC용 방화벽의 기본 개념과 용어

- ■ 블로킹(blocking) : 포트, IP 주소
  - 나의 컴퓨터를 기준으로 들어오고 나가는 패킷을 확인하여 IP 헤더의 소스 IP/목적지 IP와 TCP 헤더의 송신자 포트/수신자 포트 등을 기반으로 패킷을 필터링할 수 있다.
- ■ 접근 제어 목록(ACL)
  - ACL은 접근제어 정책을 설정하여 접근을 제어하는 것으로 시스템에서는 파일이나 폴더에 대해서 ACL을 설정하여 보안을 수행할 수 있으며, 네트워크 보안 시스템에서는 서비스에 대한 액세스나 거부를 제어하는 수단으로 자주 사용되는 방법이다. 이것은 이용 가능한 서비스 리스트이므로 각 서비스에 대해서 이용할 수 있는 호스트의 리스트가 기술된다.
- ■ 실행 제어 목록(ECL)
  - 애플리케이션에 대해서 사용자도 모르게 악의적인 사용이 될 수 있으므로 애플리케이션 실행 정책을 설정하여 악의적인 사용을 모니터링 할 수 있다.

→ 윈도우 방화벽 해제와 설정

- ■ 방화벽이 설정되어 있는 경우 종종 특정 사이트나 프로그램 이용에 있어서 접근이 차단되기에 불편함이 생기는 경우가 있다. 기본적으로 방화벽을 설정하는 것을 권장하지만 방화벽으로 인해 접근이 차단되는 경우가 자주 나타난다면 설정을 해제하는 것도 하나의 방법이다.
- ■ 윈도우7에서 방화벽을 해제하려면 시작 메뉴를 선택한 후 제어판 항목을 클릭한다.

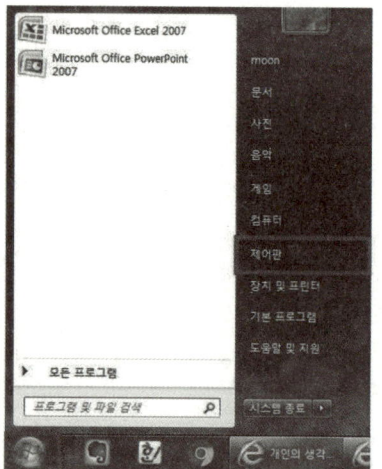

[그림 2-26] 윈도우7에서 방화벽 해제

- 시스템 및 보안 항목을 클릭한다.

- 윈도우 방화벽 항목을 클릭한다.

- 현재 방화벽이 설정되어 있는 상태인데, 해제하려면 좌측에 보이는 윈도우 방화벽 설정 또는 해제 항목을 클릭한다.

- 기본 설정은 방화벽 사용으로 되어 있지만 원치 않는 경우 윈도우 방화벽 사용 안 함 항목에 모두 체크하면 된다.

→ 프로그램이 윈도우 방화벽을 통해 통신하도록 허용
- 기본적으로 윈도우 방화벽은 대부분의 프로그램을 차단하여 컴퓨터 보안을 향상시킨다. 일부 프로그램이 제대로 작동하려면 방화벽을 통해 통신하도록 허용해야 할 수도 있다.

- 프로그램이 윈도우 방화벽을 통해 통신하도록 하려면
    1. 윈도우 방화벽을 열려면 우선 시작 단추 시작 단추를 클릭한 다음 제어판을 클릭 후 윈도우 방화벽을 클릭한다.
    2. 왼쪽 창에서 윈도우 방화벽을 통해 프로그램 또는 기능 허용을 클릭한다.

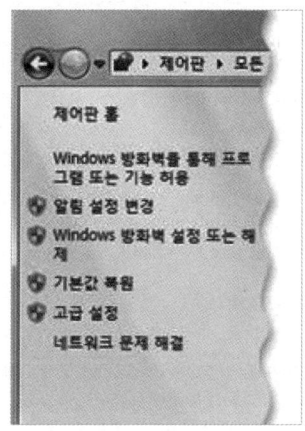

    3. 설정 변경을 클릭한다.
    4. 허용할 프로그램 옆의 확인란을 선택하고 통신을 허용할 네트워크 위치를 선택한 다음 확인을 클릭한다.

→ 윈도우 방화벽에서 포트 열기
- 윈도우 방화벽이 프로그램을 차단하고 있을 때 해당 프로그램이 방화벽을 통해 통신할 수 있도록 하려면 일반적으로 윈도우 방화벽의 허용되는 프로그램 목록(예외 목록이라고도 함)에서 해당 프로그램을 선택하면 된다.
- 해당 프로그램이 목록에 없으면 포트를 열어야 할 수 있다. 예를 들어 친구와 온라인으로 멀티플레이어 게임을 하려면 게임을 위해 포트를 열어 방화벽에서 사용자 컴퓨터로 게임 정보가 전달되도록 허용해야 할 수 있다. 포트는 항상 열린 상태로 유지되므로 더 이상 열어 둘 필요가 없는 포트는 닫아야 한다.

1. 윈도우 방화벽을 열려면 우선 시작 단추 시작 단추를 클릭한 다음 제어판을 클릭 후 윈도우 방화벽을 클릭한다.
2. 왼쪽 창에서 고급 설정을 클릭한다.

3. 고급 보안이 포함된 윈도우 방화벽 대화 상자의 왼쪽 창에서 인바운드 규칙을 클릭한 다음 오른쪽 창에서 새 규칙을 클릭한다.

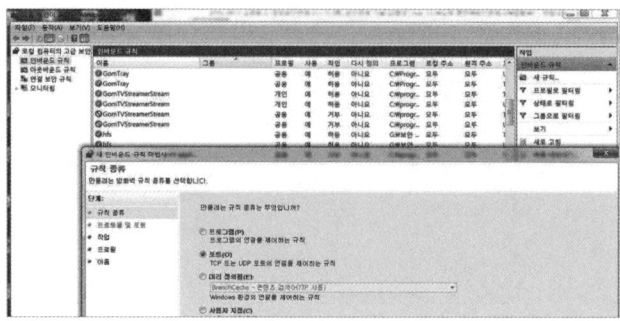

- 고급 보안이 포함된 윈도우 방화벽에서는 네 가지 기본 종류의 방화벽 규칙을 제공한다. 이러한 방화벽 규칙 종류 중 하나를 사용하면 윈도우 방화벽을 통한 연결을 명시적으로 허용하거나 명시적으로 거부하는 예외 항목을 만들 수 있다. 인바운드 규칙과 아웃바운드 규칙을 만드는 데 동일한 마법사와 속성 페이지가 사용된다. 이 페이지에서 선택하는 옵션에 따라 방화벽 규칙 마법사에 표시되는 페이지가 결정된다.
- 방화벽 규칙을 만든 후 해당 규칙의 설정을 변경할 수 있다. 설정을 변경하려면 결과 창에서 방화벽 규칙을 마우스 오른쪽 단추로 클릭하고 속성을 선택한다.

  ① 프로그램 : 이 방화벽 규칙 종류를 사용하면 연결을 시도하고 있는 프로그램에 따라 연결을 허용할 수 있다. 이렇게 하면 Microsoft Outlook이나 기타 프로그램의 연결을 쉽게 허용할 수 있다. 액세스를 허용하는 데 필요한 포트나 기타 설정을 모르는 경우에도 유용하다. 프로그램 실행 파일(.exe)의 경로를 지정하기만 하면 된다.

  기본적으로 프로그램은 모든 포트에서 연결을 허용할 수 있다. 지정한 포트 번호에서만 트래픽을 허용하도록 프로그램 규칙을 제한하려면 규칙을 만든 후 프로토콜 및 포트 탭을 사용하여 규칙 속성을 변경한다.

  ② 포트 : 이 방화벽 규칙 종류를 사용하면 컴퓨터에서 연결을 시도하는 데 사용하는 TCP 또는 UDP 포트 번호에 따라 연결을 허용할 수 있다. 프로토콜(UDP 또는 TCP)과 로컬 포트를 지정할 수 있다. 포트 번호를 여러 개 지정할 수 있다.

  기본적으로 이 규칙 종류를 사용할 경우 컴퓨터에서 현재 실행 중인 모든 프로그램은 열려 있는 포트에서 네트워크 트래픽을 받아들일 수 있다. 열려 있는 포트를 지정한 프로그램으로만 제한하려면 규칙을 만든 후 프로그램 및 서비스 탭을 사용하여 규칙 속성을 변경한다.

  ③ 미리 정의됨 : 이 방화벽 규칙 종류를 사용하면 목록의 프로그램 또는 서비스 중 하나를 선택하여 연결을 허용할 수 있다. 이 버전의 윈도우를 실행하는 컴퓨터에서 사용할 수 있는 잘 알려진 서비스 및 프로그램은 대부분 이 목록에 나타난다. 네트워크 프로그램을 설치하면 일반적으로 이 목록에 해당 항목이 추가되므로 그룹 단위로 네트워크 프로그램을 사용하거나 사용하지 않도록 설정할 수

있다.
④ 사용자 지정 : 이 방화벽 규칙 종류를 사용하면 다른 방화벽 규칙 종류에 포함되지 않은 조건에 따라 연결을 허용하도록 구성할 수 있는 방화벽 규칙을 만들 수 있다.

4. 새 인바운드 규칙 마법사의 지침을 따른다.

[표 2-18] PC 보안 설정

항목	
I. 사용자 계정 보안	1. 로그온 패스워드 사용
	2. 로그온 패스워드 사용 기간 제한
	3. 로그온 패스워드 복잡도 강화
	4. 최근 로그온 패스워드 기억
	5. Guest 계정 비활성화
	6. BIOS 비밀번호 사용
II. 네트워크 보안	7. 공유 폴더 사용 제한
	8. Windows 보안 센터 참조
	9. Windows 방화벽 사용
	10. 위험한 서비스 비활성화
III. 시스템 유지/관리 보안	11. 자동 로그온 비활성화
	12. 화면보호기 사용 및 잠금
	13. 패치 업데이트
	14. 불필요한 프로그램 제거
IV. 바이러스/웜 보안	15. 백신 프로그램 사용
	16. 주기적 바이러스 검사
	17. 최신 백신 엔진 업데이트
	18. 백신 프로그램의 실시간 감시 수행

→ 사용자 계정 보안
- 로그온 패스워드 사용 : 로그온 패스워드란 사용자가 컴퓨터 사용이 허용되어 있는지를 확인하는 수단으로써, 등록된 사용자만 컴퓨터를 사용할 수 있도록 해주는 기능이다. 미사용 시 불순한 의도를 가진 사용자를 포함하여 누구나 컴퓨터를 불법적으로 사용할 수 있는 환경이 제공된다.

[그림 2-27] 윈도우7에서 로그온 패스워드 설정

- 로그온 패스워드 사용 기간 제한 : 복잡한 패스워드를 사용하고 있어도 하나의 패스워드를 너무 오랜 기간 사용하면 노출될 가능성이 높아진다. 하나의 패스워드가 사용되는 기간을 제한하고, 그 이후에는 다른 패스워드로 변경하여 노출 가능성을 감소시켜 안전성을 높일 필요가 있다. 장시간 사용 시 비교적 긴 길이의 패스워드라 할지라도 입력하는 모습을 주위 사람이 반복해서 보면 추측이 가능할 수 있다.
- 로그온 패스워드 복잡도 강화 : 컴퓨터에서 사용하는 패스워드로 단순한 조합이나 연속된 번호/문자들은 공격자가 쉽게 추측할 수 있어서 패스워드 본래의 기능을 제공하지 못한다. 특히, 복잡한 패스워드를 사용한다고 해서 어딘가에 패스워드를 적어 놓는 행위는 가장 위험한 행동 중의 하나이므로 조심해야 한다. 미사용 시 복잡하지 않은 패스워드를 사용하면 공격자가 패스워드를 쉽게 추측하여 악용할 수 있다.
  - 안전한 패스워드 사용방법
    ☞ 숫자/문자(대문자, 소문자 구별)/특수문자를 조합하여 최소 8자리 이상으로 사용해야 한다.
    ☞ 다음은 주요문서에서 권장하는 패스워드의 조건이다.
      · 패스워드의 최소 길이는 8자이어야 함 (DISA Windows XP Security Checklist)
      · 패스워드는 추측하기 힘들어야 하고 대문자, 소문자, 숫자, 특수문자를 반드시 포함해야 함 (Microsoft 기술문서)
      · 최소 패스워드 길이는 12자여야 함(NSA Guide to Securing Microsoft Windows XP)
      · 패스워드 길이를 수학적으로 계산한 결과, 권장하는 패스워드의 최소길이는 8자임(DoD Password Management Guideline)
- 최근 로그온 패스워드 기억 : 로그온 패스워드의 사용 기한을 제한하여 로그온 패스워드를 변경하게 되어도 최근에 사용한 로그온 패스워드를 재사용한다면 로그온 패스워

드의 사용 기한을 제한하는 목적을 이룰 수 없다. '로그온 패스워드 사용기간 제한에서 언급한 바와 같이 동일한 패스워드를 장기간 이용하게 되면 패스워드가 노출될 수 있으므로 패스워드의 사용 기한을 제한하는 것이 좋다. 패스워드의 사용 기한을 제한하여도 변경 시에 동일한 패스워드를 사용한다면 동일한 패스워드를 장기간 이용하게 되는 것과 같다. 최근에 사용한 로그온 패스워드를 재사용하지 말고 새로운 패스워드를 이용해야 한다.

- Guest 계정 비활성화 : 윈도우 운영체제에는 설치 시에 자동으로 생성되는 Guest라는 계정이 존재한다. 기본 값으로 비활성화되어 있으나, 사용자가 프린터나 폴더 공유 기능을 사용할 때 자동으로 활성화될 수 있다. Guest 계정은 사용하지 않는 것이 안전하다. 미사용 시 모든 사용자가 Guest 계정을 이용해 시스템에 접근할 수 있고, 원격으로 시스템에 접근할 경우 시스템 정보 및 내부자료 유출이 가능하다.

[그림 2-28] 윈도우7에서 Guest 계정 설정

- BIOS 비밀번호 사용 : BIOS 비밀번호는 하드웨어, 즉 컴퓨터의 메인보드에서 사용자를 확인하는 수단이다. BIOS 비밀번호는 메인보드에서 관리하므로 컴퓨터에 전력을 공급하면 바로 입력해야 한다. 미사용 시 부팅시의 사용자 확인을 로그온 패스워드에만 의존하게 되어 사용자 확인 강도가 약해진다.

→ 네트워크 보안
- 공유 폴더 사용 제한 : Windows XP에서는 사용의 편의를 위해 파일이나 프린터를 다른 사용자들과 공유하여 사용하는 기능을 제공한다. 그러나 공유 기능을 부적절하게 사용할 경우 정보유출이나 해킹 등의 문제를 발생시킬 수 있다. 부주의한 공유의 문제점으로는 중요 정보가 유출될 수 있다. 잠깐 동안의 공유를 위해 설정한 후에, 해제하지 않은 상황에서 공유폴더에 중요자료를 저장할 수 있으며, 공유 사실을 잊게 되면 위험성은 더욱 커지게 된다.

- 사용자가 생성한 공유폴더를 제거하는 방법
  - ☞ 제어판 · 관리도구 · 컴퓨터 관리
  - ☞ 등록된 폴더가 없으면 사용자가 생성한 공유가 없다는 의미이므로 제거할 필요가 없다.

[그림 2-29] 윈도우7에서 공유폴더를 제거하는 방법

- 윈도우 방화벽 사용
  - 네트워크 방화벽 이외에 개인이 사용하는 컴퓨터에 별도의 방화벽을 사용하면 더욱 안전하다.

- 위험한 서비스 비활성화 : 서비스는 시스템 백그라운드에서 실행되는 응용 프로그램으로서 UNIX 데몬 응용프로그램과 비슷하며, 서비스는 웹 서빙, 이벤트 로깅, 파일 서빙, 도움말 및 지원, 암호화 및 오류 보고와 같은 운영 체제의 핵심 기능을 제공한다.
  - 서비스를 사용하면 편리한 점도 있지만, 서비스 자체가 취약한 부분을 포함하고 있거나 관리의 허술함으로 공격 지점이 될 수 있으므로 사용자의 환경에서 필요하지 않은 모든 서비스는 사용하지 않아야 한다.
  - 보안 계정 관리자 등의 일부 서비스를 사용하지 않으면 컴퓨터를 다시 시작할 수 없으므로 설명에서 언급하지 않은 서비스의 설정은 함부로 조작하지 않는 편이 좋다.

- 위험한 서비스의 종류
    ☞ 아래에 설명하는 서비스는 위험하거나 잠재적으로 위험할 수 있는 서비스이므로 "사용 안 함"으로 설정하는 것이 좋다.
    ① Alerter 서비스 : 연결된 다른 컴퓨터에 관리 경고 메시지를 보내는 서비스이다.
    · 공격자가 사회공학적 방법으로 일반 사용자에게 해를 끼칠 수 있는 메시지를 송신하는 데 이용될 수 있으므로 사용하지 않을 것을 권장한다.
    ② Computer Browser : 네트워크에 있는 모든 컴퓨터의 목록을 갱신하고 관리하며 이 목록을 브라우저로 지정된 컴퓨터에 제공한다.
    · 네트워크상에 가용한 자원을 볼 수 있게 하여 공격의 가능성이 증가하므로 사용하지 않을 것을 권장한다.
    ③ Fast User Switching Compatibility : 여러 사람이 공동으로 사용하는 PC에서 PC를 이용하던 이용자가 로그오프하지 않은 채 다른 사용자가 로그온하여 PC를 사용할 수 있게 한다.
    · 보안상 취약한 Terminal Service를 이용하는 서비스이므로 사용하지 않을 것을 권장한다.
    ④ Messenger : 네트워크상에서 메시지를 전달하는 기능을 하는 서비스이다.
    · 성인광고 등의 스팸메시지가 이 서비스를 통해 보내지기도 하므로 사용하지 않을 것을 권장한다.
    · MSN 메신저, Windows 메신저와는 상관이 없다.
    ⑤ Netmeeting Remote Desktop Sharing : 자신의 컴퓨터에 원격으로 접근할 수 있도록 허용하고 다른 컴퓨터와 바탕 화면 원격 공유를 사용할 수 있게 하는 서비스이다
    · 원격에서 이 서비스를 통해 공격이 가능하다고 알려져 있으므로 사용하지 않을 것을 권장한다.
    ⑥ Telnet : 원격 사용자가 로그온하여 커맨드라인에서 콘솔 프로그램을 실행시킬 수 있게 하는 서비스이다.
    · 시스템 자원에 직접 접근하는 것을 허락하는 서비스이므로 사용하지 않을 것을 권장한다.

→ 시스템 유지/관리 보안
- 자동 로그온 비활성화 : 자동 로그온이 설정되어 있으면 시스템의 전원을 켜고 부팅과 정이 진행 중 일 때 『Windows 로그온』창이나 『시작화면』에서 "사용자이름"과 "패스워드"의 입력 없이 자동으로 로그온이 된다. 미사용 시 자동 로그온을 설정해두면 인증 과정 없이 로그온할 수 있다. 결과적으로 불순한 의도를 가진 사용자를 포함하여 누구나 컴퓨터를 불법적으로 사용할 수 있는 환경이 제공된다.
- 화면보호기 사용 및 잠금 : 일정시간 동안 사용자의 동작이 없는 경우에 운영체제는 이를 사용자가 자리에 없는 것으로 판단하고, 모니터 화면 내용의 노출과 불법사용자에 의한 컴퓨터 사용을 방지하기 위하여 특정 영상을 화면에 보여주는 기능을 수행하는데, 이를 화면보호기라고 한다. 사용자가 자리에 없는 것으로 판단하는 대기 시간과 보호화면의 종류 그리고, 패스워드의 적용 여부는 사용자가 선택할 수 있다. 미사용 시 화면에 보여지는 내용을 모든 사람이 열람할 수 있으며, 불법적인 사용자에 의한 컴퓨터 사용이 가능해진다.

- 패치 업데이트 : 마이크로소프트에서는 새롭게 발견되는 취약점과 같은 문제점을 해결하기 위해 패치 서비스를 실시하고 있으며, 패치란 Windows 운영체제나 응용 프로그램의 오류나 취약한 부분을 보완해주는 여러 가지 수정 프로그램을 말한다. 마이크로소프트가 제공하는 패치 프로그램을 설치하는 것은 운영체제를 안전하게 운영하는데 필수적이다. 패치를 설정하지 않으면 이미 발견된 취약점에 무방비로 노출되고, 시스템 안정성에 문제가 발생할 수 있으며 상대적으로 해킹공격에 취약해진다.

- 불필요한 프로그램 제거 : 컴퓨터를 이용하다 보면 많은 프로그램들을 설치하게 된다. 또한 사용자가 모르는 사이에 설치되는 프로그램들도 있다. 설치된 프로그램들 중에서 일부는 불필요한 것들이며, 컴퓨터 성능을 떨어뜨리거나 보안환경을 위협하는 요소로 작용한다. 반드시 필요한 프로그램 이외의 것들은 가급적 삭제하는 것이 바람직하다.

→ 웜바이러스 보안
- 백신 프로그램 사용 : PC에 감염될 수 있는 웜바이러스를 사전에 탐지하거나 이미 감염되어 있는 웜바이러스를 제거해 주는 프로그램이 백신(Anti-Virus) 프로그램이다.
  - 사용하는 컴퓨터가 웜바이러스에 감염되면 다음과 같은 문제가 발생한다.

- ☞ 컴퓨터의 파일이 사용자 모르게 외부로 유출된다.
- ☞ 컴퓨터에 저장되어 있는 주소록을 이용하여 다른 사용자의 컴퓨터로 웜바이러스가 확산된다.
- ☞ 하드디스크에 저장되어 있는 파일들이 삭제된다.
- ☞ 메모리나 파일 시스템을 파괴하여 컴퓨터의 정상적인 사용이 불가능하게 된다.
- ☞ 네트워크에 비정상적인 활동이 많이 일어나 정상적인 네트워크 사용이 불가능하게 된다.

- 주기적 바이러스 검사 : PC를 안전하게 운영·유지하기 위하여 백신 프로그램을 주기적으로 수행해 주어야 한다. 사용자가 수동으로 검사하는 방법도 있지만, 백신 프로그램에 자동수행을 설정하는 방법이 보안에 도움이 된다.
- 최신 백신 엔진 업데이트 : 웜바이러스는 신종 또는 기존 것의 변형이 매일 출현하기 때문에 백신 프로그램이 새로운 웜바이러스를 탐지하기 위해서는 백신업체가 제공하는 최신 엔진을 항상 유지해야 한다. 컴퓨터가 인터넷에 연결되어 있다면 매우 간단한 방법으로 자동 업데이트를 수행할 수 있다. 이전 버전의 엔진이 탑재된 백신 프로그램으로는 자주 검사한다 하더라도 새로운 웜바이러스는 탐지할 수 없다.
- 백신 프로그램의 실시간 감시 수행 : 실시간 감시 기능은 컴퓨터 사용 중에 웜바이러스가 발견되면 이의 활동을 차단하고 자동적으로 감염파일을 치료하는 기능이다. 웜바이러스로 인한 피해상황 발생을 미연에 방지할 수 있는 핵심 기능이다.

chapter 4. 운영체제 인증과 접근통제

■ 계정과 패스워드 보호
→ 시스템에서 사용하는 기본적인 접근 통제 방법
- 사용자 계정 생성 및 활용 : 사용자 계정별로 실행할 수 있는 프로그램 및 접근할 수 있는 폴더 및 파일을 구분할 수 있다.
    - 사용자 계정으로 로그인하여 사용하면 관리자 또는 root 계정이 아니면 프로그램 설치가 안 되거나 설정파일 변경이 제한되기 때문에 악성코드 설치를 제한할 수 있다.

- 그룹은 여러 사용자를 동일한 작업권한을 가질 수 있는 하나의 그룹으로 묶는 것으로 해당 디렉토리별로 사용자 계정별로 권한을 부여하는 것은 어려운 일이므로 그룹으로 소유권을 부여하게 되면 그룹에 소속된 사용자들에게 해당 디렉토리에 대한 사용 권한을 가지도록 설정 가능
  - 윈도우즈에서는 사용자 계정을 추가하면 일반 사용자 그룹인 Users 그룹에 자동으로 포함되는데 Users 그룹은 프로그램을 실행할 가장 보안이 강한 환경을 제공한다. NTFS로 포맷된 볼륨에서는 이 그룹의 구성원이 운영 체제 및 설치된 프로그램의 무결성을 해칠 수 없도록 새로 설치된 시스템(업그레이드한 시스템은 포함되지 않음)의 기본 보안 설정이 지정되어 있다.
    - ☞ Users는 시스템 크기의 레지스트리 설정, 운영 체제 파일 또는 프로그램 파일을 수정할 수 없다.
    - ☞ Users는 워크스테이션을 종료할 수는 있지만 서버는 종료할 수 없다.
    - ☞ Users가 로컬 그룹을 만들 수는 있지만 자신이 만든 로컬 그룹만 관리할 수 있다.
    - ☞ 관리자가 설치하거나 배포한 인증된 Windows 2000 프로그램을 실행할 수 있다.
    - ☞ Users 그룹의 구성원은 자신의 모든 데이터 파일(%userprofile%) 및 레지스트리에서 자신의 부분(HKEY_CURRENT_USER)을 완전하게 제어할 수 있다.
    - ☞ Users 그룹의 구성원은 다른 Users 그룹에서 실행할 수 있는 프로그램은 설치할 수 없다. 이렇게 하면 트로이 목마 프로그램을 방지할 수 있다. 시스템 관리자가 다른 Users 그룹의 개인 데이터나 데스크톱 설정에 액세스할 수도 없다.

→ 계정 및 패스워드 보호 정책
- 계정관리
  - 계정을 그룹별로 설정
    - ☞ 유닉스 계열 : 그룹생성 및 그룹사용자 생성 명령어(groupadd)로 계정 생성후 chmod 명령어를 이용하여 허가권 설정
    - ☞ set user id 또는 set group id의 사용을 제한하여 root 권한의 사용을 제한
    - ☞ 사용하지 않는 계정을 제거
- 패스워드 관리기법

- 윈도우즈 NT에서 사용하는 계정과 패스워드 관리 기법
  - ☞ 유추 가능한 단어를 피하고 조합형 문자열 또는 특수문자를 포함한 문자열로 패스워드 생성
  - ☞ 윈도우즈 NT 및 2000 계열은 계정 데이터베이스 보호를 위해 syskey 명령으로 128bit 암호화 DB를 사용할 수 있다.
- 유닉스 계열의 계정과 패스워드 관리 기법
  - ☞ 유추 가능한 단어를 피하고 조합형 문자열 또는 특수문자를 포함한 문자열로 패스워드 생성
  - ☞ /etc/passwd는 일반 사용자들도 접근하여 파일 내용을 볼 수 있기 때문에 패스워드가 암호화되어 있더라도 안심할 수 없으므로 섀도(shadow) 패스워드 시스템을 사용하는데 /etc/passwd의 패스워드 필드를 /etc/shadow라는 파일에 암호화하여 저장하고 root만이 읽을 수 있는 권한설정으로 패스워드를 보호

- PAM 방식 : PAM은 시스템 관리자가 응용프로그램들이 사용자를 인증하는 방법을 선택할 수 있도록 해주는 공유 라이브러리 묶음으로 PAM을 사용하는 응용프로그램을 재컴파일(재작성)하지 않고, 인증 방법을 변경할 수 있다는 것이다. 일반적으로 계정과 패스워드만을 이용한 인증 방식을 이용하고 있지만 다양한 형태의 인증방식을 부가적으로 사용할 수 있고, 새로운 프로그램에 적절한 인증방식을 부가하여 사용할 수도 있게 하는데 이는 응용프로그램이 사용자 인증을 처리하기 위해 사용될 함수의 라이브러리를 제공함으로써 가능하다. PAM 라이브러리는 /etc/pam.conf(또는 /etc/pam.d/에 있는 여러 파일들)에서 각 시스템에 맞게 설정을 하여, 각 시스템에서 사용가능한 인증 모듈을 통해 사용자의 인증 요구를 처리한다.

■ 시스템 접근통제 기술
→ 주체와 객체 간의 관계를 지정하고 접근을 제한하는 방법
- 접근통제 리스트는 시스템의 서비스 및 사용자 등의 특성을 고려하여 접근통제 리스트를 설정한다.

→ 접근통제 기술 분류 방법
- 임의적 접근통제(DAC) : 주체나 또는 그들이 소속되어 있는 그룹들의 ID에 근거하여 객

체에 대한 접근을 제한하는 방법을 DAC라고 한다. 즉, 접근통제는 객체의 소유자에 의하여 임의적으로 이루어진다. 그러므로 어떠한 접근 허가를 가지고 있는 한 주체는 임의의 다른 주체에게 자신의 허가를 넘겨줄 수 있다.

- 강제적 접근통제(MAC) : 객체에 포함된 정보의 비밀성과 이러한 비밀 정보에 대하여 주체가 갖는 정형화된 권한에 근거하여 객체에 대한 접근을 제한하는 방법을 MAC라고 한다. 시스템 내에서 주체와 객체간에 성립하는 MAC 관계에는 다음과 같은 조건이 존재한다.
  - 한 주체는 하나의 객체를 주체의 비밀 등급에서의 계층적 분류가 객체의 비밀 등급에서의 계층적 분류보다 크거나 같고 주체의 비밀 등급에서의 비 계층적 범주들이 객체의 비밀 등급에서의 모든 비계층적 범주들을 포함하는 경우에 판단할 수 있다.
  - 한 주체는 하나의 객체를 주체의 비밀 등급에서의 계층적 분류가 객체의 비밀등급에서의 계층적 분류보다 작거나 같고 주체의 비밀등급에서의 비 계층적 범주들이 객체의 비밀등급에서의 비계층적 범주들에게로 포함되는 경우에 기록할 수 있다.

- 다단계 보안 정책(MLS) : MLS 보안 정책은 최초 1960년대 후반 미국의 국방성에서 시작되었다. 국방성에서 사용하는 문서에는 보안등급이 있었으며, 문서를 읽기 위해서는 문서의 보안등급과 같거나 높은 보안등급이 필요했다. 컴퓨터의 발전으로 종이 형태로 보관되던 정보는 컴퓨터로 옮겨지게 되었으며, 종이 문서의 보안 등급이 컴퓨터에 저장된 정보에도 적용되어야 했다. MLS 보안 정책은 컴퓨터에서의 정보와 사용자 간의 보안 정책을 명시하고 있다. MLS의 기본 보안정책만을 본다면 매우 간단하지만 보안등급이 낮은 프로세스/파일과 보안등급이 높은 프로세스/파일이 있는 경우 기본 보안 정책만으로는 보안등급이 낮은 프로세스가 높은 파일에 쓰기가 제한되는데 이것이 문제가 될 수 있다. 따라서, 기본 보안정책 외의 제한 속성을 정의하고 있다.
  - 단순 보안 : 주체는 보안등급이 같거나 낮은 객체에 읽기를 할 수 있으나 높은 보안등급의 객체에는 읽기를 할 수 없다.
  - 제한 속성 : 주체는 보안등급이 같거나 큰 객체에 쓰기를 할 수 있으나 낮은 보안등급의 객체에는 쓰기를 할 수 없다.

- 역할기반 접근제어(RBAC) : RBAC의 주요한 목적은 보안 관리와 감사(review)를 용이하게 하자는 것이다. 메인프레임에 관련된 상업적으로 성공한 많은 접근통제 시스템들은

보안 관리를 위해 역할들을 정의한다. 예로, 운영자 역할은 모든 자원들에 접근할 수 있지만 접근 권한을 바꾸지는 못한다는 등이 있을 수 있는데 이 역할들에 대한 관리는 NetWare나 Windows NT와 같은 현대 네트워크 운영체제에서도 볼 수 있다.
- RBAC은 정책 중립적이지만 세 가지 기본 보안 정책을 제공
  - ☞ 특권의 최소화는 RBAC이 역할에 할당된 사용자들에 의해 수행되는 작업들이 단지 설정된 것에 의해 허가된 것만 가능하므로 지원
  - ☞ 직무의 분리는 재정관리와 같은 민감한 작업을 수행하기 위해 상호 배타적인 역할을 보장했을 때 가능
  - ☞ 데이터 추상화는 운영체제에서 제공되는 읽고 쓰기 권한이라기보다 계정에 대한 credit와 debit 같은 추상화 허가의 방법에 의해 제공

→ 접근통제 도구
- 프로토콜 기반의 접근통제 도구
  - 패킷필터 : ipfwadm, ipchain, iptables, tcp wrapper 등
  - 프록시 서비스 : TIS FWTK
- iptables : iptables란 넷필터 프로젝트에서 개발했으며 광범위한 프로토콜 상태 추적, 패킷 애플리케이션 계층검사, 속도 제한, 필터링 정책을 명시하기 위한 강력한 매커니즘을 제공한다.
  - iptables는 시스템 관리자가 리눅스 커널 방화벽(다른 넷필터 모듈로 구현됨)이 제공하는 테이블들과 그것을 저장하는 체인, 규칙들을 구성할 수 있게 해주는 사용자 공간 응용 프로그램이다. 각기 다른 커널 모듈과 프로그램들은 현재 다른 프로토콜을 위해 사용되는데, iptables는 IPv4에, ip6tables는 IPv6에, arptables는 ARP에, ebtables는 이더넷 프레임에 적용된다.
  - iptables는 동작을 위해 상승된 권한을 요구하며 사용자 루트가 실행해야 하는데, 그렇지 않으면 작동하지 않는다. 리눅스 시스템에서 iptables는 /usr/sbin/iptables에 설치되며, man iptables를 이용하여 열면 표시되는 man page에 문서화되어 있다. /sbin/iptables에서도 볼 수 있지만 iptables는 필수적인 이진 파일이라기보다는 서비스에 더 가깝기 때문에 선호되는 위치는 /usr/sbin이다.
  - iptables라는 용어는 커널 수준의 구성 요소를 아울러 가리킬 때에도 흔히 사용된

다. x_tables는 4개의 모듈이 사용하는 공유된 코드 일부를 전달하는 커널 모듈의 이름이며, 확장을 위해 사용되는 API를 제공한다. 즉, Xtables는 대체적으로 방화벽 (v4, v6, arp, eb) 구조 전반을 가리키는 데 쓰인다.
- iptables의 후임자는 nftables이며, 이것은 커널버전 3.13 이후에 리눅스 커널에 통합되었다.

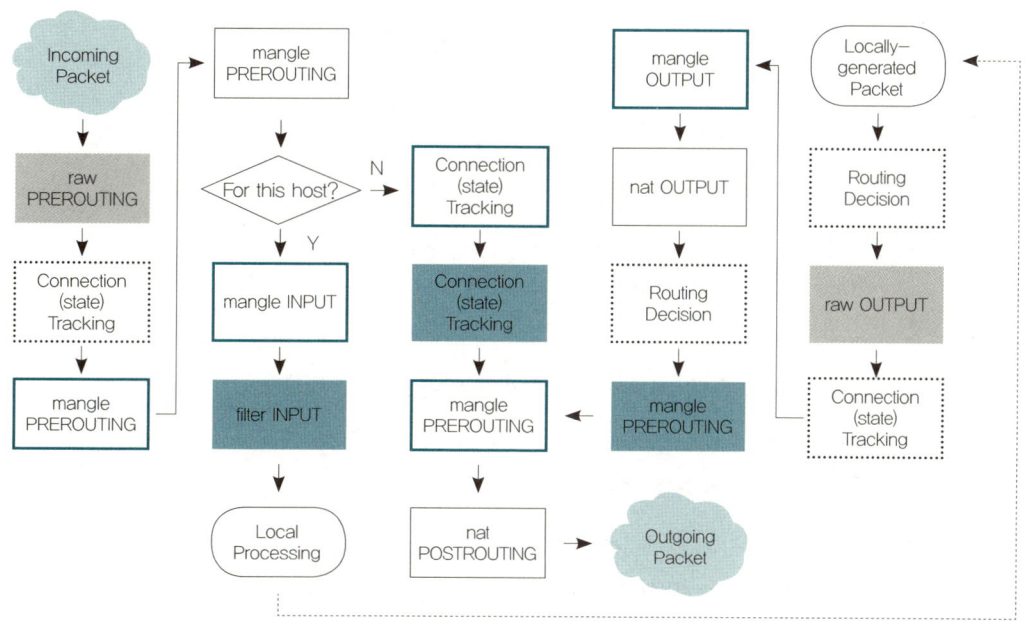

- 용어
    1) 테이블(tables) : iptables에는 테이블이라는 광범위한 범주가 있는데, 이 테이블은 filter, nat, mangle, raw 같은 네 개의 테이블로 구성되며, 이중에서 우리에게 필요한 것은 필터링 규칙을 세우는 filter 테이블이다.
    2) 체인(chain) : iptables에는 filter 테이블에 미리 정의된 세 가지의 체인이 존재하는데 이는 INPUT, OUTPUT, FORWARD 이다. 이 체인들은 어떠한 네트워크 트래픽(IP 패킷)에 대하여 정해진 규칙들을 수행한다. 가령 들어오는 패킷(INPUT)에 대하여 허용(ACCEPT)할 것인지, 거부(REJECT)할 것인지, 버릴(DROP) 것인지를 결정한다.
        • INPUT : 호스트 컴퓨터를 향한 모든 패킷

- OUTPUT : 호스트 컴퓨터에서 발생하는 모든 패킷
- FORWARD : 호스트 컴퓨터가 목적지가 아닌 모든 패킷, 즉 라우터로 사용되는 호스트 컴퓨터를 통과하는 패킷

3) 매치(match) : iptables에서 패킷을 처리할 때 만족해야 하는 조건을 가리킨다. 즉, 이 조건을 만족시키는 패킷들만 규칙을 적용한다.
- --source (-s) : 출발지 ip 주소나 네트워크와의 매칭
- --destination (-d) : 목적지 ip 주소나 네트워크와의 매칭
- --protocol (-p) : 특정 프로토콜과의 매칭
- --in-interface (i) : 입력 인테페이스
- --out-interface (-o) : 출력 인터페이스
- --state : 연결 상태와의 매칭
- --string : 애플리케이션 계층 데이터 바이트 순서와의 매칭
- --comment : 커널 메모리 내의 규칙과 연계되는 최대 256바이트 주석
- --syn (-y) : SYN 패킷을 허용하지 않는다.
- --fragment (-f) : 두 번째 이후의 조각에 대해서 규칙을 명시한다.
- --table (-t) : 처리될 테이블
- --jump (-j) : 규칙에 맞는 패킷을 어떻게 처리할 것인가를 명시한다.
- --match (-m) : 특정 모듈과의 매치

4) 타깃(target) : iptables는 패킷이 규칙과 일치할 때 동작을 취하는 타깃을 지원한다.
- ACCEPT : 패킷을 받아들인다.
- DROP : 패킷을 버린다(패킷이 전송된 적이 없던 것처럼).
- REJECT : 패킷을 버리고 이와 동시에 적절한 응답 패킷을 전송한다.
- LOG : 패킷을 syslog에 기록한다.
- RETURN : 호출 체인 내에서 패킷 처리를 계속한다.

REJECT는 서비스에 접속하려는 사용자의 액세스를 거부하고 connection refused라는 오류 메시지를 보여주는 반면 DROP은 말 그대로 telnet 사용자에게 어떠한 경고 메시지도 보여주지 않은 채 패킷을 드롭한다. 관리자의 재량껏 이러한 규칙을 사용할 수 있지만 사용자가 혼란스러워하며 계속해서 접

속을 시도하는 것을 방지하려면 REJECT를 사용하는 것이 좋다.

5) 연결 추적(Connection Tracking) : iptables는 연결 추적(connection tracking)이라는 방법을 사용하여 내부 네트워크상 서비스 연결 상태에 따라서 그 연결을 감시하고 제한할 수 있게 해준다. 연결 추적 방식은 연결 상태를 표에 저장하기 때문에, 다음과 같은 연결 상태에 따라서 시스템 관리자가 연결을 허용하거나 거부할 수 있다.

- NEW : 새로운 연결을 요청하는 패킷, 예, HTTP 요청
- ESTABLISHED : 기존 연결의 일부인 패킷
- RELATED : 기존 연결에 속하지만 새로운 연결을 요청하는 패킷, 예를 들면 접속 포트가 20인 수동 FTP의 경우 전송 포트는 사용되지 않은 1024 이상의 어느 포트라도 사용 가능하다.
- INVALID : 연결 추적표에서 어디 연결에도 속하지 않은 패킷

  상태에 기반(stateful)한 iptables 연결 추적 기능은 어느 네트워크 프로토콜에서나 사용 가능하다. UDP와 같이 상태를 저장하지 않는(stateless) 프로토콜에서도 사용할 수 있다.

6) 명령어(commond)
- -A (—append) : 새로운 규칙을 추가한다.
- -D (—delete) : 규칙을 삭제한다.
- -C (—check) : 패킷을 테스트한다.
- -R (—replace) : 새로운 규칙으로 교체한다.
- -I (—insert) : 새로운 규칙을 삽입한다.
- -L (—list) : 규칙을 출력한다.
- -F (—flush) : chain으로부터 규칙을 모두 삭제한다.
- -Z (—zero) : 모든 chain의 패킷과 바이트 카운터 값을 0으로 만든다.
- -N (—new) : 새로운 chain을 만든다.
- -X (—delete-chain) : chain을 삭제한다.
- -P (—policy) : 기본정책을 변경한다.

7) 기본 동작

1. 패킷에 대한 동작은 위에서 부터 차례로 각 규칙에 대해 검사하고, 그 규칙과 일치하는 패킷에 대하여 타겟에 지정한 ACCEPT, DROP 등을 수행한다.
2. 규칙이 일치하고 작업이 수행되면, 그 패킷은 해당 규칙의 결과에 따리 처리하고 체인에서 추가 규칙을 무시한다.
3. 패킷이 체인의 모든 규칙과 매치하지 않아 규칙의 바닥에 도달하면 정해진 기본정책(policy)이 수행된다.
4. 기본 정책은 policy ACCEPT , policy DROP으로 설정할 수 있다.
   일반적으로 기본정책은 모든 패킷에 대해 DROP을 설정하고 특별히 지정된 포트와 ip 주소 등에 대해 ACCEPT를 수행하게 만든다.

8) iptables 출력 : iptables의 룰셋을 확인할 때 아래와 같이 하면 보기 더 편리하다.

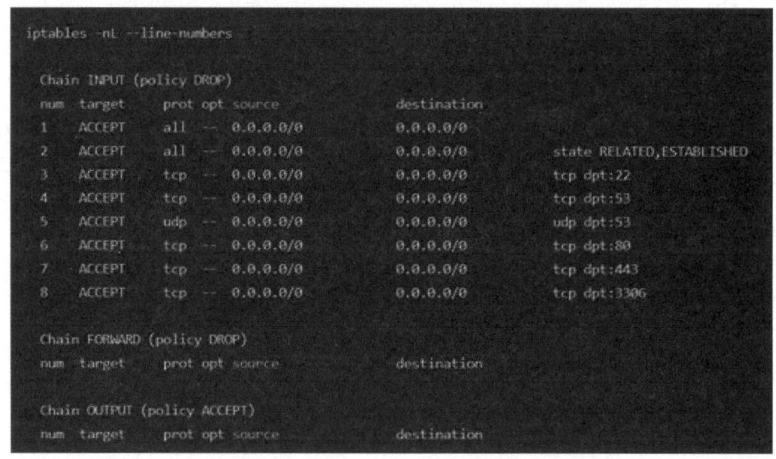

- 기본 설정
  1. 기본 정책을 ACCEPT로 변경
     iptables -P INPUT ACCEPT
  2. 체인에 정의된 모든 규칙을 삭제
     iptables -F
  3. 규칙제거 확인
     iptables -L

```
Chain INPUT (policy ACCEPT)
target     prot opt source            destination
Chain FORWARD (policy ACCEPT)
target     prot opt source            destination
Chain OUTPUT (policy ACCEPT)
target     prot opt source            destination
```

4. INPUT 체인에 로컬호스트 인터페이스에 들어오는 모든 패킷을 허용 추가

   iptables -A INPUT -i lo -j ACCEPT

5. INPUT 체인에 state 모듈과 매치되는 연결상태가 ESTABLISHED, RELATED 인 패킷에 대해 허용 추가

   iptables -A INPUT -m state --state ESTABLISHED,RELATED -j ACCEPT

6. INPUT 체인에 프로토콜이 tcp이며 목적지포트가 22번인 패킷에 대해 허용 추가

   iptables -A INPUT -p tcp -m tcp --dport 22 -j ACCEPT

7. INPUT 체인에 대한 기본 정책을 버림(DROP)으로 변경

   iptables -P INPUT DROP

8. FORWARD 체인에 대한 기본정책을 버림으로 변경

   iptables -P FORWARD DROP

   서버를 라우팅기기로 사용하지 않기에 모든 포워드에 대한 패킷을 DROP

9. OUTPUT 체인에 대한 기본정책을 허용으로 변경

   iptables -P OUTPUT ACCEPT

10. 설정한 것들에 대한 확인

```
iptables -L -v

Chain INPUT (policy DROP 108 packets, 12199 bytes)
 pkts bytes target     prot opt in     out     source       destination
    0     0 ACCEPT     all  --  lo     any     anywhere     anywhere
  273 25012 ACCEPT     all  --  any    any     anywhere     anywhere
    0     0 ACCEPT     tcp  --  any    any     anywhere     anywhere

Chain FORWARD (policy DROP 0 packets, 0 bytes)
 pkts bytes target     prot opt in     out     source       destination

Chain OUTPUT (policy ACCEPT 9 packets, 1612 bytes)
 pkts bytes target     prot opt in     out     source       destination
```

11. 저장 : service iptables save

- iptables 수정법

    등록된 iptables를 수정하는 방법은 /etc/sysconfig/iptables 에서 직접 vi로 수정하거나 iptables 명령어를 사용한다

    1. 실행 순번을 확인하기

        iptables -nL -line-number

    2. 아래의 예는 순번 3의 행을 아래와 같이 R(replace) - 수정하게 된다.

        iptables -R INPUT 3 -p tcp --dport 2222 -j ACCEPT

    3. 신뢰할 만한 ip에 대해 모든 패킷을 허용

        iptables -A INPUT -s 192.168.0.3 -j ACCEPT

    4. 신뢰할 만한 ip 대역에 대해 모든 패킷을 허용

        iptables -A INPUT -s 192.168.0.0/24 -j ACCEPT

    5. 포트 범위지정

        iptables -A INPUT -p tcp --dport 6881 :6890 -j ACCEPT

- 자동화 스크립트

    자주 방화벽 설정을 초기화하고 재설정해야 한다면 자동화 스크립트를 짜놓는게 좋다. 아래는 그에 대한 예이다.

```bash
#!/bin/bash
# iptables 설정 자동화 스크립트
# 입맛에 따라 수정해서 사용합시다.
iptables -F

# TCP 포트 22번을 SSH 접속을 위해 허용
# 원격 접속을 위해 먼저 설정합니다
iptables -A INPUT -p tcp -m tcp --dport 22 -j ACCEPT

# 기본 정책을 설정합니다
iptables -P INPUT DROP
iptables -P FORWARD DROP
iptables -P OUTPUT ACCEPT

# localhost 접속 허용
iptables -A INPUT -i lo -j ACCEPT

# established and related 접속을 허용
iptables -A INPUT -m state --state ESTABLISHED,RELATED -j ACCEPT

# Apache 포트 80 허용
iptables -A INPUT -p tcp --dport 80 -j ACCEPT

# 설정을 저장
/sbin/service iptables save

# 설정한 내용을 출력
iptables -L -v
```

1. 위 내용을 입맛에 맞게 수정한 후에 저장(myfirewall)
2. 권한부여

    chmod +x myfirewall
3. 실행

    ./myfirewall

- tcp wrapper : TCP Wrapper는 호스트 기반의 네트워크 ACL 시스템으로, 리눅스나 BSD 같은 Unix-like 운영체제에서 Internet Protocol 서버로의 네트워크 접근을 필터링 하기 위해서 사용한다. TCP wrapper 그냥 줄여서 wrappers라고 부르기도 한다. 설정이 간단해서 널리 사용하고 있다.

- TCP wrappers와 xinetd

    ☞ 다음 그림은 TCP wrappers와 xinetd 그리고 iptables와의 관계를 묘사하고 있다.

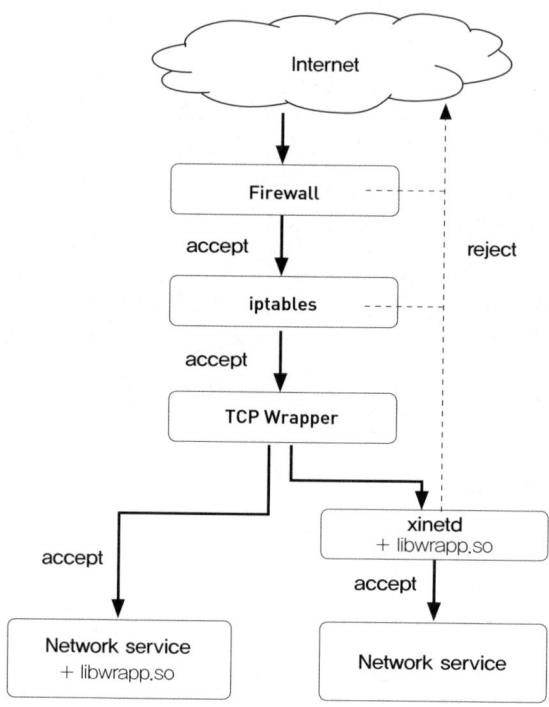

[그림 2-30] TCP Wrappers와 xinetd, iptables과의 관계

1. 방화벽 장비(Firewall)에서 패킷 필터링
2. 운영체제의 iptables에서 패킷 필터링
3. TCP Wrappers에 의해서 애플리케이션 단위로 필터링된다.
   1). libwrapp.so를 가지고 있는 애플리케이션들은 직접 연결을 제어한다.
   2). xinetd로 실행되는 애플리케이션의 경우, xinetd가 연결을 제어한다.
- TCP wrapper 설정 : Wrapper는 아래 두 개의 파일을 읽어서, 클라이언트의 연결을 허용할지를 결정한다.
  - /etc/hosts.allow
  - /etc/hosts.deny

☞ Wrapper는 클라이언트의 연결 요청을 받으면 아래의 단계를 거친다.
  1. /etc/hosts.allow 파일에 있는 허용 규칙을 읽어서, 일치하는 규칙이 있는지 확

인한다. 만약 일치하는 규칙이 있다면, 연결을 허용한다. 일치하는 규칙이 없다면, 다음 단계로 넘어간다.
2. /etc/hosts.deny 파일에 있는 규칙을 읽는다. 일치하는 규칙이 있다면, 클라이언트 연결을 거부한다. 일치하는 규칙이 없다면 클라이언트 연결을 허용한다.

☞ 위 단계에서 중요한 점은
- hosts.deny를 적용하기 전에 hosts.allow를 먼저 적용한다. 그러므로 hosts.allow와 hosts.deny에 중복되는 규칙이 있다면, hosts.deny의 규칙은 무시된다.
- 일치하는 규칙이 있는지 탑-다운 방식으로 검사한다. 처음에 일치한(제일 위에 있는) 규칙 하나만 적용된다. 규칙을 만들 때 주의해야 한다.
- hosts.allow나 hosts.deny에 아무런 내용이 없다면, 클라이언트 접근은 무조건 허용한다.
- hosts.allow, hosts.deny의 규칙은 캐시되지 않는다. 따라서 파일의 규칙이 변경되면 (네트워크 서비스의 재시작 없이) 즉시 반영된다.

- 규칙 형식
☞ /etc/hosts.allow와 /etc/host.deny의 규칙 형식은 동일하다. 하나의 줄에 하나의 규칙만 사용되며, 공백줄과 #는 무시한다. 각 줄의 규칙 형식은 다음과 같다.

1 〈데몬 목록〉 : 클라이언트 목록 ![: 〈옵션〉 : 〈옵션 : … !]

- 〈데몬 목록〉 : 콤마로 프로세스의 이름을 나열한다. ALL을 사용할 수 있다.
- 〈클라이언트 목록〉 : 호스트의 이름이나 IP 주소를 콤마를 구분자로 나열한다.

☞ 설정 예제

1 vsftpd : .example.com

FTP 데몬(vsftpd)에 대한 규칙이다. 이 규칙은 도메인이 example.com인 모든 호스트에 적용된다. 예컨대 "*.example.com"이라고 보면 된다.
이 규칙이 hosts.allow에 있다면 허용, hosts.deny에 있으면 거부한다.

☞ 좀 더 복잡한 예제

```
1 sshd : .example.com ₩
2      : spawn /bin/echo `/bin/date` access denied >> /var/log/sshd.log ₩
3      : deny
```

- "*.example.com" 호스트에서 ssh 연결을 요청할 경우 에러로그를 /var/log/sshd.log에 기록한다. 그리고 이 요청을 deny한다. deny할 것을 규칙에 직접 명시했기 때문에, 이 규칙이 hosts.allow에 있더라도 클라이언트 요청을 거부한다.
    - 와일드 카드 : Wrapper 규칙에서 사용할 수 있는 와일드 카드를 정리한다.
        ☞ ALL : 모든것과 매칭한다. 데몬 목록과 클라이언트 목록 모두에 사용할 수 있다.
        ☞ LOCAL : localshot와 같이 .을 포함하지 않은 모든 호스트에 매칭한다.
        ☞ KNOWN : 호스트 IP와 호스트 이름을 알 수 있다면, 모두 매칭한다.
        ☞ UNKNOWN : 알 수 없는 호스트 IP와 호스트 이름에 대해서 매칭한다.
        ☞ PARANOID : 호스트 이름으로 출발지 IP 주소를 알 수 있을 경우로 DNS lookup을 수행해서 IP 주소를 가져올 수 있을 경우 매칭한다.
    - 옵션들
        ① 로깅 : 옵션 필드를 이용해서 syslog로 로그를 보낼 수도 있다.
            sshd : ALL : severity local0.alert
        이렇게 설정하면 facility가 local0이고 level이 LOG_ALERT인 syslog가 발생한다.
        ② Access Control : 옵션필드에 직접 allow와 deny를 설정할 수 있다.
        이렇게 설정하면 설정파일에 상관 없이 옵션의 값이 그대로 적용된다.
        예를들어 hosts.allow에 "sshd : client-1.example.com : deny"를 설정하면, hosts.allow라는 파일 이름에 상관없이 deny가 적용된다.
            # cat /etc/hosts.allow
            ssh : 192.168.56.1 : deny
        ③ shell 명령어 : 옵션에 shell 명령을 설정할 수 있다.
        두 가지 방법으로 shell 명령을 실행할 수 있다.
        - spawn : 자식 프로세스로 shell 명령을 실행한다.
        - twist : 클라이언트가 요청한 서비스 대신에 다른 서비스를 실행한다.
        침입자를 honey pots으로 유도하거나 경고 메시지 등을 출력하기 위해서 사용할 수 있다.
    - 변수들 : 이 변수들을 이용해서 클라이언트, 서버, 프로세스들에 대한 정보를 알아

낼 수 있다.

%a 클라이언트의 IP 주소

%A 서버의 IP 주소

%c 유저이름, 호스트 이름, ip 주소와 같은 다양한 클라이언트 정보

%d 데몬 프로세스 이름

%h 클라이언트의 호스트 이름. 만약 호스트이름을 가져올 수 없다면 ip 주소를 출력한다.

%H 서버의 호스트 이름. 호스트 이름을 가져올 수 없다면 ip 주소를 출력한다.

%n 클라이언트의 호스트 이름. 호스트이름이 없다면 unknown을 출력한다.

%N 서버의 호스트 이름. 호스트 이름을 가져올 수 없다면 unknown을 출력한다.

%p 데몬의 프로세스 ID

%s 데몬 프로세스, 호스트 이름, IP 주소와 같은 다양한 서버의 정보

%u 클라이언트의 유저 이름. 유저 이름을 알 수 없다면 unknown을 출력한다.

→ 유닉스 계열의 접근통제
- 파일 및 폴더의 허가권 설정
  - 파일과 디렉토리에 접근 권한 변경 : chmod
  - 파일과 디렉토리에 소유자 및 소유그룹을 변경 : chown
- 그룹 영역을 설정하여 사용자별 그룹 관리 방법
  - groupadd/groupdel 명령어를 이용하여 그룹 계정을 관리하고 chown을 이용하여 모든 파일이나 디렉토리에 액세스할 수 있는 소유자와 그룹 소유권을 설정할 수 있다.
- 파일이나 디렉토리에 대한 퍼미션 적용 방법
  - 모든 파일과 디렉토리에 액세스할 수 있는 허가권을 설정할 수 있으며, 허가권은 파일이나 디렉토리별로 소유자, 그룹, 타인에 대해 각각 읽기, 쓰기, 실행 권한을 설정할 수 있으며, chmod 명령어를 활용한다.
  - sticky bit는 모든 사용자가 쓰고 삭제할 수 있는 디렉토리에 적용하는데 리눅스에서는 /tmp 폴더가 설정되어 있으며, 이 비트를 적용한 디렉토리에서는 누구든지

파일을 쓰고 삭제할 수 있지만 파일 삭제는 오직 소유자만이 삭제할 수 있다.
- SetUID나 SetGID는 파일을 실행할 때 그 파일의 소유자 또는 그룹의 권한으로 실행되도록 하는 것으로 사용자가 시스템 작업을 할 때 루트 권한이 필요한 경우나 어떠한 시스템 자원을 이용하기 위한 경우에 필요하다.
- 접근통제 관련 로깅 도구 활용
  - syslogd : syslog.conf 설정파일에 설정에 따라서 동작하는 로그 데몬으로써 커널 로그, 메시지(messages) 로그, secure 로그, 크론로그, 부팅로그 및 메일로그, 네임서버 로그, ftp 로그 등의 로그를 관리할 수 있다.

→ 윈도우 환경의 접근통제
- administrator 권한을 수행하여 접근 통제를 수행할 수 있으며 응용 프로그램, 디렉토리 및 폴더별로 사용자와 그룹별로 접근 통제를 수행할 수 있다.
- 윈도우 NT 이상 시스템에서는 시스템 이벤트 로그 정보 기록 방법
  - 시스템 이벤트에는 시스템, 애플리케이션, 보안 이벤트가 있는데 보안 이벤트는 디폴트로 설정이 되어있지 않으므로 설정을 해야 로그가 기록된다. 보안로그는 제어판-관리도구-로컬보안설정-감사정책에서 성공/실패 로그를 각각 설정할 수 있다.

chapter 5. 서버 보안용 S/W (무결성 점검도구, 취약점 진단 도구 등) 운영

- **무결성 점검 도구**

→ 시스템 무결성 검증
- 리눅스/유닉스 백업
  - tar를 이용하여 백업
    ☞ tar -zcvpf /archive/full-backup-`date '+%d-%B-%Y'`.tar.gz ₩
      --directory /
- 컴퓨터 포렌식 용도의 이미지 백업 : 이미지 백업은 시스템이 설치된 논리디스크를 비트 단위를 복사하는 것으로 일반적인 복사의 개념과 다르며, 만일 하드디스크를 1개의 드라이브로 설정하여 사용하는 경우에는 이미지로 백업할 때 저장할 공간이 필요

하므로 원격 PC의 저장장치에 nc를 이용하여 실시간으로 이미지를 백업하여 저장할 수 있다.
- dd를 이용하는 경우
  - ☞ 리눅스/유닉스 백업 : dd if=/dev/hda2 bs=1024 | nc ip 포트(/dev/hda2를 백업)
- Norton ghost를 이용
- 컴퓨터 포렌식 전용툴을 이용한 이미지 백업
  - ☞ Encase, FTK 등

→ 파일 무결성 점검
- 파일 무결성 점검 도구는 정상적인 상태의 디렉토리 및 파일 정보를 백업하고 있다가 점검 수행 시점에서의 정보와 백업한 정보를 비교하여 변경된 사항을 점검하는 도구
  - tripwire
    - ☞ MD5, SHA, CRC-32등의 다양한 해시함수를 제공하고, 파일들에 대한 데이터베이스를 만들어 이를 통해 공격자들에 의한 파일들의 변조 여부를 판별
    - ☞ "tripwire --check"라는 명령어는 tripwire로서 서버에서 사용 중인 파일들의 무결성을 체크하여 보고서를 만들게 되는 명령어이다. 적용되는 정책파일은 위에서 설명한 /etc/tripwire/tw.pol 이라는 파일이며, 결과보고서는 /var/lib/tripwire/report/ 디렉토리에 실행된 날짜를 가진 파일로 저장이 된다.

```
[root@clubcm report]# tripwire --check
Parsing policy file: /etc/tripwire/tw.pol
*** Processing Unix File System ***
Performing integrity check...
```

☞ tripwire 실행결과 아래와 같이 파일들의 무결성 점검한 결과를 볼 수 있다.

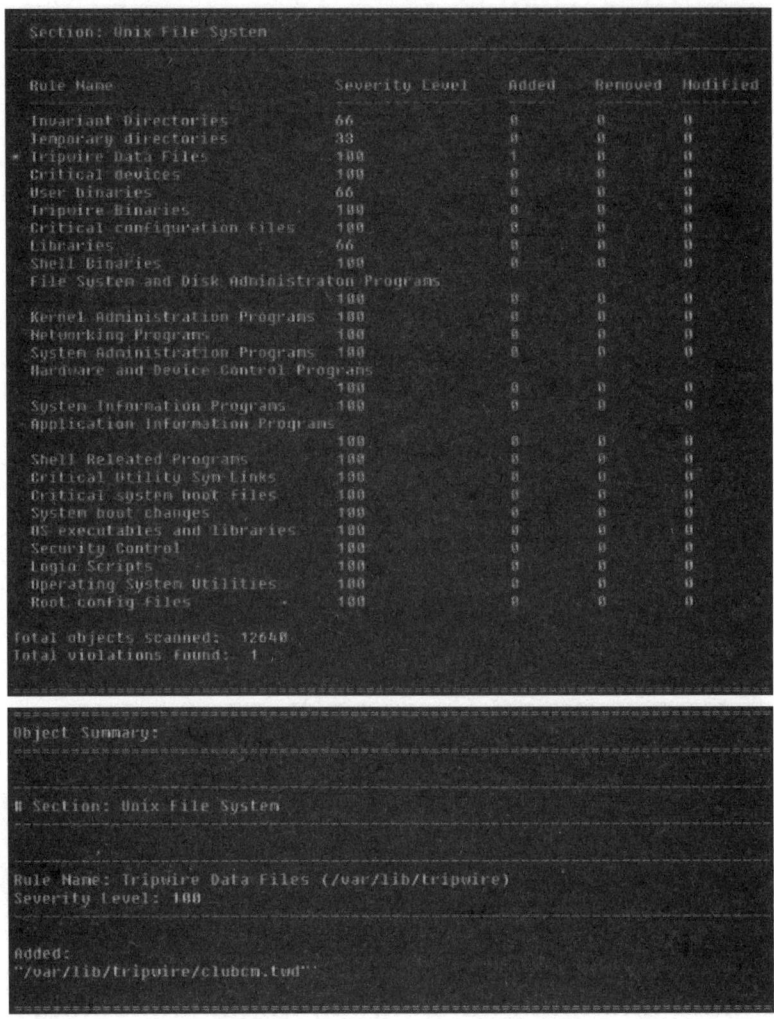

- 위의 결과를 잠시만 살펴보면 변경된 파일과 새로 생성된 파일들의 내역을 알 수 있다.
- 이들 정보를 참조하여 파일들을 일일이 확인하지 않아도 파일들의 변동내역을 확인할 수가 있다.

■ 포트 스캐닝
→ 포트 스캐닝의 개요
- 포트 스캐닝은 공격자가 공격대상 시스템의 열려진 포트를 스캐닝하는 것으로써 OS 판별, 공격경로 선택 등을 위해서 수행하는 절차이다.
  - 포트번호는 인터넷이나 기타 다른 네트워크 메시지가 서버에 도착하였을 때, 전달되어야 할 특정 프로세스를 인식하기 위한 방법이다. TCP와 UDP에서, 포트번호는 단위 메시지에 추가되는 헤더 내에 넣어지는 16비트 정수의 형태를 갖는다. 이 포트번호는 논리적으로는 클라이언트와 서버의 전달계층 사이를, 그리고 물리적으로는 전달계층과 인터넷계층 사이를 통과하여, 계속 전달된다. 포트번호는 0-65535번까지가 있으며, 애플리케이션용으로 지정되어있는 포트번호(well-known)는 0-1023, 그 외 포트는 연결 시 일시적으로 부여되는 포트번호이다. 예를 들면, 클라이언트가 인터넷 서버에 하는 요청은, 호스트의 FTP 서버에 의해 제공되는 파일을 요청하는 것일 수 있다. 원격지의 서버 내에 있는 FTP 프로세스에 사용자의 요청을 전달하기 위해, 사용자 컴퓨터에 있는 TCP 소프트웨어 계층은 요청에 부가되는 16비트 정수의 포트번호 내에 21(FTP 요청과 관련하여 통상 사용되는 번호이다)이라는 포트번호를 확인한다. 서버에서, TCP 계층은 21이라는 포트번호를 읽고, 사용자의 요청을 서버에 있는 FTP 프로그램에 전달할 것이다.
  - Port scanner에 의한 목적지 시스템에 대하여 Listen 되어 있는 port(접속 가능한 port)를 찾기 위한 행위이다. 공격자들은 Target 시스템이 alive되어 있는지 확인(주로 ping을 이용하며, 네트워크 단위에서는 ping sweep을 한다)하고, 열려진 port를 탐색한 후 취약점 scanner(Nessus, Internet Scanner 등)를 이용하여 취약점 분석을 한다. 그 후에 시스템의 취약점을 이용하여 공격을 하게 된다.
  - 포트스캐닝은 특정 포트에 대해서 3Way hand-shaking가 확립되면 포트가 열려진 것을 확인할 수 있다.
→ NMAP
- 다양한 방식을 이용한 포트스캐너
  - TCP connect() scan : 3Way hand-shaking을 이용한 scanning이다. 완전한 TCP 연결을 하여 Port의 open/close 상태를 확인하기 때문에 시스템에서 쉽게 탐

지가 될 수 있다.
- TCP SYN scan : Half-open scan 또는 Stealth scan으로 불리기도 하며 완전한 TCP 연결을 맺지 않고, 대상 포트로 SYN 패킷을 전송하여 SYN/ACK을 받으면 open 상태, RST/ACK를 받으면 close 상태이다. SYN scan은 half-open 연결을 통하여 포트의 open/close 상태를 확인하기 때문에 TCP connect() scan에 비하여 비밀스러운 연결로 시스템에 로그가 기록되지 않는다. TCP를 이용한 scanning 중 scan 속도가 TCP connect() scan보다 빠르기 때문에 가장 많이 사용하는 방법이다.
- TCP FIN, Xmas Tree, NULL scan : 이 세 가지 scan 기법은 Stealth scan이라고 불리기도 하며 UNIX 계열 시스템에 대해서만 사용할 수 있다. 만약, TCP FIN, Xmas Tree, NULL scan으로 scanning을 하여 결과가 없다면 해당 시스템은 Windows 계열의 시스템이라고 판단할 수 있다. TCP FIN scan은 TCP flag의 FIN을 활성화 하여 대상 포트로 패킷을 전송하고, Xmas Tree scan은 TCP flag의 FIN, URG, PUSH을 활성화하여 대상 포트로 패킷을 전송한다. NULL scan은 TCP flag를 모두 비활성화하여 대상 포트로 패킷을 전송한다. 세 scan 모두 포트가 close 상태이면 RST 패킷을 되돌려 보낸다(RFC 793). Open 상태이면 패킷을 무시한다.
- UDP scan : UDP scan은 UDP를 사용하는 열린 포트를 찾기 위한 scanning이다. 대상 포트로 UDP 패킷을 전송하고 대상 포트로부터 "ICMP Port Unreachable" 메시지를 받으면 close 상태이며 메시지가 오지 않으면 open 상태이다. UDP scan은 정확도가 떨어지기 때문에 결과에 대해서 신뢰할 수 없는 scan이다. Close 상태는 명확하게 포트가 닫혀 있다는 것을 알 수 있지만 Open 상태는 UDP protocol의 특성(비연결형 protocol)상 네트워크의 상태나 Router, Switch 등에 의한 Filtering에 의해서 응답이 없을 수 있기 때문에 특히, open 상태는 정확도가 떨어진다고 할 수 있다.

- 옵션 설명 형식 $ nmap [유형] [옵션] 〈호스트ip〉
  - 유형
    ☞ sT : TCP 연결을 사용한 포트를 스캔한다.
    ☞ sS : TCP 헤더의 SYN 비트를 이용한 스텔스포트 스캔 기법에 사용한다.

- ☞ sF : FIN을 이용한 스텔스 기법에 이용한다.
- ☞ sP : ping을 이용한 스캔으로 ping 명령을 사용하여 해당 호스트가 살아 있는지 만 확인한다.
- ☞ sU : UDP포트를 스캔한다.
- ☞ b : ftp바운스 공격을 위한 포트 스캔이다.

- 옵션 (결합 사용 가능)
  - ☞ f : 패킷을 조그마하게 나누어서(fragment)사용한다.
  - ☞ PT : TCP ping을 사용하여 호스트가 살아 있는지 확인한다.
  - ☞ PI : ICMP를 사용하여 호스트가 살아 있는지 확인한다.
  - ☞ D : 스캔을 당하는 호스트가 어디에서 진짜 스캔을 했는지 판단하기 힘들게 만드는 옵션으로 -D 다음에 다른 호스트 이름을 나열할 수 있으며 중간에 me를 표시하면 된다.
  - ☞ p : n1-n2 :포트 지정범위
  - ☞ O : 운영체제 스캔 옵션이다.
  - ☞ F : 빠른 스캔 기법을 사용하라는 의미로 /etc/services에 있는 포트만 스캔한다.
  - ☞ n : DNS 이름 풀기를 하지 않는다.
  - ☞ o 〈logfile〉 : 스캔 결과를 로그 파일에 저장하라.
  - ☞ i 〈입력파일〉 : 스캔할 호스트가 많을 경우 파일에 리스트를 저장하여 스캔한다.
  - ☞ g 〈portnum〉 : 소스 포트번호 지정 20과 53을 추천
  - ☞ S〈ip 주소〉 : SYN, FYN스캔 시 소스 어드레스 지정한다.
  - ☞ e〈장치이름〉 : 패킷을 바로 장치이름으로 보낸다 예 : eth0,ppp0
  - ☞ V : 이 옵션은 verbose 모드로 여러 가지 정보를 얻을 수 있다.
  - ☞ h : 도움말

MEMO

제 4장

암호학

4.1 암호 알고리즘

chapter 1. 암호 관련 용어

■ **용어 정의**

→ Advanced Encryption Standard(AES) : 미국 국립 표준 기술연구소(NIST)가 발표한 128Bit 표준 블록 암호 알고리즘. 1997년 NIST에서 기존의 표준 블록 암호 DES를 대체하기 위한 공모 작업이 시작되었으며, 2000년에 벨기에 암호학자 Joan Daemen과 Vincent Rijmen이 개발한 'Rijindael'이 최종 AES로 채택됨

→ Algebraic Attack(대수적 공격) : 수학적 구조를 이용하고 있는 대칭키 암호 알고리즘에 대한 암호 해독 기법. 비밀 정보에 대한 연립 방정식을 구성한 후, 이 방정식의 해를 구함으로서 비밀 정보를 얻음

→ Asymmetric Cryptosystem(비대칭 암호 시스템) : 메시지를 암호화하는 공개키와 메시지를 복호화하는 개인키를 따로 두는 암호화 방식

→ Authentication(인증) : 다중 사용자 컴퓨터 시스템 또는 망운용 시스템에서, 시스템이 단말 작동 개시(log-on) 정보를 확인하는 보안 절차. 인증에는 ㉠ 망을 경유해서 컴퓨터에 접속해 오는 사용자가 등록된(허가받은) 사용자인지를 확인하는 것과, ㉡ 전송된 메시지(통신문)가 변조되거나 전와(轉訛)되지 않은 송신자가 보낸 그대로의 것인지를 확인하는 것이 있음

→ Authorization(인가) : 특정한 프로그램, 데이터 또는 시스템 서비스 등에 접근할 수 있는 권한이 주어지는 것. 기밀 보호를 목적으로 데이터나 프로그램 등 외부에서 접근하는 부분에 비밀 열쇠 잠금 장치를 하여, 인가를 받지 않으면 임의로 접근할 수 없도록 되어 있으며, 주어진 패스워드 등의 열쇠를 사용하여 특정 서비스를 받을 수 있음

→ Blind Signature(은닉 서명) : 기본적으로 임의의 전자 서명을 만들 수 있는 서명자와 서명

받을 메시지를 제공하는 제공자로 구성되어 있는 서명 방식으로, 제공자의 신원과 (메시지, 서명) 쌍을 연결시킬 수 없는 특성을 유지할 수 있는 서명

→ Blind Watermarking(은닉 워터마킹) : 워터마크 추출 시 원본 이미지가 필요 없는 방법. 워터마크를 추출하는 방법으로 원본 이미지의 사용 여부에 따라서 원본 이미지 없이 추출 가능한 은닉 워터마킹과 원영상과 워터마킹 영상 둘 다 있어야 워터마크가 추출 가능한 비은닉 워터마킹 방법이 있음

→ Block Cipher(블록 암호) : 암호문을 만들기 위해 비밀키와 알고리즘이 블록 단위의 평문에 적용되는 대칭 암호화 방식

→ Certificate(공인 인증서) : 전자 서명법에 의한 공인 인증기관이 발행한 인증서. 인터넷 뱅킹, 전자 민원(G4C), 전자 입찰, 인터넷 주택 청약 등에서 신원 확인 수단으로 사용하고 있으며, 또한 각종 홈페이지의 로그인 수단으로도 활용되고 있음

→ Certification Authority(CA, 인증기관) : 인증 업무를 수행하는 제 3자의 신뢰 기관. 인증기관은 온라인상에서의 사용자 인증, 전자문서 위·변조 방지, 부인 방지 등의 보안 기능을 제공하는 인증서에 대한 발급, 갱신, 폐지, 유효성 등의 검증 업무를 수행함

→ Challenge-Handshake Authentication Protocol(챌린지-핸드셰이크 인증 규약) : 다이얼 업 IP 접속에 사용되는 점 대 점 통신 규약(PPP)의 인증용 규약의 하나. PPP를 이용하여 다이얼 접속을 설정할 때에 사용자를 확인하기 위하여 사용한다. 챌린지-핸드셰이크 인증 규약(CHAP)은 사용자 ID와 비밀 번호 중에서 비밀 번호를 암호화하여 전송하기 때문에 또 다른 인증 규약인 비밀 번호 인증 규약(PAP)보다 안전성이 높음

→ Challenge-Response Authentication Mechanism(시도 응답 인증 방식) : 네트워크 사용자 인증을 위해 웹 HTTP에서 사용되는 시도 응답 방식. 기본 인증과 다이제스트 인증의 두 가지를 사용하는 방식으로, 서버에서 사용자에게 비밀번호 요구를 시도하고 사용자로부터 응답을 받아 비밀번호가 정확하면 인증하는데, 기본 인증은 비밀번호를 평문으로 사용하기 때문에 도용 문제가 있어 이 단점을 보완하여 다이제스트 인증 방식으로 비밀번호가 네트워크에 평문으로 전송되지 않게 한 것임

→ Chosen Ciphertext Attack(CCA, 선택 암호문 공격) : 암호 분석가가 임의로 선택된 암호문과 일치하는 평문으로부터 암호 키를 알아내기 위해 시도하는 공격. 이와 반대되는 방법, 즉, 평문과 일치하는 암호문으로부터 암호 키를 알아내는 것을 선택 평문 공격(chosen plaintext attack)이라 하며, 모두 공개키 암호 시스템에서 잘 응용되는 것으로 개인키가 한 번 알려지면 같은 종류의 메시지에서는 모두 복호화됨

→ Ciphertext Only Attack(COA, 암호문 단독 공격) : 공격자가 수집한 암호문을 기반으로 해독을 시도하는 공격. 암호 해독자가 암호문을 가지고 평문이나 암호 키를 알아내는 방법으로 평문의 용장도, 통계적 성질, 문장의 특성 등을 추정하여 해독한다. 많은 수의 암호문이 필요하고, 장시간이 소요됨

→ Client-Certificate Authentication(클라이언트 인증서 인증) : HTTPS(HTTP over SSL)를 사용하여 서버 및 클라이언트가 공개키로 서로를 인증하는 인증 방법. 클라이언트 인증서 인증에서는 웹서버가 클라이언트의 X.509 인증서를 사용하여 인증하되, 서버에 SSL(Secure Sockets Layer)과 공개키 인증서가 있어야 함. SSL은 인터넷에서 데이터 암호, 서버 인증, 메시지 무결성, 클라이언트 인증을 수행함. 인증서는 권위 있는 인증기관이 발행

→ Computer Forensics(컴퓨터 포렌식스) : 사이버 범죄를 과학적으로 분석해 법적 대응 근거를 마련하는 디지털 증거화 기술 및 솔루션. 컴퓨터 범죄 증거 수집과 보존을 위한 핵심적인 역할을 하는 것으로 용의자가 지웠다고 생각하는 파일과 데이터를 복구하는 방법, 암호화된 데이터와 특수 소프트웨어에 의해 다른 파일 내에 숨겨진 스테가노그래피 데이터를 찾는 방법, 데이터가 숨겨질 수 있는 파일 슬랙, 대체 데이터 스트림, 파티션 갭, 웹 캐시, 히스토리 로그, 스왑 파일을 비롯한 여러 곳에 남겨져 있는 증거를 찾는 법, 컴퓨터와 디지털 증거를 수색하고 압류하기 위한 단계별 지침, 휘발성 증거를 보존하는 법과 디스크 이미징을 사용하는 방법, 수색이나 압류와 관련된 법적 문제, 법원에서 증거보존 문제 등 컴퓨터 범죄와 관련된 컴퓨터 시스템의 수사를 의미함

→ Confidentiality(기밀성) : 정당한(합법적인) 사용자가 아닌 사용자들은 컴퓨터 시스템상의 데이터 또는 컴퓨터 시스템 간에 통신 회선을 통하여 교환, 전송되는 데이터의 내용을 볼 수 없게 하는 기능

→ Cryptanalysis(암호 해독) : 암호화 알고리즘에서 사용되는 키에 관한 사전 지식을 갖지 않고 암호문을 평문으로 변환하기 위해 수행되는 단계 및 조작. 정당한 수신자가 복호키를 사용해 암호문을 평문으로 변환하는 복호화와는 다름. 부호 해독 또는 파괴(code breaking)와 동의어

→ Cryptographic Checksum(암호 검사합) : 데이터의 변경 여부를 검사하기 위해 파일에 지

정하는 수학적 수치. 암호 검사합은 파일 안에 있는 데이터를 해시(hash)한 해시값이라고도 불리며, 고정된 길이의 값으로 변환하는 복잡한 수학적인 연산(암호 알고리즘)에 의해 생성됨. 인가되지 않은 사람은 해당 검사합을 변경하지 않고는 데이터를 변경할 수 없음. 암호 검사합은 데이터 전송과 저장 시에 사용되며, 메시지 인증 코드(MAC), 무결성 검사값, 수정 검출 코드, 메시지 무결성 코드로도 불림

→ Cryptography(암호 기법) : 정보의 보안을 위하여 평문을 제 3자가 이해하기 곤란한 형식으로 변환하거나 암호문을 판독 가능한 형식으로 변환하는 원리나 수단, 방법 등을 다루는 기술 또는 학문 분야. 컴퓨터 보안에서 송신된 데이터가 제 3자에게 누설되거나 제 3자에 의해 조작되는 것을 방지하기 위한 데이터의 암호화 및 복호화의 원리나 수단 또는 방법

→ Cryptology(암호학) : 암호 기법과 암호 해독을 다루는 기술 또는 학문 분야. 암호 기법과 같은 뜻으로도 사용됨

→ Data Encryption Standard(DES, 데이터 암호화 표준) : 미국 정부의 상무부 표준국(NBS : 현재는 NIST로 개편됨)이 1977년에 IBM 사의 제안을 바탕으로 제정한 데이터 암호화 표준 규격으로, 연방 정부의 연방 정보 처리 표준 46(FIPS publication 46)으로 채택된 것

→ Data Integrity(데이터 무결성) : 데이터가 저장 또는 전송되는 동안 변경되지 않았음을 보장하는 성질. 해시함수, 메시지 인증 코드(MAC) 등을 통해 구현됨

→ Dictionary Attack(사전 공격) : 패스워드 공격 방법의 하나로서, 비밀키 암호 알고리즘의 키를 사용할 경우 적용 가능한 공격 방법. 일반 사용자는 암호 키를 자신에게 친숙한 값(예 : 생일, 전화번호)으로 선택하는 경향이 있으므로 이것을 차례대로 대입하여 키를 찾을 수 있는 확률이 매우 높음. 이와 같이 사용자들의 키가 될 가능성이 있는 값들을 하나의 거대한 사전으로 만들어 데이터를 실제 적용하였을 경우 상당히 높은 확률로 키를 알아낼 수 있음. 어떤 경우는 사용자들의 패스워드를 특정 파일에 저장하여 사전 공격에 이용하는 경우도 있음

→ Differential Cyptanalysis(DC, 차분 공격) : 2개의 평문 블록들의 비트 차이에 대하여 대응되는 암호문 블록들의 비트 차이를 이용하여 사용된 암호 키를 찾아내는 방법

→ Differential Power Analysis(DPA, 차분 전력 분석) : 암호화가 일어나는 동안 측정된 전력 소모량의 통계적 특성의 차를 이용하여 암호화에 사용된 키를 찾아내 공격하는 부채널

공격. 암호 알고리즘의 이론적 취약점이 아닌 암호화 과정에서 누설되는 타이밍 정보, 전력 소모, 전자파 신호 등을 이용

→ Digital Rights Management(DRM, 디지털 저작권 관리) : 디지털 미디어의 불법 또는 비인가된 사용을 제한하기 위하여 저작권 소유자나 판권 소유자가 이용하는 정보 보호 기술의 일종인 접근 제어 기술. 디지털 저작권 관리는 음원, 영화 등의 창조적인 미디어에 대하여 일반적으로 적용됨. 디지털 미디어의 생명 주기 동안 발생하는 사용 권한 관리, 과금, 유통 단계를 관리하는 기술로 볼 수 있음. 인터넷을 통해 유통되는 디지털 미디어의 불법 유통과 복제를 방지하고, 적법한 사용자의 미디어 사용을 보장하기 위한 것으로, 관련 법령이나 위반자 단속에 앞서 사용을 허가하는 라이선스를 획득한 후 사용이 가능하도록 기술적 통제가 가능한 시스템임. 저작권 보호 관리를 위해서는 암호 기술, 키 관리 기술, 워터마킹 등 다양한 정보 보호 기술들이 활용됨

→ Digital Signature Algorithm(DSA, 전자 서명 알고리즘) : 1991년 미국 NIST에서 표준안으로 개발한 공개키 기반의 알고리즘. 보다 안전한 해시함수를 사용하면서 새로운 디지털 서명 기술을 제공하기 위해 이산 대수의 어려움에 기반을 두고 설계된 알고리즘을 사용. RSA가 서명되는 메시지는 고정된 길이의 비밀 해시 코드를 생성하는 해시함수 입력인데 반해, DSS의 해시 코드는 특정한 서명을 위해 생성된 값과 함께 서명 함수에 입력으로서 제공

→ Digital Signature Standard(DSS) : 미국의 NIST(National Institute of Standards and Technology)에서 제안한 전자 서명 표준안. NIST가 안전성과 특허 사용료를 이유로 기존의 기업과 정부 기관에서 널리 사용하고 있는 RSA 방식을 배제하고, ElGamal 알고리즘을 사용하여 차별화하고 있음

→ Digital Signature(전자 서명) : 서명자를 확인하고 서명자가 문서에 서명하였음을 나타내기 위하여 당해 전자문서에 첨부되거나 논리적으로 결합된 전자적 형태의 정보

→ ElGamal Scheme(엘가말 암호 방식) : 엘가말이 1982년에 발명한 공용 키 암호 방식의 하나. 이산 대수 문제에 대한 최초의 공용 키 암호이며 DH 공용 키 분배법의 확장형

→ Elliptic Curve Cryptosystem(ECC, 타원 곡선 암호 방식) : 1985년 밀러와 코블리츠가 제안한 타원 곡선 이론에 기반을 둔 공개키 암호 방식. 이산 대수에서 사용하는 유한체의 곱셈군을 타원 곡선군으로 대치한 암호 방식

- Elliptic Curve Digital Signature Algorithm(ECDSA, 타원 곡선 전자 서명 알고리즘) : 전자 서명 알고리즘(DSA)에 타원 곡선 암호(ECC) 방식을 이용한 전자 서명 알고리즘. DSA, RSA와 함께 미국 전자 서명 표준(DSS : Digital Signature Standard)에 포함되어 연방 정보 처리 표준(FIPS) 186-2로 승인
- Encryption(암호화) : 의미를 알 수 없는 형식(암호문)으로 정보를 변환하는 것. 암호문의 형태로 정보를 기억 장치에 저장하거나 통신 회선을 통해 전송함으로써 정보를 보호할 수 있음
- Feistel Cipher(파이스텔 암호) : 동일한 대치와 치환을 반복하면서 암호문이 평문으로부터 암호화되는 반복 블록 암호
- Forensic Watermarking(포렌식 워터마킹) : 상영되고 있는 영화의 비디오카메라 녹화를 통한 콘텐츠 유출을 방지하는 기술. 눈에 보이지는 않지만 녹화된 콘텐츠의 분석을 통해 어느 스크린에서 촬영되었는지, 필요하다면 극장 내 어느 위치에서 촬영되었는지 등까지도 추적이 가능하기 때문에 콘텐츠 유출의 경로까지 파악할 수 있음
- Glitch Attack(글리치 공격) : 스마트카드와 같은 암호 보조 처리기에 대한 보안 공격. 기계어에 의해 발생하는 신호를 포착하여 비교나 점프 명령어가 수행되는 순간에 외부에서 글리치를 추가하여 내부 클록을 증가시켜 인증 과정을 우회하도록 하는 방법
- Gray-Box Attack(그레이박스 공격) : 암호 키를 알아내기 위한 암호 알고리즘에 대한 공격 기법의 일종. 공격자가 보안 하드웨어에 대해서 실행 시간, 전력 소비량, 전자파 특성들을 감시하여 암호 키를 알아내거나 보안 하드웨어에 과도한 전류를 흘리거나, 과도한 자장에 노출하는 것과 같은 물리적 힘을 가하여 암호화 모듈이 중간 데이터를 노출하도록 하는 공격 방법
- Hash function Algorithm Standard(HAS-160, 해시함수 알고리즘 표준) : 정보 처리 시스템 및 정보 통신망 환경에서 임의의 길이의 비트 열을 고정된 길이(160비트)의 출력 값인 해시 코드로 압축시키는 해시 알고리즘 표준
- Hash Function(해시함수) : 임의의 길이의 문자열을 고정된 길이의 이진 문자열로 매핑하여 주는 함수. 데이터를 자르고, 치환하거나 위치를 바꾸는 방법들로 결과를 만들어 내며, 이 결과를 해시값(hash value)이라 함. 해시함수는 데이터의 무결성, 인증, 부인 방지 등에서 응용되는 중요한 함수 가운데 하나임

- → Hash-based Message Authentication Code(HMAC, 해시 기반 메시지 인증 코드) : MD5, SHA-1 등 반복적인 암호화 해시 기능을 비밀 공용키와 함께 사용하며, 체크섬을 변경하는 것이 불가능하도록 한 인증 코드. HMAC을 사용하는 체크섬 알고리즘을 HMAC-MD4, HMAC-SHA라 함
- → Hybrid Encryption(하이브리드 암호화) : 비밀키 암호화와 공개키 암호화를 혼합한 응용 암호화. 메시지 암호화는 비밀키를 이용하므로 비밀키를 소유하고 있는 사람만이 암호 메시지를 복구할 수 있음. 비밀키를 사용하여 메시지를 암호화하고 비밀키를 받을 사람의 공개키로 비밀키를 암호화하여 메시지에 붙여 보내면 비밀키를 복호화하여 메시지를 복구
- → IPSec(Internet Protocol Security) : 네트워크 계층인 인터넷 프로토콜에서 보안성을 제공해 주는 표준화된 기술로 데이터 송신자의 인증을 허용하는 인증 헤더(AH)와, 송신자의 인증 및 데이터 암호화를 함께 지원하는 ESP(Encapsulating Security Payload) 등 두 종류의 보안 서비스가 있으며, 보안 게이트웨이 간의 보안 터널을 제공하는 터널 모드와 종단 호스트 간의 보안 터널을 제공하는 트랜스포드 모드를 제공함
- → Key Derivation Algorithm(키 유도 알고리즘) : 마스터 키나 비밀 정보로부터 해당 시스템이나 네트워크의 암·복호화에 필요한 암호 키들을 유도 또는 생성하는 알고리즘
- → Key Distribution(키 분배) : 통신망상에서 암호화 채널을 생성하기 위해 특정 사용자에게 암호화키를 전송하는 과정. 암·복호화를 하고자 하는 당사자 간에 비밀키를 공유하기 위하여 사용되는 암호학적 기술. 이 기술로 비밀 데이터 값을 생성하여 각 사용자에게 분배함으로써 임의의 사용자는 이 분배된 정보를 이용하여 자신들만의 공유키를 계속적으로 생성
- → Key Exchange Algorithm(키 교환 알고리즘) : 암·복호화를 위해 세션키 교환에 사용되는 알고리즘. 대표적으로 디피 헬만법(Diffie-Hellman)과 KEA(Key Exchange Algorithm)가 있으며, 단일 키 교환 알고리즘으로 공개키와 비밀키를 사용해 공통 암호 키를 산출
- → Key Management(키 관리) : 보안 정책에 의해 키의 생성, 등록, 인가, 등록 취소, 분배, 설치, 저장, 압축, 폐지, 유도와 파괴를 감독하는 것
- → Known Plaintext Attack(KPA, 알려진 평문 공격) : 한두 쌍의 평문/암호문을 알고 그 외에 여러 개의 암호문을 알고 있을 때 사용하는 암호분석 방법이다. 비밀키의 길이를 유추하

고 가능한 모든 경우의 비밀키를 암호 알고리즘에 입력하여 그 결과를 보고 키를 알아내는 공격

→ Korea Certification-based Digital Signature Algorithm(KCDSA, 한국 확인서 이용 전자 서명 알고리즘) : 이산 대수 문제의 어려움에 기반을 둔 전자 서명 알고리즘. 한국통신정보보호학회의 주관 하에 우리나라의 주요 암호학자들이 주축이 되어 1996년 11월에 개발했고, 이후 지속적인 수정 및 보완 작업을 거쳐 1998년 10월에 한국정보통신기술협회(TTA)에서 단체 표준으로 제정

→ Message Authentication Code(MAC, 메시지 인증 코드) : 컴퓨터 보안에서 메시지의 내용, 작성자, 발신처 등 속성의 정당성을 검증하기 위하여 메시지와 함께 전송되는 어떤 값 또는 부분. 암호 기법(cryptography)에서, 하나의 인증 알고리듬으로 데이터를 처리해서 생성된 수 또는 값. 디지털 서명 부호(digital signature code)

→ Message Digest(메시지 다이제스트) : 각 메시지마다 고유하게 산출되도록 만든 간단한 문자열. 임의의 길이의 메시지를 단방향 해시함수로 반복 적용하여 축약된 일정한 길이의 비트열로 만들어 표현한 것으로, 메시지(또는 문서나 문장)마다 단 하나의 메시지 다이제스트가 산출되고, 서로 다른 문서에서 같은 메시지 다이제스트가 산출될 수 없음. 따라서 원문의 변조 여부를 확인할 수 있는 일종의 체크섬(checksum)임

→ Message Digest Algorithm 5(MD5, 메시지 다이제스트 알고리즘 5) : RSA 암호 개발자(Rivest)가 개발한 메시지 다이제스트 함수 알고리즘. RFC 1321에 규정. 널리 사용되고 있는 알고리즘으로, 가장 일반적으로 사용되고 있는 간이 전자 우편 전송 프로토콜(SMTP) 서버 소프트웨어인 'sendmail'이나 도메인 네임 서버(DNS)의 사실상의 표준인 바인드(BIND) 소프트웨어 등의 인증에 사용

→ Message Integrity(메시지 무결성) : 전송 도중에 메시지의 내용이 부당하게(불법적으로) 변경되었는지를 확인해 주는 기능. 즉, 송신자가 송신한 메시지가 정확하고 완전하게 수신되었는지를 확인해 주는 기능이며, 이것을 보증하기 위한 보안 기법을 메시지 인증이라고 함

→ Non-Repudiation(부인 방지) : 메시지의 송수신이나 교환 후, 또는 통신이나 처리가 실행된 후에 그 사실을 사후에 증명함으로써 사실 부인을 방지하는 보안 기술

→ One-Time Cipher(일회용 암호) : 패드를 두 개 복사하여 하나는 송신자에게 보내고 하나

는 수신자에게 보내는 암호화의 한 방법. 암·복호화를 하고자 하는 당사자 간에 매 프로세스마다 서로 다르게 생성되는 일회성의 비밀키를 사용하는 것으로 패드는 원본 메시지의 각 문자마다 난수를 포함하고 있으며, 사용 후에는 폐기. Sniffering(엿보기) 공격에 대처할 수 있는 장점을 가지고 있어 네트워크를 지나가는 데이터가 암호화되어 있지 않는 상황에서 안전하게 인증(authentication)을 할 수 있는 대표적인 방법

→ One-Time Password(OTP, 1회용 패스워드) : 로그인할 때마다 그 세션에서만 사용할 수 있는 1회성 패스워드를 생성하는 보안 시스템. 동일한 패스워드가 반복해서 재사용됨으로써 발생할 수 있는 패스워드 도난 문제를 예방하는 것이 목적. 일반 패스워드와는 달리 단방향 암호 기반의 해시라는 패스워드를 사용하며, 그 세션이 끝나면 폐기되기 때문에 재사용이 불가능한 안전한 기능

→ One-Way Function(일방 함수) : 함수값 계산은 쉬우나 함수값으로부터 역상을 찾아내기가 계산상 불가능한 함수

→ Personal Identification number(PIN, 개인 식별 번호) : 주민등록번호를 대신해 본인임을 확인할 수 있도록 개인에게 부여하는 개인 식별 번호. 개인 식별 번호(PIN)는 인터넷에서 개인 정보 노출 문제를 해결하기 위해 발급

→ Public Key Cryptosystem(공개키 암호 방식) : 데이터의 암호화(encryption)에는 공개키가 사용되고 복호화(decryption)에는 비밀키가 사용되는 암호 시스템

→ Public Key Infrastructure(PKI, 공개키 기반 구조) : 공개키 암호 시스템을 안전하게 사용하고 관리하기 위한 정보 보호 표준 방식. 공개키 기반 구조(PKI)는 ITU-T의 X.509 방식과 비X.509 방식으로 구분되며, X.509 방식은 인증기관에서 발행하는 인증서를 기반으로 상호 인증을 제공하도록 하고 있으며, 비X.509 방식은 국가별, 지역별로 실정에 맞게 보완 개발됨. PKI는 인터넷 상의 전자 상거래와 같이 광범위한 지역에 분산된 이용자의 전자 서명과 암호화에 의한 보안 등 기술 개발의 필요성이 중요하게 인식되고 있음

→ Public Key Cryptography Standards(PKCS, 공개키 암호 표준) : 인터넷상에서 안전한 정보를 교환할 수 있도록 산업계에서 사용되는 일련의 공개키 기반 표준 프로토콜. 이는 애플, 마이크로소프트, DEC, 로터스, 선, MIT 등 컨소시엄 공동으로 개발한 것으로, RSA 암호화, 패스워드 기반 암호화, 확장 인증서 구문법, 이메일 보안용으로 RSA 사가 제안한 S/MIME을 위한 암호 메시지 구문법 등이 포함

→ Quantum Cryptography(양자 암호화) : 빛의 양자 역학적 특성을 이용한 암호화 기술. 공개적인 채널로는 암호문을 보내고, 비공개 채널인 광섬유의 양자 채널로 키를 주고받음. 해커가 비밀키를 읽기 위해 펄스를 측정하는 순간 펄스 자체가 변화돼 도·감청된 데이터가 쓸모없게 되며, 데이터 수신자는 이를 통해 데이터에 대한 도청 시도를 알 수 있어 이를 폐기하고 새로운 키를 재송신 받음으로써 도청 없는 완벽한 통신이 가능

→ RSA Public Key Cryptosystem(RSA 공개키 암호 방식) : 1978년에 MIT 공과 대학의 Rivest, Shamir, Adleman 등 3인이 공동 개발한 RSA법(RSA scheme)이라는 암호화 알고리즘을 사용하는 공개키 암호 방식. 큰 수의 소인수 분해에는 많은 시간이 소요되지만 소인수 분해의 결과를 알면 원래의 수는 곱셈에 의해 간단히 구해지는 사실에 바탕을 둠. 키의 길이는 수백 비트가 필요

→ Secret Key(비밀키) : 대칭키 암호화 방식에 사용되는 키

→ Secure Sockets Layer(SSL) : 데이터를 송수신하는 두 컴퓨터 사이, 종단 간, 즉 TCP/IP 계층과 애플리케이션 계층(HTTP, TELNET, FTP 등) 사이에 위치하여 인증, 암호화, 무결성을 보장하는 업계 표준 프로토콜. 미국 넷스케이프 커뮤니케이션즈 사가 개발하였고, 마이크로소프트사 등 주요 웹 제품 업체가 채택

→ Transposition Cipher(전치 암호) : 평문의 문자를 재배열하여 암호화하는 방법. 문자의 알파벳 순서를 뒤집어서 평문과 키가 가지고 있는 정보를 암호문 전체에 분산시키는 방법으로, 영문에서 어떤 구나 단어의 형태를 바꾸어 암호 해독자로 하여금 해독에 많은 시간을 소요하게 만든 것

→ Triple Data Encryption Standard(Triple DES, 삼중 DES) : 3개 키를 이용해 DES 알고리즘을 3번 적용하여 DES의 보안성을 증가시키는 방법. 실제 키 길이가 168비트이며 2개 키를 사용하는 변형 트리플 DES 알고리즘에서는 첫 번째 키를 2번 사용하여 역시 3번 적용되고 실제 키 길이는 112비트임

→ Trusted Third Party(TTP, 제3 신뢰 기관) : 사용자 인증(user authentication), 부인 방지(non-repudiation), 키 관리(key management) 등에서 당사자들로부터 신뢰를 얻고 중재, 인증, 증명, 관리 등을 하는 기관. 정보 보안 기술의 국제 표준화를 추진하고 있는 ISO/IEC JTC1/SC27에서는 TTP의 이용과 관리 지침을 기술 보고(Technical Report)로 채택할 예정으로 검토를 진행하고 있음. TTP의 기능에는 증명서 관리, 증거 관리, 키 관리, 타임스탬프(time

stamp) 등이 포함될 예정이지만, 암호 키 위탁(key escrow)에 관한 사항이 미정 상태에 있는 등 많은 문제도 있음
→ Virtual Private Network(VPN, 가상 사설 통신망) : 공중망상에 사설망을 구축하여 마치 사설 구내망 또는 전용망 같이 이용하는 통신망. 통신 사업자가 제공하는 간단한 소프트웨어 프로그램으로 이용자는 자신의 망 구성을 정의하고 임의의 전화 번호 체계를 구축할 수 있음

교재 용어 참고
→ 평문 P(Plaintext) : 암호화가 되지 않은 데이터
→ 암호문 C(Ciphertext) : 암호화가 된 데이터
→ 암호화 E(Encription) : 평문 P를 암호문 C로 변환
→ 복호화 D(Description) : 암호문 C를 평문 P로 변환
→ 키 K(Key) : 암호화에 사용되는 키 (Ke), 복호화에 사용되는 키 (Kd)

---

chapter 2. 암호 공격방식

■ 보안 공격

→ 수동적 공격
- 전송되는 파일을 도청 : 불법적인 공격자가 전송되는 메시지를 도중에 가로채 그 내용을 외부로 노출시키는 공격(메시지의 내용 공격)
- 트래픽 분석 : 전송 메시지의 암호화로 도청을 통한 메시지 내용 파악이 불가능하더라도 메시지의 송신측과 수신측 신원의 파악 가능(메시지 존재에 대한 공격 · 익명성 제공으로 방어)

→ 능동적 공격
- 메시지 변조 : 전송되는 메시지들의 순서를 바꾸거나 또는 메시지의 일부분을 다른 메시지로 대체하여 불법적인 효과를 발생시키는 공격
- 삽입공격 : 불법적인 공격자가 정당한 송신자로 가장하여 특정 수신자에게 메시지를 보내어 역시 불법적인 효과를 발생시키는 공격
- 삭제공격 : 정상적인 통신시설의 사용, 관리를 방해하는 서비스 거부 공격, 특정 수신

자에게 전송되는 메시지의 전부 또는 일부가 공격자에 의해 삭제되는 것
- 재생공격 : 공격자가 이전에 특정 송신자와 수신자 간에 행해졌던 통화내용을 도청하여 보관하고 있다가 나중에 재생하여 전송하는 공격

■ **암호공격 방식**

암호 해독자가 도청한 암호문으로부터 그에 해당하는 평문이나 비밀키를 도출하는 수동적 공격법

→ 암호문 단독 공격(Ciphertext-only attack)
- 암호 해독자는 단지 암호문 C만을 갖고 이로부터 평문 P이나 키 K를 찾아내는 방법으로 평문 P의 통계적 성질, 문장의 특성 등을 추정하여 해독하는 방법

→ 기지 평문 공격(Known-plaintext attack)
- 암호 해독자는 일정량의 평문 P에 대응하는 암호문 C를 알고 있는 상태에서 해독하는 방법으로 암호문 C와 평문 P의 관계로부터 키 K나 평문 P를 추정하여 해독하는 방법

→ 선택 평문 공격(Chosen-plaintext attack)
- 암호 해독자가 사용된 암호기에 접근할 수 있어 평문 P를 선택하여 그 평문 P에 해당하는 암호문 C를 얻어 키 K나 평문 P를 추정하여 암호를 해독하는 방법

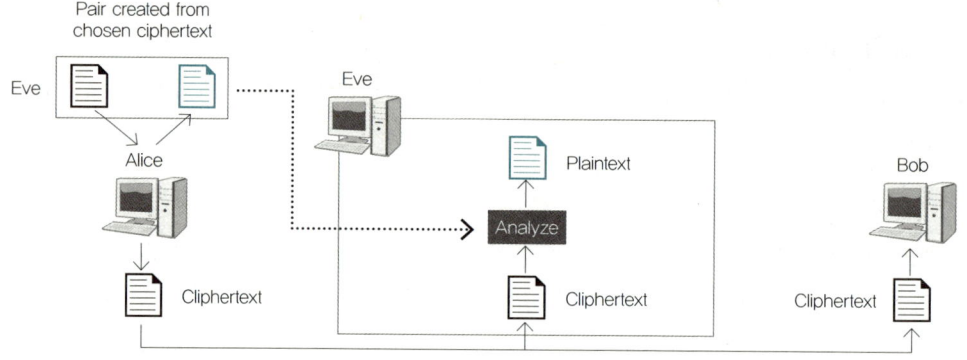

→ 선택 암호문 공격(Chosen-ciphertext attack)
- 암호 해독자가 암호 복호기에 접근할 수 있어 암호문 C에 대한 평문 P를 얻어 암호를 해독하는 방법

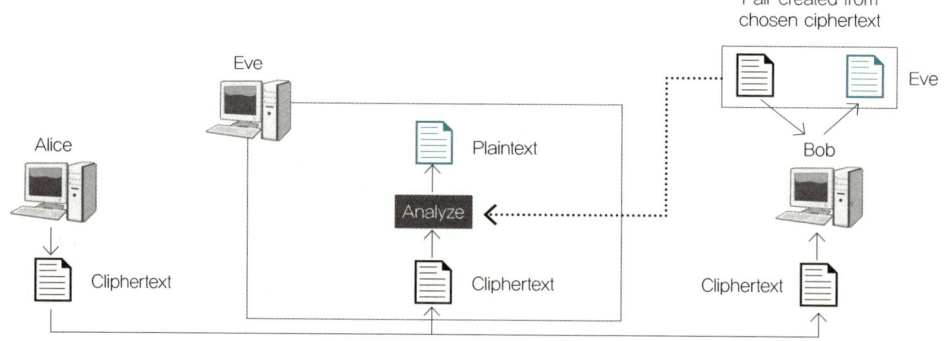

■ 안전성 개념
→ 주어진 암호 시스템의 안전성을 말할 때는 두 가지 관점이 있다.
- 첫 번째는 암호 시스템을 공격하기 위해 필요한 계산량이 매우 커 현실적으로 공격할 수 없는 경우를 계산적으로 안전하다고 말한다. 둘째는 무한한 계산능력이 있어도 공

격할 수 없는 경우를 무조건적으로 안전하다고 말한다. 암호 알고리즘 사용자가 해야 할일은 다음 두 기준 중의 하나 또는 전부를 만족하는 알고리즘을 개발하는 것이다.

- 종래의 암호는 그것을 만들 때는 안전하다고 믿었지만 거의 모두 해독되고 말았다. 그렇다면 해독 불가능한 암호를 만들 수 있는가 하는 의문이 생긴다. 여기서 우리는 암호를 해독한다는 뜻을 정확하게 할 필요가 있다. 영화나 소설에서 보듯이 적의 암호해독 방법을 훔치거나 암호사용자를 붙잡아 고문하는 방법들은 암호해독이라고는 하지 않으며, 이러한 공격에 대하여 완벽하게 안전한 암호는 존재하지 않는다. 암호해독이란 것은 주어진 암호문에 대하여 여러 가지 단편적인 정보들을 토대로 평문을 복원하는 작업이다. 새로운 암호체계의 개발 못지않게 중요한 것이 다양한 암호체계에 대한 해독 방법을 찾는 암호분석(cryptanalysis) 기술의 개발이다.

- 여러 가지 공격으로부터 암호가 안전하다는 뜻도 정확하게 할 필요가 있다. 무한의 능력을 가진 컴퓨터로 시간과 비용에 제약받지 않는 공격에 대해 안전한 암호체계는 없다고 가정한다. 그러한 암호체계가 있다 하더라도 사용하는 데 막대한 시간과 비용이 필요할 것이므로 의미가 없다고 할 수 있다. 어떤 암호체계가 안전하다고 하는 것은 컴퓨터의 능력, 시간, 비용 등을 감안할 때 현실적으로 주어진 시간 내에 그 해독 방법을 알아내기가 불가능하기 때문에 안전하다는 것이다. 안전하다고 믿어지는 암호가 갑자기 해독되는 경우도 있는데, 대부분은 새로운 수학적 발견에 의한 것이다.

- 공개키 암호체계의 안전성은 이와 같은 공격모델에 대한 안전성과는 다른 개념의 안전성이 요구되는데 크게 다음의 두 가지가 있다.

- 구별불능(indistinguishability-IND) 안전성 : 임의의 두 평문 P1, P2와 그에 대한 두 암호문 C1, C2가 있을 때, 공격자가 (P1,C1), (P2,C2)를 제대로 짝지을 수 있는 확률이 1/2보다 별로 크지 않아야 안전하다는 개념

[그림 2-31] 대칭키 암호체계

- 변조불능(nonmalleability-NM) 안전성 : (평문 P에 대한) 암호문 C가 주어졌을 때, 공격자가 C로부터 P와 관련이 있는 P'에 대한 암호문 C'을 얻어낼 수 없어야 안전하다는 개념

chapter 3. 대칭키, 공개키 암호 시스템 특징

→ 암호체계는 암호화 키와 복호화 키가 서로 '같은가' 또는 '다른가'에 따라 크게 두 가지로 분류한다. 암호화 키와 복호화 키가 서로 같은 경우 비밀키(혹은 대칭키) 암호체계라 하고, 서로 다른 경우 공개키(혹은 비대칭키) 암호체계라 한다.

■ 대칭키(비밀키) 암호 시스템

→ 대칭키 암호(Symmetric-key cryptosystem) 방식에서는 암호화에 사용되는 암호화키와 복호화에 사용되는 복호화키가 동일하다는 특징이 있으며, 이 키를 송신자와 수신자 이외에는 노출되지 않도록 비밀히 관리해야 한다.
- 우리가 일반적으로 사용하는 암호라는 의미로 '관용 암호'라고도 하며 키를 비밀히 보관해야 한다는 의미로 '비밀키 암호(Secret-key cryptosystem)'라고도 한다.
- 이 방식은 고대 암호로부터 연결된 오랜 역사를 가지고 있다.
- 대칭키 암호는 암호화 연산 속도가 빨라서 효율적인 암호 시스템을 구축할 수 있다.

→ 이 암호 방식은 알고리즘의 내부 구조가 간단한 치환과 전치의 조합으로 되어 있어서 알고리즘을 쉽게 개발할 수 있고 컴퓨터 시스템에서 빠르게 동작한다.
- 송·수신자 간에 동일한 키를 공유해야 하므로 많은 사람들과의 정보 교환 시 많은 키를 생성·유지·관리해야 하는 어려움이 있다.
- 이러한 대칭키 암호 방식은 데이터를 변환하는 방법에 따라 블록 암호와 스트림 암호로 구분된다.

→ 블록 암호(block cipher)
- 긴 평문을 일정한 길이의 블록으로 나누어 블록단위로 암호화하는 방식을 말한다.
- 64비트 단위로 암호화하는 DES(data encryption standard)와 128비트 단위로 암호화하는 AES(advanced encryption standard) 등이 대표적인 블록 암호체계이다.
- 블록암호에 들어가는 암호화키와 복호화 키는 물론 같다.

〈블록암호 알고리즘의 개념〉

→ 대표적인 블록 암호 알고리즘은 다음과 같다.
- DES(Data Encryption Standard) : DES는 대칭키 암호 중 하나인 64Bit 블록 암호이며 56Bit 비밀키를 사용한다. 1977년에 미국 NBS(National Bureau of Standards, 현 NIST)에서 이 알고리즘을 미국 표준 블록 암호 알고리즘으로 채택했다. DES는 ANSI X3.92와 X3.106 표준 및 미국 연방 정부 FIPS 46과 81 표준에 정의되어 있다.
  - 1997년 2월에 RSA사에서는 DES Challenge I를 개최했는데, 78,000대의 컴퓨터를 병렬 연결하여 96일 만에 DES의 키를 찾는 데 성공했다. 1998년 7월에 열린 DES Challenge II에서는 25만 달러의 전용 칩 EFF를 이용하여 56시간 만에 해독되었고, 1999년 1월에 열린 DES Challenge III에서는 10,000대의 컴퓨터를 병렬 연결하고 EFF 칩을 이용하여 22시간 15분 만에 DES의 해독이 가능함을 보였다. 이러한 DES Challenge의 결과들은 NIST에게 DES가 표준 블록 암호 알고리즘으로서의 생명이 끝나간다는 위기감을 심어주기에 충분했고, 이것은 새로운 블록 암호 표준 AES의 개발 사업으로 이어지게 되었다.
  - 64Bit 블록, 56Bit 키를 사용 : 키는 64Bit에서 실제로 56Bit가 사용되고 나머지 8Bit는 패러티검사(Parity Check)에 사용된다.
  - 16라운드의 Feistel 구조를 가지고, 8개의 S-Box를 사용한다.
  - 안전성
    ☞ 키 길이가 56Bit로 너무 작아 안전성에 위험

☞ S-Box에 트랩도어(trapdoor)의 존재성 여부
- S-Box : 블록 암호에서 입력값에 혼돈(confusion)을 수행하기 위해 대치(substitution)를 할 수 있게 만든 테이블
- S-Box 계산 방법 : 6bit 입력, 4비트 출력
  Sj-Box의 입력 (b1, b2, b3, b4, b5, b6)은 Sj-Box 표에서 2b1 + b6 행을 지정
  8b2 + 4b3 + 2b4 + b5는 열을 지정
  행과 열이 만나는 지점의 숫자를 2진수로 바꿔 Sj-Box 출력
  ☞ S1에 '100110' 입력 => 2*1+0 = 2행, 8*0+4*0+2*1+1=3열 => 2행 3열의 값은 8 => 출력값 '1000'

	0	1	2	3	4	5	6	7	8	9	10	11	12	13	14	15
0	14	4	13	1	2	15	11	8	3	10	6	12	5	9	0	7
1	0	15	7	4	14	2	13	1	10	6	12	11	9	5	3	8
2	4	1	14	8	13	6	2	11	15	12	9	7	3	10	5	0
3	15	12	8	2	4	9	1	7	5	11	3	14	10	0	6	13

〈 S1-Box 〉

■ DES 암호화 알고리즘

- **AES**(Advanced Encryption Standard) : AES는 미국 표준 블록 암호였던 DES의 안전성에 문제가 제기됨에 따라 2000년 새로운 미국 표준 블록 암호로 채택된 128Bit 블록 암호이다. 이 알고리즘은 128/192/256Bit 키 길이를 제공하고, 라운드 수는 키 길이에 따라 각각 10, 12, 14이다. AES는 미국 표준 블록 암호라는 이름에 걸맞게 전 세계 암호학자들로부터 많은 관심을 받아왔으며, 알고리즘이 소개된 이후 거의 매년 연구 결과가 발표되고 있다.
  - 라운드 함수 : 라운드는 네 단계의 레이어로 형성
    - ☞ 바이트 대치(ByteSub) : 비선형 레이어로 차분공격과 선형암호공격을 방어하기 위한 단계
      - 입력을 각 바이트별로 원시 다항식 $X^8 + X^4 + X^3 + X + 1$에 의해 정의되는 유한체 $GF(2^8)$의 원소를 역원에 대응시킨 후 아핀식에 의해 변환하여 얻는 단계(S-Box에 해당)
    - ☞ 행 쉬프트(ShiftRow) : 선형 혼합 단계로 라운드를 거듭할수록 비트를 산란시키는 단계
      - 4xNb 행렬로 표현되는 입력을 각 행별로 순환이동
    - ☞ 열 조합(MixColumn) : 입력 블록의 각 열에 해당하는 블록들이 서로 영향을 받도록 변환시키는 단계
    - ☞ 부분키 덧셈(Key XOR) : 각 입력블록에 부분키를 XOR 하는 단계
  - 마지막을 제외한 라운드 : ByteSub -〉 ShiftRow -〉 MixColumn -〉 Key XOR
  - 마지막 라운드 : ByteSub -〉 ShiftRow -〉 Key XOR
  - AES는 다양한 길이의 블록 길이와 키 길이를 사용할 수 있다 (128, 192, 256 Bit로 가변적)
    - ☞ 32 * Nb : 평문의 길이 (Nb : 평문 워드(32bit)의 개수)
    - ☞ 32 * Nk : 키의 길이 (Nk : 키 워드(32bit)의 개수)
    - ☞ Nr : 라운드 수
  - 블록 길이와 키 길이에 따른 라운드 수

Nr	Nb=4	Nb=6	Nb=8
Nk=4	10	12	14
Nk=6	12	12	14
Nk=8	14	14	14

- **SEED** : SEED는 전자 상거래, 금융, 무선 통신 등에서 전송되는 개인 정보와 같은 중요한 정보를 보호하기 위해 1999년 2월 한국인터넷진흥원과 국내 암호 전문가들이 순수 국내 기술로 개발한 128Bit 블록 암호이다. 1999년에는 128Bit 비밀키를 지원하는 SEED 128이 개발되었으며, 암호 알고리즘 활용성 강화를 위해 2009년 256Bit 비밀키를 지원하는 SEED 256이 개발되었다. SEED 128은 1999년 9월 정보통신단체표준(TTA)으로 제정되었으며, 2005년에는 국제 표준화 기구인 ISO/IEC 국제 블록 암호, IETF 표준으로 제정되었다.
  - SEED-128(Feistel 구조) : 128비트의 평문 블록과 128비트 키를 입력으로 사용, 16라운드를 거쳐 128비트 암호화 블록 출력
  - SEED-256(Feistel 구조) : 128비트의 평문 블록과 256비트 키를 입력으로 사용하여, 24라운드를 거쳐 128비트 암호문 블록을 출력
  - 라운드키 생성과정 :
    - ☞ SEED-128 : 128비트 암호화키를 64비트씩 좌우로 나누어 교대로 8비트씩 좌/우로 회전이동한 후 결과의 4워드들에 대한 간단한 산술연산과 G함수를 적용
    - ☞ SEED-256 : 256비트 암호화키를 아래 그림과 같은 과정을 수행하여 24라운드에 대한 각각의 라운드 키를 생성한다. 8개의 레지스터를 사용하고, 128비트 단위 순환 이동 연산을 사용한다.

〈128비트 블록 암호 알고리즘(SEED) 개발 및 분석 보고서, SEED-256 알고리즘 사양 및 세부 명세, KISA〉

- HIGHT(HIGh security and light weigHT) : HIGHT는 RFID, USN 등과 같이 저전력·경량화를 요구하는 컴퓨팅 환경에서 기밀성을 제공하기 위해 2005년 KISA, ETRI 부설 연구소 및 고려대가 공동으로 개발한 64Bit 블록 암호이다.
  - 이 알고리즘은 2006년 12월 정보통신단체표준(TTA)으로 제정되었으며, 2010년 ISO/IEC 국제 블록 암호 표준으로 제정되었다.
- 블록암호 알고리즘의 종류와 특징

구분	개발국	개발년도	특징	블록크기	키 길이	라운드 수
DES	미국	1972	NIST에서 표준으로 공표	64	56	16
IDEA	유럽	1990	PGP 채택	64	128	8
Rijndael	벨기에		AES알고리즘으로 선정	128	128,192,256	10,12,14
SEED	한국	1999	한국 표준 블록암호 알고리즘	128	128	16
Crypton	한국	1998		128	0-256	12
RC5	미국	1994	알고리즘 구현 간단, 빠른 속도	64	0-256	16
FEAL	일본	1987	SW 구현에 적합	64	64	4
MISTY	일본	1996	차분/선형공격에 안전성 증명구조	64	128	8
SKIPJACK	미국	1990	Fortezza 카드에 사용	64	80	32

→ 스트림 암호(stream cipher)
- 스트림 암호는 블록 단위로 암·복호화되는 블록 암호와는 달리 이진화된 평문 스트림과 이진 키스트림 수열의 XOR 연산으로 암호문을 생성하는 방식이다.
  - 이러한 스트림 암호는 키스트림 수열이 평문과 관계없이 생성되어 동기식으로 사용해야만 하는 '동기식 스트림암호'와 키스트림 수열이 평문 혹은 암호문으로부터의 함수 관계에 의해 생성되기 때문에 복호화 시 동기가 흐트러졌더라도 스스로 동기화가 이루어져서 복호화가 가능한 '자기 동기식 스트림 암호'가 있다.
  - 1970년대부터 유럽을 중심으로 발달한 스트림 암호는 주기, 선형 복잡도 등 안전성과 관련된 수학적 분석이 가능하고 알고리즘 구현이 쉬운 특징이 있으며, 군사 및 외교용으로 많이 사용되고 있다. 스트림 암호는 구현 여건이 제약되는 이동 통신 환경에서도 구현이 용이하여 이동 통신 등의 무선 데이터 보호에 많이 사용된다.

- 평문을 1비트 단위로 암호화하는 방식을 말한다. 스트림 암호는 키를 키스트림 생성기라는 알고리즘에 입력하여 발생되는 1비트 키의 무한수열로 평문을 암호화한다.
    - OTP(one-time pad)도 스트림 암호의 일종이며, 축소 생성기(shrinking generator) 등 다양한 키스트림 생성기들이 사용되고 있다.

- 대표적인 스트림 암호 알고리즘은 다음과 같다.

〈 스트림 암호 〉

- A5/1, A5/2, A5/3
    - GSM(Global System for Mobile communication)은 유럽 국가를 기준으로 하여 중국, 러시아, 인도 등 전 세계적으로 널리 채택되어 2004년 세계 이동 통신 가입자 중 70% 이상이 사용하는 이동 통신 방식이다.
    - A5/1, A5/2, A5/3는 GSM에서 데이터를 암·복호화할 때 사용되는 스트림 암호이다.
    - A5/1은 OECD에 가입된 유럽 국가에서만 사용되는 알고리즘이고, A5/2는 OECD에 가입되지 않은 국가에서 사용되는 알고리즘이다. A5/3는 A5/1과 A5/2의 안전성이 취약한 것으로 드러나면서, 이들을 대신하여 사용하기 위해 개발된 알고리즘이다.

- **공개키**(비대칭키) **암호 시스템**
→ 공개키 암호는 비밀키 암호와 달리 송신자와 수신자가 다른 키를 사용하여 비밀 통신을 수행한다.
  - 송신자는 수신자의 공개키에 해당하는 정보를 사용하여 데이터를 암호화하여 네트워크를 통해 전송한다.
  - 수신자는 자신의 공개키에 해당하는 비밀키로 암호화된 데이터를 복호화하여 평문을 복원한다.
→ 공개키 암호는 다른 유저와 키를 공유하지 않더라도 암호를 통한 안전한 통신을 한다는 장점을 갖는다.
  - 각 사용자는 자신에게 전송하기 위해 사용될 키를 공개하고, 공개된 키 정보로 암호화된 정보를 복호화할 수 있는 키를 비밀로 보유하고 있음으로써 누구나 암호화할 수 있지만 공개키에 대응되는 비밀키를 가진 당사자만 복호화할 수 있는 특징을 가진다.
  - n명의 사용자로 구성된 네트워크를 고려하면 각 사용자는 공개키와 비밀키 두 개를 보유하고 있으므로 네트워크 전체적으로 2n개의 키가 요구된다. 그리고 각 유저는 2개의 키만 보유하고 있으면 된다.
→ 공개키 암호는 수학적인 난제를 기반으로 설계되어 있고, 암호화나 복호화를 수행하기 위한 연산이 복잡한 수학 연산을 기반으로 구성되기 때문에 효율성은 비밀키 암호에 비해 높지 않다.
  - 공개키 암호의 경우에는 모두가 확인할 수 있는 공개키에 대응되는 비밀키가 각 사용자만 알고 있는 정보이기 때문에 광범위한 인증 기능이 제공된다.

〈공개키 암호체계〉

	공개키 암호방식
암호키 관계	암호화키 ≠ 복호화키
암호화 키	공개
복호화 키	비밀
암호 알고리즘	공개
비밀키 수	2n
안전한 인증	용이
암호화 속도	저속

〈공개키 암호화 방식〉

→ 대표적인 공개키 암호 알고리즘

구분	종류
인수분해문제기반 (Factoring Problem)	RSA, Rabin
유한체 이산대수문제기반 (Discrete logarithm Problem)	ElGamal, XTR, DSA
타원곡선 이산대수문제기반	ECC (Elliptic Curve Cryptosystem)
부호이론문제	McEliece Cryptosystem
배낭문제 (Subset-sum)	Merkle-Hellman Knapsack
격자이론	NTRU
매듭이론	Braid-Group Cryptosystem

- RSA(Rivest, Shamir and Adleman) : RSA는 공개키 암호 시스템으로 암호화와 인증에 사용된다. RSA는 일반 정수론적인 면에서 정의되었다. 이 시스템은 큰 수의 인수분해의 어

려움에 안전성을 두고 있다. 전자 서명의 길이는 RSA 시스템에서의 키 길이와 같다. RSA 시스템을 깨는 문제가 인수분해 문제로 귀결된다는 완전한 수학적 증명의 부족과 인수분해 문제가 NP-hard임에도 불구하고, RSA는 수많은 국제기구의 표준일 뿐만 아니라 산업 표준으로 권장되고 있다.

- ElGamal : 이산 대수 문제의 어려움에 기반을 둔 최초의 공개키 암호 알고리즘인 ElGamal는 1984년 스탠퍼드 대학의 암호 학자 T. ElGamal에 의해 제안되었다. ElGamal로 암호화하면 메시지의 길이가 두 배로 늘어나는 특징이 있다. 하지만 암호화할 때 난수를 이용하므로 같은 메시지에 대해 암호화해도 암호화할 때마다 서로 다른 암호문을 얻게 되는데, 이것은 정보보호 측면에서 큰 장점이 된다. RSA에서는 난수를 사용하지 않기 때문에 같은 메시지에 대한 암호문은 항상 같다는 특징이 있는데, 이것은 공격자가 암호문을 복호화하지 않고도 평문을 추측할 수 있는 단점이 된다. 그러므로 실제 적용 시 RSA는 난수를 사용하는 OAEP(Optimal Asymmetric Encryption Padding)이라는 난수화 패딩 알고리즘과 함께 사용된다.

- ECC(Elliptic Curve Cryptosystem, 타원 곡선 암호 시스템) : 타원 곡선(Elliptic Curves)은 약 150년 전부터 수학적으로 광범위한 연구가 있어 왔다. ECC는 10여 년 전 비트당 안전도가 타 공개키 시스템보다 효율적이라는 것이 알려졌고, 최근 높은 속도의 구현이 가능하게 되었다. 또한, ECC는 전원의 양이 한정된 이동 통신 기기의 암호화에 적용될 수 있으며, 차세대 공개키 암호 방법으로 주목받고 있다.

- 전자 서명(Digital signature) : 전자 서명(Digital Signature)은 우리가 일상생활에서 신원을 확인하거나 거래를 하려고 할 때 주민등록증이나 인감 날인 또는 서명 등이 필요하듯이, 인터넷 상에서도 이를 확실히 보장해 주는 수단이 바로 전자 서명이다. 즉, 전자 서명은 인증서 형태로 발급되는 자신만의 디지털 인감이며 서명인 것이다. 결국, 전자 서명은 어떤 사람이 그 문서를 작성했다는 것을 증명하는 방법이므로 전자 서명을 하기 위해서는 어떤 문서에 그 문서를 자신의 개인키로 암호화해서 첨부하는 것이다. 이렇게 암호화된 것은 공개키에 의해서 복호화되어서 원문과 비교될 수 있다. 그러므로 이 방법을 사용하면 어떠한 사람이 서명했다는 것을 증명할 수 있다.
    - 전자 서명은 DSA(Digital Signature Algorithm), RSA Signature, ECDSA (Elliptic Curve Digital Signature Algorithm)이 주로 사용된다. DSA는 미국 연방 표준 FIPS 186에 명시되어 있

으며 1,024~15,360 사이의 키 사이즈를 가지며 메시지 다이제스트 함수인 SHA-256/384/512 등을 이용하여 구성된다. RSA 서명은 ANSI X9.31 또는 PKCS#1 v1.5 이상의 문서에 명시되어 있으며 키 사이즈는 1024비트부터 256비트씩 증가하고, 두 개의 표준은 다른 포맷을 가진다. ECDSA는 미국 연방 표준 FIPS 186인 DSA를 타원 곡선에 적용한 것으로 ANSI X9.62로 표준화되어 있으며 국제적으로 가장 널리 사용되고 있다. 국내에서도 기존의 전자 서명 표준인 KCDSA의 타원 곡선 변형을 EC-KCDSA라는 이름으로 2006년 TTA 표준으로 제정한 바 있다. 또한 미 연방 정부 표준이 FIPS 186-2에서는 X9.62 표준을 그대로 따르되, 다만 연방 정부용으로 사용하기 위한 권장 곡선을 추가로 제공하고 있으며 최소 160비트 이상의 키 사이즈를 가진다.

- PKCS는 미국의 RSA 사가 개발한 암호 작성 시스템으로 이는 애플, 마이크로소프트, DEC, 로터스, 선, MIT 등 컨소시엄 공동으로 개발한 것이다. PKCS는 인터넷 상에서 안전한 정보 교환을 이루기 위해 산업계 내부에서 사용되는 일련의 비공식 표준 프로토콜이며, PKCS 표준은 PKCS#1부터 PKCS#15까지 있다. 여기에는 RSA 암호화, 패스워드 기반의 암호화, 확장된 인증서 구문법, 이메일 보안용으로 RSA가 제안한 S/MIME를 위한 암호 메시지 구문법, 안전이 보장된 전자 우편을 위한 표준 등이 포함되어 있다.

    ☞ PKCS#1 : RSA Cryptography Standard.
    ☞ PKCS#2 : PKCS#1에 통합됨.
    ☞ PKCS#3 : Diffie-Hellman Key Agreement Standard.
    ☞ PKCS#4 : PKCS#1에 통합됨.
    ☞ PKCS#5 : Password-based Encryption Standard.
    ☞ PKCS#6 : Extended-Certificate Syntax Standard.
    ☞ PKCS#7 : Cryptographic Message Syntax Standard.
    ☞ PKCS#8 : Private-Key Information Syntax Standard.
    ☞ PKCS#9 : Selected Attribute Types.
    ☞ PKCS#10 : Certification Request Syntax Standard.
    ☞ PKCS#11 : Cryptographic Token Interface Standard.

☞ PKCS#12 : Personal Information Exchange Syntax Standard.
☞ PKCS#13 : Elliptic Curve Cryptography Standard.
☞ PKCS#14 : Pseudo-random Number Generation.
☞ PKCS#15 : Cryptographic Token Information Format Standard.

■ 대칭키 암호화와 공개키 암호화 방식의 비교

구분	대칭키 암호 알고리즘	공개키 암호 알고리즘
특징	암호화 키와 복호화 키가 동일	암호화 키와 복호화 키가 다름
장점	암호화 및 복호화 속도가 빠름	암호화 및 복호화 속도가 느림
단점	키 관리의 어려움 키분배의 문제 다양한 응용이 어려움	암호화 및 복호화 속도가 느림
사례	SEED, DES, 3DES, AES, RC4	RSA, ElGamal, ECC

■ 혼합 암호 방식

→ 대칭키 암호 알고리즘과 공개키 암호 알고리즘을 혼합한 방식으로, 공개키 암호를 사용하여 비밀키를 분배하고 분배받은 비밀키로 대칭키 암호를 사용하여 메시지를 전송한다.

〈 혼합 암호 방식 구조도 〉

4.2 해시함수와 응용

chapter 1. 해시함수 일반

- **해시함수**(Hash function)
→ 해시함수는 임의의 길이를 갖는 메시지를 입력 받아 고정된 길이의 해시값을 출력하는 함수이다.
  - 암호 알고리즘에는 키가 사용되지만, 해시함수는 키를 사용하지 않으므로 같은 입력에 대해서는 항상 같은 출력이 나오게 된다. 이러한 함수를 사용하는 목적은 입력 메시지에 대한 변경할 수 없는 증거 값을 뽑아냄으로서 메시지의 오류나 변조를 탐지할 수 있는 무결성을 제공하는 목적으로 주로 사용된다.
→ 해시함수는 전자 서명과 함께 사용되어 효율적인 서명 생성을 가능하게 한다.
  - 긴 메시지에 대해 서명을 하는 경우, 전체 메시지에 대해 직접 서명을 하는 것이 아니고 짧은 해시값을 계산해 이것에 대해 서명을 하게 된다.
  - 공개키 연산은 많은 계산량을 필요로 하기 때문에 전체 메시지를 공개키 길이의 블록 단위로 나누어 모든 블록에 대해 서명을 하는 것은 매우 비효율적이다.
  - 먼저 메시지를 입력 받아 짧은 해시값을 계산하고, 이것에 대해 한 번의 서명 연산을 하는 것이다. 이 계산 값은 원래의 메시지에 대한 서명으로 인정된다.
→ 해시값에 대한 서명이 원 메시지에 대한 서명으로 인정되기 위해서는 같은 해시값을 갖는 또 다른 메시지를 찾아내기가 계산적으로 어려워야 한다.
  - 해시함수는 임의의 길이의 입력으로부터 짧은 길이의 해시값을 출력하므로 입력은 서로 다르지만 같은 출력을 내는 충돌이 반드시 존재한다.
  - 만일 같은 해시값을 갖는 다른 메시지를 찾아내기가 쉽다면, 서명자는 자신의 서명에 대해 다른 메시지에 대한 서명이라고 우길 수 있을 것이다.

- 이것이 가능하다면, 전자 서명에 대한 신뢰가 불가능하고 전자 거래에 사용할 수 없게 될 것이다. 그러므로 안전한 해시함수로 사용될 수 있기 위해서는 충돌을 찾아내기 어렵다는 특성을 가져야 한다.

→ 해시함수는 전자 서명에 사용된다고 했는데, 이것은 서명자가 특정 문서에 자신의 개인 키를 이용하여 연산함으로서 데이터의 무결성과 서명자의 인증성을 함께 제공하는 방식이다.
- 메시지 전체에 대해 직접 서명하는 것은 공개키 연산을 모든 메시지 블록마다 반복해야 하기 때문에 매우 비효율적이다.
- 따라서 메시지에 대한 해시값을 계산한 후, 이것에 대해 서명함으로서 매우 효율적으로 전자 서명을 생성할 수 있다.
- 서명자는 메시지 자체가 아니라 해시값에 대해 서명을 했지만 같은 해시값을 갖는 다른 메시지를 찾아내는 것이 어렵기 때문에, 이 서명은 메시지에 대한 서명이라고 인정된다.

→ 송신자의 신분에 대한 인증이 필요 없고, 데이터가 통신 중 변조되지 않았다는 무결성만이 필요한 경우에는 해시함수를 메시지인증코드(MAC, Message Authentication Code)라는 형태로 사용할 수 있다.
- 송신자와 수신자가 비밀키를 공유하고 있는 경우, 송신자는 메시지와 공유된 비밀키를 입력으로 하여 해시값을 계산하면 메시지인증코드가 된다.
- 메시지와 함께 메시지인증코드를 함께 보내면 수신자는 메시지가 통신 도중 변조되지 않았다는 확신을 가질 수 있다.

→ 대표적인 해시함수는 다음과 같다.
- SHA(Secure Hash Algorithm) : 최초의 알고리즘은 1993년 미국 국가 안전 보장국(NSA)이 설계했으며, 미국 표준 기술 연구소(NIST)에 의해 SHS(Secure Hash Standard, FIPS PUB 180)으로 출판되었으며, 다른 함수들과 구별하기 위해 보통 SHA-0으로 불린다. 2년 후 SHA-0의 압축 함수에 비트 회전 연산을 하나 추가한 SHA-1(FIPS PUB 180-1)이 발표되었으며, 그 후에 네 종류의 변형, 즉 SHA-224, SHA-256, SHA-384, SHA-512(FIPS PUB 180-2)가 추가로 발표되었다. 이들을 통칭해서 SHA-2라고 하기도 한다. SHA-1은 SHA 함수들 중 가장 많이 쓰이며, TLS, SSL, PGP, SSH, IPSec 등 많은

보안 프로토콜과 프로그램에서 사용되고 있다. 하지만 최근 SHA-0과 SHA-1에 대한 분석 결과가 발표됨에 따라 SHA-2를 사용할 것이 권장되고 있다.
- HAS-160 : 국내에서 개발된 대표적인 해시함수인 HAS-160은 2000년 12월 국내 해시함수 표준(TTAS.KO-12.0011/R1)으로 채택되었다. HAS-160의 설계 원리는 SHA-1의 설계 사상이 유사하지만, 메시지 확장 과정이 기존의 MD계열 해시함수와는 차이가 있어, 최근 제안된 다양한 해시함수 분석 기법에 대하여 아직까지는 안전성을 갖고 있다.

■ **해시함수**(Hash function) **성질**
→ 임의의 길이 메시지로부터 고정 길이의 해시값을 계산한다.
- 해시함수는 어떠한 크기의 메시지라도 크기에 관계없이 입력으로 사용할 수 있어야 한다. 그리고 어떤 길이의 메시지를 입력으로 주더라도 짧은 해시값을 생성하지 않으면 의미가 없다.
- 이용의 편의성을 생각하면, 해시값은 짧고 고정 길이인 것이 바람직하다.

→ 해시값을 고속으로 계산할 수 있다.
- 해시값을 구하기 위해 걸리는 시간은 가능한 한 짧아야 한다. 메시지가 길어서 해시값을 구하는 시간이 길어지는 것은 어쩔 수 없지만, 현실적인 시간 내에 계산할 수 없다면 소용이 없다.

→ 메시지가 다르면 해시값도 다르다.
- 무결성을 보장하기 위해 사용하려면 특정 메시지의 내용 중 1비트라도 변화되면 해시값은 매우 높은 확률로 다른 값이 되지 않으면 안 된다.
- 만약 어떤 해시함수로부터 얻어지는 해시값을 변화시키지 않고, 메시지를 간단히 변경할 수 있다고 하면, 그 해시함수는 무결성 확인에는 사용할 수 없다.
- 두 개의 다른 메시지가 같은 해시값을 갖는 것을 충돌(collision)이라고 한다.
- 일방향 해시함수를 무결성 확인에 사용하기 위해서는 충돌이 발견되어서는 안 된다.

→ 일방향성을 갖는다.
- 해시값으로부터 메시지를 역산할 수 없다는 성질이다.
- 메시지로부터 해시값을 계산하는 것은 간단히 할 수 있어도, 해시값으로부터 메세지를 계산하는 것은 할 수 없다.

- **해시함수**(Hash function) **사용**

→ 전자서명
- 전자서명 시 짧은 길이의 해시값에 서명하므로 효율성 제공 및 동일한 서명 효과를 얻기 위해 사용

→ 메시지 무결성
- 메시지와 해시값을 같이 저장하면 메시지가 변경되지 않고 무결성이 유지하고 있다는 것을 보증

→ 패스워드 안전성 유지
- 패스워드 저장 시 해시값으로 저장하고, 패스워드 인증은 입력한 값의 해시값을 계산하여 저장하고 있는 해시값과 비교하여 패스워드를 인증
- Unix나 Linux에서 passwd 파일에 접근하더라도 해시값의 일방향 특성 때문에 계정의 패스워드를 알 수 없음

- **해시함수**(Hash function) **분류**

구 분	기 반	종 류
키가 없는 해시함수(메시지만 사용)	블록 암호 기반	Whirlpool, MDC, Davies-Meyer, Matyas-Meyer-Oseas 등
	전용 해시함수	MD, SHA, RIPEMD, HAVAL, HAS-160 등
	모듈 연산(압축 함수 기반)	MASH-1, MASH-2
키를 사용한 해시함수	블록 암호 기반	MAC
	해시함수 이용	HMAC
	전용 메시지 인증	MAA

chapter 2. 전용 해시함수별 특징

전용 해시함수란 블록 암호 혹은 모듈 연산과 같은 기존의 시스템 성분들을 다시 이용하지 않고 해시만을 목적으로 최적화된 수행을 하도록 디자인된 해시함수이다.

- **MD4**
  → MD4는 Rivest가 1990년에 만든 일방향 해시함수로 128비트의 해시값을 갖는다. 그러나 Dobbertin에 의해 MD4의 해시값의 충돌을 발견하는 방법이 고안되어 현재는 안전하다고 할 수 없다.
  → MD4의 설계 원칙
    - 수학적인 가정 없이 안전한 해시함수를 설계한다.
    - 해시함수의 수행속도는 가능한 빨라야 한다. 특히, 소프트웨어로 구현했을 때의 속도를 고려한다.
    - 알고리즘은 단순하며 구현이 용이해야한다.
    - little-endian 구조(word의 최하위 바이트가 low-address 바이트 위치에 있는 구조)를 고려한 알고리즘을 설계한다.

- **MD5**
  → 128비트 출력
  → 512비트 블록 단위로 처리
  → 4라운드 64단계로 구성
  → MD4와 MD5의 차이
    - MD4는 16단계의 3라운드를 사용하나 MD5는 16단계의 4라운드를 사용한다.
    - MD4는 각 라운드에서 1번씩 3개의 기약함수를 사용한다. 그러나 MD5는 각 라운드에서 1번씩 4개의 기약 논리 함수를 사용한다.
    - MD4는 마지막 단계의 부가를 포함하지 않지만, MD5의 각 단계는 이전 단계의 결과에 부가된다.

- **SHA-1, SHA-256, SHA-384, SHA-512**
  → SHA(Secure Hash Algorithm)는 NIST(National Institute of Standards and Technology)에서 만들어진 160비트의 해시값을 갖는 일방향 해시함수이다.
    - 1993년에 미국의 연방 정보처리표준규격(FIPS PUB 180)으로서 발표된 것을 SHA라 부르고, 1995년에 발표된 개정판 FIPS PUB 180-1을 SHA-1이라 부른다.

→ SHA-256, SHA-384, SHA-512도 NIST에서 만들어진 일방향 해시함수로 각각 256비트, 384비트, 512비트의 해시값을 갖는다. 이들 일방향 해시함수를 한데 묶어 SHA-2라고 부르기도 한다.

	SHA-1	SHA-256	SHA-384	SHA-512
메시지 다이제스트 길이	160	256	384	512
메시지 길이	$<2^{64}$	$<2^{64}$	$<2^{128}$	$<2^{128}$
블록 길이	512	512	1024	1024
단어 길이	32	32	64	64
단계 수	80	64	80	80
메시지 다이제스트 길이에 대해 생일공격 시 한 번의 충돌이 나타나는 데 필요한 횟수	80	128	192	256

→ 2012년 NIST에서는 SHA-3 해시알고리즘으로 케착(keccak)을 최종 선정하였다.

■ RIPEMD-160

→ 21워드 입력 값을 5개의 워드 출력 값으로 변환시킨다.
  ■ 각 입력블록은 동시에 각기 다른 압축 함수에 의해 실행된다.
→ 임의의 길이의 메시지를 512비트-블록 단위 처리
→ 160비트 출력

■ 해시함수 비교

	MD5	SHA-1	RIPEMD-160
다이제스트 길이	128비트	160비트	160비트
처리의 기본 단위	512비트	512비트	512비트
단계 수	64(16번의 4라운드)	80(20번의 4라운드)	160(16번의 5병행 라운드)
최대 메시지 크기	unlimited	$2^{64}-1$비트	$2^{64}-1$비트
기약 논리 함수	4	4	5
덧셈 상수	64	4	5
Endianness	Little-endian	Big-endian	Little-endian

chapter 3. 메시지 인증 코드(MAC)

- **정의**
→ 임의 길이의 메시지를 암호화 비밀키를 사용하여 고정된 출력 값을 얻는 해시함수
  - MAC에 의한 출력 = MAC 값
  - 송신자와 수신자가 사전에 비밀키를 공유
  - 메시지 무결성과 메시지 인증을 동시 수행
  - 계산의 용이성, 압축성, 계산 저항성을 만족해야 한다.
    - 계산의 용이성 : 키와 입력된 값에 대해 계산하기 쉬워야 한다.
    - 압축성 : 고정된 n비트의 값을 출력해야 한다.
    - 계산 저항성 : 주어진 값에 대해 다른 값을 찾는 것이 계산적으로 불가능해야 한다.
  - 사용 : 인증과 무결성 확인
    - SWIFT(Society for Worldwide Internet Financial Telecommunication/국제은행간 통신협회)
    - IPSec
    - SSL/TLS

- **블록암호에 기반한 MAC**
→ CBC-MAC
  - 가장 널리 사용되는 메시지 인증 알고리즘으로 블록 암호에 기반을 두고 있다.
  - DES를 CBC 모드에서 사용하여 해시함수를 만드는 방법
  - Key의 Bit는 56Bit
  - 국제 표준 ISO 8731-1에 DES를 이용한 MAC이 정의되어 있다.

→ HMAC (Hashed MAC)
- Bellare, Canetti, Krawczyk이 제안한 메시지와 암호키를 포함하여 해시함수를 적용하여 MAC 값을 얻는다.
- HMAC은 초기치가 고정된 해시함소를 기반으로 하며 비밀키 K를 사용한다.
- HMAC은 메시지 다이제스트를 이용하여 만드는 MAC이다.
- HMAC은 메시지 다이제스트와 비밀키 개념을 통합한 개념으로 무결성 및 안정성을 제공한다.
- 메시지 인증값을 메시지 압축코드를 사용한다는 점 외에 MAC 방법과 동일하다.
- HMAC 구조

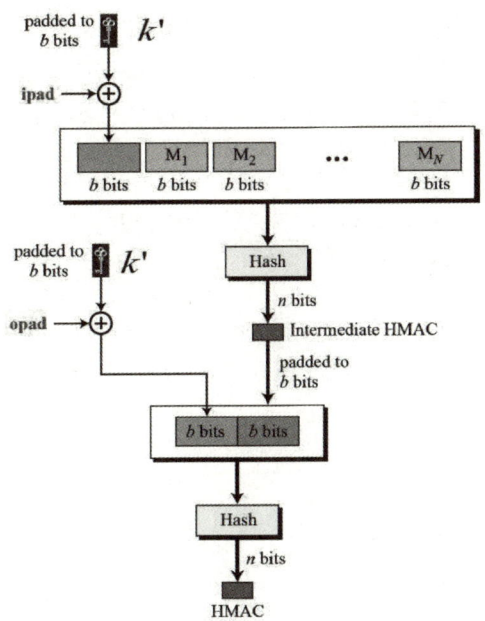

- **전용 메시지 인증 알고리즘**(MAA)
→ 메시지 인증 알고리즘 MAA는 1983년 MAC 알고리즘을 32비트 하드웨어에 알맞도록 개선한 것으로 전반적으로 32비트 연산으로 이루어져 있다.
- 두 개의 병렬적이며 상호 의존적인 연산 구조로 이루어져 있다
- 메시지는 연결된 변수의 8byte를 사용해 4byte 블록으로 처리한다.

chapter 4. 전자서명

- **전자서명**(Digital Signature)
→ 서명자를 확인하고 서명자가 해당 전자문서에 서명하였음을 증빙
→ 서명의 검증자 또는 제 3자에 의한 서명 위조, 서명 행위의 부인, 전송 사실의 부인과 같은 부정행위를 방지할 수 있다.
→ 전자서명의 조건
  - 위조 불가 : 정당한 서명자만이 전자 서명을 생성할 수 있어야 한다.
  - 서명자 인증 : 누구든지 검증할 수 있어야 한다.
  - 부인 불가 : 서명후에 자신의 서면 사실을 부인할 수 없어야 한다.
  - 변경 불가 : 서명한 문서의 내용은 변경될 수 없어야 한다.
  - 재사용 불가 : 다른 전자문서의 서명으로 재사용될 수 없어야 한다.
    - cut-and-paste : 서명은 메시지에 의존해야 한다.
    - reuse as a whole : 서명에 타임스탬프를 포함해야 한다.
→ 일반서명과 전자서명의 차이
  - 전자 서명은 수학적으로 서명자를 검증
  - 전자 서명은 문서와 별도로 존재(일반 서명은 문서에 존재)

- **공개키 방식 전자서명**
→ 일반적인 전자서명 방식으로 비밀키와 공개키를 생성하여 공개키를 활용하여 전자서명에 대한 인증(검증)을 하는 방식이다.
  - 공개키 방식 전자서명 종류
    - RSA
    - Elgamal
    - DSS(전자서명표준), KCDSA
    - NyBerg-Rueppel
    - EC-DSA, EC-KCDSA

→ RSA 암호방식의 전자서명
  - Key 생성 등은 RSA 암호 알고리즘과 동일하다

〈 RSA 전자서명 구조 〉

→ ElGamal 암호방식의 전자서명
- Key 생성 등은 ElGamal 암호 알고리즘과 동일하다.

〈 ElGamal 전자서명 구조 〉

→ DSA 암호방식의 전자서명
- DSA(Digital Signature Algorithm)는 1991년 NIST에서 전자서명표준(DSS)으로 제안된 알고리즘 (FIPS 186)
- ElGamal 전자 서명을 개량한 방식 서명과 검증에 소요되는 시간 및 계산량을 줄인 방식이다.

〈 DSA 전자서명 구조 〉

→ KSDSA
- 국내 표준으로 DSA 방식과 유사하며 이산대수문제를 기반으로 한다.
- Korea Cerificate-based Digital Signature Algorithm으로 1998년 국가 표준으로 채택되었고 2008년에 개정되었다.

〈 KSDSA 전자서명 구조 〉

MEMO

MEMO

제**3**편

⟨NCS 보안로그 분석 5수준⟩
보안관제 운용
1, 2, 3급 공통

주요항목	세부항목	세세항목
1. 보안관제 시스템 운영	1. 방화벽 운영	1. 방화벽 기능 및 작동원리 2. 방화벽 탐지 로그 분석 3. 방화벽을 이용한 관제기술
	2. ESM 운영	1. ESM 기능 및 작동원리 2. ESM 탐지 로그 분석 3. ESM을 이용한 관제기술
	3. IPS 및 TMS 운영	1. IPS/TMS 기능 및 작동원리 2. IPS/TMS 탐지 로그 분석 3. IPS/TMS를 이용한 관제기술
	4. DDoS 대응장비 운영	1. DDoS 장비 기능 및 작동원리 2. DDoS 장비 탐지 로그 분석 3. DDoS 장비를 이용한 관제기술
	5. WIPS 운영	1. WIPS 장비 기능 및 작동원리 2. WIPS 장비 탐지 로그 분석 3. WIPS 장비를 이용한 관제기술
2. 보안 및 지원 시스템 운영	1. 백신	1. 백신 시스템 기능 및 작동원리 2. 백신 시스템 탐지 로그 분석 3. 백신 시스템 장비를 이용한 관제기술
	2. NAC 시스템	1. NAC 시스템 기능 및 작동원리 2. NAC 시스템 탐지 로그 분석 3. NAC 시스템 장비를 이용한 관제기술
	3 매체제어 시스템 등	1. 매체제어 시스템 기능 및 작동원리 2. 매체제어 시스템 탐지 로그 분석 3. 매체제어 시스템 장비를 이용한 관제기술 4. 기타 시스템을 이용한 보안
3. 네트워크 보안	1. 네트워크 일반	1. TCP/IP 일반 및 OSI 7 레이어 2. 네트워크 장비 이해 3. 네트워크 기반 프로그램 활용
	2. 네트워크 기반 공격 이해	1. 서비스 거부(Dos) 공격 및 DDoS 공격 2. IP spoofing과 Session hijacking의 원리 및 실제 3. 각종 공격의 인지 및 이해 4. Trojan, Exploit 등 식별, 대처

제 1장
보안관제 시스템 운영

1.1 방화벽 운영

chapter 1. 방화벽 기능 및 작동원리

■ **방화벽의 기본 개념 및 운영**
→ 기업이나 조직의 모든 정보가 컴퓨터에 저장되면서, 컴퓨터의 정보 보안을 위해 외부에서 내부, 내부에서 외부의 정보통신망에 불법으로 접근하는 것을 차단하는 시스템이다.
→ 기업이나 조직 내부의 네트워크와 인터넷 간에 전송되는 정보를 선별해 수용, 거부, 수정하는 능력을 가진 보안 시스템을 말한다. 외부 인터넷과 조직 내부의 전용통신망 경계에 건물의 방화벽과 같은 기능을 가진 시스템, 즉 라우터나 응용 게이트웨이 등을 설치해 모든 정보의 흐름이 이들을 통해서만 이루어진다.
→ 전용통신망에 불법 사용자들이 접근해 컴퓨터 자원을 사용 또는 교란하거나 중요한 정보들을 불법으로 외부에 유출하는 행위를 방지하는 것이 목적이다. 모든 정보가 컴퓨터에 저장되고 컴퓨팅 환경 또한 다양하고 복잡해지면서 정보를 보호하는 일이 급선무로 떠오르자 이에 대한 대책으로 개발했다.
→ 원리는 허가된 사용자 외에는 접근 자체를 차단하는 것으로, 현재까지 정보통신망의 불법 접근을 차단할 수 있는 가장 기본적인 대책이다. 그것은 다양한 컴퓨터 시스템들이 각기 다른 운영체제에서 움직이며, 각 시스템이 안고 있는 보안의 문제점도 서로 다르기 때문에 호스트 컴퓨터마다 일정한 수준의 보안 능력을 부여하기는 어렵기 때문이다.
→ 방화벽의 등장은 인트라넷과 긴밀히 관련되어 있다. 방화벽과 인트라넷의 관계를 흔히 공생관계라고 한다. 즉 방화벽이 없는 인트라넷이란 대문 없는 집과 같고, 인트라넷이 구현되지 않는 네트워크에서 방화벽의 존재 또한 의미가 없기 때문이다. 따라서 인트라넷의 열풍은 방화벽 시장을 활성화시키는 촉매제 역할을 하고 있다.
→ 방화벽은 아래와 같이 기본적으로 내부 사설 아이피와 외부의 공인 아이피를 연결한다.

[그림 3-1] 방화벽 기본 개념도

→ 방화벽은 신뢰도가 다른 두 개의 네트워크 사이에 위치하며 내부 네트워크를 보호하기 위해 각 서비스(ftp, telnet 등)별로 IP주소, Port 번호를 이용해 외부의 접속을 차단하거나 허용하며 다양한 공격을 차단할 수 있다. 또 상호 접속된 내부, 외부 네트워크 트래픽을 감시하고 기록한다. 그 외에도 방화벽은 네트워크 주소 변환, 패킷 필터링, 상태 패킷 조사, 어플리케이션 게이트웨이, 서킷 게이트웨이 등이 있다.

→ 방화벽 방어방법은 크게 두 종류가 있다. 패킷 필터링과 어플리케이션 게이트웨이이다.
- 패킷 필터링은 소스 및 대상 IP주소, 포트번호 등 통신 데이터의 통과 여부를 판단해 무단 접근을 방지한다. 어플리케이션 게이트웨이는 통신을 중계하는 프록시 서버를 이용해 사내 네트워크와 인터넷 사이에 직접 통신할 수 없도록 한다.
- 방화벽 제조사가 매우 많아 정책을 운영하는 환경은 다양하나 기본적인 운영은 큰 차이는 없다. 아래 방화벽 화면을 예시로 그 개념과 운영에 대해 알아보도록 한다.
  – 다음 그림의 26번 정책을 보면 '차단IP_영구' 객체는 출발지이며 'ANY'는 목적지, 그 다음 'ANY'는 서비스를 말한다.

| 26 | 차단IP_----_영구 | ANY | ANY | |
| 25 | ANY | 차단IP_----_영구 | ANY | |

– 26번 정책의 '차단IP_영구' 객체에 속하는 IP를 내부 전체 네트워크로 들어오지 못하게 차단하도록 설정되어 있다. 25번 정책의 내부 전체 네트워크에서 '차단IP_영구' 객체에 속한 IP로 나가는 통신을 전부 차단하도록 설정되어 있다.

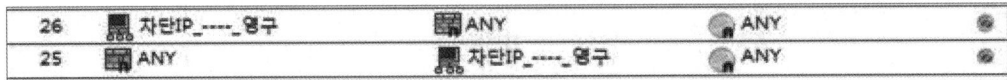

- 정책의 마지막에는 ANY-ANY-DENY 정책을 기본으로 한다.

- 26번 정책의 '차단IP_영구'의 객체를 보면 객체 안에 차단 등록된 IP 목록을 볼 수 있다.

- 객체 안의 차단된 IP 목록이다. 방화벽은 차단 등록할 IP를 묶어서 한 객체로 만들 수 있다.

- 방화벽은 NAT 기능을 제공해 사설 IP (10.3*.0.0)에서 외부로 통신할 때 공인 IP로 변경해 통신하도록 한다.
- IP 차단 후 차단이 되었는지 가상으로 패킷을 보내어 외부로 통신이 잘 이루어지는지 검사를 하는 기능도 있다. 아래 그림은 내부에서 210.120.128.162의 목적지로 패킷이 잘 나가는지 테스트하는 예이다.

- 내부 출발지에서 목적지 210.120.128.162(유해 IP)로 가상 패킷을 보낸 결과, 정책번호 25번의 정책에서 차단이 되고 있음을 알 수 있다. 이를 확인해 통신이 잘 이루어지지 않는다면 방화벽룰을 점검해야 한다.

■ **방화벽의 구성과 작동원리**

→ 많은 방화벽은 네트워크 주소 변환(NAT) 기능을 가진다. 내부 네트워크에서 사용하는 IP 주소와 외부에 드러나는 주소를 다르게 유지할 수 있기 때문에 내부 네트워크에 대한 어느 정도의 보안 기능을 한다. 또한 동일한 IP를 사용할 수 있기 때문에 인터넷 통신을 위해서 사용하는 모든 컴퓨터 수만큼 IP주소를 구매할 필요가 없어 경제적이다. 동시에 IPv4 주소를 더 효율적으로 이용해 IPv4 주소의 완전 고갈을 늦춘다.

- 내부 IP주소 개수보다 더 적은 외부 IP주소를 사용하므로 하나의 외부 IP주소당 여러 내부 IP주소가 짝지어져야 한다. 이때 내부에서는 서로 다른 세션이 외부에서는 하나의 세션으로 보일 수 있다. 이처럼 세션 충돌이 생겼을 경우 출발지 포트를 변경해 충돌을 피하는데 이를 포트 주소 변환(PAT) 이라고 부르기도 한다.
- 네트워크 주소 변환을 위해서도 방화벽 정책과 같은 정책을 수립해야 한다. 일반적으로 RFC1918에 정한 사설 IP 네트워크 대역인 10.0.0.0/8, 172.16.0.0/12,

192.168.0.0/24 대역을 내부 네트워크의 주소(사설 IP)로 하고 이 네트워크 전체가 적은 수의 외부 IP 주소로 변환되도록 정책이 만들어져야 한다.

- 1:1 변환(기본 방식) : 방화벽이 외부인터넷과 내부망을 연계할 때 아이피 주소를 매핑하는 방식은 여러 가지가 있다. 가장 기본적인 방식 중의 하나가 1:1 변환방식이다. 공인 아이피 1개와 내부 아이피 1개가 1:1로 매칭된다.

→ Static NAT 기능을 하며, 변경 전 주소와 변경 후 주소가 1:1로 지정되는 방식이다.

→ 1:N 변환(기본 방식) : LSNAT(Load Sharing NAT) 기능을 하며, 변경전 주소와 포트, 변경 후 주소와 포트가 1:N으로 지정되는 방식이다.

[그림 3-2] 방화벽의 작동 원리

- **NAT 정책 예시**

→ 변환 전 내부(출발지 : 172.16.0.0 /12 목적지 : Any)《=》 변환 후 외부(출발지 : AAA.BBB.CCC.D1, AAA.BBB.CCC.D2 목적지 : Org) 내부에서 사용하는 네트워크 주소 172.16.0.0/12가 외부에서는 AAA.BBB.CCC.D1 또는 D2로 보이게 변환하는 목적의 정책으로 내부 네트워크에서 외부의 어떤(Any) 서버나 컴퓨터와 연결할 때, 출발지는 변환이 되지만 목적지는 원래 그대로(Org)로 유지하도록 하겠다는 정책이다. 이 정책은 패킷이 외부로 나갈 때도 적용되어야 하지만, 외부로부터 돌아오는 응답 패킷에도 동일하게 적용되어야 한다.

→ 외부 네트워크로부터 방화벽으로 들어오는 모든 접근 시도는 방화벽 내부에 사전설정된 보안 규칙인 접근 제어 목록에 따라 내부 통과 여부가 결정된다. 기본적으로 방화벽은 모든 접근을 Deny한 후 허용할 접근만 단계적으로 Allow하는 방식을 따른다. 네트워크를 통해 데이터가 이동하는 통로를 port라 하는데 방화벽은 기본적으로 65,536개의 통신 포트를 모두 차단 후 접근을 허용하는 특정 포트만 열어둔다.

→ 예를 들어 외부 네트워크 IP가 125.209.100.10, 사용할 포트는 tcp/80, 내부 네트워크의 공인 IP가 202.10.1.1이며 내부 네트워크의 사설 IP는 10.34.0.1라고 설정을 한 후 외부에서 내부로 통신하는 과정을 살펴보면 다음과 같이 통신이 된다.

125.209.100.10 tcp/80 → 202.10.10.1.1 tcp/80 = NAT → 10.34.0.1
(외부 네트워크 IP/port)　　　(내부 네트워크 공인IP)　　　(내부 네트워크 사설IP)

- 만약 방화벽에서 tcp/80 port를 허용이 아닌 차단했을 경우, 외부에서 통신 시도 시 방화벽에서 차단되기 때문에 내부 네트워크와 통신할 수 없다.
- 만일 내부 네트워크에 위치한 장비(여기서는 192.168.1.10)가 방화벽 외부의 장비(192.0.2.1)에 연결하려고 시도할 경우, 방화벽은 먼저 이 연결 시도가 방화벽 룰셋에 의해 허용되었는지 확인한다. 만약 허용되었을 경우 방화벽은 새 세션이 시작되었음을 표시하는 항목으로 시작됨(Initiated)을 상태 표에 추가한다. 여기서 192.0.2.1과 192.168.1.10이 3단계 TCP 접속을 완료하면, 연결 상태는 연결됨(Established)으로 변경되고, 이후에 해당 항목과 일치하는 모든 트래픽은 방화벽을 통과할 수 있도록 허용된다.

출발지 주소	출발지 포트	목적지 주소	목적지 포트	연결 상태
192.168.1.1.	1,000	192.0.2.1	80	연결됨(Established)

- UDP와 같은 일부 프로토콜은 연결이라는 개념과 연결 시작·수립·종료 등의 절차가 존재하지 않기 때문에 TCP와 같은 방법으로 전송 계층에서 상태를 추적할 수 없다. 상태 기반 감시 기능을 보유한 대부분의 방화벽은 이러한 프로토콜에 대해 목적지, 출발지 IP 주소와 포트만 추적할 수 있다.

- UDP 패킷은 출발지 IP, 목적지 IP, 포트 정보를 기반으로 작성된 정책과 일치해야 한다. 따라서 이런 시스템에서 외부에서 들어오는 DNS 응답은 방화벽이 그에 대응하는 내부에서 외부로 나가는 DNS 쿼리를 이전에 처리 했을 경우에 한해 허용될 것이다.
- 방화벽이 세션의 종료 여부를 식별할 수 없기 때문에, 해당 항목은 미리 설정된 시간 제한에 도달한 이후 상태표에서 삭제된다. 아래 표는 0~1023까지 약속된 알려진 포트 목록이다.

[표 3-1] 알려진 포트 현황

포트	TCP	UDP	설명	상태
0		UDP	예약됨 : 사용하지않음	공식
1	TCP		TCP MUX (TCP 포트 서비스멀티플렉서)	공식
7	TCP	UDP	ECHO 프로토콜	공식
9	TCP	UDP	DISCARD 프로토콜	공식
13	TCP	UDP	DAYTIME 프로토콜	공식
17	TCP		QOTD (Quote of the Day) 프로토콜	공식
19	TCP	UDP	CHAR GEN (Character Generator) 프로토콜-원격 오류수정	공식
20	TCP		FTP(파일 전송 프로토콜) - 데이터포트	공식
21	TCP		FTP -제어 포트	공식
22	TCP		SSH (Secure Shell) -ssh scp, sftp 같은 프로토콜 및 포트포워딩	공식
23	TCP		텔넷 프로토콜 - 암호화되지 않은 텍스트통신	공식
24	TCP		개인메일 시스템	공식
25	TCP		SMTP (Simple Mail Transfer Protocol) - 이메일 전송에 사용	공식
37	TCP	UDP	TIME 프로토콜	공식
49		UDP	TACACS 프로토콜	공식
포트	TCP	UDP	설명	상태
53	TCP	UDP	DNS (Domian NameSystem)	공식
67		UDP	BOOTP (부트스트랩 프로토콜) 서버, DHCP 로도사용	공식
68		UDP	BOOTP (부트스트랩 프로토콜) 서버, DHCP 로도사용	공식
69		UDP	TFTP	공식
70	TCP		고퍼프로토콜	공식
79	TCP		Finger프로토콜	공식
80	TCP	UDP	HTTP (HyperText Transfer Protocol) -웹 페이지전송	공식
88	TCP		커베로스 -인증 에이전트	공식
109	TCP		POP2 (Post Office Protocol version 2)-전자우편 가져오기에 사용	공식
110	TCP		POP3 (Post Office Protocol version 3)-전자우편 가져오기에 사용	공식

113	TCP		ident – 예전 서버 인증 시스템, 현재는 IRC 서버에서 사용자 인증에 사용	공식
119	TCP		NNTP (Network News Transfer Protocol) – 뉴스 그룹 메세지 가져오기에 사용	공식
123		UDP	NTP (Network Time Protocol) – 시간동기화	공식
139	TCP		넷바이오스	공식
143	TCP		IMAP4(인터넷 메시지 접근 프로토콜 4) – 이메일 가져오기에 사용	공식
161		UDP	SNMP (Simple Network Management Protocol) – Agent포트	공식
162		UDP	SNMP –Manager 포트	공식
179	TCP		BGP (Border GatewayProtocol)	공식
194	TCP		IRC (Internet RelayChat)	공식
389	TCP		LDAP (Lightweight Directory AccessProtocol)	공식
443	TCP		HTTPS – HTTP over SSL(암호화 전송)	공식
445	TCP		Microsoft-DS (액티브 디렉터리, 윈도우 공유, Sasser-worm, Agobot, Zobotworm)	공식
445		UDP	Microsoft-DS SMB 파일공유	공식
465	TCP		SSL 위의 SMTP – Cisco프로토콜과 충돌	비공식, 충돌
514		UDP	syslog 프로토콜 – 시스템 로그작성	공식
515	TCP		LPD 프로토콜 – 라인 프린터 데몬서비스	공식
540	TCP		UUCP (Unix-to-Unix Copy Protocol)	공식
542	TCP	UDP	상용 (Commerce Applications) (RFC maintained by : Randy Epstein [repstein at host.net])	공식
587	TCP		eamil message submission (SMTP) (RFC2476)	공식
591	TCP		파일메이커 6.0 Web Sharing (HTTP Alternate, see port 80)	공식
636	TCP		SSL 위의 LDAP (암호화된전송)	공식
666	TCP		id 소프트웨어의 둠 멀티플레이어 게임	공식
873	TCP		rsync 파일 동기화프로토콜	공식
981	TCP		Sofaware Technologies Checkpoint Firewall-1 소프트웨어 내장 방화벽의 원격 HTTPS 관리	비공식
993	TCP		SSL 위의 IMAP4 (암호화전송)	공식
995	TCP		SSL 위의 POP3 (암호화전송)	공식
25565	TCP		Minecraft의 기본포트	비공식

→ 방화벽의 정책관리
- 기본적인 방화벽 정책의 표준 양식은 아래와 같다. 왼쪽은 정책번호가 표시되며 다음 필드는 출발지 IP주소이고, 다음은 목적지 IP주소이다, 그리고 어떠한 포트로 통신하는지 서비스 port 번호를 설정하고, 이 통신을 차단(Deny)할지 허용(Accept)할지를 적용한다.

정책 번호	출발지 ip 주소	목적지 ip 주소	서비스 port 번호	차단/허용 설정
26	차단IP_────_영구	ANY	ANY	⊘
25	ANY	차단IP_────_영구	ANY	⊘
24	차단IP_────_기간	ANY	ANY	⊘
23	ANY	차단IP_────_기간	ANY	⊘
22	ANY	차단IP_사이버안전센터	ANY	⊘
21	ANY	차단IP_사이버안전센터	ANY	⊘
39	차단IP_사이버안전센터	ANY	ANY	⊘
20	차단IP_사이버안전센터	ANY	ANY	⊘
19	차단IP_임시차단_출발지	차단IP_임시차단_목적지	ANY	⊘

[그림 3-3] 방화벽 정책의 표준 양식

- 모든 방화벽 보안정책은 위에서 아래 순으로 적용된다. 보안정책은 필요한 정책만 Allow하며 나머지는 모두 Deny한다. 방화벽의 가장 마지막 순위의 정책은 위의 정책들이 모두 적용되고 나면 Any-Any-Deny(으)로 설정한다(허용되는 정책 이외에는 기본으로 모두 차단한다. 마지막에 Deny 정책을 안 주었다고 해도, 최근 대부분의 방화벽은 기본적으로 마지막에 Any-Any-Deny 정책이 적용되었다고 생각하면 된다). 보다 안전하고 확실하게 적용하려면 수동으로 적용하는 것이 좋다. 보안정책 객체에 속하는 오브젝트를 변경하면 변경한 오브젝트를 사용하는 객체에도 영향이 있다.

■ **방화벽의 종류**

→ 패킷 필터링(Packet Filtering)
- 네트워크층(IP프로토콜)과 전송층(TCP프로토콜)에서 동작
- 다른 방식에 비해 처리속도가 빠름
- 낮은 Layer에서 동작하므로 기존 어플리케이션과 연동이 용이
- 하드웨어에 의존적이지 않음

- 강력한 Logging 및 사용자 인증기능 불가

→ Application Gateway
- OSI 모델 중 Application Layer에서 동작
- 방화벽의 Proxy를 이용한 연결
- 매우 높은 보안정책 실현 및 바이러스 검사 등 부가기능 제공
- 전용 Gateway에 따른 어플리케이션의 유연성 부족하며 H/W에 의존적임

→ Circuit Gateway
- Session ~ Application Layer에서 동작
- 전용 Gateway가 아닌 하나의 일반 Gateway로 모든 서비스 처리 가능
- Gateway의 사용을 위해 수정된 클라이언트 모듈이 필요
- 지원 불가능한 프로토콜의 존재 가능성이 있음

→ Hybrid
- 대부분의 상용 방화벽의 채택 방식임
- Packet Filtering + Application Gateway 방식
- 내부의 보안정책, 어플리케이션 등에 맞추어 선택적 보안설정 가능

■ 방화벽 구축방식의 종류

→ 스크리닝 라우터(Screening Router) : 네트워크에서 사용하는 통신 프로토콜의 형태, 근원지 주소와 목적지 주소, 통신프로토콜의 제어필드 그리고 통신 시 사용하는 포트 번호를 분석해서 내부 네트워크와 외부 네트워크 사이의 패킷트래픽을 허가 및 거절을 행하는 라우터를 말함

[그림 3-4] 스크리닝 라우터 구성

→ 베이스천 호스트 (Bastion Host) : Bastion 호스트는 인터넷 등의 외부 네트워크와 내부 네트워크를 연결해 주는 방화벽 시스템 역할을 수행한다.

[그림 3-5] 베이스천 호스트 구성

→ 듀얼 홈드 게이트웨이(Dual-Homed Gateway) : 두 개의 네트워크 인터페이스를 가진 Bastion 호스트를 말하며, 하나의 네트워크 인터페이스는 인터넷 등 외부 네트워크에 연결되며, 다른 하나의 네트워크인터페이스는 보호하고자 하는 내부 네트워크에 연결되며, 양 네트워크 간의 라우팅은 존재하지 않는 방식임

[그림 3-6] Dual-Homed 게이트웨이

→ 스크린드 호스트 게이트웨이 (Screened Host Gateway) : 듀얼홈드와 스크링 라우터를 결합한 형태로, 내부 네트워크에 놓여 있는 베이스천 호스트와 외부 네트워크 사이에 스크리닝 라우터를 설치하여 구성하는 방식이다.
  ▪ 장점 : 2 단계로 방어하기 때문에 매우 안전함

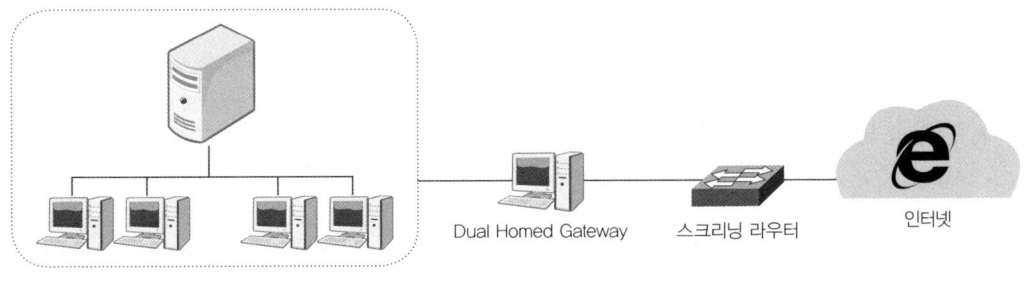

[그림 3-7] 스크린드 호스트게이트웨이

→ 스크린드 서브넷 게이트웨이 (Screened Subnet Gateway) : 인터넷과 내부 네트워크를 스크린 게이트웨이를 통해서 연결하며, 일반적으로 스크린 서브넷에는 방화벽 시스템이 설치되어 있으며, 인터넷과 스크린 서브넷 사이 그리고 서브넷과 내부 네트워크 사이에는 스크리닝 라우터를 사용하는 방식이다.
- 장점 : 스크린 된 호스트 게이트웨이 방화벽 시스템의 장점을 그대로 가짐. 융통성이 뛰어나다. 해커들이 내부 네트워크를 공격하기 위해서는 방어벽을 통과할 것이 많아 침입이 어려움

[그림 3-8] 스크린드 서브넷 게이트웨이 구성

chapter 2. 방화벽 탐지 로그 분석

■ 방화벽 탐지로그 형식 및 분석
→ 방화벽 실시간 탐지로그 형식

[그림 3-9] 실시간 방화벽 탐지화면

- 여기 수록한 방화벽 화면은 실제 실시간 탐지하고 있는 탐지로그이다. 대부분의 보안 장비에서 기록하는 탐지로그와 유사하다. 기본적으로 탐지 일시, 탐지한 장비명, 출발지IP 및 포트, 목적지IP 및 포트, 프로토콜 종류(TCP or UDP), 인바운드/아웃바운드 등의 순으로 탐지로그가 구성되어 있다.

→ 방화벽 탐지로그 분석
- 방화벽은 탐지패턴을 적용한 것이 아니므로, 다른 웹 방화벽, IPS, IDS, TMS 등의 탐지로그를 분석하는 것보다는 훨씬 수월하다.
- 위에서 설명한 바와 같이 특별한 기술이 필요한 것은 아니다. 어떤 패킷이 조직의 내부로 들어온 건지, 조직 내부에서 외부로 접속한 것인지 확인이 가능하고, 어떠한 서비스(포트번호, 즉 텔넷, FTP, SSH 등)를 사용했는지 판단해, 공격 여부를 판단하는 데 참고로 활용할 수 있다.

chapter 3. 방화벽을 이용한 관제기술

■ 방화벽을 이용한 관제기술

→ 방화벽은 일반적으로 탐지 패턴 적용이 아닌 IP주소와 포트(서비스) 기반으로 패킷을 통과시키거나 차단하는 시스템이다. 패턴 기반의 IDS와 IPS 등의 시스템과 가장 큰 차이점은 탐지패턴이 있을 경우에 탐지하고 로그를 기록하는 IDS/IPS와는 달리 방화벽은 인바운드/아웃바운드 모든 패킷에 대한 기록을 남긴다. 즉 사이버공격을 탐지하지 못했다고 해도 방화벽에는 어떤 IP에서 어떤 포트로 접속했는지 그 내역이 남는다.

→ 방화벽에서 남긴 ACCEPT와 DENY 로그를 이용하면 시그니처 기반으로 탐지하지 못한 이상행위를 발견할 수 있으며, 최근에는 방화벽의 로그를 빅데이터 기반으로 분석해 유용하게 사용하기도 한다. 예를 들면 공격자가 이상한 5000번의 포트를 사용했는데, IDS/IPS에서는 탐지하지 못한 공격이었다. 이를 사이버보안전문가가 수상하게 여겨 5000번 포트를 사용한 공격자를 찾아낸다면 미궁 속으로 빠져들 사이버 범죄의 실마리를 찾을 수 있다.

■ 방화벽의 한계

→ 많은 방화벽 공급업체들 역시 자사의 방화벽이 DDoS 방어 기능을 제공한다고 주장하지만 역시나 한계점을 가지고 있다.

- 방화벽은 네트워크 트래픽이 흐르는 경로의 내부(In-line)에 위치하기 때문에 방화벽 자체가 공격의 대상이 되어서 대용량의 공격 트래픽을 견디지 못하고 다운되는 경우가 많다. 이렇게 되면 전체 네트워크가 마비되는 문제가 발생할 수 있다.
- 인터넷 서비스를 위해서 모든 외부 사용자에게 개방해야만 하는 Web, DNS 같은 일반적인 인터넷 프로토콜을 이용한 공격은 방어하기가 어렵다.
- 설사 방화벽이 비정상적인 행위를 정확히 탐지할 수 있다고 할지라도 개별 패킷들에 대해서 정상적인 것인지 아닌지의 여부를 구분할 수 있는 기능이 없기 때문에 스푸핑된 소스에서의 공격은 방어하기 어렵다.

1.2 ESM 운영

chapter 1. ESM 기능 및 작동원리

- **ESM의 개념**
→ ESM을 간단히 설명하면, 방화벽, 침입탐지 시스템(IDS), 가상시설망(VPN) 등 다양한 종류의 보안 솔루션을 하나로 모은 통합보안관리 시스템(또는 통합보안관제 시스템)으로 최근 시스템 자원관리(SMS), 네트워크 자원관리(NMS) 등 전사적 자원관리 시스템까지 포함하는 형태로 개발되는 추세이다.
→ ESM(Enterprise Security Management, 통합보안관리)의 개요
  - ESM의 정의
    - 기능별, 제품별로 모듈화된 보안관리 기능을 통합해 일관되고, 직관적인 관리자 및 사용자 인터페이스를 제공하기 위한 개념으로 효율적이고 정책지향성의 체계적인 보안관리 시스템을 구축하며, 표준 정책 기반하에서 모든 시스템의 통합 보안 관리를 이용한 보안관제의 효율성 제공하기 위한 솔루션
    - 침입차단 시스템(방화벽), 침입탐지 시스템(IDS), 가상사설망(VPN), 안티바이러스 등 다양한 종류의 보안 솔루션을 하나로 통합해 관리할 수 있는 솔루션
  - ESM의 등장배경
    - 인터넷의 급속한 확산과 네트워크의 생활화로 인한 기존의 중앙 집중형 컴퓨팅과 고립형 네트워크가 개방형 및 분산형 네트워크로 변화
    - 비정상적인 사용자나 어플리케이션들에 노출된 각 시스템을 통합적으로 관리할 필요성 대두

→ ESM의 구성요건 및 관리 대상
- ESM의 구성요건
    - 크로스 플랫폼 : 이 기종의 O/S 환경 간의 투명한 작동이 필요하다.
    - 개방성 : 임의의 보안 솔루션이 필요한 곳에 통합될 수 있도록 개방적
    - 일관성 있는 사용자 인터페이스
    - O/S와 관리 영역 간의 정보 공유
    - 동시적 관점 : 보안성과 비즈니스 지향적인 관점을 동시에 제공
    - 물리적 논리적 완전한 분산의 실현
- ESM 관리 대상
    - 네트워크 장비 : Router, Swithch 등
    - 보안 시스템 : 침입차단 시스템(Firewall), 침입탐지 시스템(IDS), 침입방지 시스템(IPS), 웹 방화벽(WAF), 접근제어(Access Control), 가상 사설망(VPN), Contents Security 시스템
- 일반적인 시스템과 ESM 시스템의 비교

일반적 시스템	ESM 시스템
· 각 시스템에 대한 관리 시스템이 독립적 · 관리상의 어려움과 통합되지 않은 보안 정책 · 시스템 비용 및 관리가 난해	· 모든 네트워크상의 보안시스템이 ESM으로 통합 · 관리 및 운영이 용이하고 정책 수립의 일관성을 유지 · 시스템 비용과 관리 비용의 절감 효과

→ ESM의 필요성 및 도입 시 고려사항
- ESM의 필요성
    - 다양한 보안 시장과 세분화되고 전문화된 솔루션
    - 분산된 보안 및 네트워크 시스템의 통합 관리 필요
    - 침입차단, VPN, 침입탐지, 시스템 보안, 인증, 바이러스, 데이터 백업, 네트워크 장비에 이르기까지 전문화 양상
    - 시스템 관리 인력 부족과 관리 비용 증가
    - 보안 솔루션 및 네트워크 솔루션 간의 동적 데이터 분배 및 공유 필요
    - 일관된 보안 정책 수립을 통한 네트워크 보안성 강화

- 쉬운 보안 정책 수립과 운영의 요구성 증대
- 보안 관리자의 교육 시간과 숙달 시간을 최소화
- 보안 솔루션과 네트워크 장비들의 보안에 대한 Reporting 기능
- ESM의 도입 시 고려사항
  - 정책기반의 워크플로 및 관리
  - 보안 제품과 네트워크 장비 간의 연동성
  - 지원되는 Platform과 보안제품 및 부작용(성능, 부하 등) 최소, 다양한 Reporting 기능
    ☞ ESM은 제품별로 강조되는 특징에 따라 무엇이 우선적인 기능인가에 대한 기본적인 검토가 이루어져야 하고 가장 중요한 항목은 체계적인 위험요소 식별을 통한 적절한 위험 관리(Risk Management)의 지원 여부이다.

chapter 2. ESM 탐지 로그 분석

- **ESM 탐지로그**
→ 보안관제를 수행하기 위해서 수많은 보안장비(방화벽, IPS 등)의 화면을 각각으로 볼 수는 없는 현실이다. 그래서 ESM을 사용하면 모든 보안장비의 탐지이벤트를 수집 후 종합적으로 모니터링이 가능하다.
→ 통합보안관제센터에서의 필수시스템인 ESM 탐지로그에 대해 살펴보자.
  - 아래와 같이 경보명, 위험도, 횟수, 사이트 이름, 에이전트 IP, 비고 등으로 구성되어 있다.
    - 경보명 : 경보명은 trojan, DDoS, worm 등 탐지정책을 만들 때 탐지이벤트 이름, 즉 경보 이름이다.
    - 위험도 : 위험한 정도를 나타내는데 경미한 위험은 '하'로 표시하고, 그 이상은 '중', '상'으로 주관적으로 표시할 수 있다.
    - 횟수 : 공격이 1회 들어왔는지, 10회 들어왔는지 횟수를 나타낸다.
    - 사이트 이름 : 본부나 소속/산하 기관 등의 이름을 표시한다.
    - 에이전트 IP : ESM 에이전트를 설치한 보안장비의 IP주소이다.

- 비고 : 비고에는 출발지IP, 목적지IP, 사용한 포트 번호, Status(차단되었는지 통과했는지 여부 기록), 악성코드명이 기록된 한 줄의 이벤트 로그이다.

[그림 3-10] 실제 ESM의 실시간 탐지 화면

chapter 3. ESM을 이용한 관제기술

■ **ESM의 필요성**
→ ESM은 각종 보안 사고를 시나리오화하여 미래 보안 사고를 사전에 대비할 수 있도록 제공해주며 빠른 검색, 상관분석, 타 분석엔진 연동이 가능한 분석엔진 등을 탑재하는 등 최근 보안 이슈에 대한 해결책을 고루 갖추고 있어 시장의 많은 수요가 예상된다.
→ 이러한 ESM에서 가장 중요한 것이 바로 탐지 룰셋인 시나리오이다.

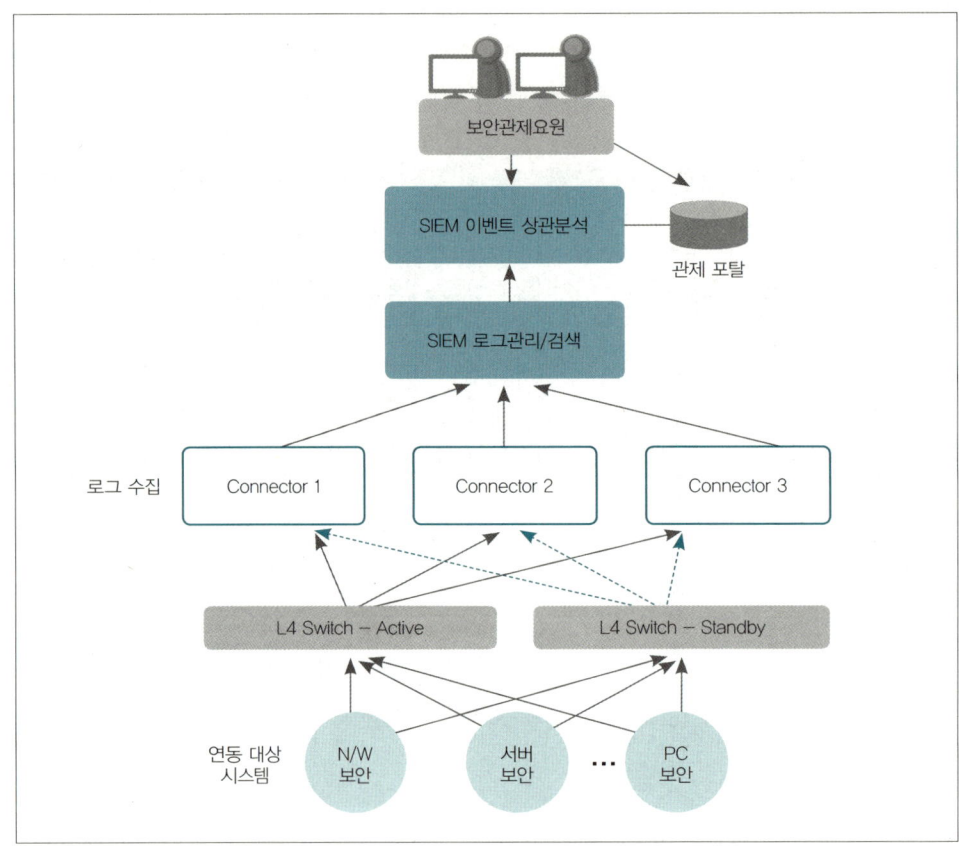

[그림 3-11] 일반적인 ESM(SIEM) 시스템의 구성

■ **보안관제 시나리오 개념**

→ 보안관제 시나리오는 기존의 ESM을 생각하면 보다 이해가 빠르다. 기존의 ESM의 경우 IPS 등 다양한 보안장비로부터 중앙으로 로그를 모아 로그들의 상관관계를 분석하고 해당 이벤트를 통해 공격유무를 파악한다. 이 경우 이벤트를 분석하고 탐지하기 위해 룰셋을 만드는데, 이 룰셋이 현재의 진화된 시나리오라고 보면 된다.

→ 현재 HP의 아크사이트와 같은 SIEM 솔루션에서 사용하는 룰셋을 일반적으로 시나리오의 개념으로 사용하고 있으며, 이 시나리오를 통해 단위 개별 장비의 의미 없는 로그를 대량으로 분석 및 관련지어 유의미한 정보로 만든다.

→ 시나리오는 단일 장비에서 크게 의미를 두지 않았던 이벤트를 여러 다양한 보안장비(네트

워크 및 사용자보안 장비 등)와 시스템 로그로부터 서로의 관계, 시간, 양 등을 종합적으로 분석해 위협정보를 도출하는 일련의 과정으로 풀이할 수 있다.

- 예를 들어 평소 메일을 보내던 내부사용자의 데이터 첨부파일의 크기가 한 달 평균 10MB 정도였고 일단위로 보면 균형적이었는데, 익월 전체 평균은 10MB로 같으나 특정 주에만 갑자기 5MB인 경우 해당하는 시나리오 룰셋을 통해 탐지 및 알람을 보낼 수 있으며, 실시간 감지가 가능해 APT와 같은 지속적이고 치밀하게 계획된 미세한 변화에도 대응이 가능한 장점이 있다.

→ 보안관제 시나리오 예시-1
- 사이버공격의 탐지
  - 신/변종 웜 및 악성코드에 감염되었을 경우 다수의 목적지를 대상으로 스팸메일을 발송하는 악성코드를 탐지하기 위해 시나리오를 개발한다.
    ① 단일 룰셋 만들기 : 하나의 IP에서 SMTP 서비스(25번 Port)로 다량의 트래픽 발생, SMTP 서비스의 목적지(IP)가 2개 이상인 경우 탐지
    ② 종합 룰셋(시나리오) 만들기 : 동일한 Src IP에서 1분 동안 SMTP 트래픽이 20건 이상 발생하고, 목적지 분포가 2곳 이상인 경우 탐지
    ③ 탐지조건 : SMTP(25번 Port) 다량발생(20건/1분), 목적지 분포 2곳 이상일 경우 탐지
    ④ 탐지매체 : 방화벽
    ⑤ 시나리오 규칙

구분	공격자	공격 방법	시스템 영향도	대응 방법
내용	내부 사용자	악성코드 감염	정보유출, 성능 저하	내부시스템 확인 및 시스템 점검

→ 보안관제 시나리오 예시-2
- 문서 유출 탐지
  - USB 등 저장매체의 예외처리가 빈번한 사용자의 이상 징후를 탐지하기 위한 시나리오 개발, 일별 보안문서 해제 건수가 5건 이상이고 당일 저장매체로 저장하면 경고를 보낸다.

① 단일 룰셋 만들기 : 보안문서 해제 과다 신청 사용자(예 : 일별 5건 이상) 문서보안 해제된 파일을 당일 저장매체로 저장한 사용자
② 종합 룰셋(시나리오) 만들기 : DRM 문서보안 해제 과다 신청자가 DRM 문서보안 해제파일을 당일 저장매체로 저장하는 경우
③ 탐지조건 : 과다해제 기준 - 0건 이상/일(또는 주/월/분기/반기)이며 예시는 해제 건수 5건 이상/일(또는 해제건수 10건 이상/주, 해제건수 20건 이상/월, 지속시간 : 1일)
④ 탐지매체 : 문서보안/전자결재시스템/PC보안솔루션
⑤ 시나리오 규칙

구분	공격자	공격 방법	시스템 영향도	대응 방법
내용	내부 사용자	이상행위, 암호문서 해제	정보 유출	보안정책 및 규정에 따라 조치

1.3 IPS(IDS) 및 TMS 운영

chapter 1. IPS(IDS)/TMS 기능 및 작동원리

- **IPS**(침입방지 시스템)
→ 공격 패턴을 기반으로 패턴과 일치하는 패킷에 대해서는 차단하는 보안 시스템이다. 주기적인 패턴 업데이트가 필요하며 정상 트래픽도 패턴과 일치할 경우 차단하므로 오탐 가능성이 있다.
→ 웹해킹 및 악성코드에 대한 차단이 가능하고 패턴이 없다면 잘 알려진 공격도 차단이 불가능하다.
→ 임계치 기반으로 트래픽을 탐지해 차단할 수 있다.
→ IDS와는 다르게 네트워크상 in-line 구조로 설치된다. in-line 구조란 직접적으로 통신패킷이 통신라인을 통해서 송/수신되는 형태이다. IDS는 포트 미러링을 해 모든 패킷들을 탐지하는 방식을 사용한다.

- **침입탐지 시스템**(IDS, Intrusion Detection System)
→ 컴퓨터 시스템의 비정상적인 사용, 오용, 남용 등을 실시간으로 탐지하는 시스템. 침입 차단 시스템만으로 내부 사용자의 불법적인 행동(기밀 유출 등)과 외부 해킹에 대처할 수 없으므로 모든 내·외부 정보의 흐름을 실시간으로 차단하기 위해 해커 침입 패턴에 대한 추적과 유해 정보 감시가 필요하다.
→ IDS가 발전된 형태가 IPS이다. 가장 큰 차이점은 IDS는 침입을 탐지만 하고 방어기능이 없지만, IPS는 방어 기능까지 수행한다는 것이다.

- **위협관리 시스템**(TMS, Threat Management System)
→ IDS와 기능 및 작동원리는 동일하다. 단지 시스템 이름과 제품을 만든 제조사가 다를 뿐이다. TMS에는 일반적으로 IDS와 마찬가지로 차단기능이 잘 사용되지 않는다. 물론 TMS 또한 IPS와 동일하게 차단기능을 가진 제품도 있다. TMS 간단 기능 요약은 아래와 같다.
→ 실시간 경보 : 침입 탐지 화면은 TMS 센서에서 네트워크 패킷 분석 결과 발생되는 침입 탐지 이벤트를 화면에 실시간으로 표시해 주는 기능을 제공한다. 아래 화면은 TMS 실시간 침입 탐지 화면이다.

[그림 3-13] TMS 탐지화면

→ 탐지된 이벤트에 대한 상세한 정보를 조회할 수 있다. 조회할 이벤트를 더블클릭하면, 상세정보 및 해당 로그에 대한 정보, 분석된 패킷 정보를 제공하는 실시간 경보창이 나타난다.

[그림 3-14] TMS 기능별 화면

- [상세정보] 탭은 탐지된 로그에 대한 상세 정보를 제공한다.
- [로그설명] 탭은 탐지된 이벤트의 시그니처 정보를 제공한다. 위의 화면과 같이 구성되어 있다.
- [패킷분석] 탭은 해당 탐지 이벤트 패킷을 상세하게 볼 수 있는 기능을 제공한다.

chapter 2. IPS(IDS)/TMS 탐지 로그 분석

- **탐지로그 분석**
→ 실시간 보안관제 중 주요 위협이나 공격성 이벤트가 발생했을 때, 탐지로그를 분석해 정확한 공격인지 확인하고 신속히 차단 및 대응하는 절차를 수행해야 한다. 탐지로그 분석에 대한 노하우가 절대적으로 필요하다.
→ 정탐과 오탐
  - 정탐은 올바른 공격으로 탐지했다는 뜻이다. 공격 이벤트를 살펴보니 웹 서버에 대한 SQL 인젝션이 발생했고, IP를 확인한 결과 관리자나 관련담당자가 아닌 곳에서 SQL 인젝션이 성공한 공격을 분석할 수 있다.
  - 오탐은 위와 같이 다량의 DDoS 공격이벤트를 살펴보니 사용자가 접속한 정상적인 웹 접속으로 판명되는 경우이다. 예를 들어 DDoS 공격이 발생했는데 출발지 및 목적지의 통신로그를 살펴보니 DDoS 형태의 통신로그를 분석한 결과 정상적인 웹 접속 등 다량

의 세션을 맺어서 생겨난 탐지이벤트로 오탐이라고 볼 수 있다.
- False Negative와 False Positive 둘 다 잘못된 탐지로 판정된 것을 뜻한다. False Negative는 실제로는 참(True)인 것이 거짓(False)으로 잘못 판정되는 검사 결과의 오류이다. 예를 들어 스팸 검사에서 스팸 이메일을 정상 이메일로 잘못 식별하는 것이 이에 해당하며, 이 경우 스팸 필터를 조정하면 부정 오류율(False Negative Rate)을 상당 수준 낮출 수 있다. 또 스팸 엔진에 의해 걸러지지 않은 스팸 메일들은 블랙리스트에 등록 관리함으로써 부정 오류가 발생하지 않도록 할 수 있다(출처 : 네이버 지식백과, IT용어사전, 한국정보통신기술협회).
- False Positive는 정상적인 통신으로 공격적인 탐지가 아닌데 공격으로 오판하는 경우이다. 스팸 검사에서 정상 이메일을 스팸으로 잘못 식별하는 것을 예로 들 수 있다. 스팸 검사를 피하는 방법이 더욱 정교해질수록 스팸 필터도 정교해지고 있으나 간혹 정상 이메일이 스팸으로 잘못 식별해 차단하는 경우가 있다(출처 : 네이버 지식백과, IT용어사전, 한국정보통신기술협회). 위 두 경우에서 더 위험한 것은 False Negative이다. 공격을 공격이 아니라고 하면 큰 위험이 닥칠지도 모른다.

■ **탐지로그 분석**
→ 위협관리 시스템 (TMS)을 이용한 탐지로그(이벤트) 및 패킷 분석
- 이벤트 확인

공격명	Signature Group	위험도	탐지 시간	공격자 IP	공격자 포트	대상 IP
suspiciousUA_S	User Signature	중간	2015/06/04 20:42:11		TCP/64621	222.
대상 포트	공격횟수	탐지문자	In/Out	네트워크	가상센서	
TCP/80	1	v	Egress	-	인터넷망	

- TMS에서 의심스러운 User Agent를 탐지하는 이벤트가 발생했다.
- User Agent는 서버에게 요청하는 브라우저 타입을 명시하고 있다.
- 일반적인 Mozila 외에 다른 User Agent를 탐지하기 위해 만들어진 정책이다.

[그림 3-12] TMS 탐지패킷 확인 화면

- 패킷분석에 User-Agent가 탐지된 것을 보여준다. 아래 박스 안의 로우 데이터를 확인하면 다음과 같다.

```
.GET /app/appver/joamom_update.ern HTTP/1.1
Accept : image/gif , image/x-xbitmp, image/jpeg, image/pjpeg,*/*
User-Agent : Microsoft URL Control - 6.00.81 69
Host : www.winimini.com
Connect : Keep-Alive
Cache-Conteol : no-cache
Cookie : PHPSESSI D=6928bd195f1495e04c7563b4defb7c0d
```

- User Agent는 Microsoft URL Control이며 Host는 www.winimini.com이다.
- winimini는 쇼핑 도우미를 생성하는 애드웨어 사이트로, 웹브라우저에 검색어를 입력할 경우 정보수집 및 사용자가 의도치 않는 광고팝업을 생성한다.
- 해당 이벤트는 정탐으로, 애드웨어 삭제 및 백신검사가 필요하다.
- 같은 이벤트지만 로우데이터를 살펴보면 다음과 같이 오탐인 경우도 있다.

공격명	Signature Group	위험도	탐지 시간	공격자 IP	공격자 포트
suspiciousUA_Space	User Signature	중간	2015/06/05 20:37:46		TCP/60535

대상 IP	대상 포트	공격횟수	탐지문자	In/Out	네트워크	가상센서
144	TCP/80	1	v	Egress	-	인터넷망

```
GET /MEowSKADAgEAMEEwPzA9MAkGBSsOAwlaBQAEFNiqe1kXZd9Z3i+7HNh6/g+FWzTNBBQe8auJBvhJDwEzd+4Ueu4Zf JMoTQIETCR6jQ==
HTTP/1.1
Host: ocsp.entrust.net
Connection: keep-alive
If-None-Match: "E0ED531AC35D5DC044185D1B0BCBC9025B940C63"
Accept: */*
If-Modified-Since: Thu, 04 Jun 2015 17:49:12 GMT
User-Agent: ocspd/1.0.2
Accept-Language: ko-kr
Cache-Control: max-age=300
Accept-Encoding: gzip, deflate
```

- ocsp.entrust.net은 SSL 인증서 구매 사이트로써, 오탐으로 볼 수 있다.
    * 해당 이벤트는 www.test.com에서 오는 해킹메일을 감시하기 위해 만들어진 이벤트이다.
- 대상 IP인 204.11.**.48이 탐지되도록 설정되어 있다.

공격명		Signature Group	위험도	탐지 시간	공격자 IP
Mail-IP-00-00-URL(cafe.news	13100401@	User Signature	정보	2015/11/17 21:22:09	
Mail-IP-00-00-URL(cafe.news	13100401@	User Signature	정보	2015/11/17 21:22:09	

공격자 포트	대상 IP	대상 포트	공격횟수	탐지문자	In/Out	네트워크	가상센서
TCP/50028		TCP/80	1		Egress	-	인터넷망
TCP/80		TCP/50028	1		Ingress	-	인터넷망

- 패킷분석에 나온 로우데이터를 확인하면 다음과 같다.

```
GET / HTTP/1.1
Accept: text/html, application/xhtml+xml, */*
Accept-Language: ko-KR
User-Agent: Mozilla/5.0 (Windows NT 6.1; Trident/7.0; SMJB; rv:11.0) like Gecko
Accept-Encoding: gzip, deflate
Host:
DNT: 1
Connection: Keep-Alive
```

- www.test.com로 접근한 것을 확인할 수 있다. 해킹메일 유포지로 왜 접근했는지에 대한 확인이 필요하다.
- 아래 화면은 같은 이벤트인데 로우데이터를 확인하면 다음과 같다.

```
.HTTP/1.1 200 OK
Date: Fri, 27 Feb 2015 12:45:35 GMT
Server: Apache
Set-Cookie: vsid=914vr1725867355424713; expires=Wed, 26-Feb-2020 12:45:35 GMT; path=/; domain=dadasi.com;
httponly
Vary: Accept-Encoding,User-Agent
Content-Encoding: gzip
Content-Length: 194
Keep-Alive: timeout=5, max=117
Connection: Keep-Alive
Content-Type: text/html; charset=UTF-8
```

- domain이 www.test.com이 아닌 dadasi.com인 것을 볼 수 있다.
- nslookup으로 확인한 결과 www.test.com과 dadasi.com의 IP가 같아 탐지된 것이었다.
- IP:도메인에 대한 1:n 매핑(IP는 하나인데 URL은 여러 개 등록이 가능함)이 가능한데, 이 경우 오탐으로 본다. 왜냐하면 URL은 동일해도 IP는 가끔 바뀌기 때문이다.

* 해당 이벤트는 uname 명령어를 탐지하기 위한 이벤트이다. uname은 리눅스의 현재 시스템 정보 또는 커널에 대한 정보를 출력해 주는데, 악의적인 목적을 가진 공격자에겐 넘어가지 말아야 할 정보이다.

- 패킷 분석에 uname이 탐지되어 로우데이터를 확인했다.

```
GET /search/pc/2015/css/sp_image_0723.css HTTP/1.1
Accept: text/css, */*
Referer: http://search.naver.com/search.naver?sm=tab_hty.top&where=nexearch&ie=utf8&query=uname+-a
Accept-Language: ko-KR
User-Agent: Mozilla/5.0 (Windows NT 6.1; Trident/7.0; SMJB; rv:11.0) like Gecko
Accept-Encoding: gzip, deflate
Host: sstatic.naver.net
DNT: 1
Connection: Keep-Alive
```

- 네이버에서 uname -a를 검색해 탐지된 이벤트로 확인된다.
    * 해당 이벤트는 Base64로 인코딩된 uname 명령어를 탐지한다.

- uname이 base64로 인코딩되어 dW5hbWU라는 문자열로 탐지되었다.
- 이 문자열이 정탐인지 확인하기 위해, 로우데이터를 복사한 후 디코딩해 확인한다.

- 복사된 로우데이터를 base64 Decode 버튼을 클릭해 디코딩하면 다음과 같이 디코딩되어 나타난다. menuname이 보이는데 uname이 탐지되어 오탐 이벤트가 발생한 것이다.

> **TIP** base64 디코딩 툴 사용법
>
> - 인터넷에 디코딩 및 인코딩 툴이나 쉽게 변환이 가능한 사이트도 많다.
> - 여기서는 www.base64decode.org에서 변환하는 예를 실습해보자.
> - 위에서 탐지된 dW5hbWU 문자열을 디코딩하면 uname으로 변환되는 것을 알 수 있다.
> - 대소문자를 구분하기 때문에 주의해야 한다.
> - Decode 및 Encode 모드를 손쉽게 사용할 수 있다.
>
>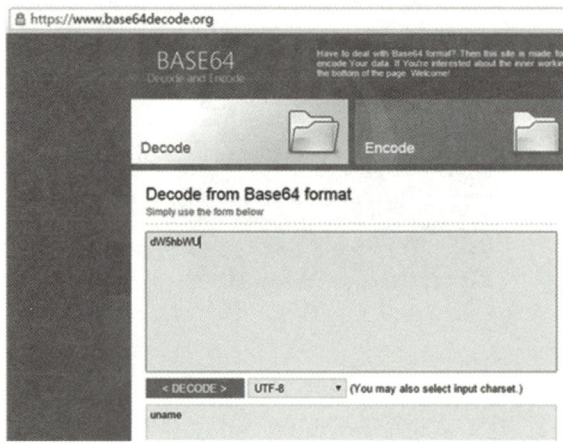

chapter 3. IPS(IDS)/TMS을 이용한 관제기술

■ IDS를 이용한 관제

침입탐지 시스템이라고 하며 네트워크 패킷을 수집해 임계치 이상의 트래픽이 발생하거나 설정된 패턴과 일치할 경우 알람을 발생한다.

→ 일반적으로 네트워크 트래픽을 미러링해 패킷을 수집하므로 네트워크에 영향을 주지 않고 자유롭게 정책 설정이 가능하다.

→ 설정된 패턴과 일치할 경우만 알람이 발생하므로 주기적인 패턴 추가와 함께 로그 분석을 통한 패턴 수정이 반드시 필요하다. 또한 비정상 트래픽이 발생해 탐지되더라도 차단하는 기능은 없으므로 반드시 확인된 탐지로그에 대해서는 추가 보안조치가 필요하다.

→ False Positive : 정상 트래픽을 비정상으로 오탐하는 경우이며 과다하게 발생 시 관리자가 실제 비정상 트래픽을 구분하기 어렵다.

→ False Negative : 비정상 트래픽을 정상으로 미탐하는 경우이며 실제 비정상 트래픽을 탐지하지 못할 수 있다.

→ IDS 방식에 따른 종류

- 호스트 기반 IDS(HIDS) : 윈도우나 유닉스 시스템 등의 운영체제에 부가적으로 설치되어 운용되거나 일반 클라이언트에 설치하고, 전체적인 네트워크에 대한 침입 탐지는 불가능하며 스스로가 공격대상이 될 때만 침입을 탐지할 수 있다. 네트워크 스캐닝은 탐지 불가하며, 바이러스 및 백도어를 정확하게 탐지한다. 설치 및 유지 비용이 저렴한 특징이 있다. NDIS에서 탐지 못하는 침입탐지가 가능하다.
- 네트워크 기반 IDS(NIDS) : 네트워크에서 하나의 독립된 시스템으로 운용된다. 감시와 로깅을 할때 네트워크 자원이 손실되거나 데이터가 변조되지 않는다. 오탐율이 높다. 트래픽이 높은 네트워크인 경우 탐지하지 못하는 패킷이 많아진다. 네트워크 전체에 대한 트래픽 감시 및 검사가 가능하고 초기 설치 비용이 많이 든다.
- 하이브리드 기반 IDS : HIDS와 NIDS가 결합한 형태이며, 두 개의 IDS의 장점을 모두 포함하고 있다. 단점은 단일 호스트 기반 네트워크 기반 상호연동 할 수 있는 업계 표준이 없으며 설치 및 관리가 훨씬 어렵다는 점이다.

1.4 DDoS 대응장비 운영

chapter 1. DDoS 장비 기능 및 작동원리

■ DDoS 공격의 개념
→ DDoS 공격은 공격자가 여러 대의 서버를 이용해 대상서버에 집중적으로 트래픽을 유발해 대상서버가 정상적인 서비스를 할 수 없도록 하는 공격이다.
→ 사물인터넷(IoT) 기기들까지 이용한 디도스 공격은 앞으로도 계속 증가할 것으로 예상된다. DDoS 공격에서 공격 종류 및 공격 대응 방안 등을 설명했으니 참고한다. 여기에서는 DDoS 공격 대응장비의 기능과 구성, 작동원리 등에 대해서 살펴보도록 하자.

■ DDoS 장비 기능
→ 최근에 DDoS 공격 또한 일반적인 악성코드 기법과 유사하게 매우 지능화되고 다양화되어 신종 공격이 나타나고 있으며, 이에 좀 더 기술적이고 효과적인 대응 방안이 필요하게 되었다.
→ DDoS 공격 방어유형(출처 : https://www.hansolnexg.com)

DDoS 공격 유형	상세 공격내용
TCP 공격	TCP SYN Flooding TCP SYN-ACK Flooding TCP RST Flooding TCP FIN Flooding TCP ACK Flooding TCP Push-ACK Flooding TCP Invalid Flag Attack TCP Fragmentation

UDP 공격	UDP Flooding UDP Fragmentation
ICMP 공격	ICMP Flooding ICMP Type/Code Flood ICMP Fragmentation
HTTP 공격	HTTP Get Flood HTTP Slow loris Attack HTTP CC Attack Slow Read Attack Rudy
DNS 공격	DNS Flooding
기타 공격	시그니쳐 기반 방어 임계치 자동 학습 기능 각 트래픽 유형별 임계치 정책 오탐 방지(서비스 장애 방지) 기능 Whitelist & Blacklist 지원

■ **DDoS 장비의 작동 원리**

→ DDoS 장비는 트래픽의 양과 동일한 공격이 집중적으로 들어올 때 대응하기에 전문적인 장비이다. 일반적으로 DDoS 공격이라는 패턴매칭에 따른 방식은 IDS 및 IPS, TMS 등과 같이 동일한 차단 방식이지만, 대용량의 트래픽 공격을 효율적으로 대응/처리하기 위해서 장비의 성능을 극대화하고 트래픽을 차단하기 위한 특화된 장비이다. 최근에는 10기가~수백 기가의 트래픽을 응하는 성능 높은 DDoS 대응장비가 출시되고 있다.

→ 다양하고 복합적으로 발생되는 지능화된 DDoS 공격을 행동기반과 시그니처 기반의 탐지·방어 기법으로 차단한다.

→ 네트워크 행동기반 탐지기법을 적용해 DDoS 공격 유형별 방어자동 학습에 의한 시그니처 생성·자동 패킷 캡처 및 패턴 추출 후 공격을 방어한다.

→ 정밀하게 설계된 다단계 방어 엔진을 탑재해 네트워크 환경에 최적화된 DDoS 방어 전략을 제시하고, 트래픽의 정상유무를 확인해 임계치보다 높게 발생한 비정상트래픽을 제어함으로써 사용자 망의 가용성을 확보한다.

■ **일반적인 DDoS 장비의 다양한 기능 소개**

→ DDoS 대응장비는 외산 및 국산 제품이 매우 다양하게 출시되고, 운영되고 있다. 아래 사항은 일반적인 DDoS 대응 장비의 기능이므로, 꼭 시험과 관련성이 크진 않지만 실무에서 도움이 될 만한 사항이다.

→ 트래픽 관제 상황판
- 트래픽 관제 상황판은 관리자에게 서비스 망에 이상이 발생했을 경우 직관적으로 위협을 감지할 수 있도록 하기 위해 네트워크 트래픽 및 시스템 현황 데이터, 네트워크 객체별 CPS 그래프를 제공하며, 하단의 상태바를 통해 공격 탐지 현황을 제공

→ 실시간 모니터
- TCP/IP상의 각종 Application Service별 트래픽을 24시간 실시간으로 모니터링 할 수 있도록 설계되어 있으며, 서비스별, 호스트별, 서버, 사용자, 사용량, 사용시간 등 다양한 관리정보를 제공

→ 탐지/방어/경보
- DDoS, DDoS 패턴추출, 서비스 거부, 정보수집, 프로토콜 취약점, 서비스공격, Web CGI 공격, 백도어, 사용자 정의, 프로토콜 통계분석, 서비스 통계분석, IP 통계분석, 패턴블럭과 같은 다양한 형태의 탐지정책을 통해 각 형태별 공격을 탐지, 방어해 관리자에게 위협이 발생했음을 경보

→ 실시간 차단목록
- 탐지정책에 의해 탐지된 공격 중 방어 정책이 설정되어 있는 공격에 대해서 실시간 차단목록을 생성해 관리함으로써, 동일 공격자에 의한 침입시도를 근원적으로 차단하고 실시간으로 정보를 제공
- 실시간 차단목록은 탐지정책의 Timer에 의해 Dynamic하게 관리

→ 종합보고서
- DB에 저장된 탐지/방어/경보, 실시간 차단목록, 방화벽 정책에 의해 발생하는 이벤트 데이터에 대한 로그 및 통계 데이터를 다양한 형태의 보고서로 확인하고 출력

→ 보안감사
- 보안감사는 DDoS 시스템 사용 모드에 대한 설정 및 사용에 대한 총 내역을 관리하는 기능으로 시스템에 대한 전반적인 관리자료를 확인할 수 있다. 보안감사내역을 조회할

수 있으며 보안감사 모드를 설정하거나 조회한다. DDoS 시스템 실행내역, 접속내역 관리(접속내역조회), 접속실패관리 조회
- DDoS 시스템의 상태확인을 위해 주요 파일에 대한 무결성 확인, 시스템의 상태정보를 확인. 또 저장매체관리, DB 백업, DB 복구, DB 백업예약, 시간 동기화 기능 제공

→ 환경설정
- DDoS 시스템 관리기능으로써 전반적인 시스템 통제기능인 네트워크 관리 기능 제공
- 관리자관리에서 사용권한에 따라 관리자를 추가/변경/삭제할 수 있으며, 관제센터를 통해 ESM(통합보안관리 시스템), 관제 등의 다양한 보안 제품과의 연동을 할 수 있는 기능을 제공. 또한 라이브 업데이트(엔진/GUI 업데이트, 패턴 업데이트)를 통해 새로운 해킹에 대해 신속하게 대응할 수 있음

→ 탐지정책설정
- 정책설정은 공격에 대한 탐지/방어 등에 대한 설정
  - 룰에 대한 설정은 탐지/방어/경보에서 발생되는 이벤트와 연관이 있으므로 관리자는 탐지정책설정에 설정되어 있는 정책과 공격정보(도움말)에 기술되어 있는 해당 공격에 대한 설명, 영향, 해결책 등을 잘 이해하고 정책 설정
  - 탐지정책설정 메뉴에서는 DDoS, DDoS 패턴추출, 서비스 거부, 정보수집, 프로토콜 취약점, 서비스 공격, WebCGI공격, 백도어, 사용자정의, 네트워크 통계분석, 서비스 통계분석, IP통계분석, 패턴블럭 등 여러 가지 공격유형에 대한 탐지, 방어, 위험도, 경보기능 등을 설정할 수 있음

→ 방화벽 설정
- 방화벽 정책에 필요한 객체 및 서비스를 설정할 수 있으며, 정책 등록/수정/삭제를 적용하고 새 정책 및 기존 정책에 대한 복원, 정책 백업 등을 수행
- 객체 설정은 객체와 그룹, 영역으로 구분해 등록하고 서비스를 등록해 차단 및 허용정책을 설정

> **TIP** DDoS 장비의 소개
>
> 일반적으로 DDoS 장비는 대용량의 공격 트래픽을 차단해야 하므로 어플라이언스(하드웨어와 소프트웨어의 일체형) 장비의 형태이다. 다음은 DDoS 장비의 실물의 예이다.
>
>

chapter 2. DDoS 장비 탐지 로그 분석

■ **탐지/방어/경보**
→ 공격에 대한 탐지/방어/경보 정보를 조회할 수 있다.
- 탐지/방어/경보 메뉴는 비인가/비정상적인 사용자가 대상 시스템에 침투했을 경우에 실시간으로 탐지해 차단, 경보 등의 조치를 취한 후 공격시간, 공격자정보, 조치사항 등을 실시간으로 출력한다.
- 탐지/방어/경보 내역은 테이블과 추이그래프로 출력되며, 일정기간 동안 탐지된 누계 데이터를 조회조건을 설정해 조회할 수 있다.
- 관리자는 탐지/방어/경보에서 출력된 내역을 조회해 공격 및 공격자에 대한 대응을 할 수 있다.
- 관리자는 공격명 정보를 확인해 공격의 위험성을 판단한 후, 공격에 대응하기 위해 정책을 재설정할 수 있으며, 공격자에 대한 추적으로 실시간 차단목록에서 공격자 IP를 차단할 수 있다.

- 공격에 대응하기 위해 정책을 재설정할 수 있으며, 공격자에 대한 추적으로 실시간 차단 목록에서 공격자 IP를 차단할 수 있다.

■ **탐지 리스트**

→ 침입 탐지된 공격에 대한 리스트이다. 탐지된 공격에 대해 공격자 IP 및 대상자 IP, 공격진행 여부, 탐지된 공격명, 위험도 등 상세정보를 표시한다.

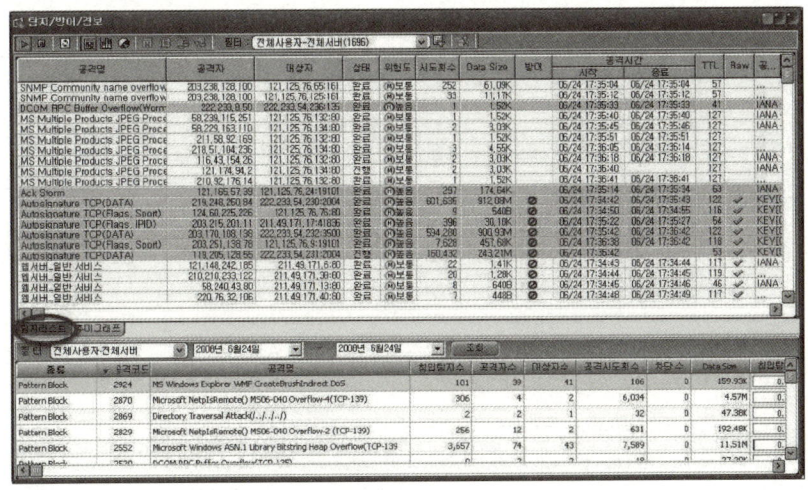

[그림 3-14] DDoS 장비의 탐지 화면

■ **탐지로그의 상세내용**

→ 위 그림에서 탐지된 로그의 구성을 살펴보면 공격명, 공격자, 대상자, 상태, 위험도, 시도횟수, Data Size 방어, 공격시간, TTL, Raw, 공격자 정보, 공격코드, 카테고리 등으로 나타난다. 일반적인 DDoS 장비의 탐지로그에 대한 내용은 대동소이하다.

[표 3-3] DDoS 장비의 탐지로그에 대한 설명

항목	설명
공격명	공격명을 표시한다. 표시되는 공격명은 탐지정책률의 공격명과 동일
공격자	공격자의 도메인명 혹은 IP 주소가 표시
대상자	공격을 받는 측의 도메인 이름 혹은 IP 주소가 표시
상태	공격이 진행되고 있으면 '진행', 공격이 종료되면 '완료'를 실시간으로 표시
위험도	공격의 위험도를 표시한다. 낮음, 보통, 높음으로 구분 ① 낮음 : 탐지된 공격정보가 흰색으로 표시 ② 보통 : 탐지된 공격정보가 노란색으로 표시 ③ 높음 : 탐지된 공격정보가 붉은색으로 표시
시도 횟수	공격자가 공격을 시도한 횟수
Data Size	공격에 이용된 총 데이터량
방어	⊘ 표시는 해당 공격에 대해 방어했음을 의미
공격시간	① 시작 : 공격이 시작된 시각 ② 종료 : 공격이 종료된 시각, 공격이 진행 중일 때는 표시되지 않음
TTL	해당 공격 패킷의 TTL(Time to Live)값
Raw	해당 공격 패킷의 Raw 데이터를 수록했는지를 표시하며 ✔ 표시가 있으면, 해당 공격의 Raw 데이터를 수록했음을 의미
공격자 정보	국가, MAC address, 시스템정보 등 공격자의 상세정보를 표시한다.
공격코드	탐지, 방어된 공격의 공격코드를 표시
카테고리	탐지, 방어된 공격의 공격유형을 표시

chapter 3. DDoS 장비를 이용한 관제기술

■ DDoS 공격 탐지방법

→ DDoS 공격은 DDoS 대응장비로만 탐지할 수 있는 것은 아니다. 아래와 같이 다양한 장비와 방법으로 DDoS 공격을 대응할 수 있다.

[표 3-3] DDoS 장비의 탐지로그에 대한 설명

탐지 도구	탐지 방법	설치 장소	비고
IDS/IPS	· 특정 시그니쳐를 등록해 탐지 · Top rank 안에 포함된 트래픽 중 평시와 다른 특이사항 공격 판단	· Backbone trunk, 국내/국제 Gateway	· 대부분의 ISP에서 운영 중
DDoS 대응 시스템	· L3 기반 탐지 및 차단 · 공격 발생 시 트래픽을 우회시켜 공격 트래픽을 제거하고 정상 트래픽 전송	· 코어 라우터, GW 라우터 사이 등	· Cisco Guard/Detector Arbor Peakflow SP 등의 제품
Netflow	· 트래픽 패턴 분석 · IP, port, Protocol별 등으로 분석 가능	· 분석용 서버를 백본 네트워크에 연결	· 라우터의 과부하가 발생하므로 대용량 장비에만 사용 가능
ACL	· 라우터에서 Access-list를 이용해 실시간 src/dst ip, port, protocol 확인	· 백본, GW 라우터 자체 기능	· 라우터 과부하 주의
MRTG or RRD	· 서버에서 라우터를 대상으로 SNMPget으로 수집한 MIB 데이터를 분석 · MRTG는 bps, pps 변화만 확인	· MRTG 서버를 백본 네트워크에 연결	· 모든 ISP가 운용 중
DNS 서버	· DNS 쿼리 패킷을 분석해 과도한 쿼리 패킷 탐지 · 서버에 저장되는 log를 실시간 콘솔 모니터링	· 서울 및 주요 대도시 네트워크에 DNS캐싱 서버 설치 운영	-
L7 스위치 (IPS)	· 쿼리수 임계치를 미리 설정, 초과하는 쿼리 발생 시 알람이 울림	· DNS 서버, GW 등에 설치	-

> **TIP**   DDoS 대응장비의 규격(스펙)
>
> 아래내용은 여러분들이 회사에 갔을 때, 사업을 공고하거나 사업에 맞는 장비로 입찰에 참여할 때 볼 수 있는 사업 제안요청서에서 DDoS 장비에 대한 상세 규격을 언급한 것이다.
> 간단히 내용을 살펴보면 실질적인 DDoS 공격을 탐지 및 방어하기 위한 요구 기능이 명시되어 있다.
>
> | 구분 | 요건 |
> | --- | --- |
> | 탐지 · 방어 기능 | - 트래픽 학습 기능 |
> | | - 행동기반 탐지분석 · 방어 기능 |
> | | - 접근제어목록(ACL)에 의한 차단 기능 |
> | | - Packet 단위 행동기반 알고리즘을 이용한 탐지 지원 |
> | | - 고성능 L2~L7 Layer의 Dos/DDoS 공격 차단 |
> | | - Rate Limit에 위반되는 공격에 대한 탐지/방어 기능 |
> | | - UDP, TCP, ICMP, IGMP, ARP, HTTP 등 다양한 프로토콜별 Flooding 차단탐지 및 방어 기능 제공 |
> | | - Spoofed된 공격 차단 대응 및 Scan(IP/TCP/UDP 등) 공격 차단 |
> | | - TCP Flag 별(SYN/RST/FIN 등) Flooding 공격 차단 |
> | | - Fragment DoS 차단 기능 및 Syn proxy 기능 제공 |
> | | - 악의적으로 조작된 패킷을 사용한 공격에 대한 탐지 · 방어 기능 |
> | | - Protocol 별 탐지 · 방어 · 학습 기능 설정에 유연성과 확장성 제공 |
> | | - HTTP Get Flooding, TCP Cache Control Get Flood 에 대한 탐지 · 방어 기능 |
> | | - TCP Flag 별, 내/외트래픽 방향별 트래픽 TOP 10 IP 및 트래픽 정보 제공 |
> | | - BPS/PPS 정보에 대한 패킷사이즈별 분포 정보 제공 |
> | | - 신종 및 변종 DDoS 공격에 대응할 수 있는 방어 알고리즘 보유 |
> | | - 이상 Traffic 대응 및 DDoS 대응 전용 시스템일 것 |

■ **DDoS 사이버 대피소**

→ 개요 : DDoS 사이버대피소는 피해 웹사이트로 향하는 공격 트래픽을 대피소로 우회(우회된 이후 웹사이트로 접속하는 모든 트래픽은 공격 대응을 위해 일정기간 대피소에 수집됨)해 정화함으로써 일반 사용자는 불편함 없이 정상적으로 웹사이트를 이용할 수 있다.

▪ 다음 그림은 사이버 대피소의 적용 전과 후의 변화를 도식화한 것이다.

[그림 3-15] DDoS 장비의 탐지 화면

→ DDoS 사이버 대피소의 장·단점
- 장점 : DDoS 공격은 수많은 웹 서버 중 어디든 공격할 수 있기 때문에 영세기업이나 비영리 단체와 같이 보안 장비에 투자하기 힘든 조직에 공격이 행해졌을 때 대처할 마땅한 방법이 없다.
  - 이러한 단체를 위해 DDoS 사이버 대피소 신청을 받고 있으며, 서비스를 제공하는 단체의 트래픽 경로를 바꾸어 대피소에서 대신 트래픽을 처리한다.
  - 실제 공격은 대피소 쪽으로 향하게 되고 실제 공격 시스템은 영향을 받지 않는다.
- 단점 : 현재 사이버대피소 시스템은 DNS 주소를 대피소로 돌림으로써 공격 대상 시스

템을 보호한다.
- IP로 직접 공격 대상 시스템을 공격한다면 대피소로 막을 수 없다.
- 홈페이지의 이미지나 링크가 절대경로로 지정되어 있을 때 DNS가 변경되면 원활한 서비스가 제공되기 어렵다.
- 현재 사이버 대피소의 가용 트래픽은 40G로, 그 이상의 공격은 막기 어렵다.

■ **DDoS 공격으로 발생되는 막심한 피해**

→ DDoS 공격의 피해사례
- DDoS 공격이 성공했을 때 기업에 미치는 유·무형적 피해는 실로 엄청나다. 네트워크가 완전히 다운되는 경우는 논외로 두더라도, 단지 네트워크 속도가 급감하고 서비스가 불안정하게 되는 경우만 생각해보더라도 심각한 결과를 초래하게 될 것이다. 서비스를 24시간 이용하고 있는 수많은 고객들이 짜증과 불만족을 느끼며 급격하게 경쟁사로 이탈하게 될 수도 있고, SLA(서비스수준협약, Service Level Agreement)에 위배되어 막대한 규모의 금전적인 피해보상을 하는 경우도 있을 수 있다. 또한 대규모의 집단소송에 휘말릴 가능성도 배제할 수 없을 것이며, 이로 인한 기업 이미지 실추, 주가하락, 매출 감소 등 파장은 실로 엄청날 것이다.
- 실제로 DDoS 공격에 노출되었던 기업들의 금전적인 피해액만 보더라도 현기증이 날 지경이다. 시장조사 기관인 포레스트, IDC 등에서 집계한 객관적인 통계치를 보면, 시스코 사가 24시간 동안 서비스 마비 상황에 이르게 되면 3천만 달러(약 400억 원)의 금전적인 손실이 직접적으로 발생한다고 한다. 양키 그룹의 집계에 의하면 2000년 2월에 발생했던 아마존, 야후, 이베이, E-트레이드 등 미국의 대표적인 인터넷 사이트들에 대한 대규모의 DDoS 공격에 의한 직접적인 피해액은 12억 달러(약 1조 5천억 원)에 이른다. 또 2001년 1월에 마이크로소프트 사의 인터넷 사이트가 며칠 동안 DDoS 공격을 받았을 때 발생했던 손실 규모는 5억 달러(약 6500억 원)로 집계되었다.

→ DDoS 공격의 빈도와 심각성은 폭증세
- DDoS 공격이 발생하는 빈도에 대한 통계를 보면 운 나쁜 어떤 기업이 어쩌다가 불행한 사고를 당했다 생각하고 넘어갈 일이 아니라는 것을 알 수 있다. CAIDA(Cooperative Association for Internet Data Analysis)가 집계한 통계자료를 보면, 2001년 한 해 동안 주당 4천

건의 DDoS 공격이 발생했고, 시간당 100건 이상의 공격이 동시에 일어나고 있다고 한다. 또한 심각한 문제는 DDoS 공격 기술이 매우 정교한 스푸핑 기법과 더불어 인터넷 사용에 필수적인 기본 프로토콜을 사용하고 있는 등 공격기술이 한층 더 은밀하고도 심각한 피해를 주는 형태로 급속하게 발전하고 있다는 것이다.

■ **기존 네트워크 및 보안 장비의 한계점**

→ DDoS 공격에 대응하기 어려운 가장 큰 이유는 해커가 발송하는 비정상적인 공격성 패킷과 고객이 발송하는 정상적인 서비스 요청 패킷을 정확히 구분하는 것이 무척 어렵기 때문에 DDoS 공격을 탐지하는 것 자체가 힘들다는 점이다.
- 정확히 탐지를 한다고 해도 라우터나 방화벽을 통한 필터링을 하게 되면 그 장비 자체가 다운되는 경우가 많기 때문이다.

→ 지금은 이 DDoS 공격에 대해 어떠한 방법으로 방어를 하고 있었는지 살펴보고 그 방법들의 한계점을 살펴보기로 하자. 가장 대표적인 방어기법은 블랙홀링과 라우터 필터링 기법이라고 말할 수 있다.
- 이 방법은 아주 정교한 공격에 대해서는 속수무책인 경우가 많고 대응속도가 너무 느리며 정상적인 서비스 트래픽을 차단하는 빈도가 높다.
- 방화벽의 경우에는 부분적인 방어가 가능하지만 정확한 탐지가 어려우며 그 자체가 다운되는 현상이 생길 수 있다. IDS의 경우는 부분적인 탐지 기능을 제공하고 있지만 방어할 수 있는 기능은 제공하지 않는다. 마지막으로 로드 밸런싱이 있는데 이 방법으로는 엄청난 볼륨의 공격에 대해서는 역시 한계점을 가질 수밖에 없으며, 과다한 비용이 소요된다는 한계점을 가지고 있다.

→ 블랙홀링(BlackHoling) : 블랙홀링 기술은 라우터에서 특정 목적지(Victim)로 전송되는 모든 트래픽을 차단한 후 블랙홀이라고 하는 일종의 폐기장소로 보내서 소멸시키는 방법이다.
- 해당 목적지로 전송되는 악성공격 패킷들뿐만 아니라 정상적인 패킷들도 포함한 모든 트래픽이 소멸되기 때문에 이 방법은 해결책이 될 수가 없다.

→ 라우터(Router) 필터링 기법 : 라우터는 ACL(Access Control List)을 이용한 필터링 기능을 제공하는데, 이 기능만으로는 현재의 고도화된 DDoS 공격을 방어하기 어렵다.
- 첫째, 라우터는 핑(Ping) 공격 같은 인터넷 통신에 꼭 필요하지 않은 몇 가지 간단 한

DDoS 공격에 대해서는 필터링 메커니즘을 통해 방어할 수 있다. 하지만 최근의 DDoS 공격은 인터넷을 사용하기 위해서 가장 기본적이고 필수적인 프로토콜을 사용 하기 때문에 특정 프로토콜 자체를 모두 필터링하는 방법은 사용할 수가 없는 것이다.
- 둘째, 스푸핑된 공격에 대해서는 uRPF를 이용한 방어법이 권고되고 있으나 실제로 구현하는 것은 한계가 있다.
- 셋째, 라우터의 ACL기능은 소스가 스푸핑되었는가 여부에 상관없이 HTTP 에러와 HTTP half-open 커넥션 공격 같은 애플리케이션 레이어의 공격에 대해선 그 효과를 발휘하기 어렵다는 한계점을 가진다.

→ 침입탐지 시스템 (IDS)
- 첫째, 기존의 시그니처 방식에만 의존하는 IDS는 정상적인 패킷 으로 가장한 변형된 형태의 공격에 대해서는 해당 공격 시그니처 없이는 방어가 어렵다.
- 둘째, 최신의 IDS는 행위 기반 혹은 변칙 (Anomaly) 기반의 알고리즘을 제공해 최근의 DDoS 공격을 탐지할 수 있는 기능을 가진다. 하지만 이를 위해선 전문가의 세밀한 커스터마이징이 필요하며, 너무 빈번하게 발생하는 오탐 (False Positive) 문제, 그리고 모든 형태의 공격에 대해서 100% 탐지하지 못하는 한계점이 있다.
- 셋째, 아마도 DDoS 공격을 방어하는 수단으로서 IDS의 가장 큰 한계점은 단지 공격을 탐지만 할 수 있고, 방어할 수 있는 어떠한 수단도 제공하지 못한다는 점이다. IDS는 효과적인 방어 솔루션과 통합/연계되어 상호 보완적인 기능을 수행하는 형태로 활용되어야 할 것이다.

→ 매뉴얼 반응 (Manual Response) : 사람이 직접 수작업을 통해 방어를 하는 경우는 그 대응이 너무 부분적이며 즉각적인 반응이 어려울 것이다.
- DDoS 공격을 당했을 때 전형적인 첫 번째 반응은 해당 ISP에 연락해서 소스를 밝혀 달라고 요청하는 일이다.
- 스푸핑된 주소일 경우에는 다수의 ISP들이 협력해서 검증해야 하는 복잡하고 오랜 작업이 필요하다.
- 소스가 밝혀진다고 할지라도 그것을 차단한다는 것은 모든 트래픽을 차단한다는 의미가 되므로 장단점이 있다고 할 수 있다.

→ 로드 밸런싱(Load Balancing) : 마지막으로 로드 밸런싱 혹은 이중화, 삼중화 등을 통해서 더

욱 용량이 큰 트래픽에 대해서도 처리할 수 있도록 네트워크의 대역폭 및 성능을 강화시키는 방법이다.
- 이 방법은 비용 대비 효과적인 대안이 되지 못한다고 할 수 있다. 비용 대비 효과 문제를 떠나서라도, 결국 얼마간 기간이 지나면 또다시 그 용량을 초과하는 형태의 공격이 발생하게 될 것이 분명하기 때문에 임시방편에 그칠 수 있다.

■ **DDoS 공격대응 모의훈련**

→ 모의훈련 실시
- 각 기관이나 기업에서는 실제 DDoS 공격시에 효과적으로 방어하기위한 모의훈련을 정기적으로 실시한다. 아래사항은 DDoS 공격 모의훈련 흐름도이며, DDoS 공격 대응장비는 라우터 바로 아랫단에 설치되는게 통상적인 구성방식이다. 물론 라우터에서도 DDoS 공격 패킷에 대한 방어 할 수 있지만 대부분은 라우터보다는 전문적인 전용 DDoS 대응 장비를 운영하고 있다.
- 모의 DDoS 공격 흐름도

[그림 3-17] DDoS 공격 및 대응 흐름도

→ DDoS 공격대응 절차

- 실제 DDoS 공격 대응 절차이다. 총 5단계로 구성되어 있다.

출처 : 국가사이버안전센터, 과학기술정보통신사이버안전센터 DDoS 공격대응 매뉴얼

[그림 3-18] DDoS 공격대응 절차

-DDoS 공격 대응훈련 결과 예시

공격 유형		공격 탐지시각	공격 차단시각	SMS 훈련상황 전파	피해 상황
1차 (19:40 ~ 19:51)	대역폭고갈 (ICMP/UDP Flooding)	19:40	19:42	-19:44(차단 중) -19:49(차단 완료)	· 공격시작 후 홈페이지 접속지연 - 최대 270Mbps 트래픽 유입 · DDoS, IPS 보안정책 수정 후 웹서비스 정상
2차 (19:56 ~ 20:13)	웹서버부하 (Get Flooding)	19:56	19:58	-19:58(차단 중) -20:12(차단 완료)	· 공격시작 후 홈페이지 접속지연 - 웹페이지 초당 100회 요청발생 · DDoS, IPS 보안정책 수정 후 웹서비스 정상
3차 (20:25 ~ 20:35)	접속처리 한계 (Syn Flooding)	20:25	20:28	-20:28(차단 중) -20:29(차단 완료)	· 공격시작 후 홈페이지 접속지연 - 홈페이지 접속 초당 500회 발생 · DDoS, IPS 보안정책 수정 후 웹서비스 정상

- DDoS 공격 유형
    - 대역폭 고갈 공격 : Source IP를 변조하거나 실제 IP를 이용해 UDP/ICMP 패킷을 다량으로 전송해 네트워크 대역폭을 잠식시켜 DoS 상태를 유발

> **TIP** DDoS 공격 시 출발지 IP변조가 불가능한 경우
>
> TCP/IP 프로토콜 기반으로 IP를 변조해 트래픽을 대용량으로 보내는 것으로 DDoS 공격이 가능하지만, TCP connection이 필요한 통신에서는 출발지IP 변조가 불가능하다. 이는 DDoS 공격의 다른 유형으로 통신상에 연결을 계속 유지하기 위해서는 변조된 IP가 아닌 실제로 연결 세션을 주고받을 수 있는 IP가 필요하기 때문이다.

- 대역폭 고갈 공격 유형

대역폭 공격유형	UDP/ICMP Flooding, SYN Flooding

공격의 형태	· UDP/ICMP Traffic Flooding
	   – UDP/ICMP Flooding, DNS Query Flooding 등
	· TCP Traffic Flooding
	   – SYN Flooding, SYN+ACK Flooding 등
	· IP Flooding
	   – IP Header Option 변조(LAND Attack),
	     IP Fragment Packet Flooding(Teardrop, HTTP Continuation 등) 등

프로토콜	· 3~4계층(Network, Transport 계층) : IP, ICMP, IGMP, UDP, TCP 등
공격대상	네트워크 인프라
증상	· 회선 대역폭 고갈 · 동일 네트워크를 사용하는 모든 서비스에 대한 접속장애 발생

[그림 3-19] 대역폭 공격 시 DDoS 장비 트래픽 추이

- 웹서버 부하 가중 공격 : 공격자는 동일한 URL(예 : a.com/index.jsp)을 반복 요청해 웹서버가 URL에 해당되는 데이터를 클라이언트에게 회신하는 것을 이용해 서버 자원을 사용하도록 하는 공격 (Get Flooding), 웹서버는 한정된 HTTP 처리 Connection 용량을 가지기 때문에 용량 초과 시 정상적인 서비스가 어려워진다.
  ☞ CC Attack 및 Slowloris Attack 등 CC Attack의 경우, 피해 서버에서 로그에 'Cache Control : no-cache, no-store, must-revalidate, max-age=0' 값이 다수 존재하며, 패킷을 캡처해 확인해도 동일문구가 나타나게 된다.
- HTTP GET Flooding 공격 유형

대표 공격유형	HTTP GET Flooding
공격의 형태	· HTTP Traffic Flooding 　- GET Flooding, GET with Cache-Control · HTTP Header/Option Spoofing 　- Slowris, Fragmented HTTP Header Attack(Slowloris/Pyloris) 등 · TCP Traffic Flooding 　- TCP Session, SYN Flooding, TCP Slow Read 등 · Other L7 Service Flooding 　- Hash DoS, Hulk(http unbearable Load King) DoS, FTP/SMTP Attack 등

프로토콜	· 7계층(Application 계층) : HTTP, DNS, FTP, SMTP 등
공격대상	웹서버, 정보보호 장비 등
증상	· HTTP 서버과다접속(또는 서비스 부하)으로 인한 장애발생 · 공격대상 시스템만 피해

> **TIP** Slowloris 공격 패킷분석
>
> 본 공격은 아파치(Apache) 웹서버를 대상으로 하는 DDoS 공격으로써 정상적인 연결을 공격서버와 맺은 다음 불완전한 http 헤더를 대상서버로 전송해 대상서버가 완전한 연결을 위해서 대기상태로 유지하게 되어 다른 서비스를 수행하지 못하게 하는 방식이다.
> 웹서버는 HTTP 메시지의 헤더와 바디(데이터)를 개행문자(CRLF, '\r\n\r\n')로 구분
> – 개행문자란 '줄바꿈' 또는 '줄의 끝'을 의미한다.
>
> < Slow HTTP Header DoS의 특징 >
>
> 만약, 클라이언트가 개행문자 없이 HTTP 메시지를 웹서버로 전달하면, 웹서버는 HTTP 헤더 정보가 다 수신하지 않은 것으로 판단해 연결을 유지하기 때문에 충분히 많은 클라이언트를 이용해 불완전한 메시지를 전달하면 웹서버는 다른 클라이언트에 대한 정상적인 연결을 제공하지 못하게 되어 서비스 장애가 발생한다.

- 접속처리 한계공격 : 3-way 핸드셰이킹을 하는 TCP 프로토콜의 특성을 악용해 다수의 SYN 패킷을 보내어 서버의 연결대기상태를 늘리면서 CPU 및 메모리 자원을 고갈시키는 공격으로써 SYN Flooding과 TCP Connection Flooding 두 가지 방법이 있다.

- DDoS 공격대응 장비
  - 우리는 DDoS 공격에 대한 대응은 대부분은 DDoS 공격대응 전용장비를 사용한다. 물론 장비에는 1Gbps, 10Gbps, 100Gbps급 대응장비로 가격과 성능이 다양하다.

> **TIP** DDoS 공격에 대한 다양한 대응 방안
>
> DDoS 공격은 DDoS 공격대응장비 없이 어떻게 대응할 수 있을까?
> 한 가지 짚어볼 부분은 DDoS 공격이라고 해서 다른 보안장비에서 탐지/차단하지 못하는 것은 아니다. DDoS 공격이 시작되면 출발지 IP로 방화벽에서 차단 가능하며 탐지패턴으로 대응하는 장비인 IPS 및 웹방 화벽에서도 탐지/차단이 가능한 사실을 인지하면 좋겠다. 그러나 공격이 가중되면 DDoS 공격대응 장비를 이용해 효율적으로 방어가 필요하며, 이러한 방어는 HW 시스템의 성능이 매우 중요한 역할을 한다. 왜냐하면 DDoS 대응장비가 성능이 낮다면 장비 자체가 다운되거나, 행이 걸리는 장애를 일으키기 때문이다.

- 장비의 특성은 다르지만 DDoS 공격을 차단하는 방법
  - DDoS 공격 차단장비

장비명	Anti-DDoS	FW	IPS	WAF
특징	IPS 기능에 고성능 HW장착	IP, Port로만 접근제어	패턴기반 패킷차단 임계치 기반 패킷 차단	패턴기반 세션차단

1.5 WIPS 운영

chapter 1. WIPS 장비 기능 및 작동원리

- **무선침입방지 시스템**(WIPS, Wireless Intrusion Prevention System) **개념**
→ 불법으로 설치되어 동작되는 모든 종류의 AP 및 단말. 내부망의 침입 통로가 되는 경우가 많으므로 기업 또는 공공기관의 내부망 보호를 위해 무선랜 보안 위협을 탐지하고 방어하며 이들을 통합적으로 관리하기 위한 WIPS(Wireless Intrusion Prevention System) 등의 보안장비를 두는 것이 일반적이다.

- **WIPS 특징**
→ 무선 환경에 특화된 WIPS
  - 무선 환경을 분석하는 WIPS
  - App을 통한 무선망 정보의 수집
  - 최신 스마트폰 정보의 수집 및 업데이트
  - 신규 취약점에 대한 정보 및 분석 업데이트
  - WIPS 최초 해킹 디바이스 자동 탐지
→ 잠재적 위협 사전탐지 기능
  - WIPS 최초 해킹 디바이스 자동 탐지
  - Sniffing(엿듣기)을 시도하는 해킹 디바이스 사전탐지
  - 해킹 디바이스에 대한 위치 추적
  - 해킹 디바이스로 만들어진 AP를 자동 탐지 및 차단
→ 스마트폰 탐지 및 자동분류
  - 스마트폰 탐지 및 자동분류(제조사/모델명)

- 국내 출시되는 모든 스마트폰 제품 분류가능
- 노트북과 스마트폰을 구분해 사용자 정책수립 가능
- 스마트폰 정책 설정
- 분류된 스마트폰에 따라 정책 구분 설정
- 스마트폰 스테이션, 스마트폰 AP에 따른 정책 구분 설정

→ 다양한 무선 위협 탐지 및 차단
- 내부 Rogue AP, 외부 AP로의 접근 자동 탐지/차단
- 특허기술을 활용한 불법 AP의 신속한 탐지/차단
- 실시간 차단
- 발생한 위협에 대한 지속적 차단 유지
- 보안 정책에 따른 선택적 차단 구현
- 내부의 AP와 외부AP간의 통신을 통해 내부 네트워크 접속 탐지 및 차단
- AP 없이 기기 간 연결 : 1:1(기본), 1:n(옵션)을 지원하는 WiFi Direct 탐지 및 차단
- WIPS의 구축 구성도

[그림 3-20] WIPS 구축 구성도

chapter 2. WIPS 장비 탐지 로그 분석

■ WIPS 장비의 실시간 탐지
→ 무선침입방지 시스템(WIPS, Wireless Intrusion Prevention System)은 탐지패턴을 적용해 무선상의 사이버공격에 대한 방어와 불법적인 무선AP 및 무선 WiFi 등의 무선기기에 접속하는 것을 통제하기 위해 운영된다.

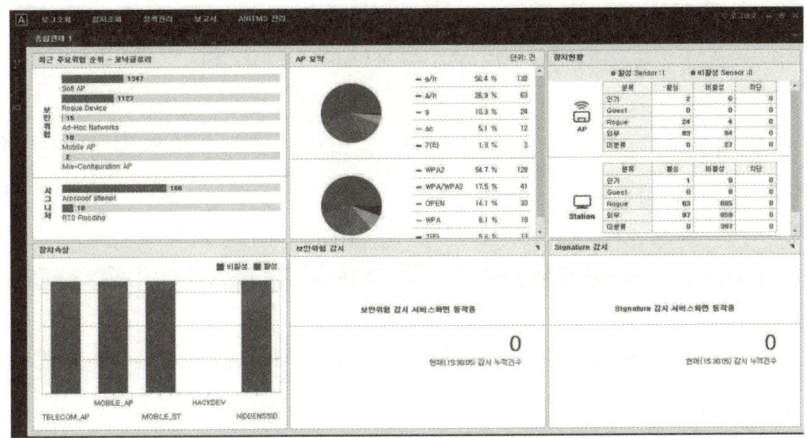

[그림 3-21] WIPS의 종합관제 화면

chapter 3. WIPS 장비를 이용한 관제기술

■ 비인가 무선기기 실시간 차단
→ WIPS가 설치된 주변의 무선신호에 대해서 정확한 무선기기의 현황을 알 수 있다.
- 실시간 모니터링으로 위협이 되는 무선기기를 찾아내거나, 기업이나 기관에서 인가하지 않은 무선기기가 얼마나 많이 존재하는지 쉽게 파악할 수 있다.
- 인가된 무선기기에 불법 접속을 시도하는 접근이 있을 경우 차단해 기관 내의 무선을 통해 공격을 차단할 수 있다.

[그림 3-22] WIPS의 무선 AP 현황 화면

→ WIPS에서 탐지한 무선기기의 SYSLOG 등을 외부 ESM(SIEM) 등의 보안관제 관련 시스템과 연동해 실시간 위협정보를 탐지할 수 있다.

[그림 3-23] 무선 AP의 로그전송 설정 화면

→ WIPS를 이용한 불법 무선접속 차단 개념도

*출처 : 지브라테크놀로지

[그림 3-24] WIPS 활용의 예

■ **무선 보안취약점 보완 및 대응방법**
→ SSID 브로드캐스트 발생되지 않도록 설정 변경조치 : 무선 AP는 사용자의 접속을 편리하게 하기 위해 SSID의 브로드캐스트가 기본적으로 설정되어 있다.
  - 이 기능을 사용하게 되면 수신영역 안에 존재하는 모든 무선 단말기는 해당 무선 네트워크를 확인할 수 있다.
  - 허가되지 않은 비인가자 및 불특정 다수가 네트워크에 접속을 시도해 무선 AP의 자원을 소모하게 되거나 무선 AP가 안전하지 않은 인증 및 암호화 설정을 사용하는 경우 보안 위협에 노출될 수 있다.
  - SSID 브로드캐스트가 발생되지 않도록 설정을 변경해야 한다.
→ 장비의 출고 시 초기 관리자의 ID/Password는 설정되어 있지 않거나 쉽게 설정되어 있으며 이는 암호화 설정을 하지 않은 보안수준으로써, 반드시 통용되는 수준의 암호설정(숫자, 영문자, 특수문자 등 조합 강도 높게 설정)을 통해 무선 AP를 관리·운영하도록 한다.
→ SSID를 숨김모드로 설정해 허가되지 않은 사용자들의 접근을 제한하고 SSID를 장비명, 회사명 등으로 설정하지 않도록 해 공격 목표가 되지 않도록 설정한다.
→ MAC 필터링 : 각각의 무선단말장치에 부여되는 고유한 번호(MAC)를 통해 사용자 인증을 하는 방식이다.
  - 접속을 허용하는 사용자의 단말기 MAC을 사전에 등록하고 등록된 장비 접속을 허용한다.
  - 무선랜에 대한 도청을 통해 인가된 무선단말장치의 번호를 수집 후 비인가된 장치의 MAC을 변조해 접속을 시도하게 되는 위협이 존재하므로 추가적인 보안대책이 필요하다.

→ 무선 AP를 통해 공격자가 접속 시에 DHCP 서비스가 활성화되어 있다면 비인가자 단말기는 자동으로 내부의 IP를 할당받아 내부 네트워크에 접속하게 된다.
- 이를 방지하기 위해 무선 AP에서 DHCP 서비스를 사용하지 않고 고정IP를 사용해 접속하도록 강화한다.

제 2장
보안 및 지원 시스템 운영

2.1 백신

chapter 1. 백신 시스템 기능 및 작동원리

■ **백신의 개념**

→ 백신이란 정확히 안티바이러스를 의미한다. 해외에서는 영어로 Anti Virus라고 지칭한다. 바이러스를 퇴치, 치료한다는 사전적인 의미이다. 그런데 국내에서는 컴퓨터 백신이라는 용어를 쉽게 사용하고 있는데, 백신을 네이버의 사전적인 의미를 보면 아래와 같이 설명하고 있다. 원래 백신은 의학적인 의미인데 국내에서 컴퓨터의 바이러스를 잡아내는 의미로 사용된 것이다.

> **TIP** 백신의 사전적인 의미
>
> 1. 〈의학〉 전염병에 대해 인공적으로 면역을 주기 위해 생체에 투여하는 항원의 하나. 생균에 조작을 가해 독소를 약화시키거나 균을 죽게 해 만든 주사약으로 자가 백신, 다가 백신 따위가 있다.
> 2. 〈컴퓨터〉 컴퓨터 바이러스를 찾아내고 손상된 디스크를 복구하는 프로그램.

■ **백신의 기능**

→ PC 보안
- 실시간 진단, 빠른 검사, 정밀 검사의 기능을 수행한다. 바이러스, 스파이웨어, 웜, 트로이목마 등 악성코드를 빠르고 정확하게 진단하고 치료한다.
- 행위 기반, 평판 기반 진단을 통한 잠재적인 위협 대응까지 다차원 분석 플랫폼 기반의 새로워진 행위 기반 및 평판 기반 진단으로 검증되지 않은 프로그램이 실행되는 것을 사전에 차단함으로써 잠재적인 위협에 대한 사전방역을 지원한다.

- 최근에는 클라우드 진단을 통한 신·변종 악성코드 대응기능도 확대되고 있다. 클라우드 기반으로 파일의 정상 또는 악성 여부를 실시간으로 확인함으로써 새로운, 또는 변종 악성코드를 신속하게 탐지 및 대응한다.
- PC 메모리를 점유하는 불필요한 프로그램(PUP, Potentially Unwanted Program)을 진단해 PC 활용도는 극대화하고, 잠재적인 보안 위협을 최소화한다.
- PC의 부팅 속도 또는 인터넷 연결 속도가 느려질 때, 또는 프로그램 실행이 원활하지 않을 때 PC 최적화 기능을 이용해 PC 상태를 개선할 수 있는 PC 최적화 기능을 지원한다.
- 프로그램 관리, ActiveX 관리, 툴바 관리를 통해 PC에 설치된 프로그램, ActiveX, 툴바의 목록을 통해 불필요한 프로그램을 손쉽게 제거할 수 있어 사용자의 편의성 및 PC 성능을 향상시킨다.

→ 네트워크 보안
- 의심/유해 사이트 차단기능을 지원한다. 악성코드를 유포하는 웹사이트를 차단하는 기능으로, 사용자가 악성 웹사이트를 방문할 경우 접속을 차단해 피싱 등에 의한 피해를 예방한다.
- 네트워크 행위 기반으로 침입을 차단한다. 알려지지 않은 프로토콜 드라이버 차단, 이상 트래픽 차단, IP 스푸핑, MAC 스푸핑, ARP 스푸핑 탐지 등을 통해 알려지지 않은 네트워크를 이용한 위협의 침입을 방지한다.
- 새로 생성된 파일에 대한 필터링, 악성으로 진단되지는 않았지만 PC 내에서 실행 중인 프로세스에 대한 다른 사용자들의 평판 정보, 프로그램의 의심 행위 정보 등을 제공해 잠재적인 위협, 의심스러운 부분에 대해보다 능동적인 대응(Active Defense)이 가능하다.

→ 루트킷 차단기능
- 시스템 내 숨겨진 루트킷(Rootkit)에 의한 파일 및 레지스트리 위·변조, 프로세스 종료, DLL Injection 등 솔루션을 무력화시키려는 행위를 즉시 탐지해 컴퓨터를 안전하게 보호하는 강력한 안티루트킷(Anti-Rootkit)을 제공한다. 또한 해킹 차단에 대한 로그 정보를 제공해 악의적인 공격 주체에 대한 추적이 가능하다.

→ 데이터 유출 방지(데이터 영구삭제)

- 설정된 데이터 삭제등급에 따라 데이터 복구가 불가능하도록 완전히 삭제하며 삭제등급을 높게 설정할수록 삭제 강도는 강력하다(예 : 기업의 기밀자료, 개인의 사생활 정보 등. 출처 : 안랩 V3, 하우리 바이로봇)

chapter 2. 백신 시스템 탐지 로그 분석

■ **실시간 악성코드 탐지내역 확인**
→ 백신 시스템에서 발견된 악성코드에 대한 탐지내역을 실시간 확인이 가능하며, 악성코드 치료가 완료되었는지 그 결과를 확인해 기업이나 기관 내에 발생된 사이버위협을 판단해야 한다.

[그림 3-25] 백신시스템 실시간 악성코드 탐지 화면

> **TIP** 백신 필요성과 무용론
>
> 사이버위 위협을 차단/대응하기 위해서는 네트워크단과 호스트기반으로 유해트래픽을 탐지/차단 하는 방법이 있으며, 단말기(PC, 서버 등)를 보호하기 위한 백신시스템 운영 방법이 있다. 컴퓨터와 같은 엔드포인트의 단말기는 백신이 필수적이다. 백신이 모든 바이러스, 악성코드를 모두 잡아서 치료해 준다면 얼마나 좋겠는가? 하지만 백신 또한 지금까지의 대부분의 보안장비와 동일하게 알려진 공격에 대한

시그니처 방식의 특징이 강하기 때문에 최근의 지능형 APT와 같은 알려지지않은(Zero Day) 공격은 발견하지 못하는 한계점을 가지고 있다.

한 때 백신만 있으면 모든 사이버공격을 방어할 수 있었다고 믿었던 시절이 있었으며, 또 세월이 흘러 백신이 못 잡는 바이러스가 많이 나타나게 되니 백신은 전혀 쓸모가 없다는 주장이 제기되기도 했다.

여기서는 백신이 필요한가? 필요 없는가? 에 대한 백신 필요성을 따지는 것은 아니며, 수험생 여러분들이 앞으로 보안전문가로 일하게 될 것이라 생각한다면, 한번쯤 백신에 대해 그동안 맹신한 것은 아닌지 고찰해 보는 시간을 갖었으면 좋겠다는 생각에 잠시 언급 했다. 백신은 필요한 것은 분명한 사실이며, 백신의 기술력이 향상되어 APT 공격과 같은 행위기반의 탐지방식을 적용하고 있으며, 우리가 백신을 어떻게 잘 활용할 수 있을지 지속적으로 검토/개선해 나가야 한다는게 우리 모두의 과제라고 생각한다.

chapter 3. 백신 시스템을 이용한 관제기술

■ **백신 시스템 통계를 이용한 실시간 보안관제**
→ 기업이나 기관의 바이러스 감염 및 치료율과 같은 전반적인 통계를 이용해 사이버위협 정도를 파악 및 대응해야 한다.

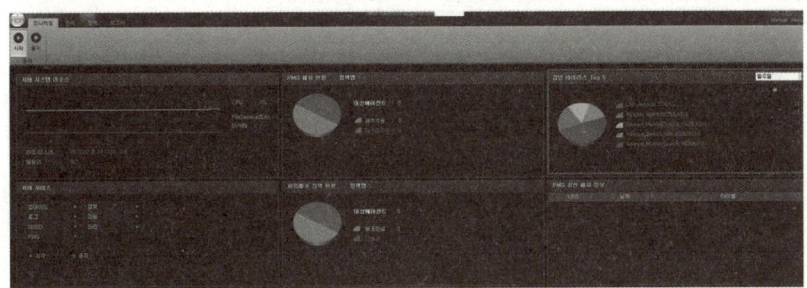

[그림 3-26] 백신 시스템 통계 화면

■ **PMS 이용을 통한 보안 패치 및 관리**
→ 컴퓨터 및 단말기와 같이 엔드포인트 단에서는 백신이 절대적으로 필요하다. 백신 서버에서 각 컴퓨터에 설치된 백신 에이전트에 업데이트 파일을 배포하거나, 시스템 업그레

이드 등의 파일을 배포할 때 PMS 시스템을 이용한다.

→ 패치관리서버(PMS, Patch Management System) : PC의 패치 상태를 직접 확인하고, 사용자의 필요에 따라 패치를 간편하게 설치, 관리할 수 있게 하는 시스템. 현재 PC의 패치 설치 현황과 이에 따르는 설치 필요 패치 목록과 해당 패치의 용도, 중요도 등을 실시간으로 보여준다.

→ 패치관리서버의 패치흐름도(출처 : 바이로봇)

2.2 NAC 시스템

chapter 1. NAC 시스템 기능 및 작동원리

■ **NAC의 개념**
→ NAC은 네트워크 진입 시 단말과 사용자를 인증하고, 네트워크를 사용 중인 단말에 대한 지속적인 보안 취약점 점검과 통제를 통해 내부 시스템을 보호하는 '네트워크 접근제어(NAC, Network Access Control) 솔루션'이다.

■ **NAC의 기능**
→ 유·무선 통합 네트워크 접근제어 : 다양한 유·무선 단말에 대한 사용자 및 단말 통합 보안 인증으로 비인가 단말의 네트워크 접근을 통제한다.
→ 강화된 엔드포인트 보안 관리 : 네트워크 접속 시 사용자 및 단말 인증과 필수·차단 SW 검사, 보안 업데이트 검사 등을 진행하고, 네트워크 사용 중에는 지속적으로 단말의 보안 취약점 검사를 실시해 엔드포인트 보안을 강화한다.
→ 엔드포인트 보안을 더 강화하는 PMS : Microsoft의 Windows 운영체제 및 SW 제품에 대한 보안 업데이트와 HWP, Java, Acrobat 등 관리자가 지정한 SW의 배포 및 패치를 다양한 방식(자동/수동/백그라운드 등)으로 운영할 수 있어 엔드포인트 보안을 더 강화한다.
→ IPv4, IPv6, 유·무선 네트워크 가시성 확보 : IPv4, IPv6, 유·무선 등 다양한 네트워크 환경에서 모든 네트워크 장비 및 단말의 IP 사용 현황을 모니터링하고, IP/MAC 정책에 의해 IP 충돌 보호 및 IP 사용을 통제한다.
→ 편의성과 보안이 강화된 Advanced DHCP : DHCP IP 범위 설정, DHCP IP 고정 할당, DHCP IP 예약, DHCP IP 할당 현황 관리 등 IP 관리 편의 기능을 제공하고 DHCP IP Pool 영역에서의 Static IP 설정 단말을 차단해 보안을 강화한다.

→ 사용자 인증 : 유무선 통합 클라이언트를 이용한 사용자 인증과 웹 기반의 클라이언트리스 사용자 인증 동시지원, 특별한 인증 체계가 없는 유선 환경에서의 사용자 인증, 무선 보안 암호화 인증 클라이언트 제공 등을 지원한다.
→ 소프트웨어 설치 통제 : 필수 소프트웨어 미설치 단말에 경고창 팝업 또는 특정 네트워크 접속을 제한한다. 특정 프로세스(test.exe 등)를 차단할 수 있다.

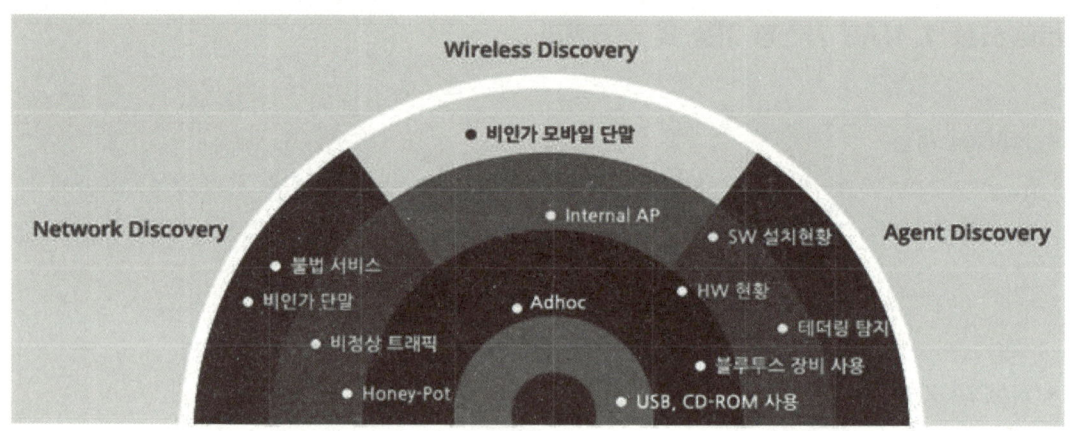

[그림 3-27] NAC의 기능 요약

chapter 2. NAC 시스템 탐지 로그 분석

■ **NAC 시스템 실시간 로그**

→ NAC 시스템은 실시간 단말기 인증상태를 확인할 수 있다.
- 비인가 단말기나 매체에 대해서는 네트워크 접속이 불가하도록 격리(차단)시키게 되며, 이에 대한 모든 로그는 실시간으로 보여주고 저장된다.

→ 아래 화면은 접근제어한 기록을 보여주는 NAC 시스템의 예이다.

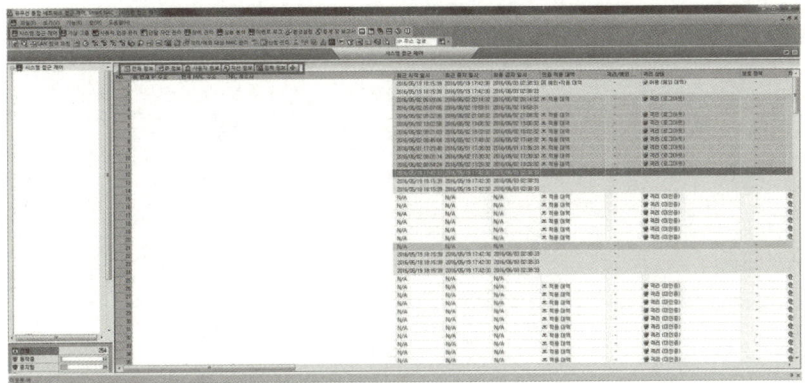

[그림 3-28] NAC 시스템의 실시간 접근 제어 현황

chapter 3. NAC 시스템을 이용한 관제기술

■ **비인가 단말기 탐지**
→ 불법 IP 및 MAC 주소 사용하는 단말기를 실시간 탐지/차단한다.
- 아래 그림은 NAC 시스템의 사용자 인증 현황, 단말보안 통계, 패치현황, 사용중 IP, 차단중 IP 등의 종합 관리 화면의 예이다.

[그림 3-29] NAC 시스템 종합 화면

- **NAC 시스템 구성의 예**

[그림 3-30] NAC 시스템 구성도

2.3 매체제어 시스템 등

chapter 1. 매체제어 시스템 기능 및 작동원리

■ 매체제어 시스템 개념
→ 앞서 살펴본 NAC은 단말기 네트워크 접근 통제 시스템인데 비해, 매체제어 시스템은 이동형 저장매체(USB), CD/DVD, FDD, 적외선 장치, 블루투스 장치, 휴대폰 장치, 무선랜 장치, 와이브로 장치, 모뎀장치 등 다양한 매체에 대해 컴퓨터에 연결을 통제하는 솔루션이다.

■ 매체제어 시스템 기능
→ 사용자 인증/디바이스 식별 : 인가된 사용자의 패스워드들 통한 USB 장치 접근, 디바이스 시리얼 번호로 인증
→ 보조기억장치 관리 시스템 : 보조기억장치 통제 및 등록 관리 기능
→ 자동 암·복호화 : USB의 저장된 파일을 인증되지 않은 사용자가 복제 불가능. 국내 제품은 국정원 암호 검증 모듈 탑재
→ 장치 잠김 : USB 인증 횟수 시도에 실패한 경우 기능 제공, 일정 시간 사용자 인증 미제공 기능
→ 원격 삭제·잠금 기능 : 네트워크 통신을 통한 원격 관리 기능, USB 장치의 분실 시 보호 기능 제공
→ 매체제어 시스템 활용

[그림 3-31] 매체제어 시스템 구성사례

→ 망분리 환경을 위한 데이터 교환 솔루션이 USB를 인터넷이 되는 PC에서 사용하면 인터넷 망에 설치된 USB 관리 서버의 정책에 따라 USB에 저장된 파일은 PC로 복사되지 않는다.
- USB에 저장된 파일들은 폐쇄망의 PC에서 저장된 중요한 파일이기 때문에 USB 관리 서버에서 유출방지 기능이 동작하도록 설정한다.
- 인터넷 PC에서 사용한 USB 사용 로그는 인터넷망에 있는 USB 관리 서버로 전송되기 때문에 인터넷 PC나 폐쇄망 PC에서 사용하는 USB 사용로그는 빠짐없이 모두 수집이 된다.

TIP 국제공통평가기준(Common Criteria), CC인증이란?

CC(Common Criteria)평가는 평가대상(TOE, Target of Evaluation)가 보안기능요구사항을 만족해 위협에 대응하기 충분하며 보증요구사항을 만족해 보안기능의 품질을 신뢰할 수 있음을 입증하는 것이다. TOE가 만족시키고자 하는 보안기능 요구사항과 보증요구사항을 정의한 문서를 CC에서는 보호프로파일(PP, Protection Profile)과 보안목표명세서(ST, Security Target)이라 한다.

공통평가기준(Common Criteria)의 보증등급(EAL, Evaluation Assurance Levels)은 7단계로, 최저 1등급부터 최고 7등급까지 계층적으로 순서화해 등급화된다. 등급화를 결정하는 요인은 범위, 상세도, 엄격화 등 평가에 드는 노력이며 보증 컴포넌트 조합으로 표현된다.

chapter 2. 매체제어 시스템 탐지 로그 분석

■ **매체제어 시스템 로그분석**

→ 매체제어 시스템 실시간 로그

사용자명	매체명	모델명	사용일시(접속 및 분리)	작업내용
홍길동	USB	SBBD-078	2016.01.01. 15:00 ~ 15:34	업무보고서 저장

[그림 3-32] 실시간 매체제어 시스템 로그의 예

- 위와 같이 매체제어 시스템은 조직 내에서 컴퓨터나 노트북에 어떤 매체를 연결했을 경우 사용기록을 남기고 있으며, 인가받지 못한 매체는 접속을 차단한다.
- 매체제어 시스템은 다른 보안장비와 같이 실시간 사이버공격의 탐지로그를 기록하는 기능은 없다.
- 단지 조직 내에서 사용하는 보안USB 및 CD-RW, 외장형 저장장치 등을 연결해 작업을 하거나 실제 중요문서를 저장했는지의 기록을 남긴다.

- 정보 유출에 대응하기 위한 솔루션으로 주로 활용되며, 혹시나 외장형 저장매체에서 유입될 수 있는 악성코드를 사전에 차단하기 위한 통제 시스템이다.

chapter 3. 매체제어 시스템을 이용한 관제기술

■ USB 등 이동형 저장매체 반출입시 보안관제

→ 매체제어시스템은 인가된 매체에 대해서도 실시간으로 사용실태를 파악할 수 있으며, USB/CD-ROM 등의 매체에 어떤 문서를 저장하고 삭제했는지도 시간을 포함해 기록으로 남게 된다.

→ 아래는 매체제어 시스템의 에이전트 방식의 일반적인 구성도이다. 컴퓨터 및 단말기에는 매체제어 서버와 통신이 가능한 에이전트 프로그램이 설치되어야 한다.

[그림 3-33] 매체제어 시스템 체계도

chapter 4. 기타 시스템을 이용한 보안

- **홈페이지 APT 웹셸공격 탐지 및 차단 시스템**

→ 최근에 웹셸에 의한 홈페이지 공격이 많이 발생되고 있다. 홈페이지 취약점을 이용하거나 내부 사용자 컴퓨터를 해킹해 내부 네트워크의 취약점을 이용해서 웹서버에 웹셸을 업로드할 수도 있다.
  - 아래는 홈페이지서버에 업로드 된 b374k-2.8.php 웹셸 파일을 탐지한 화면이다.
  - 탐지패턴은 create_function으로 이러한 웹셸은 원격에서 웹서버를 컨트롤할 수 있는 기능이 있다.

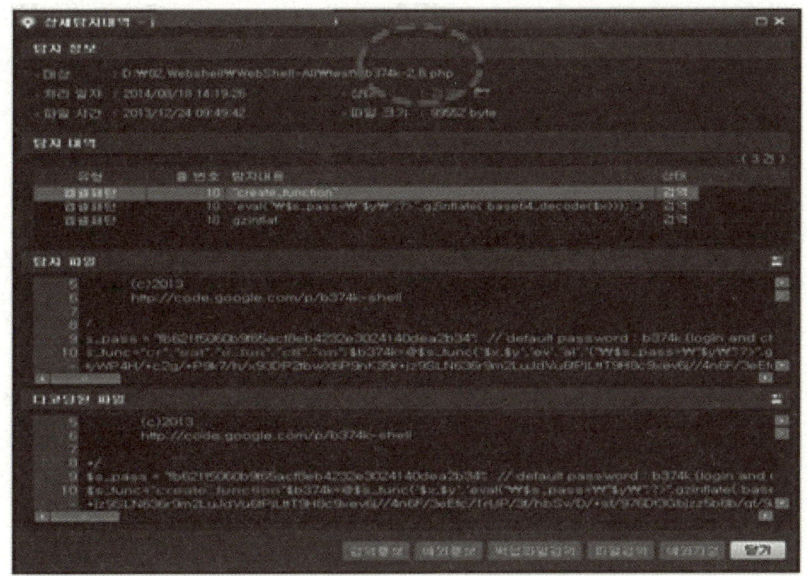

*출처 : 유엠브이 기술(웹셸 모니터링 시스템)

[그림 3-34] 웹셸 탐지 화면

- **서버 접근통제 및 보안감사 시스템**

→ 서버로의 접근은 반드시 서버접근통제 시스템을 통해 접속하는 방식으로 권한에 따라

각각의 서버에 접근을 금지·허용 등 통제할 수 있으며, 모든 접근 로그는 책임 추적성을 확인할 수 있도록 변조되지 않은 완전무결한 상태로 보존된다.

[그림 3-35] 시스템 접근제어 및 보안감사 솔루션 구성도

- **DRM**(Digital Rights Management)
→ 디지털 저작권 관리를 의미한다.
  - 콘텐츠 제공자의 권리와 이익을 안전하게 보호하며 불법복제를 막고 사용료 부과와 결제대행 등 콘텐츠의 생성에서 유통·관리까지를 일괄적으로 지원하는 기술이다.
→ 파일을 암호화하는 방식으로, 사내에서 파일을 만들어도 외부로의 유출은 얼마든지 가능하지만 유출되더라도 암호를 알지 못하면 열어볼 수 없다.

- **DLP**(Data Loss Prevention, Data Leakage Prevention)
→ 데이터를 내보낼 때 쓰이는 모든 경로를 차단, USB 등의 매체 지원을 막아서 문서나 파일의 외부 유출 자체를 막는 방식이다.
→ USB 등으로 외부유출을 하고자 할 경우, 해당 USB를 상위에 보고하고, 승인받고, 등록해야만 사용할 수 있는 시스템이라고 생각하면 된다.

- **웹 방화벽**(WAF, Web Application Firewall)
→ 웹 방화벽은, 일반적인 네트워크 방화벽(Firewall)과는 달리 웹 애플리케이션 보안에 특화되어 개발된 솔루션이다.
  - 웹 방화벽의 기본 역할은 그 이름에서도 알 수 있듯, SQL Injection, Cross-Site Scripting(XSS) 등과 같은 웹 공격을 탐지하고 차단하는 것이다.
  - 웹 방화벽은 직접적인 웹 공격 대응 외에도, 정보 유출 방지 솔루션, 부정 로그인 방지 솔루션, 웹사이트 위변조 방지 솔루션 등으로 활용이 가능하다.
→ 정보유출방지 솔루션으로 웹 방화벽을 이용할 경우, 개인정보가 웹 게시판에 게시되거나 개인 정보가 포함된 파일 등이 웹을 통해 업로드 및 다운로드 되는 경우에 대해서 탐지하고 이에 대응하는 것이 가능하다.
→ 부정 로그인 방지 솔루션으로서는, 추정 가능한 모든 경우의 수를 대입해 웹사이트에 로그인을 시도하는 경우와 같은 비정상적인 접근에 대한 접근 제어 기능을 한다.
  - 주로 해커가 해킹을 한 후에 과시하는 것이 목적인 웹사이트 위변조가 발생했을 경우, 이에 대해 탐지하고 대응하는 웹사이트 위변조 방지 솔루션의 역할을 한다.
  - 웹 방화벽은 위에서 기술한 네 가지 웹 보안 기능을 제공하면서, 웹 애플리케이션이라는 [집]을 미처 예상하지 못했던 외부의 공격으로부터 지켜내고, 사전에 발견하지 못했던 내부의 위험 요소로부터 지켜내는 [울타리] 역할을 수행하는 존재라고 할 수 있다.
→ 웹 방화벽의 진화 : 웹 방화벽은 사용자의 필요와 요청에 의해 꾸준히 진화해왔다. 웹 방화벽의 동작 방식은 점점 발전, 또 진화해왔고, 그 동작 방식의 세분화를 통해 세대(Generation)를 구분할 수 있다.
  - 1세대 웹 방화벽 : 1세대 웹 방화벽은 블랙리스트 방식과 더불어 안전한 접근에 대한 허용 리스트인 화이트리스트(White List)를 병행하는 방식을 사용했다.
    - 자동으로 온라인 업데이트 서비스를 제공하는 블랙리스트와는 달리 화이트리스트는 고객 환경에 따라 다르게 적용이 되기 때문에 관리자가 직접 생성 및 관리를 할 수 밖에 없었고, 블랙리스트 역시 결국 최종 적용을 위한 검토는 관리자의 몫이었기 때문에 이는 관리자에게 매우 큰 관리 부담으로 다가왔다. 또한 공격 유형이 다양해짐에 따라 등록된 시그니처의 수가 늘어날수록 성능이 저하되는 문제마저 발생했다.

[그림 3-36] 1세대 웹 방화벽 개념도

- 2세대 웹 방화벽 : 2세대 웹 방화벽은 보호 대상 웹 애플리케이션을 몇 주간의 모니터링을 통해 분석해, 화이트리스트 생성을 자동으로 처리해주는 것이 특징이다.
  - 빠르게 변화하는 웹 환경에 적합하지 않았다. 또 생성된 화이트리스트 또한 적용을 위한 최종 검토 및 관리가 필요했기 때문에 관리자의 부담은 여전히 존재했으며, 웹 보안 환경에 존재하는 다양한 웹 공격 유형을 파악하지 못했기 때문에, 많은 성능 저하 및 오탐 이슈를 불러 일으켰다.

[그림 3-37] 2세대 웹 방화벽 개념도

- 3세대 웹 방화벽 : 3세대 웹 방화벽은 웹 공격 유형 별로 블랙리스트 탐지, 화이트리스트 탐지 및 웹 트래픽 컨텐츠 분석 등의 기법들을 로지컬하게 결합해 공격을 탐지하는 방식을 사용했기 때문에, 1,2세대 웹 방화벽 대비 오탐을 대폭 줄일 수 있었다.
  - 특정 공격 유형의 새로운 변종 공격이 발생할 경우, 로직 기반으로 판단하는 3세대 웹 방화벽은 최소한의 시그니처의 추가만으로 바로 변종 공격의 방어가 가능해졌다.
  - 1,2세대의 지속적인 시그니처 등록으로 인한 성능 저하 문제를 해결할 수 있었다.
  - 관리자가 리스트 관리보다는 공격 유형별 정책 관리에 집중할 수 있어, 훨씬 효율적인 관리가 가능해졌다.

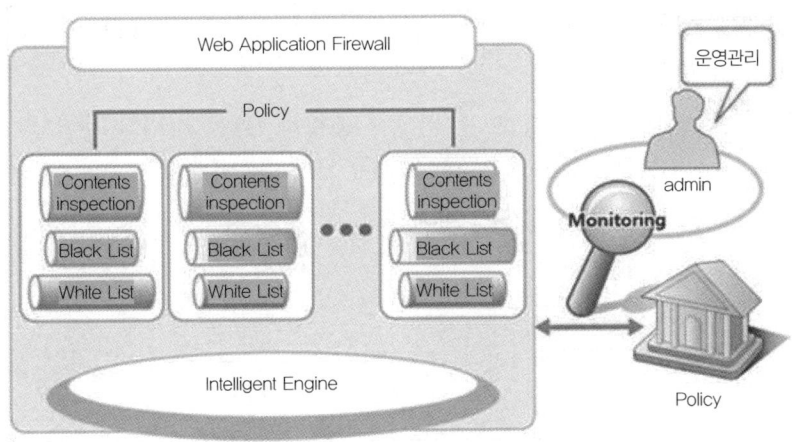

[그림 3-38] 3세대 웹 방화벽 개념도

TIP 다양한 보안장비의 활용 방안 검토

지금까지 앞서 살펴본 다양한 보안장비와 시스템, 솔루션을 각 기관이나 기업에 맞게 어떻게 활용하는가가 우리 보안전문가들의 몫이다. 수험생 여러분이 갖가지 장비에 대한 운영법을 지금 알 수도 없을 뿐 더러 당장은 알 필요도 없을 것이다.
다만, 접해보지 못한 솔루션의 기능과 특징을 이해하는 것만은 반드시 알아야 한다. 실무에서는 제품의 특징과 기능을 명확히 알고 있는 것 자체가 매우 중요하고 사이버위협을 효과적으로 대응하는데 많은 도움이 되기 때문이다. 이 책에서 언급하지 못한 보안장비, 시스템, 솔루션이 있으니 필요하다면 항상 신규 솔루션을 확인하고 어떻게 조직에 활용할지 고심하고 검토하는 것이 좋다.

■ **정보보호 시스템을 다양하고 다중적으로 구축할 필요성**
→ 정보보호에 대해 자주 문의하는 질문이 있다. 하나로 통합된 장비는 없는가?
- "왜 이렇게 불편하게 여러 개의 IPS, TMS, DDOS 방화벽, 방화벽 등의 각기 다른 장비를 써야 하는가?" 사이버공격을 방어하는 데 이렇게 많은 장비가 과연 필요한지에 대한 질문은 자주 등장하는 사항이다.
- 가장 쉽게 설명될 수 있는 비교사례로 사이버전도 결국 전쟁이라고 생각해 본다면, 전쟁에서 승리하기 위해서는 전차도 있어야 하고 전투기도 있어야 하고, 전투함도 있어야 하고, 항공모함도 있으면 좋겠고, 개인 소병기도 필요할 것이다.
- 이렇듯 사이버공격을 막아내기 위해서는 여러 개의 각기 다른 장비의 기능이 필요하고, 침입에 대한 범주에 따라 분야별 전문적인 성능을 보유한 시스템이 필요하게 되었다.

→ 최근에는 방화벽, IPS, TMS 등 모든 기능을 통합한 UTM 장비가 생겨났지만, 작은 기업이나 그룹에만 사용될 뿐 규모가 큰 조직에서는 장비성능이 부족하고 결국 정밀하게 탐지하거나, 우수한 성능으로 네트워크 서비스에 부하 없이 사이버공격을 차단하기에는 부적합한 실정이다.

■ 분야별 정보보호 시스템 구성도

[그림 3-39] 영역별 정보보호 시스템 구성도 사례

> **TIP** 정보보호 시스템의 종류 및 기능
>
> | 구 분 | 기 능 |
> |---|---|
> | 홈페이지 APT 웹셸공격 탐지 및 차단 시스템 | - 웹셸 및 홈 디렉토리 설정변경 탐지
- 악성코드유포지 URL탐지
- 웹셸 탐지 정보 및 이력 저장 |
> | 정보시스템 서버 접근통제 및 보안감사 시스템 | - 접근통제에 의한 모든 작업 이력 저장
- 장애 및 보안사고 발생 시 사후 추적 기능 |
> | 지능형 네트워크 접근통제 시스템(NAC) | - 네트워크 접속 단말인증 및 무결성 검증
- 필수 S/W 설치 및 불법 소프트웨어 삭제 유도 |
> | 위협관리 시스템(TMS) | - 위협관리 시스템(Threat Management System)으로 유해 트래픽 및 악성코드를 실시간 탐지하는 시스템 |

방화벽(FW)	- 침입차단 시스템으로 내부 시스템을 보호하기 위해 IP 및 프로토콜 기반으로 내.외부를 접속 차단하는 시스템
침입방지 시스템 (IPS)	- 실시간 사이버공격을 탐지 및 차단하는 시스템으로 악성코드 및 악의적인 바이러스에 대해 문자열 방식으로 탐지해 차단하는 시스템 ※ 사람이 건물에 입장할 때 1차적으로 얼굴인식으로 현관통과 해주는 것이 방화벽의 역할이라면 소지품 검사대에서 엑스레이 검사하는 것이 침입방지 시스템의 역활
내부정보유출 방지 시스템	- 사용자 컴퓨터에서 사용하는 메신저(MSN, 네이트온 등) 프로그램 사용 차단 및 이메일 송신 시 붙임파일 용량 통제 등 내부정보의 유출을 방지하기위한 시스템
홈페이지 위·변조 감시 시스템	- 악의적인 사이버공격에 의한 홈페이지 화면 위/변조 사항을 실시간 탐지 및 웹 접속 정상 상태를 모니터링하는 시스템
무선랜 침입 차단 시스템 (WIPS)	- 기관 내 비인가 무선 AP 탐지 및 무선랜에 대한 위협을 탐지·차단하는 시스템 - 기관 내의 중요정보를 모바일 기기를 이용해 이메일·SNS 등을 통해 인터넷으로 전송하는 기능을 탐지·차단함 - 허가 없이 설치한 무선 공유기 및 무선장비를 실시간 탐지/차단해 기관 내의 시스템으로 침입하는 등의 외부 사이버공격을 방어함
DDoS 공격대응 장비	- DDoS 공격에 대한 차단에 특화된 시스템
개인정보유출방지 시스템	- 컴퓨터에서 주민번호, 여권번호 등 고유식별정보 및 중요정보가 포함된 문서를 식별하거나 외부유출시에 차단하는 시스템
웹 방화벽(WAF)	- 웹 서비스에 대한 사이버공격을 차단하는데에 특화된 시스템
해킹메일 차단 시스템	- 악의적인 바이러스 및 악성코드 포함된 메일을 수신시에 탐지 및 차단하는 시스템
스팸메일 차단 시스템	- 일반적인 다량의 메일 수신 및 비정상적인 메일을 수신시 차단하는 시스템
지능형지속위협(APT) 공격 대응 시스템	- 시그니쳐(문자)기반의 정보보호시스템과는 달리 비정상적인 행위를 판별해 이상징후를 탐지 및 차단하는 시스템
매체제어시스템	- 인가된 USB 저장장치, 이동형 저장장치의 연결을 허용하고 기타 비인가된 장치에 대해서는 차단 등을 수행하는 통제 시스템

제 3장

네트워크 보안

3.1 네트워크 일반

chapter 1. TCP/IP 일반 및 OSI 7 레이어

■ **TCP/IP 일반**

→ TCP/IP는 인터넷 네트워크의 핵심 프로토콜이다. 인터넷에서 전송되는 정보나 파일들이 일정한 크기의 패킷들로 나뉘어 네트워크상 수많은 노드들의 조합으로 생성되는 경로들을 거쳐 분산적으로 전송되고, 수신지에 도착한 패킷들이 원래의 정보나 파일로 재조립되도록 하는 게 바로 TCP/IP의 기능이다.

> **TIP 프로토콜의 정의**
>
> 프로토콜(Protocol)은 규약이다. 일종의 약속이라는 뜻이다. 커뮤니케이션 하는 컴퓨터들 간에 오류를 최소화함으로써 정보를 원활하게 교환하기 위해 만들어진 규칙의 집합이 바로 통신 프로토콜인 것이다. 통신 프로토콜은 컴퓨터 간 상호 접속이나 전달 방식, 통신 방식, 주고받을 자료의 형식, 오류 검출 방식, 코드 변환 방식, 전송 속도 등을 정하는 것을 말한다. 기종이 다른 컴퓨터는 대개 서로 다른 통신 규약을 사용하기 때문에, 이(異)기종 컴퓨터들끼리 통신을 하려면 표준 프로토콜을 설정하고, 커뮤니케이션을 하는 모든 컴퓨터가 이를 채택토록 하는 것을 전제로 통신망을 구축해야 한다. 이러한 통신 프로토콜 가운데 인터넷에서 사용하는 대표적인 표준 프로토콜이 바로 TCP/IP(Transfer Control Protocol/Internet Protocol)이다.

→ TCP/IP 프로토콜은 Application layer, Transport layer, Internet layer, Network interface layer의 총 4개 계층으로 구성되어 있다. 이에 비해 OSI 7레이어는 7계층으로 되어 있으며, 각각의 특징에 대해 자세히 알아보도록 하자. 먼저 TCP/IP의 4계층에 대한 내용이다.

→ Application layer : 이용자의 데이터를 처리해 transport layer로 넘겨준다. 사용되는 프로토콜로는 FTP, DNS, Telnet이 있다(괄호는 사용되는 포트 넘버이다).

- FTP(21) : 인터넷을 통해 파일을 송수신하기 위한 프로토콜이다.
- DNS(53) : 도메인 이름들의 위치를 알아내기 위한 IP주소로 바꾸어주는 시스템이다.
- Telnet(23) : 원격접속 서비스로서 특정 사용자가 네트워크를 통해 다른 컴퓨터에 연결하면 그 컴퓨터에서 제공하는 서비스를 받을 수 있게 하는 것이다.
- SMTP(25) : 전자우편을 보내고 받는 데 사용되는 프로토콜. 주로 SMTP는 메일을 보내는 데 사용하며, POP3나 IMAP 프로토콜은 자신의 서버에 수신되어 있는 메시지를 받아보는 데 사용한다.
- TFTP(69) : 이더넷을 이용해 파일을 다운받는 프로토콜. UDP 방식을 사용하고, FTP와 같은 파일 전송프로토콜이지만 작은 크기의 프로그램에서 수행가능하다.
- SNMP(161) : 네트워크 장비들로부터 필요한 정보를 가져와서 장비상태를 모니터하거나 특수한 경우 장비 관련 값을 변경하는 등의 작업을 하며 네트워크 장비를 관리할 수 있는 프로토콜이다.
- RIP (520) : Dynamic Routing 프로토콜 중 가장 쉬운 라우팅 프로토콜이다.

→ Transport layer : Data를 쪼개어 Segment 로 만들어 IP layer로 넘겨준다.
- 사용되는 프로토콜로는 TCP, UDP가 있다.
- TCP : IP네트워크에서 신뢰성 높은 데이터 전송을 실현하기 위해 연결지향형 서비스와 재전송 기능을 지원해주는 프로토콜이다.
- UDP : TCP/IP의 기반이 되는 대표적인 프로토콜로, 연결을 설정하는 시간을 줄여서 훨씬 적은 오버헤드를 갖는다. 또한 신뢰성을 보장하지 않는다.

→ Internet layer : IP header를 추가해 Network Layer로 넘겨준다.
- 사용되는 프로토콜로는 IP, ICMP, ARP, RARP가 있다.
- IP : OSI 세 번째 계층인 Internet 계층의 기능을 수행하는 프로토콜이다. 신뢰성은 보장하지 않고, 송·수신 측으로 데이터를 보내는 기능만 한다.
- ICMP : IP와 조합해 발생하는 오류의 처리와 전송 경로의 변경을 위한 제어 메시지를 다루는 프로토콜이다.
- ARP : 목적지 IP주소 정보로 MAC Address를 가져오는 프로토콜이다.
- RARP : 목적지 MAC Address를 이용해 IP주소를 가져오는 프로토콜이다.

→ Network Interface Layer : Packet을 Frame으로 만들어 목적지까지 전달한다.

- 사용되는 프로토콜로는 FDDI, Ethernet이 있다.
- FDDI : 광섬유 케이블을 사용해 간선 LAN을 구성하거나 컴퓨터를 직접 연결하는 고속 통신망 구조. 단일, 다중 모드의 광섬유 케이블 모드를 지원한다.
- Ethernet : 가장 대표적인 버스 구조 방식의 근거리 통신망이다. CSMA/CD 방식을 사용해 데이터를 전송한다. 현재 LAN 구성 시에 가장 많이 사용되는 인터페이스이다.

[그림 3-40] TCP_IP 프로토콜과 OSI 7 레이어의 상세비교

■ OSI 7 레이어의 상세 이해

→ 근거리 통신망(LAN)의 구성을 위한 국제 표준으로 국제 표준화 기구(ISO, International Standards Organization)와 국제 전자 기술자 협회(IEEE, Institute of Electrical and Electronic Engineers)가 만들었다.
- 컴퓨터 네트워크의 구조와 자료의 흐름을 구현하기 위해 고안된 7개의 층으로 이루어진 구조이다.

- 멀티벤더 네트워크의 인터페이스를 정의할 수 있도록 하고 있으며 이용자에게 이러한 네트워크를 건설하는 데 있어서 개념적인 가이드를 제공한다.

계층	기능
Physical Layer 물리 계층 (1계층)	물리적 통신 매체를 통해 전달되는 구조화되지 않은 비트 스트림(bit stream)의 전송을 책임지며, 통신 매체를 접근하는 데 필요한 기계적이고 전기적인 기능과 절차 등을 규정한다.
Datalink Layer 데이터 링크 계층 (2계층)	데이터 전송을 위한 기능적이고 절차적인 수단을 제공하고 물리 계층에서 발생할 수 있는 오류 검출 및 수정을 담당한다.
Network Layer 네트워크 계층 (3계층)	통신 시스템 간의 경로를 선택하는 경로 선택(Routing) 기능, 통신 트래픽(Traffic)의 흐름을 제어하는 흐름 제어(Flow Control) 기능, 데이터 통신 중에 패킷의 분실로 재전송 요청을 할 수 있는 오류 제어(Error Control) 기능 등을 수행한다.
Transport Layer 전송 계층 (4계층)	상위 계층과 하위 계층을 연결하는 교량 역할을 수행하는 것으로, 정보 통신 단말 간의 투명한 데이터 전송을 담당하고 신뢰성이 있으며 저가의 통신 서비스를 제공한다.
Session Layer 세션 계층 (5계층)	다양한 응용 시스템 구축 시 상위 계층에서 필요로 하는 공통의 전송 제어 기능을 제공하는 것으로, 상위 계층의 개체 간 대화(Dialogue)를 맞추고 데이터 교환을 관리하는 논리적 연결(Logical Connection)을 확립하고 관리한다. 이와 같은 기능을 제공하기 위해 세션 계층은 상위 계층에서 세션 연결(Session Connection)을 설정하기 위한 서비스를 제공한다.
Presentation Layer 표현 계층 (6계층)	응용 계층 간에 교환되는 데이터 표현의 독립성을 부여하는 것이 주요 목적이다. 이와 같은 목적을 실현하기 위해 표현 계층에서 지원하는 대표적인 기능은 송신측 컴퓨터 내부에서 사용하는 형식으로 구성된 데이터를 전송하기에 적합한 형태로 인코딩(Encoding)한 후 수신측 컴퓨터에서 인식할 수 있는 형태로 디코딩(Decoding)하는 것이며, 이외에도 암호화(Data Encryption), 데이터 압축(Data Compression), 네트워크의 안정성 보장 등의 기능을 제공한다. 정보를 교환하는 시스템이 표준화된 방법으로 데이터를 인식할 수 있도록 해주는 역할을 한다.
Application layer 응용 계층 (7계층)	사용자가 직접 접하게 되는 계층이며 사용자는 하위 계층에 대한 자세한 지식 없이도 서비스를 사용할 수 있어야 한다. 응용 계층은 응용 서비스를 제공하는 계층으로 다른 계층과는 달리 수많은 서비스가 존재한다.

→ OSI 7 Layer 데이터 캡슐화

- Data encapsulation & de-encapsulation

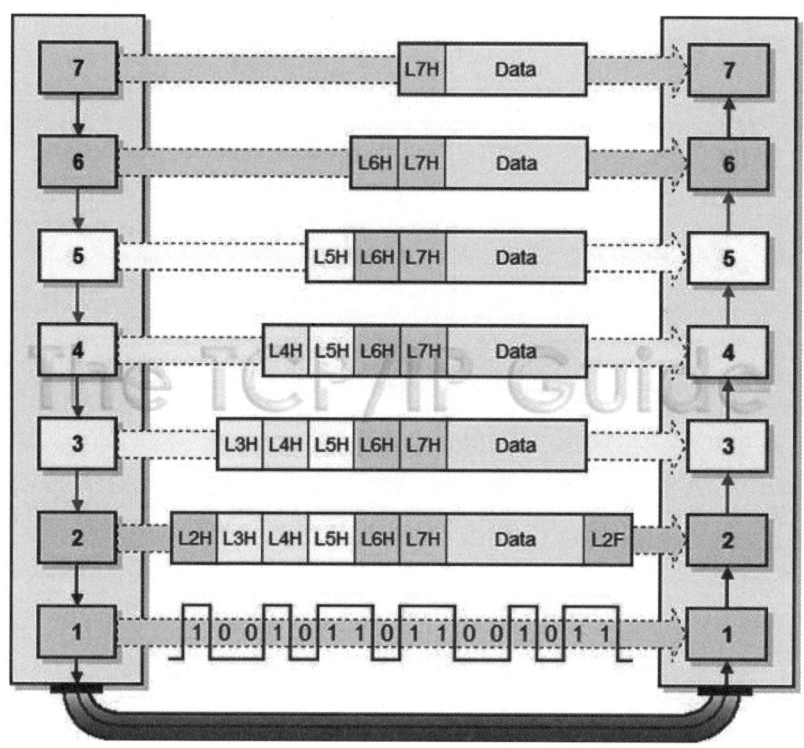

[그림 3-41] OSI 7 Layer 데이터 캡슐화

- 밑 계층으로 내려 보낼 때 필요한 정보를 붙임(Header)
- 캡슐화 : Header를 계속 붙이는 것
- 역캡슐화 : Header를 확인한 후 원하는 데이터인 경우 벗김
- 데이터 링크 계층에는 끝에 하나 더 붙음 (Footer/Trailer) : 데이터 크기를 계산해 오류 검출, 받은 데이터 값과 Footer 값을 비교해 일치 시 데이터 수용, 불일치 시 불완전 데이터로 판단하고 데이터를 버림

→ OSI 7 Layer별 상세 특징

계층	전송데이터 단위	프로토콜 및 통신방식	사용 장비 및 특징
Physical Layer 물리 계층(1계층)	비트(bit)	RS-232C, X.24, V.35, IEE 802.3	허브, 리피터, DSU, CSU (전기적 신호 전송장비)
Datalink Layer 데이터 링크 계층(2계층)	프레임(Frame)	SLIP, PPP, LLC, PPTP(MS사 개발), L2F(시스코사 개발), HDLC, LAP-B, Frame Relay, ATM, CSMA/CD (이더넷으로 알려진 방식은 공유 버스 구조를 지원한다. 데이터를 전송하기 전에 공유 버스의 신호를 감지해 충돌을 예방하고, 전송 과정에서 발생할 수 있는 충돌에 대처한다.) * L2TP(계층 2 터널링 통신 규약): 점 대 점 터널링 통신 규약(PPTP)과 L2F의 양 표준 통신 규약을 혼합해 만듦	스위치, 브리지 (MAC와 같이 물리적 주소 관리) * 이 계층을 두가지 Sublayer로 나눈다. LLC(Logical Link Control), MAC(Media Access Control)로 나눈다. LLC계층은 Network Layer과 관련이 있으며 MAC 계층은 Physical Layer와 관련이 있다. MAC 계층은 NIC(Network Interface Card)와 직접적인 관련이 있다. Network Layer에서 받은 데이터를 프레임이라는 단위로 변환해 최하위 Physical Layer으로 보낸다.
Network Layer 네트워크 계층 (3계층)	패킷(Packet)	IP, ARP, IPSec, OSPF, ICMP, IGMP, RIP, IPX, X.25,Q930(ISDN 관련)	라우터, L3스위치 (패킷의 전달경로를 설정)
Transport Layer 전송 계층(4계층)	세그먼트 (Segment)	TCP, UDP, SSL, TLS	게이트웨이, L4 스위치
Session Layer 세션 계층(5계층)	데이터그램 (Datagram) =메시지	SQL, RPC, NFS, NetBIOS	두 프로세스 사이의 가상경로 확립이나 해제를 수행, 통신세션을 구성하며 포트 번호를 기반으로 연결한다.
Presentation Layer 표현 계층(6계층)	데이터그램 (datagram) =메시지	DOC, JPEG, MP3 AVI, SMB, HTML, ASCII	데이터 디코딩/인코딩, 암/복호화
Application Layer 응용 계층(7계층)	데이터그램 (Datagram) =메시지	FTP, SMTP, HTTP, POP, P2P, EMAIL, DNS, SNMP	여러 어플리케이션 업무에서 필요로 하는 통신서비스를 제공. 일반적인 응용서비스를 수행

■ TCP와 UDP 비교

→ TCP에서는 세션(접속)을 설정한 후에 통신을 개시하지만, UDP에서는 세션을 설정하지

않고 데이터를 상대의 주소로 송출한다.
→ UDP의 특징은 프로토콜 처리가 고속이라는 점이다. 그러나 TCP와 같이 오류 정정이나 재송신 기능은 없다. 신뢰성보다도 고속성이 요구되는 멀티미디어 응용 등에서 일부 사용된다.

[표 3-4] TCP와 UDP 프로토콜의 특징 비교

구분	TCP	UDP
신뢰성	· Reliable(신뢰성 있는) · 신뢰성을 위해 Ack, Checksum 등 사용	· Unreliable(신뢰성이 없다)
연결성	· Connection-oriented(연결지향성) · Connection을 맺고 통신	· Connectionless(비연결성)
재전송	· 재전송 요청함(오류 및 패킷 손실 검출 시)	· 재전송 없음
특징	· Flow Control을 위해 Windowing 사용 · 속도는 다소 느려도 신뢰성을 제공	· 신뢰성은 보장하지 않지만, 고속데이터 전송 · 실시간 전송에 적합
용도	· 신뢰성이 필요한 통신	· 총 패킷 수가 적은 통신 · 동영상 및 음성 등 멀티미디어 통신

→ TCP session을 맺는 과정과 그 동작 원리
  ▪ TCP는 장치들 사이에 논리적인 접속을 성립하기 위해 Three-way handshake를 사용한다.

[그림 3-42] Three-way Handshake 원리

■ 서브넷팅의 이해
→ 서브넷팅을 이해하고 네트워크의 기본 개념이 있어야 보안관제를 수행하는 데 이점이 많이 있다. 아래 사항은 서브넷팅을 하는 방법을 쉽게 설명한 것이다.
- C Class의 Default Subnet Mask인 255.255.255.0에서 호스트 부분인 마지막 0부분(8bit)을 아래와 같이 네트워크 부분과 호스트 부분을 다시 나누어 주면 된다.
- 기본 요구사항에 대해 충족되는지 알아보기 위해선 한 옥텟당 8비트로 이루어져 있으니, 호스트 부분 같은 경우는 2의 필요한 수만큼의 비트 제곱 양에 −2를 하면 실질적인 사용량을 파악할 수 있다(호스트 부분 같은 경우 전체가 0인 부분은 네트워크 자체를 나타내고, 전체가 1인 경우는 브로드캐스팅 대역이기 때문에 제외하게 되어, 2개를 빼는 것이다).
- 아래는 IP address 203.252.100.0일 때, SubnetMask 255.255.255.224를 이용한 서브넷팅의 예이다.
- 서브넷팅 224는 2진수 8비트로 표현하면 '11100000'으로 십진수 224가 된다. 즉 앞자리 '111' 3자리가 네트워크 부분의 IP주소가 되고, 뒷자리 5개의 숫자가 호스트의 IP주소가 되는 것이다.

```
- Subnet: 8 / host :32
  NNN        HHHHH
1) 000    00000 ~ 11111   (2진수를 십진수로 바꾸면 2의 0승은 1, 00001은 십진수
                           2, 00010은 십진수로 3이다. 이런 식으로 경우의 수를 조
                           합하면 0~31까지가 나온다.)
2) 001    00000 ~ 11111   (맨 처음 2의 5승은 32이다. 조합하면 32~63까지 나온
                           다.)
3) 010    00000 ~ 11111   (여기서부터 아래 부분도 위처럼 계산하면 아래와 같이 ip
                           주소가 나열된다.)
4) 011    00000 ~ 11111
5) 100    00000 ~ 11111
6) 101    00000 ~ 11111
7) 110    00000 ~ 11111
8) 111    00000 ~ 11111
```

- 뒷자리 2진수 5개를 조합하면 서브넷 네트워크주소와 호스트 주소로 나누어진다.

	Subnet Address	Host From	Host To	Broadcast Address
1)	203.252.100.0	203.252.100.1	203.252.100.30	203.252.100.31
2)	203.252.100.32	203.252.100.33	203.252.100.62	203.252.100.63
3)	203.252.100.64	203.252.100.65	203.252.100.94	203.252.100.95
4)	203.252.100.96	203.252.100.97	203.252.100.126	203.252.100.127
5)	203.252.100.128	203.252.100.129	203.252.100.158	203.252.100.159
6)	203.252.100.160	203.252.100.161	203.252.100.190	203.252.100.191
7)	203.252.100.192	203.252.100.193	203.252.100.222	203.252.100.223
8)	203.252.100.224	203.252.100.225	203.252.100.254	203.252.100.255

- 서브넷팅을 하는 이유는 IP자원을 효율적으로 사용하기 위해서이다. 아래 사항은 서브넷 마스크에 따라 서브넷 수와 호스트 수를 알 수 있다. 호스트를 간단히 구하는 방법은 기본적으로 호스트 부분이 '11111111' 이진수는 2의 8승 개이므로 총 256개 ip 주소가 나온다.
- 아래와 같이 나타나는 방법을 쉽게 설명하면 예를 들어 224로 서브넷 마스크를 사용하면 호스트 개수는 몇 개일까? 답은 256-224 = 32가 나온다. 여기서 0인 네트워크와 브로드캐스팅 부분의 ip를 제외한 2개를 빼면 30개가 된다. 서브넷 개수는 256/32 하면 8개가 나온다.

SUBNET MASK	SUBNET 수	HOST수	사용HOST수	BIT
255.255.255.254	128	2	0	/31
255.255.255.252	68	4	2	/30
255.255.255.248	32	8	6	/29
255.255.255.240	16	16	14	/28
255.255.255.224	8	32	30	/27
255.255.255.192	4	64	62	/26
255.255.255.128	2	128	126	/25
255.255.255.0	1	256	254	/24

■ 라우팅 프로토콜
→ RIP(Routing Information Protocol) : IP 통신망의 경로 지정 통신 규약의 하나. 경유하는 라우터의 대수(Hop의 수량)에 따라 최단 경로를 동적(動的)으로 결정하는 거리 벡터 알고리즘을 사용한다.
- 현재 두 개의 버전이 있는데 버전 1은 인터넷, 인트라넷에 널리 사용되고 있으며 유닉스의 Routed가 유명하다.
- 버전 2는 CIDR에 대응될 수 있도록 기능이 확장되어 있다.
- 버전 1은 RFC 1058, 버전 2는 RFC 1723으로 각각 규정되어 있다. 모두 일반 기업의 구내 정보 통신망(LAN)에 이용되는 경우가 많다.

→ OSPF(Open Shortest Path First) : 인터넷 프로토콜(IP) 네트워크를 위한 링크 스테이트 라우팅 프로토콜이다. 링크 스테이트 라우팅 알고리즘을 사용하며, 하나의 자율 시스템(AS)에서 동작하면서 내부 라우팅 프로토콜의 그룹에 도달한다.
- RIP 프로토콜은 바로 연결된 라우팅 정보를 보고 찾아 가지만, OSPF는 인접하지 않은 모든 라우팅 정보를 수집해 가장 최단거리로 찾아가는 방식이다.

→ IGMP(Internet Group Management Protocol) : 인터넷 그룹 관리 프로토콜은 호스트 컴퓨터와 인접 라우터가 멀티캐스트 그룹 멤버십을 구성하는 데 사용하는 통신 프로토콜이다.
- 특히 IP TV와 같은 곳에서 호스트가 특정 그룹에 가입하거나 탈퇴하는 데 사용하는 프로토콜을 가리킨다.

→ 간이 망 관리 프로토콜(SNMP)은 네트워크 장비를 관리 감시하기 위한 목적으로 UDP 상에 정의된 응용 계층 표준 프로토콜이다.
- SNMP는 네트워크 관리자가 네트워크 성능을 관리하고 네트워크 문제점을 찾아 수정하는데 도움을 준다. SNMP를 지원하는 서버에 관리자가 질의를 해 자료를 받아갈 수 있고, 반대로 어떤 값을 설정을 요청할 수도 있다.
- 현재 SNMP는 SNMP 버전 1, SNMP 버전 2, SNMP 버전 3의 세 가지 버전이 있다.

→ SNMP는 네트워크 망에 대한 효율적인 관리를 위한 프로토콜이다.
- Manager-Agent 관계로 이루어져 있으며, 통신과정에서 인증을 위해 Community String을 사용하게 된다. 네트워크 장치를 모니터링하고 제어하기도 하고, 환경설정, 통계, 자료수집, 수행 성능, 보안 기능을 관리하는 수단이다.

- 이러한 종합된 정보들은 MIB(Managerment Infomormation Base)를 통해 DB에 저장된다. MIB는 구성관리, 성능관리, 고장관리, 보안관리, 계정관리의 5가지 기능이 있다.

→ SNMP 패킷은 Version, Community String, SNMP PDU 구조로 이루고 있다. 아래 그림은 간단히 Agent와 Manager 간 통신을 간단히 나타낸 것이다.
- 트랩(Trap)의 역할은 Agent가 Manager에게 상황 발생 시 해당 이벤트 정보를 전달한다. 또한 각각의 Community는 유일한 이름을 가진다.

→ SNMP 버전별 특징
- SNMP v1 : 암호화되어 있지 않고 보안 기능이 전혀 없다.
- SNMP v2 : v1에서는 없었던 암호화(DES, MD5 알고리즘)와 보안 기능 및 PDU 타입 정의 기능이 추가된다(PDU : Process Data Unit 약자).
- SNMP v3 : 암호화 및 인증을 지원하고, 보안성은 좋으나 호환성의 문제로 아직 상용화되지 않고 있다.

→ SNMP 서비스 탐지: SNMP 서비스는 UDP Port 161번을 사용하기 때문에 UDP Port Scanning을 통해 알아볼 수 있다. SNMP의 Get request를 전송해 응답을 체크하고, 만약 SNMP 서비스를 사용하는 중이라면 해당 시스템의 기본정보 획득이 가능하다. 하지만 Community string을 알아야 가능하다.

→ Community String 획득
- 기본적으로 Community String은 Public 또는 Private을 사용하고 있다. 그래서 Brute Forcing 기법이나 Dictionary Attack을 이용해 획득이 가능하지만 시간은 오래 걸린다. 그리고 SNMP v1은 암호화를 사용하지 않기 때문에 Sniffing을 통해 획득할 수도 있다.
- 이에 대한 보안대책으로 Community String을 유추하기 어렵게 설정해야 한다.

→ SNMP 버전별 특징 비교(요약)

구분	특 징
SNMP v1	- 구성요소 : SMI, MIB, SNMP 프로토콜 - 인증방법 : Community String(비밀번호)에 의존 - 특징: 트래픽을 암호화하지 않으면 보안 기능이 없음

SNMP v2	− SNMP v1의 부족한 기능들을 추가 − 처리 효율 개선 : 한 번의 요청으로 여러 테이블 값 읽어 대역폭 감소 효과 − 보안 강화 : DES, MD5 알고리즘을 사용해 데이터 보안 기능 강화 − 관리 시스템간 연대 기능 강화 : 매니저간 통신을 위한 및 Manager to Manager MIB 정의
SNMP v3	− 인증 방식이 변경되어 v1, v2에 비해 보안이 강화 − packet이 전송 중에 변조되지 않음 − 승인되지 않은 사용자에 의해 도청되는 것을 방지 − 데이터의 변형 및 상태 이상 없이 전송 가능

→ SNMP의 동작 원리

[그림 3-43] SNMP 동작

chapter 2. 네트워크 장비 이해

■ **네트워크 장비의 종류**

→ 리피터(Repeater) : 디지털 방식의 통신선로에서 신호를 전송할 때, 전송하는 거리가 멀어지면 신호가 감쇠하는 성질이 있다.

- 감쇠된 전송신호를 새롭게 재생해 다시 전달하는 재생 중계 장치를 리피터라고 한다.
→ 허브(Hub) : 허브는 OSI 참조 모델의 물리 계층만을 지원하는 멀티포트 리피터 개념의 네트워크 장비이다.
  - 리피터는 포트가 1~2개만 있는 것에 비해 허브는 이보다 훨씬 많은 수의 포트를 지원한다. 그러므로 허브는 리피터에 비해 저렴한 가격으로 살 수 있으면서도 더 많은 스테이션들을 동시에 연결할 수 있는 장점이 있다.
  - 허브의 종류로는 더미 허브, 인텔리전트 허브, 스위칭 허브, 엔터프라이즈 허브가 있다.
→ 브리지(Bridge) : 동일한 통신 프로토콜을 사용하는 두 네트워크 세그먼트 사이에서 패킷을 연결하고 전달하는 장치로, 즉 두 개의 LAN을 연결하는 것은 리피터와 동일하다.
  - 브리지들은 OSI 참조 모델의 2계층인 데이터 링크 계층에서 작동한다. 일반적으로 브리지는 수신되는 프레임의 MAC 주소를 기준으로 프레임을 필터링하거나 전달하는 기능만을 담당한다.
  - 동종의 네트워크를 연결하는 데 사용되는 리피터와 비슷하지만, 기능상 차이점으로는 2계층인 데이터 링크 계층에서 제공하는 기능인 필터링이나 포워딩 기능에 의해 네트워크를 분리해 개별적인 네트워크에 대한 트래픽을 감소시키는 효과를 가지고 있다.
  - 브리지는 ① 통신망의 범위와 길이를 확장할 때, ② 통신망에 더욱 많은 컴퓨터들을 연결시킬 때, ③ 통신망에 과다하게 연결된 컴퓨터들로 인한 병목현상을 줄이고자 할 때, ④ 서로 다른 물리적 매체(통신선로)를 구성된 통신망으로 연결할 때, ⑤ 이더넷(Ethernet)과 토큰링(Token Ring) 같은 서로 다른 통신망 구조의 통신망을 연결할 때 등에 사용할 수 있다.
→ 스위치 : 허브의 확장된 개념으로 기본 기능은 허브와 동일, 전송 중 패킷 충돌이 발생하지 않도록 목적지로 포트를 직접 전송한다.
  - 스위치에서 패킷의 목적지 주소를 기준으로 송수신 위치를 계산한 후 해당 포트를 1:1로 연결하는 스위칭 기술을 포함한다.
  - 스위칭은 정보 전달의 수단과 회선의 효율적 운용을 위해 입출력 상태를 감시하고, 전송로에 장애가 발생하면 예비 상태로 전환한다.
  - 스위치 특징

- 패킷은 보내는 노드와 받는 노드를 1:1로 연결하기 때문에 발생하지 않고, 빠른 속도로 전송이 가능하다.
- 두 개의 노드가 통신하는 동안 다른 노드들도 서로 동시 통신이 가능하다.
- 여러 노드에서 통신을 하거나 노드 수가 증가하더라도 속도 저하는 일어나지 않는 다.
- 패킷의 감청이 어려운 구조로 보안성이 높고, 이더넷에서 높은 효율을 제공한다.
- 전이중 통신 모드로 네트워크상의 불필요한 패킷 흐름을 막아 성능을 향상시킨다.
- 기본적으로 프로세서, 램, 운영체제를 탑재해 다양한 부가 기능을 지원한다.

→ 스위치 기술에 의한 분류
- Store and Forward 방식
  - 전체 프레임을 모든 메모리에 수신한 후 전달한다.
  - 스위치 성능이 좋아야 하며, 패킷 내용이 손상되어도, 정확한 포워딩이 가능하다.
  - 모든 프레임을 수신한 후 에러 검출과 정정 기능이 가능
  - 스위치의 모든 프레임을 복사해 저장한 후 MAC 주소를 보고 목적지 포트로 전송
- Cut Through 방식
  - 프레임을 수신하는 대로 스위치가 목적지 주소를 확인한 후 바로 포워딩하며, 패킷의 목적지 주소가 손상되면 패킷을 잘못 포워딩할 수 있다.
  - 프레임의 교환 속도를 높이기 위해 에러를 체크하지 않고 목적지 포트로 바로 전송하기 때문에 신뢰성을 보장할 수 없다.
  - 패킷의 포워딩이 많으면 동시 다발적으로 포워딩할 때 전달되는 패킷의 일부가 올바르게 스위칭되지 않는다.
  - Store and Forward에 비해 스위치 부담이 적어 성능이 낮은 사양에서 스위칭이 가능, 패킷을 즉시 포워딩하므로 지연 시간이 짧다.
- Fragment Free 방식
  - Store and Forward 방식과 Cut Through 방식을 혼합한 개념으로 현재 가장 많이 사용된다.
  - 스위치가 프레임에 64byte까지 검사한 후 즉시 전달을 시작한다.
  - Store and Forward의 교환 속도를 향상 Cut Through의 신뢰성을 보장한다.
  - 대용량 자료를 많이 전송하는 소프트웨어 환경에 적합하다.

- Adaptive 방식
  - Store and Forward , Cut Through , Fragment Free 방식을 통합한 개념이다.
  - 네트워크의 에러율이 낮은 상태로 계속 지속되면 Cut Through 방식으로 변경한다.

→ 스위치 방법에 의한 분류
- Layer 2 스위치 특징
  - L2 스위치로 패킷의 MAC 주소를 읽어 스위칭하는 간단한 구조를 이루고 있어 가격이 저렴하다.
  - MAC 주소가 OSI 7 계층 중 2계층에 해당, 스위치의 신뢰성과 성능이 우수하다.
  - 브리지는 특정 포트에서 받은 데이터를 다른 포트로 전송하지만, L2 스위치 허브는 여러 개의 포트 중 특정 포트에만 전송한다.
  - 브로드캐스트 패킷에 의해 성능 저하가 발생, 상위 레이어 프로토콜을 이용한 스위칭이 불가능하다.
- Layer 3 스위치 특징
  - L3 스위치로 포트 간 패킷 스위칭을 위해 패킷의 IP 나 IPX 주소를 읽어 스위칭하고 통신 경로를 한 번만 설정한다.
  - IP나 IPX 주소가 OSI 7 계층 중 3계층에 해당, 트래픽 체크와 가상 랜 등의 부가 기능을 지원한다.
  - 해당 프로토콜을 사용하는 패킷에 대해 스위칭이 가능, L2 스위치에 라우팅 기능을 추가해 병목 현상을 줄일 수 있다.
- Layer 4 스위치 특징
  - 로드 분산 및 이중화를 위한 로드밸런싱을 지원한다.
  - L3 스위치와 같이 프로토콜을 지원하며, 애플리케이션별로 우선순위를 두어 스위칭이 가능하다.
  - 기능 설정이 복잡하지만 용량에 관계없이 네트워크의 성능 개선에 효율적이다.
  - 상황에 따른 적절한 설정과 고급 스위칭 설정이 가능하므로 보안성이 높다.
  - 고가의 장비로 L2, L3 스위치와 적절한 혼합 배치가 필요하다.
- Layer 4 / Layer 7 스위치 특징

- 서버 로드밸런싱(SLB) 기능
- 캐시 리다이렉션(CR) 기능
- 방화벽·VPN 로드밸런싱(FWLB) 기능
- 패킷 미러링·필터링 기능
- 보안 기능

■ **네트워크 구성형태**

→ 토폴로지(망구성 방식, Topology)는 컴퓨터 네트워크의 요소들(링크, 노드 등)을 물리적으로 연결해 놓은 것, 또는 그 연결 방식을 말한다.

→ 버스형(Bus) : 버스라는 공통 배선에 각 노드가 연결된 형태로, 특정 노드의 신호가 케이블 전체에 전달되는 방식이고, 노드의 끝에는 터미네이터를 부착한다. 터미네이터를 붙이는 목적은 신호를 흡수함으로써 그들이 다시 반향되지 않도록 하는 데 있다.
- 이더넷 네트워크에는 버스 양단에 50옴의 저항을 가진 터미네이터를 부착해야 하며, SCSI 체인에는 체인의 맨 끝에 한 개의 터미네이터를 부착해야 한다.
- 장점 : 노드의 추가 및 삭제가 용이하고, 특정 노드의 장애가 다른 노드에 영향을 주지 않는다.
- 단점: 노드 수가 증가하면 트래픽이 증가해 네트워크 성능이 저하된다.

→ 링형(Ring) : 각 노드가 좌우의 인접한 노드와 연결되어 원형을 이루고 있는 형태이고, 토링이나 FDDI 등에 사용되고, 토큰을 가진 노드가 송신 권한을 가진다.
- 장점: 한 방향 통신으로, 신호 증폭이 가능해 거리 제약이 적다.
- 단점 : 노드의 추가, 삭제가 용이하지 않다.

→ 성형(Star) : 중앙에 있는 주 컴퓨터에 여러 대의 컴퓨터가 별 모양(성형)으로 연결된 형태, 각 컴퓨터는 주 컴퓨터를 통해 다른 컴퓨터와 통신을 할 수 있는 형태이다.
- 장점: 장애 발견이 쉽고, DB 관리가 용이하다.
- 단점: 주 컴퓨터 장애 발생 시, 네트워킹이 불가능하다.

→ 망형(Mesh) : 모든 노드가 서로 일대일로 연결된 그물망 형태로 다수의 노드 쌍이 동시에 통신 가능하다.
- 장점 : 특정 노드의 장애가 다른 노드에 영향을 주지 않으며, 회선 장애로 인한 통신

중단이 적다.
- 단점 : 회석 구축 비용이 많이 들며, 새로운 노드 추가 시 비용 부담이 발생한다.
→ 트리형(Tree) : 버스형과 성형 토폴로지의 확장 형태, 백본(backbone)과 같은 공통 배선에 적절한 분기 장치(허브, 스위치)를 사용해 링크를 덧붙여 나갈 수 있는 구조이다.
- 장점 : 성형에 비해 더 많은 노드를 연결할 수 있다.

[그림 3-44] 버스형 토폴로지 　　　 [그림 3-45] 링형 토폴로지 　　　 [그림 3-46] 성형 토폴로지

- 단점 : 전송 거리가 다소 증가할 수 있다.

[그림 3-47] 메쉬형 토폴로지 　　　 [그림 3-48] 트리형 토폴로지

- 토폴로지 장단점 비교

종류	장점	단점
성형	장애 발견이 쉽다. 중앙 컴퓨터가 모든 통신을 제어하므로 관리가 쉽다. 한 노드의 장애가 다른 네트워크 장비에 영향을 주지 않는다. 네트워크를 제어하는 장치가 따로 있어 네트워크 구현이 용이하다.	허브에 장애가 발생하면 전체 네트워크에 영향을 준다. 케이블 양이 많아져 설치 비용이 올라간다. 트래픽이 중앙에 집중되므로 중앙 노드에 부하가 많이 걸린다.
망형	한 노드에 장애가 발생해도 다른 노드에 영향을 주지 않는다. 동신에 다수의 통신 쌍이 통신할 수 있다.	선로 구성이 복잡하다. 배선 비용이 비싸다. 노드를 추가할 때 노력과 비용이 많이 든다.
버스형	구축이 간단하고 비용이 적게 든다. 네트워크 확장이 용이하다. 한 노드에 장애가 발생해도 다른 노드에 영향을 주지 않는다.	주 라인에 문제가 발생하면 전체 네트워크에 영향을 준다. 노드가 많아질수록 네트워크 전송 속도가 느려진다. 거리 제약이 있다.
링형	통신 제어가 간단하고 신뢰성이 높다. 거리 제약이 적다.	한 노드의 정애가 전체 망에 영향을 준다. 노드의 추가나 변경이 어렵다.
트리형	성형에 비해 더 많은 노드 증설이 가능하다.	성형에 비해 전송 거리가 증가할 수 있다.

- **VLAN의 이해**

→ VLAN의 개념
- VLAN은 쉽게 설명하면 같은 가상(Virtual) 랜으로 동일한 네트워크 대역에 없어도, 즉 한국의 A 사무실의 인사과 네트워크 그룹에 다른 B 사무실의 회계과 직원을 같은 네트워크로 묶을 수 있는 것이다.
- 이렇게 구성하는 이유는 물리적인 위치를 극복하고, 관련성 있는 직원그룹이 네트워크 공유 및 업무를 효율적으로 수행할 수 있기 때문이다.
- 다른 예를 들어본다면 동일 회사의 인사과 직원이 다른 네트워크를 사용하는 옆 건물에 위치하고 있을 경우에도 모든 인사과 직원들의 네트워크는 VLAN으로 묶어서 하나의 네트워크 그룹화가 가능하다.

[그림 3-39] VLAN 구성의 예

- VLAN(Virtual LAN)이란 Ethernet Switch가 논리적으로 Bus를 분할하는 기능을 제공한다. 논리적인 Bus의 분할은 Ethernet Network의 물리적인 구조를 변경하지 않더라도 논리적으로 Network의 형태를 자유롭게 변경하게 한다. 이런 특성으로 인해 VLAN 기술을 Ethernet이 제공하는 Layer 2(2계층) VPN 기술이라 불리기도 한다.

→ VLAN을 사용하는 주된 이유
  - VLAN은 Ethernet Switch상에서 하나의 Bus를 논리적인 다수의 bus로 나누는 기법이다. 즉 하나의 broadcast domain을 다수의 broadcast domain으로 분리하는 기법을 의미한다.
  - VLAN은 하나의 Ethernet bus를 다수의 bus로 나누어 Ethernet Network의 성능을 개선하는 솔루션으로 사용될 수 있다. (너무 많은 Node가 하나의 bus상에 존재하면 collision domain을 나누는 기법만으로는 성능 개선에 한계가 있다. 특히 전체 Network를 대상으로 하는 Broadcast Service는 Node가 많아질수록 Network의 성능을 저하시키는 요소가 될 수 있기 때문이다.)
  - 논리적으로 분리된 Bus들을 이용하면 새로운 형태의 논리적인 Network를 구성할 수 있다.
  - 결론적으로 VLAN을 활용하면 Ethernet Network의 물리적인 구조를 변경하지 않고도 다양한 논리적인 Network의 구조를 생성할 수 있다는 강력한 유연성을 제공할 수 있다.

→ VTP(VLAN Trunking Protocol) 이해
- VTP는 IEEE 802.1Q 프로토콜을 사용하고, 시스코 장비에서 VTP는 전체 네트워크에 걸쳐 VLAN 구성의 일관성을 유지시킨다.
- VTP는 2계층 트렁크 프레임을 사용해 VTP 서버 모드의 핵심 스위치로 부터의 네트워크 측에 존재하는 VLAN들의 추가, 삭제, 이름 변경을 관리한다.
- VTP는 VTP 도메인 내의 VLAN 정보를 동기화할 뿐 아니라 각 스위치의 동일한 VLAN 정보를 구성할 필요성을 줄여준다.

[그림 3-50] VTP(VLAN 트렁크) 및 VLAN의 구성

- VTP 모드의 종류 및 특징 VTP(VLAN Trunking Protocol) 모드
  - VTP(VLAN Trunking Protocol) 모드

VTP 서버 모드 (Server Mode)	VLAN을 생성, 삭제, 이름 변경 가능 VTP 도메인에 있는 나머지 스위치에게 자신의 설정을 광고 및 업데이트 VTP 서버에서 설정한 모든 VLAN 정보는 NVRAM에 저장되기 때문에 전원을 껐다 켜도 내용이 사라지지 않음
VTP 클라이언트 모드 (Client Mode)	VLAN 생성, 삭제, 이름 변경 불가능 서버로부터 VLAN 설정 정보를 업데이트 받음 VLAN 정보를 NVRAM에 저장하지 않아 전원을 껐다 켤 경우 다시 VTP 서버로부터 업데이트 받음 이는 스위치의 메모리가 적을 경우 아주 효율적
VTP 트랜스페어런트 모드 (Transparent Mode)	VTP 도메인 영역에 있지만 VLAN 생성, 삭제 가능 서버에서 설정된 정보를 클라이언트에게 전달해 준다. 자신의 VLAN 정보를 다른 스위치에게 알리지 않음 VLAN 정보를 NVRAM에 저장 안함 로컬 영역에서 분리해 사용할 경우 효율적

- 트렁크 링크(Trunk Link) : VLAN 내의 장치들이 동일한 VLAN의 다른 장치들과 통신하기 위해 트렁킹을 이용

→ VLAN 구분

- 멤버십(Membership) 구분 방식
- 물리적인 포트에 의한(Port-based) VLAN : 1계층 물리계층에서 포트 단위로 단말의 멤버십 구분 관리
- MAC 주소에 의한 VLAN : 2계층 데이터링크계층의 MAC 주소에 의해 단말의 멤버십 구분 관리
- IP주소에 의한 VLAN : 3계층 망계층의 IP주소에 의해 단말의 멤버십 구분 관리, 하나의 스위치상에서도 여러 논리적 IP 서브 네트워크 구분 가능
- 프로토콜에 의한 VLAN (Protocol based VLAN) : 1~3계층 모두 사용, 프로토콜 종류뿐만 아니라, MAC 주소나 포트번호 모두 사용

→ VLAN 할당 방식

- 정적 VLAN : VLAN 할당을 관리자가 각 스위치에서 직접 할당해야 한다.
- 동적 VLAN : VLAN 할당이 동적으로 자동적으로 이루어지고, 이동장비 MAC 주소 등을 보고 관리 서버로부터 VLAN이 할당되어 자동으로 설정된다.

chapter 3. 네트워크 기반 프로그램 활용

■ **Ping, Traceroute 등 네트워크 기반 프로그램의 활용**
→ Ping 개념 및 이해 : 특정한 사이트를 이용할 수 있는지를 검사하기 위한 프로그램이다.
- 도스창에서 ping을 가장 많이 사용하며, ICMP 프로토콜을 사용한다.
- 컴퓨터가 올바르게 인터넷에 연결되어 있는지 알고 싶으면 핑 소프트웨어를 이용해 자신의 IP주소를 추적해 다른 컴퓨터의 주의를 끌려고 한다. 만약 목표 컴퓨터가 바르게 연결되어 있지 않을 경우 핑은 그 상황을 말해줄 것이다.
- 핑은 TCP/IP 관련 프로그램의 문제점들을 추적해주는 편리한 도구이다.
- IP 기반의 네트워크에 연결된 호스트끼리의 접속성 확인에 사용되는 것이 많다.
- 응답이 돌아올 때까지 반환 시간을 조사하는 기능을 가진 것도 있고, 상대방 도달 경로의 혼잡 상황을 알아낼 수도 있다.

→ Traceroute (리눅스용), Tracert (윈도우용) : 목적하는 서버에 이르기까지 어떤 라우터를 통해 도착하는지를 조사하는 명령. 예를 들면, 인터넷상에서 통신할 때 송신지에서 수신지까지 가는 동안에 패킷이 어떤 라우터를 거쳐서 갔는지 조사하는 명령어이다.

■ **Netstat, Tcpdump 등 활용**
→ Netstat : Netstat이란 네트워크 상태를 확인하는 명령어로서 네트워크 관련정보를 확인하는 데 사용하며, 열려 있는 포트 및 서비스 중인 프로세스들의 상태 정보를 확인할 수 있다.
- D:₩> netstat -[옵션]

[표 3-5] netstat 옵션

옵션	옵션 설명
-a	모든 연결 및 수신 대기 포트를 표시한다.
-b	각 연결 또는 수신 대기 포트를 만드는 데 관련된 실행 프로그램을 표시한다. 잘 알려진 실행 프로그램에서 여러 독립 구성 요소를 호스팅하는 경우에는 연결 또는 수신 대기 포트를 만드는 데 관련된 구성 요소의 시퀀스가 표시된다. 이런 경우에는 실행 프로그램 이름이 아래쪽 대괄호 안에 표시되어 있고 위에는 TCP/IP에 도달할 때까지 호출된 구성 요소가 표시되어 있다. 이 옵션은 시간이 오래 걸릴 수 있으며 사용 권한이 없으면 실패한다.

-e	이더넷 통계를 표시한다. 이 옵션은 -s 옵션과 같이 사용될 수 있다.
-n	주소 및 포트 번호를 숫자 형식으로 표시한다.
-o	각 연결의 소유자 프로세스 ID를 표시한다.
-p	지정한 프로토콜에 해당하는 연결을 표시한다. 프로토콜은 TCP, UDP, TCPv6 또는 UDPv6 중 하나이다. -s 옵션과 함께 사용해 포로토콜별 통계를 표시할 경우 프로토콜은 IP, IPv6, ICMP, ICMPv6, TCP, TCPv6, UDP 또는 UDPv6 중 하나이다.
-r	라우팅 테이블을 표시한다.
-s	프로토콜별로 통계를 표시한다. 기본값으로 IP, IPv6, ICMP, ICMPv6, TCP, TCPv6, UDP 또는 UDPv6에 관한 통계를 표시한다. -p 옵션을 함께 사용하면 기본값의 일부 집합에 대한 통계만 표시할 수 있다.
-v	-b 옵션과 함께 사용하면 모든 실행 프로그램에 대한 연결 또는 수신 대기 포트를 만드는 데 관련된 구성 요소의 시퀀스를 표시한다.

→ Tcpdump : Tcpdump는 명령 줄에서 실행하는 일반적인 패킷 가로채기 소프트웨어이다.
- 사용자가 TCP/IP뿐 아니라, 컴퓨터에 부착된 네트워크를 통해 송수신되는 기타 패킷을 가로채고 표시할 수 있게 도와준다.
- Tcpdump는 리눅스, 솔라리스, BSD, 맥 OS X, HP-UX, AIX 따위의 대부분의 유닉스 계열 운영 체제에서 동작한다.
- 윈도우용 tcpdump 이식판으로는 WinDump가 있으며, 이는 libpcap의 윈도우 이식판인 WinPcap을 이용한다.

■ 네트워크 패킷분석 및 이해

→ Wireshark (와이어샤크) : 1998년 제럴드 콤스는 원래 다니딘 회사에서 Ethereal이라는 패킷 분석프로그램을 만들었지만 저작권 문제로 인해 회사를 나와 개발한 더욱 업그레이드된 패킷 분석 프로그램(툴)이다.

3.2 네트워크 기반 공격 이해

chapter 1. 서비스 거부 (DoS) 공격 및 DDoS 공격

■ **DoS 공격**
→ 서비스 거부란 해킹수법의 하나로 해커들이 특정 컴퓨터에 침투해 자료를 삭제하거나 훔쳐가는 것이 아니라 대량의 접속을 유발해 해당 컴퓨터를 마비시키는 수법을 말한다.
→ 이 수법은 특정 컴퓨터에 침투해 자료를 삭제하거나 훔쳐가는 것이 아니라 목표 서버가 다른 정당한 신호를 받지 못하게 방해하는 작용만 한다.
→ 해커들이 가짜접속을 통해서 여러 곳에서 동시에 피해 회사의 컴퓨터 시스템이 처리할 수 없는 엄청난 분량의 정보를 한꺼번에 쏟아 부으면 과부하가 걸리게 되고 정상고객들이 접속을 할 수 없는 상태가 된다. 한 전화번호에 집중적으로 전화가 걸려오면 일시 불통되는 현상과 같은 것이다.
→ 이용자의 정상접속이 불가능해지는 것은 물론 심하면 주컴퓨터 기능에 치명타를 입힐 수도 있다.

■ **DDoS 공격의 종류**
→ '분산 서비스 거부' 또는 '분산 서비스 거부 공격'이라고도 한다.
  ■ 여러 대의 공격자를 분산 배치해 동시에 동작하게 함으로써 특정 사이트를 공격하는 해킹 방식의 하나이다.
  ■ 서비스 공격을 위한 도구들을 여러 대의 컴퓨터에 심어놓고 공격 목표인 사이트의 컴퓨터 시스템이 처리할 수 없을 정도로 엄청난 분량의 패킷을 동시에 범람시킴으로써 네트워크의 성능을 저하시키거나 시스템을 마비시키는 방식이다.
→ 이용자는 정상적으로 접속할 수 없는 것은 물론 심한 경우에는 주컴퓨터의 기능에 치명

적 손상을 입을 수 있다.
- 수많은 컴퓨터 시스템이 운영자도 모르는 사이에 해킹의 숙주로 이용될 수도 있다.
- 공격은 일반적으로 악성코드나 이메일 등을 통해 일반 사용자의 PC를 감염시켜 이른바 '좀비PC'로 만든 다음 C&C(명령제어) 서버의 제어를 통해 특정한 시간대에 수행된다.

→ Land attack 공격(DDoS 공격의 일종)
- 아래 공격은 DDoS 공격 중 랜드 어택(Land Attack) 공격이다.
- 이에 대한 공격 탐지 로그를 살펴보고 대응방안 또한 알아보도록 하자.

```
4047 42.8873800 192.168.0.121    192.168.0.121    TCP    54 pop2 > 100 [SYN] Seq=0 Win=512
4159 43.8884520 192.168.0.121    192.168.0.121    TCP    54 pop3 > 100 [SYN] Seq=0 Win=512
4209 44.8894610 192.168.0.121    192.168.0.121    TCP    54 sunrpc > 100 [SYN] Seq=0 Win=
4311 45.8905070 192.168.0.121    192.168.0.121    TCP    54 mcidas > 100 [SYN] Seq=0 Win=
4329 46.8916320 192.168.0.121    192.168.0.121    TCP    54 auth > 100 [SYN] Seq=0 Win=512
4383 47.8927910 192.168.0.121    192.168.0.121    TCP    54 114 > 100 [SYN] Seq=0 Win=512
4407 48.8930220 192.168.0.121    192.168.0.121    TCP    54 sftp > 100 [SYN] Seq=0 Win=512
4446 49.8937310 192.168.0.121    192.168.0.121    TCP    54 ansanotify > 100 [SYN] Seq=0
```

- 이 공격의 특징으로 공격자는 출발지 IP주소와 공격대상 IP주소를 동일하게 만들어, 공격대상자는 자기 ip를 되받게 되어 SYN Packet은 서버 내부에서 계속 돌게 된다. 이렇게 되면 서버 과부하가 발생되어 서비스 거부 상태가 된다.
- 대응방안
  - 방화벽에서 외부에서 들어오는 ip가 내부 ip일 경우에는 차단한다. 현재 대부분의 OS에서는 출발지와 목적지 ip가 동일하면 패킷을 버리기 때문에 거의 불가능한 공격이다.

→ Smurf Attack (DDoS 공격의 일종)
- 스머프의 의미

TIP Smurf :

1. (자금 출처를 감추려고) 돈세탁하는 사람.
2. (불법 자금 등)을 돈세탁하다.

- 이렇듯 스머프는 출발지 ip를 공격대상자 ip로 속여서 요청하면 모든 패킷이 공격대상자에게로 응답해 DDoS 공격과 같이 과부하가 발생하게 하는 방법이다.
- 아래는 패킷캡처 프로그램의 통신내역이다. 공격자가 출발지 IP주소를 공격 대상서버의 IP주소로 설정하고 네트워크상의 모든 호스트에게 브로드캐스트를 뿌리면 공격대상자에게 ICMP Request를 다량으로 보내게 되어, 수많은 패킷으로 인해 시스템이 과부하가 발생된다.
  - 공격 명령 수행 화면(출처 : http://blog.naver.com/sbd38/50182358202)

58.235.254.111	58.235.254.255	ICMP	42 Echo (ping) request
58.235.254.4	58.235.254.111	ICMP	60 Echo (ping) reply
58.235.254.92	58.235.254.111	ICMP	60 Echo (ping) reply
58.235.254.189	58.235.254.111	ICMP	60 Echo (ping) reply
58.235.254.211	58.235.254.111	ICMP	60 Echo (ping) reply
58.235.254.243	58.235.254.111	ICMP	60 Echo (ping) reply
58.235.254.252	58.235.254.111	ICMP	60 Echo (ping) reply
58.235.254.203	58.235.254.111	ICMP	60 Echo (ping) reply
58.235.254.14	58.235.254.111	ICMP	60 Echo (ping) reply
58.235.254.134	58.235.254.111	ICMP	60 Echo (ping) reply
58.235.254.8	58.235.254.111	ICMP	60 Echo (ping) reply

- 위 공격에서 58.235.254.255 또는 58.235.0.255으로 출발지 IP를 설정하면, 58.235.1.255~58.235.254.255까지 IP주소로 변경되면서 목적지로 대량의 응답(ICMP Reply) 패킷을 보낸다.
- 상세 공격 방법
  - IP주소에는 한 번에 여러 주소를 모아 문의할 수 있게 하는 브로드캐스트 주소 (Broadcast Address)라는 것이 준비되어 있다.
  - 이 주소에 목표 사이트에서 발신된 것처럼 IP주소를 위조해 핑 (Ping) 패킷을 발신하면 여러 서버에서 목표에 대해 일제히 응답 패킷이 되돌아온다.
  - 목표 사이트는 이 응답 패킷의 트래픽이 넘쳐서 다른 사용자로부터 접속을 받아들일 수 없게 된다.

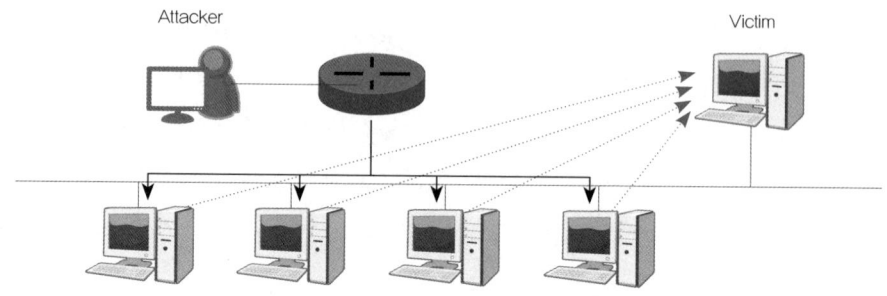

[그림 3-51] 스머프 공격 형태

- 대응방안
  - 스머프 어택은 같은 내용이 대량 패킷으로 전송된다. 따라서 같은 내용의 패킷이 들어오면, 하나의 패킷만 받고 나머지는 모두 버리게 설정해 둔다. 또한 목적지 IP 주소를 브로드캐스트로 사용할 수 없도록 설정/차단한다.

→ (TCP) Syn Flooding 공격(DDoS 공격의 일종)

- 공격자는 변조된 IP를 대상서버에 다량의 패킷을 요청해 서버가 서비스 거부하게 되는 DDoS 공격의 일종이다. 즉, 클라이언트가 서버의 Syn Queue를 오버플로시켜서 바로 오동작시키거나 Crash시키는 기법이다. 이때 정상적인 IP로 대상 서버에 Syn 패킷을 보내면 서버의 Syn Queue는 정상적으로 비워진다.
- Syn Flooding 공격은 반드시 비정상적인 IP로 패킷을 보내서 클라이언트로부터 ACK 패킷을 받지 못하도록 해야 한다. 여기서 말하는 비정상적인 IP는 반드시 네트워크에 존재하지 않는 IP여야만 한다.
- Syn Flooding 공격 확인방법
  - netstat 명령어를 이용하면 Syn Flooding 공격이 발생 시 아래와 같은 내용을 확인할 수 있다.

[그림 3-52] 도스창에서 netstat 명령어 실행 시 연결상태 예시

- 통신 연결 상태의 의미
* LISTEN : 서버의 데몬이 떠서 접속 요청을 기다리는 상태
* SYN-SENT : 로컬의 클라이언트 어플리케이션이 원격 호스트에 연결을 요청한 상태
* SYN-RECEIVED : 서버가 원격 클라이언트로부터 접속 요구를 받아 클라이언트에게 응답을 했지만 아직 클라이언트에게 확인 메시지는 받지 않은 상태
* ESTABLISHED : 3 Way-Handshaking 이 완료된 후 서로 연결된 상태
* FIN-WAIT1, CLOSE-WAIT, FIN-WAIT2 : 서버에서 연결을 종료하기 위해 클라이언트에게 종결을 요청하고 회신을 받아 종료하는 과정의 상태
* CLOSING : 흔하지 않지만 주로 확인 메시지가 전송 도중 분실된 상태
* TIME-WAIT : 연결은 종료되었지만 분실되었을지 모를 느린 세그먼트를 위해 당분간 소켓을 열어놓은 상태
* CLOSED : 완전히 종료
- Syn Flooding 공격 대응방안
  - 첫째, 서버의 백로그 큐를 늘려준다. 백로그 큐를 늘려서 로그가 꽉 차지 않도록 조절한다.
  - 둘째, DDoS 방화벽으로 공격을 차단한다. 또는 IPS 및 IDS로 탐지해 공격 IP를 방화벽에서 차단해 방어할 수도 있다.
  - 셋째, SYN-RECEIVED(SYN/ACK를 보내고 기다리는 시간) 시간을 줄여서 자원고갈을

막는다. (서버 부하를 줄인다).
- 추가적으로 Syncookie 기능이 설정된 서버로 SYN 패킷이 들어온 경우, SYN 패킷의 일련번호에 1을 더하는 게 아니라 출발지에 대한 정보와 비밀숫자를 만들어 해시함수를 이용해 쿠키를 생성한 놓은 후 SYN/ACK 패킷을 전송한다. 이때 돌아온 ACK 패킷의 정보를 바탕으로 한 계산 결과가 맞다면 쿠키는 유용하나 그렇지 않다면 위조된 패킷으로 간주해 즉각 버리게 된다. 이 기능은 정상적인 상황에서는 작동하지 않으며 백로그 큐가 가득 찼거나, SYN Flooding 공격이 들어올 때만 반응하게 된다.

→ icmp flooding(=ping of death) 공격
- icmp flooding은 ping of death과 동일한 공격이다. ping of death는 해석해 보면 '죽음의 핑'이라는 뜻으로 ping 기능을 이용해, 엄청난 패킷을 상대방에게 전송하는 공격 방식이다.
- 아래는 hping 명령어를 이용한 공격이다.
  - [hping --icmp --rand-source 192.168.0.7 -d 65000 --flood] 공격의 설명

> - [—icmp] : 전송할 패킷 유형
> - [—rand-source] : attacker의 ip 주소를 랜덤하게 생성해 공격
> - [192.168.0.7] : 목적지/희생자(Victim) 주소
> - [-d 65000] : 목적지로 전송하려는 패킷 크기
> - 65000byte : 정상적인 ping 패킷은 1,500바이트 넘지 않음
> - [—flood] : 시스템이 생성 가능한 만큼, 엄청 빠른 속도로 패킷을 보낸다.

- ICMP (Internet Control Management Protocol, 인터넷 제어 메시지 프로토콜)
  - ICMP는 라우터, 중간 장치 또는 호스트에서 업데이트 또는 오류 정보를 다른 라우터, 중간 장치 또는 호스트와 통신하는 데 사용된다.
  - 정의된 형식은 다음과 같다.

```
TYPE    Description
  0     Echo Reply
  3     Destination Unreachable
  4     Source Quench
  5     Redirect Message
  8     Echo Request
 11     Time Exceeded
 12     Parameter Problem
 13     Timestamp Request
 14     Timestamp Reply
 15     Information Request (No Longer Used)
 16     Information Reply (No Longer Used)
 17     Address Mask Request
 18     Address Mask Reply
```

- 에코 요청 및 에코 응답
  · ICMP ping으로 일반적으로 알려진 IP 연결을 테스트하는 데 사용한다.
  · Echo Request 필드에 8, Echo Reply 필드는 0을 갖게 된다.

- 일반적인 ping 명령어의 옵션 설명

  C:\>ping -n 100 -l 65000 210.96.87.33

  C:\>ping -n 30000 -l 70000 -a 58.2.2.2

  * -n : ICMP 패킷을 보내는 횟수
  * -l : 패킷의 크기
  * -a : 목표지 주소

- 대응방안
  - 널 (Null) 라우팅을 설정해, DDoS 공격을 대응한다.
  - DDoS 및 IPS 등의 보안장비에 정책을 설정해 방어한다.
  - 최대한 ping의 횟수, 즉 ping의 길이를 작게 줄이는 방법도 있다.

→ Slowloris 공격(DDoS 공격의 일종) 패킷분석
  - 본 공격은 아파치(Apache) 웹서버를 대상으로 하는 DDoS 공격으로서 정상적인 연결을 공격서버와 맺은 다음 불완전한 http 헤더를 대상서버로 전송해 대상서버가 완전한

연결을 위해서 대기상태로 유지하게 되어 다른 서비스를 수행하지 못하게 하는 방식이다.

- 웹서버는 HTTP 메시지의 헤더와 바디(데이터)를 개행문자(CRLF, '₩r₩n₩r₩n')로 구분

< Slow HTTP Header DoS의 특징 >

- 만약 클라이언트가 개행문자 없이 HTTP 메시지를 웹서버로 전달하면, 웹서버는 HTTP 헤더 정보가 다 수신하지 않은 것으로 판단해 연결을 유지하기 때문에 충분히 많은 클라이언트를 이용해 불완전한 메시지를 전달하면 웹서버는 다른 클라이언트에 대한 정상적인 연결을 제공하지 못하게 되어 서비스 장애가 발생한다(출처 : 《보안관제 실무 가이드》, 인포더북스).

■ DDoS 공격 동향

→ 다음 표는 실제 사이버대란으로 알려졌던 7.7 DDoS와 3.4 DDoS 공격을 비교·정리한 것이다.

구 분	7.7 DDoS	3.4 DDoS
유포 경로	파일 공유 사이트	파일 공유 사이트
유포 방법	자동 업데이트되는 파일을 악성코드로 바꿈	자동 업데이트되는 파일을 악성코드로 바꿈
공격 방법	Cache Control 공격 같은 파일 구성에 의한 공격	Cache Control 공격, 공격할 때마다 변화하는 파일 구성
특징	특정 일시에 동시 공격, 공격 대상 재지정, 데이터 삭제 등	특정 일시에 동시 공격, 공격 대상 재지정, 데이터 삭제, 정보 유출, 스팸발송 등
C&C 서버	70개국 746대 3단계 구조 및 마스터 서버 존재	61개국 435대 4단계 구조 및 마스터 서버 존재

- 3.4 DDoS 공격 구성은 다음과 같다. 파일공유사이트(P2P)에서 악성코드를 다운로드하고 설치되면 암호화된 통신을 통해 C&C(Command&control) 서버에 설정된 공격 대상 IP 및 Main DLL(Dynamic Linking Library)을 받아온다. 그 후 공격에 사용되는 파일을 생성 또는 변종을 다운로드하며, host 파일을 변조한다.
- DDoS 모듈은 공격대상 IP에 공격을 시도하고, MBR/파일파괴 모듈은 MBR/파일을 파괴한다. 최근 발생하는 DDoS 공격은 하나의 악성 코드가 아닌 다수의 악성코드가 유기적으로 연동되어 동작한다. 즉, 악성코드간의 관계가 중요해졌으며 추가 파일을 다운로드할 수 있는 모듈과 연동된다.
- 공격 시나리오에 맞게 주요 파일 업데이트가 가능하며, 공격 스케줄에 맞춰서 공격 대상으로 동시 다발적 공격이 가능하다. 여러 가지 공격기법을 이용해 다수의 목표를 공격하기 때문에 대응이 어려우며, 주요 문서 및 파일을 유출하거나 삭제(자신 포함)가 가능하다.

■ **DDoS 공격 대응형태**
→ 일반적으로 사용되는 DDoS 대응 구조로는 공격 대상 시스템 기반 대응(Victim-End), 네트워크 기반 대응, 공격발생지(Source-End) 대응으로 나눌 수 있다.
- 공격 대상 시스템 기반 대응의 경우 DDoS 공격의 탐지는 쉬우나 네트워크의 혼잡을 초래할 수 있다. 대부분의 탐지 방법이 공격 대상 시스템 기반 대응 구조로 되어 있다.
- 네트워크 기반 대응은 라우터의 필터링 기능을 사용하는 방법으로 라우터의 성능이 높아야 한다는 문제점이 있다.
- 마지막으로 공격발생지 대응으로써, 앞서 말한 두 가지 방법의 단점을 보완하며 공격 트래픽이 발생하기 전에 탐지해 막을 수 있다. 하지만 공격발생지의 자원소모와 상시 모니터링이 필요하다.

■ **DDoS 공격 툴의 종류**
→ TRINOO(트리누) : 트리누는 Master/Agent로 구성되어 있으며 Agent는 Master의 명령 하에 동작한다. 즉, 좀비PC를 이용하는 공격으로써, 좀비PC 수량이 많아질수록 대용량의 트래픽으로 공격이 가능하다.

→ HOIC(호익) : 호익 (High Orbit Icon Cannon) 툴은 해커가 서버를 계속 일을 시켜서 다른 서비스를 못하게 마비시켜 놓는 것이다. 무좀비 DDoS 공격 테스트 도구로서, 공격의 강도도 자유롭게 변경이 가능하다.

→ TFN(Tribe Flood Network) : 분산 서비스 거부 공격(Distributed Denial of Service Attack)의 일종이다.

chapter 2. IP spoofing과 Session hijacking의 원리 및 실제

■ **IP spoofing**

→ IP 자체의 보안 취약성을 악용한 것으로 자신의 IP주소를 속여서 접속하는 공격으로 DOS 공격이 가능하며, 공격 대상 컴퓨터와 서버 사이의 연결된 세션을 끊을 수도 있다.

→ 아래에서는 공격자 (192.168.0.5)가 IP주소를 피해자 (172.16.0.6)로 속여서 통신하면, 서버는 공격자에게 보내야 하는 패킷을 피해자 IP로 보내게 된다. 이렇게 되면 피해자 컴퓨터는 DOS 공격을 받는 것과 동일하다.

[그림 3-53] IP Spoofing의 공격방식

■ **Session hijacking**

→ 다른 사람의 세션 상태를 훔치거나 도용해 액세스하는 해킹 기법이다. 일반적으로 세션 ID 추측 및 세션 ID 쿠키 도용을 통해 공격이 이루어진다.

→ 하이재킹으로 인한 직접적인 피해는 세션 상태에 어떤 정보가 저장되어 있느냐에 달려 있지만 그보다 더 위험한 것은 ID와 패스워드를 사용하는 인증 절차를 건너뛰어 서버와 사용자가 주고받는 모든 내용을 그대로 도청하거나 서버의 권한을 확보할 수도 있다는 점이다.

chapter 3. 각종 공격의 인지 및 이해

■ ARP spoofing
→ LAN에서 주소 결정 프로토콜 (ARP) 메시지를 이용해 상대방의 데이터 패킷을 중간에서 가로채는 중간자공격 기법이다.
→ 아래 그림과 같이 공격자는 자신의 MAC주소를 다른 컴퓨터의 MAC주소인 것처럼 속여서, 희생자로부터 패킷을 스니핑할 수 있다.
   ■ 대응법에 대해 보안기사 실기시험에서 기출된 적이 있다.
   ■ 공격에 대응하기 위해서는 ARP 테이블을 정적으로 관리해, 변경이 불가하게 조치해야 한다.
   ■ 설정방법을 잘 숙지해야 한다. (명령어. arp -s 〈host ip〉〈MAC 주소〉)

[그림 3-54] ARP Spoofing 공격형태

■ **DNS Spoofing**
→ DNS Spoofing은 Target의 DNS Query가 발생하면 DNS Server보다 공격자가 먼저 응답해 Attacker가 의도한 IP를 알려주어 공격자가 원하는 주소로 접속하게 하는 공격 기법이다.
→ DNS는 UDP를 사용한다. UDP는 Stateless한 프로토콜이다.
- 별도의 인증이 없다. 공격자는 Local에 존재하므로 실제 DNS Server보다 빨리 응답할 수 있다.
- 클라이언트는 DNS Query를 보낸 후 먼저 도착한 응답을 수용한다.
→ 공격자는 DNS Query를 Sniffing할 수 있어야 한다. 트랜잭션 ID, Local port, 네임서버의 주소 등의 정보를 알아야 하므로 주로 Local에서 공격이 이루어진다.

■ **ARP Redirect**
→ 공격자가 자신이 라우터인 것처럼 MAC주소를 위조해 ARP Reply 패킷을 해당 네트워크에 Broadcast한다. 이를 통해 해당 로컬 네트워크의 모든 호스트와 라우터 사이의 트래픽을 스니핑하고, IP Forward 기능을 통해 사용자들이 눈치채지 못하도록 하는 기법이다. 그 특징은 아래와 같다.
- 랜카드는 Promiscuous 모드로 동작해야 공격이 가능하다.
- 공격자는 이더넷상에 모든 호스트에게 IP와 MAC주소를 확인하기 위해서, ARP Request 브로드캐스팅을 이용한다.
- 공격자는 자신의 PC가 신뢰된 클라이언트 MAC 주소(IP주소가 아닌 MAC 주소임을 명심)로 위장하고 악의적인 공격을 한다.

■ **ICMP Redirect**
→ 인터넷 내에는 라우터의 수보다 훨씬 더 많은 호스트가 존재하므로 효율성을 이유로 호스트는 라우팅 갱신에 참여하지 않는다.
- 호스트의 라우팅 테이블을 동적으로 갱신하면 네트워크 트래픽이 지나치게 많아지기 때문이다.
- 호스트는 일반적으로 정적 라우팅을 사용하며, 라우터는 특정 게이트웨이를 디폴트 게

이트웨이로 설정해 사용할 것이다.
- 호스트가 동작할 때 호스트의 라우팅 테이블은 제한된 수의 엔트리를 가지고 있는데, 디폴트 라우터 한 개의 IP주소만을 알고 있는 경우다. 이러한 이유로 다른 네트워크로 가는 데이터그램을 보낼 때 호스트는 틀린 라우터에게 보낼 수 있다.
- 데이터그램을 받은 라우터는 데이터그램을 올바른 라우터에게 전송한다.
- 이때 호스트의 라우팅 테이블을 갱신시키기 위해 호스트에게 더 좋은 게이트웨이가 존재한다는 의미의 메시지를 보내게 되는데, 이것이 ICMP Redirect(재설정) 메시지이다.
- 이 재설정 메시지를 통해서 특정 라우터로 보낼 수 있는 기법이다.

■ **Switch Jamming**
→ 스위치의 MAC Adress Table의 버퍼를 오버플로시켜서 스위치가 허브처럼 동작하게 강제적으로 만드는 기법을 말한다.
- 스위치는 fail open 정책, 즉 실패 시에 모두 허용해주는 정책을 따르는 장비이므로 문제가 발생하면 Hub처럼 연결된 모든 노드에게 패킷을 전송한다.
- MAC Address Table을 채우기 위해 MAC 주소를 계속 변경하면서 ARP reply 패킷을 지속적으로 전송하는 방식으로 공격하는 기법이다.

■ **스캔의 종류**

스캔 종류	설 명	
TCP Half Open Scan	SYN 패킷을 보내면 포트가 열린 경우 서버는 SYN+ACK 패킷을 보내고 공격자는 즉시 연결을 끊는 RST(Reset) 패킷을 보낸다. 포트가 닫힌 경우에는 RST+ACK 패킷이 돌아오고 공격자는 아무 패킷도 보내지 않는다.	
FIN Scan	FIN flag(연결종료 플래그)	포트가 열린 경우 서버는 수신 받아 폐기 처분하고, 닫혀 있으면 ACK+RST 수신
NULL Scan	NULL flag(비어있다는 플래그)	
Xmas Scan	ACK, FIN, RST, SYB, URG 플래그 설정	
Stealth Scan	TCP Half Open Scan과 FIN, Xmas, Null Scan이 있다. 포트가 열려 있을 경우 SYN+ACK 패킷이 되돌아오고, 포트가 닫혀 있는 경우 RST+ACK 패킷이 되돌아온다.	

SYN Scan	TCP 핸드셰이킹을 완전히 수행하지 않고, 처음 SYN 패킷만을 받은 후 검사를 완료하는 방식이다. 이 방식은 실제 TCP 연결이 일어나지 않기 때문에 "Half Open Scan"으로 부른다.
ICMP Scan	명령어 ping, tracertoute 가 대표적인 예
TCP Open Scan	포트가 열린 경우 SYN+ACK 패킷 회신 후 ACK 전송, 닫혀 있을 경우 RST+ACK 패킷 회신.
UDP Open Scan	포트가 열려 있을 경우에는 아무런 응답이 없으며, 포트가 닫혀 있을 경우에는 ICMP Unreachable 패킷을 받게 된다.

chapter 4. Trojan, Exploit 등 식별, 대처

■ **Trojan**
→ 겉으로 보기에는 전혀 해를 끼치지 않을 것처럼 보이지만 실제로는 바이러스 등의 위험 인자를 포함하고 있는 프로그램이다.
→ 대개 프로그램 안에 악성 코드가 들어 있어 프로그램을 실행시키면 악성 코드가 실행이 되는 방식이다. 겉으로 보이기엔 정상적인 프로그램인 듯하지만 실제로는 사용자가 알지 못하는 부작용을 낳는다.
→ 화면에 이상한 문자를 출력하거나 심하면 파일을 지우고 하드디스크에 있는 자료를 없애는 증상을 나타내기도 하지만 주로 트로이목마를 통해 백도어 프로그램(Back Door)이 설치되어 해커가 언제든지 해당 컴퓨터에 침입할 수 있게 된다. 또 사용자가 키보드로 입력하는 자판정보를 외부에 알려주기 때문에 신용카드번호나 비밀번호 등이 유출될 수 있다.
→ 상대방 컴퓨터의 정보를 유출하기 위한 목적으로 사용되며 98년 8월부터 유포되어 전세계적으로 문제를 일으키고 있는 백오리피스(Back Orifice)도 트로이목마의 일종이다.
→ 자기 복사능력이 없다는 것이 컴퓨터 바이러스와의 차이점이 있으며, 해당 그 프로그램만 지워버리면 문제가 간단히 해결된다. 대개 E-메일이나 인터넷을 통해 다운받은 소프트웨어에서 발견된다.

■ **Exploit**
→ OS에서 버그를 이용해 루트권한 획득 또는 특정 기능을 수행하기 위한 공격 코드 및 프로그램을 의미한다. 다양한 방법의 공격 기법을 자동화된 스크립트나 프로그램화한 코드를 통칭한다.
- Exploit 코드를 단순 이용하는 해커는 Script-kid라 표현한다.
- Exploit는 신규 개발을 하기 위해서는 다양한 전문 지식이 필요하고 프로그래밍 언어에 대한 지식도 필요하다
- Exploit은 소스 수정이 가능하다. 소스 수정이 불가하지 않다.

■ **Remote Finger Printing**
→ 공격 대상의 Host의 OS나 WAS 등 환경 정보를 수집하기 위해 네트워크 패킷 전송 후 응답을 분석해 각 OS별 고유 패턴과 대조해 대상 시스템 정보를 추측하는 기법
→ Finger printing은 배너 그래빙(Banner Grabbing)(웹서버에 노출되는 정보를 수집하는 것이며, 웹서버 종류에 따라 생각보다 많은 정보가 노출되기도 함)을 이용하며, 운영체제 버전까지 수집하기도 한다. 또한 Telnet/SSH 접속 시 원격지 서버 혹은 라우터 등의 장비 정보 출력을 획득한다.

■ **랜섬웨어**(Ransomware)
→ 몸값이라는 뜻의 ransom과 software의 합성어로 문서, 이미지, 동영상 파일 등을 암호화한 후 돈을 요구하는 악성코드이다.
- 일반적으로 감염 시 파일 암호화 외에 하드디스크 파괴 등의 다른 악의적인 행위는 하지 않으며 백신으로 악성코드 치료는 가능하나 암호화된 파일의 복구는 불가능하다.
- 네트워크로 공유된 파일도 모두 암호화시키게 되므로 악성코드 감염예방과 주기적인 파일 백업이 필요하다.

■ **Botnet**
→ 악성코드에 감염되어 주기적으로 C&C 서버에 접속해 공격자의 명령을 받아 악의적인 행위를 하게 된다.
→ Botnet이 된 PC는 공격자의 의해 원격제어가 가능하므로 정보유출, 디스크 파괴, DDoS 공격 등 다양하게 이용된다.

■ 웹셸
→ KISA 웹 취약점 점검 연구 보고서에 따르면 웹셸은 웹 서버에서 악의적인 목적을 가진 사용자에 의해서 실행되는 커맨드 셸이며 주로 관리자의 권한을 획득해 사용자가 원하는 목적을 달성하기 위해 실행되는 공격방식이다.
  ■ "공격 코드(웹 셸 코드)가 주로 파일 업로드 취약점을 이용해 웹서버로 전송, 실행되는 과정을 거치며 관리자 권한을 획득한 후에 웹 페이지 소스 코드 열람 및 서버 내 자료 유출, 백도어 설치 등 다양한 공격이 가능하다"고 설명하고 있다.
→ KISA는 웹셸 방어 방법에 대해 아래와 같은 방법을 권고하고 있다.
→ 허용된 확장자만 업로드 가능하도록 파일 업로드 기능을 구현한다.
  ■ 확장자 체크 함수(ASP)를 사용해 구현
  ■ 파일 업로드 시 파일 확장자를 서버에서 실행되지 않은 형태의 확장자로 변경하거나 확장자를 아예 제거한다. (test.asp → test.txt)
  ■ 단순히 파일 이름을 기준으로 점검하지 말고 확장자명에 대해 대소문자를 모두 검사해야 한다.
    - 아파치 환경의 서버일 경우, 서버에 파일을 업로드 할 경우 확장자를 변경해 서버에 저장한다.
    - 업로드 파일을 웹 디렉터리가 아닌 다른 시스템 디렉터리에 저장한다.
      ☞ 악성 파일을 업로드했더라도 웹에서 접근할 수 없는 경로이기 때문에 공격자가 업로드시킨 파일을 실행시킬 수 없다.
    - 업로드되는 디렉터리의 서버 확장자 실행 권한을 제거한다.
      ☞ 웹 디렉터리 안에 업로드 디렉터리가 있는 경우, 업로드 디렉터리의 스크립트 실행 권한은 반드시 제거해야 한다.
    - 너무 작거나 큰 크기의 파일을 처리하는 로직을 파일 업로드 기능에 포함해야 하고, 임시 디렉터리에서 업로드된 파일을 지우거나 다른 곳으로 이동시켜야 한다.
    - 폼에서 어떠한 파일도 선택되지 않았다면 파일 업로드에 사용되는 변수를 초기화한다.
    - 웹셸 대응 솔루션 또는 웹 방화벽 설치한다.
    - 최신 웹 또는 웹셸 보안패치를 설치한다.
  ■ 웹셸이 존재하는 사이트는 신속히 웹 취약점 점검과 웹셸 제거 및 대응방안을 모색해야 후속 피해를 막을 수 있다.

- **구글 해킹**
→ 정보 수집 방법으로 검색 엔진을 이용하는 것이 있다. 구글 검색 엔진의 다양한 기능에 대해 알아보겠다.
  - site : 특정 도메인으로 지정한 사이트에서 검색하려는 문자열이 포함된 사이트를 찾는다. wishfree.com 홈페이지에 있는 admin 문자열 찾기
    - ex) site:wishfree.com admin
  - filetype : 특정한 파일 유형에 한해서 검색하는 문자가 들어 있는 사이트를 찾는다.
    - ex) filetype:txt 패스워드
  - link : 링크로 검색하는 문자가 들어 있는 사이트를 찾는다.
    - ex)link:www.wishfree.com
  - cache : 특정 검색어에 해당하는 캐시된 페이지를 보여준다.
  - intitle : 페이지의 제목에 검색하는 문자가 들어 있는 사이트를 찾으며 디렉터리 리스팅을 확인할 수 있다.
    - ex)intitle:index of admin
  - inurl : 페이지의 URL에 검색하는 문자가 들어 있는 사이트를 찾는다.
    - site와 비슷한 기능
    - ex) inurl:/admin/index.html(asp, jsp, php 등)
      /adm/login.html
      /manager/default.htm
      /board/admin
      /admin/index.html

→ 검색엔진의 검색을 피하는 방법
  - robots.txt 파일을 이용한다.
  - robots.txt 파일은 두 개의 필드로 구성할 수 있는데 User-agent와 Disallow를 이용한다.
  - 예를 들어 구글 검색 엔진으로부터 검색을 막기 위해서는 User-agent: googlebot
  - 모든 검색 엔진을 막으려면 User-agent: *
                    Disallow : /
  - Disallow는 특정 파일이나 디렉터리 검색을 막는 설정이다.

- Disallow: dbconn.ini
    ▪ 다음과 같이 입력하면 admin 디렉터리에 접근하지 못한다.
        - Disallow: /admin/

■ **키로깅**
→ 키로깅(Keylogging, 키 스트로크 로깅 Keystroke logging으로도 불림)은 사용자가 키보드로 PC에 입력하는 내용을 몰래 가로채 기록하는 행위를 말한다.
    ▪ 하드웨어, 소프트웨어를 활용한 방법에서부터 전자적, 음향기술을 활용한 기법까지 다양한 키로깅 방법이 존재한다.

■ **무차별 대입**(브루트포스, Brute Force) **공격**
→ 비밀번호나 데이터 암호 표준(DES) 키를 풀기 위해 소모적인 방법으로 프로그램에 의해 사용되는 시행착오식의 침입 방법이다.
    ▪ 프로그램을 사용해 모든 가능한 문자의 조합을 시행하고 틀리면 다른 문자를 적용해 보는 반복에 의해 시도되는 침입 방법이다. 어떤 경우에는 네트워크 보안을 점검하기 위해 사용되기도 한다.

■ **리버스 텔넷 공격**
→ 일반적으로 텔넷과 비슷하나 텔넷은 클라이언트가 서버의 이더넷 쪽으로 들어가는 것이 다.
    ▪ 그러나 리버스 텔넷은 서버 쪽에서 클라이언트로 연결을 수행한다.
    ▪ 리버스 텔넷은 방화벽이 존재하는 시스템을 공격할 때 주로 사용되는 기법이다.
    ▪ 방화벽 정책에서 인바운드 정책은 일반적으로 80포트 외에 필요한 포트 말고는 모두 막아놓는다.
    ▪ 이 점을 악용해 서버에서 클라이언트로 공격해 공격권을 갖는 것이다.
    ▪ 일반적으로 공격자는 웹서버의 80번 포트로의 접근이 가능하나 방화벽 정책에 의해서 내부에서 외부로 나가는 정책은 모두 허용이기 때문에 웹서버에서 공격자 컴퓨터 쪽으로 리버스 텔넷 시도를 하는 것이 가능하다.

[그림 3-55] 리버스텔넷 공격 흐름도

- **레이스 컨디션**(Race Condition) **공격**
→ 파일 처리에 취약점을 가진 Setuid 설정된 프로그램 중 파일 처리에 취약점을 가진 프로그램과 심볼릭 링크를 활용해 사용자 권한을 벗어나는 중요 시스템 파일(/et/cpasswd 등)에 조작을 가하는 공격
→ 레이스 컨디션 공격 발생 조건
  - 임시 파일을 생성하는 프로그램 중 setuid가 설정된 프로그램
  - 알려진 임시 파일 또는 예상 가능한 임시 파일 정보
→ 레이스 컨디션 공격 절차(/etc/passwd 조작)
  - 아래 두 프로그램을 각각 다른 프로세스로 공격 성공 시점까지 무차별 병행/반복 실행

취약점 가진 프로그램	공격 프로그램
1. setuid 설정된 프로그램 실행 2. 임시 파일(a) 생성 3. 임시 파일에 /etc/passwd 데이터 기록 4. 프로그램 종료	1. 임시 파일(a)을 조작하고자 하는 파일(/etc/passwd)에 심볼릭 링크 설정

→ 레이스 컨디션 공격 대응
- 프로그램 개발 중 임시 파일 생성 시 기존 파일 생성 여부 및 링크 설정 여부 확인
- 생성한 파일의 오픈 전 심볼릭 링크 여부 재차 확인

- **스테가노그래피**(steganography)

→ 데이터 은폐 기술 중 하나이며, 데이터를 다른 데이터에 삽입하는 기술 혹은 그 연구를 가리킨다.
- 크립토그래피(Cryptography)가 메시지의 내용을 읽을 수 없게 하는 수단인 반면, 스테가노 그라피는 존재 자체를 숨긴다.

- **디지털 워터마킹**

→ 인간의 의식 체계 또는 감지 능력으로는 검출할 수 없도록 저작권자 또는 판매권자의 정보를 멀티미디어 콘텐츠 내에 삽입해 추후 발생하게 될 지적 재산권 분쟁에서 정당함을 증명하는 데 사용하기 위한 기술이다.
- 사전적 의미의 보호 시스템인 DRM과 상호 보완적인 수단으로 활용될 수 있다.

- **버퍼 오버플로**(Buffer Overflow)

→ 메모리를 다루는 데에 오류가 발생해 잘못된 동작을 하는 프로그램 취약점이다.
- 컴퓨터 보안과 프로그래밍에서 이는 프로세스가 데이터를 버퍼에 저장할 때 프로그래머가 지정한 곳 바깥에 저장하는 것이다. 벗어난 데이터는 인접 메모리를 덮어 쓰게 되는데 다른 데이터가 포함되어 있을 수도 있는데, 손상을 받을 수 있는 데이터는 프로그램 변수와 프로그램 흐름 제어 데이터도 포함된다.
- 이로 인해 잘못된 프로그램 거동이 나타날 수 있으며, 메모리 접근 오류, 잘못된 결과, 프로그램 종료, 또는 시스템 보안 누설이 발생할 수 있다.

→ 버퍼 오버플로 취약 함수 및 개선 권고

[표 3-6] 버퍼 오버플로 공격 대응 함수

취약 함수	권고 함수
strcpy()	strncpy()
strcat()	strncat()
sprintf()	snprintf()
vsprintf()	snprintf()
gets()	fget()
scanf()	scanf() 버퍼 크기 지정
realpath(), getopt()	PATH_MAX 지정

→ 버퍼 오버플로 공격 대응 기법

대응 방법	설명
DEP (데이터 실행 방지)	메모리 영역에서 코드의 실행을 방지하는 설정으로 윈도우에서 대응 가능한 기법
NX-bit (Not Executable)	메모리의 데이터 영역(stack, heap 등)이 실행되지 않도록 설정하는 기법
ASLR(Address Space Layout Randomization)	바이너리 파일이 메모리에 적재될 경우 공간 배치 주소를 난수화시키는 기법으로 스택, 힙, 라이브러리 등의 중요 영역의 주소를 난수화 후 배치하는 기법으로 리눅스 커널 2.6.12 이후 적용 가능
CANARY	stack cookie와 비슷한 개념으로 버퍼와 RET 사이 모니터링 역할 담당, canary에 변경이 발생할 경우 오버플로우 가능성을 경고하며 프로그램을 강제 종료 처리
ASCII Armor	코드 영역을 보호하는 기법으로 함수의 시작 바이트를 NULL 설정해 방법으로 BOF 공격 시 NULL 바이트로 인해 접근 불가
PIE (Position Independent Executables)	실행 시 Code의 영역의 위치를 변경시키는 방법 프로그램의 성능 저하 발생하는 문제 있음

- **GNU Bash 원격코드실행 취약점**(또는 ShellShock 취약점)
→ 배시 버그(Bash Bug 또는 Shellshock)는 배시 환경변수에 정의해 놓은 함수를 처리할 때, 해당 함수 명령 뒤에 따라오는 추가적인 명령도 함께 실행되는 것으로, 공격자는 해당 취약점을 이용해 원하는 코드를 실행시킬 수 있다.

→ Bash(Bourne again shell) 란 대다수의 리눅스, 유닉스, Mac OS X 시스템에 내장된 명령어 shell 프로그램을 의미한다.
→ 해당 취약점은 원격에서 공격자가 손쉽게 공격을 할 수 있으며, 서버에서 정보를 유출하는 하트블리드(Heartbleed)와 달리 원하는 코드를 서버에서 실행시킬 수 있기 때문에 더욱 높은 위험성을 갖고 있다.

■ **하트블리드**(HeartBleed)

→ 하트블리드는 OpenSSL 1.0.1 버전에서 발견된 매우 위험한 취약점이다.
- OpenSSL을 구성하고 있는 TLS/DTLS의 HeartBeat 확장규격에서 발견된 취약점으로, 해당 취약점을 이용하면 서버와 클라이언트 사이에 주고받는 정보들을 탈취할 수 있다.
→ OpenSSL은 정해진 규격의 네트워크 보안 프로토콜을 범용 라이브러리로 구현하기 위한 목적으로 만들어졌으며, SSL이나 TLS를 이용한 암호화를 구현할 수 있다.
- 강력한 암호화 기능을 제공하기 때문에, 보안이 중요한 대형 포털서비스, 이메일 서비스, 금융권 등에서 데이터 통신 시 OpenSSL을 사용하고 있다.
→ HeartBleed 취약점은 OpenSSL 라이브러리의 구조적인 취약점이다.
- OpenSSL의 확장규격 중 하나인 HeartBeat는 서버와 클라이언트 사이에 무슨 문제는 없는지 또는 안정적인 연결을 유지하기 위한 목적으로 일정 신호를 주고받을 때 사용하는 확장규격이다.
- 클라이언트는 HeartBeat 확장프로토콜을 이용해 임의의 정보를 그 정보의 길이와 함께 서버에 전송한다. 그 후 서버는 전달받은 정보를 다시 클라이언트에 전달해 주는 과정을 통해 자신의 존재 사실을 알려준다.
→ 클라이언트로부터 전달받은 정보와 그 정보의 길이가 일치하지 않는다면, 클라이언트의 요청에 서버는 응답을 하지 않는 것이 정상적인 동작이다.
- HeartBleed 취약점은 서버가 클라이언트로부터 전달받은 정보의 내용과 그 정보의 길이의 일치 여부를 검증하지 않은 채 정보를 보내주면서 문제가 발생된 것이다.

[그림 3-56] HeartBleed 취약 개념도

- **FTP Bounce Attack**
→ FTP 서버가 데이터를 전송할 때, 목적지를 검사하지 않는 설계상의 문제점을 이용한 공격이다.
→ 공격자가 FTP 서버를 거쳐 간접적으로 임의의 호스트에 접근하거나 존재 여부를 파악 가능하다. 포트 스캐닝에 쓰일 수 있다.
→ 대응 방법

- FTP의 설계상의 문제이므로, 원래 규약을 어느 정도 제한하는 방법이다.
- 공격에 사용되는 FTP 서버는 주로 Anonymous FTP 서버이기에, 꼭 필요한 경우가 아니면 Anonymous FTP는 사용하지 않는다.
- FTP 서버에 접속 가능한 IP주소를 필터링하고 익명 사용자는 파일 업로드를 못하도록 제한한다.

■ 피싱, 파밍, 스미싱 공격
→ 피싱 (Phishing) : 실제 도메인과 비슷한 가짜 도메인명을 사용해 공격
→ 파밍(Pharming) : DNS Server나 사용자 컴퓨터의 DNS Cache를 변조해서 공격
→ 스미싱(Smishing) : 문자메시지를 이용하는 공격

■ 반사체와 DRDoS의 형태
→ DRDoS는 DDoS와 같이 네트워크 자원을 고갈시키는 분산 반사 서비스 거부 공격 (Distributed Reflect DoS, DRDoS) 위한 공격이다.
- DDoS는 에이전트가 공격대상에게 직접 Flooding 공격을 수행하지만 DRDoS는 반사체라는 제3의 시스템(반사체)이 공격대상에게 Flooding 공격을 수행하게 만든다.
- IP Spoofing된 패킷을 받아 공격대상(피해자)에게 응답을 보내는 시스템들을 반사체라고 부르며 다수의 반사체로 네트워크 Flooding 공격이 이루어지는 이런 공격을 DRDoS 공격이라고 한다.

→ DRDoS 공격은 별도의 에이전트 설치 없이 네트워크 통신 프로토콜 구조의 취약성을 이용해 정상적인 서비스를 운영하고 있는 시스템을 DDoS 공격의 에이전트로 활용한다.
→ DRDoS 공격은 UDP프로토콜을 사용하는 DNS, NTP, SNMP, CHARGEN 서비스 등의 구조적 특성을 이용하며 크게 반사(Reflection)와 증폭(Amplification) 공격 형태로 나뉜다.
- 공격자는 출발지IP를 공격대상IP로 변조해 취약한 서비스를 사용하는 서버에게 대량의 요청 메시지를 보내고, 서버는 요청에 대한 응답 메시지를 공격대상IP에 반사 시도를 한다.
- 이때 반사된 응답 메시지는 대량의 트래픽으로 증폭되어 공격 대상에게 전달된다.

[그림 3-57] DRDoS 공격 구성도

→ DRDoS 공격 경유지에 사용될 수 있는 서버에 대한 트래픽 모니터링이 필요한데 유입(Inbound) 트래픽에 대한 PPS 증가와 유출(Outbound) 트래픽에 대한 BPS 증가가 급격하게 발생할 경우 이상 징후를 탐지할 수 있다.
→ DRDoS의 증폭 능력은 DDoS와 확연한 공격력의 차이가 나는데 증폭 효율이 높은 것이 DRDoS의 대표적인 특징이라고 할 수 있다.
→ 최근 DRDoS의 증폭량은 수십 배가량 되므로 공격자 단독으로도 좀비PC 수십~수백 대와 비슷한 트래픽을 발생시킬 수 있게 한다. 그렇기 때문에 DRDoS는 대량의 반사체를 이용한 공격자 단독 DDoS 공격도 가능하다. 예를 들어 증폭률이 높은 DRDoS 기법을 이용한 NTP트래픽는 100Mbps의 PC 한대로 최대 100Gbps의 트래픽을 발생시킬 수 있어 매우 위협적이다.

■ **DRDoS와 DDoS의 차이점**
→ IP Spoofing의 사용
- IP Spoofing은 DDoS에서는 선택이지만 DRDoS는 필수로 사용한다. 그렇기 때문에 공격자를 은닉할 수 있기 때문에 추적이 어렵다.
→ Reflector (반사체)의 사용
- 반사체는 반사자 또는 반사서버(Reflection Server)라고 한다.
- 반사체를 이용해 증폭 공격이 가능하기 때문에 공격 규모 확대가 용이하다.

MEMO

제4편

⟨NCS 침해사고 분석 6수준⟩

취약점 진단기술

1, 2급 공통

주요항목	세부항목	세세항목
1. 서버/보안·네트워크 장비 취약점 진단	1. 서버 취약점 진단	1. 서버 취약점 진단 개요 2. 서버 취약점 진단 기술 3. 서버 취약점 조치방안
	2. 보안·네트워크 장비 취약점 진단	1. 보안·네트워크 장비 취약점 진단 개요 2. 보안·네트워크 장비 취약점 진단 기술
2. 웹 취약점 진단 및 모의해킹	1. 웹 취약점 진단	1. 웹 취약점 진단 개요 2. 웹 취약점 진단 기술 3. 웹 취약점 조치방안 4. 웹 모의해킹

제 1장
서버/보안 · 네트워크 장비 취약점 진단

1.1 서버 취약점 진단

chapter 1. 서버 취약점 진단 개요

■ **서버 취약점 점검**

서버 취약점 점검은 시스템 설정 또는 서비스를 통해 공격자에 의해 공격당하지 않도록 보안점검 항목을 정의하여 점검을 실시한다. 취약점 점검 항목에 의해 현황을 파악하고 보안 기준에 부합하도록 설정을 유지하여 안정적인 서비스와 보안 위험을 사전 제거하는 것을 목적으로 한다.

→ 서버 취약점 점검은 유닉스/리눅스 서버와 윈도우 서버에 대한 취약점에 대하여 사전 정의된 항목을 바탕으로 이루어진다. 서버에 대한 취약점 점검은 계정관리, 파일 및 디렉터리 관리, 서비스 관리, 패치관리, 로그관리 등으로 나누어 실시한다.

- 계정관리: 시스템에 등록되어 있는 관리자 및 사용자 계정의 권한 오남용 여부, 패스워드의 안전한 설정 적용
- 파일 및 디렉터리 관리: 시스템 파일 및 디렉터리의 권한 오남용 여부 점검, 중요파일에 대한 권한 오남용 여부 점검
- 서비스 관리: 시스템에서 제공하는 서비스 중 불필요한 서비스 활성화 부분 및 설정 점검(DNS, SMTP, SNMP, FTP, SSH 등)
- 패치 관리: 최신 보안 패치 및 서버의 제조사에서 제공하는 시스템 패치에 대한 설정 및 적용 현황 점검
- 로그 관리: 시스템 로그 접근 권한 점검, 로그수집에 대한 점검

chapter 2. 서버 취약점 진단 기술

■ 서버 취약점 진단의 실시

일반적으로 서버 취약점 진단은 운영체제 별 알려진 취약점에 대하여 서버의 용도에 따라 체크리스트 형태로 실시한다.

다음은 과학기술정보통신부의 주요정보통신기반시설에 대한 취약점 분석·평가 기준 중 서버에 대한 취약점 점검 항목이다.

→ 유닉스 서버

■ 취약점 분석·평가 기본항목

분류	번호	취약점 점검 항목	등급
계정 관리	U-1	root 계정 원격 접속 제한	상
	U-2	패스워드 복잡성 설정	상
	U-3	계정 잠금 임계값 설정	상
	U-4	패스워드 파일 보호	상
파일 및 디렉터리 관리	U-5	root 홈, 패스 디렉터리 권한 및 패스 설정	상
	U-6	파일 및 디렉터리 소유자 설정	상
	U-7	/etc/passwd 파일 소유자 및 권한 설정	상
	U-8	/etc/shadow 파일 소유자 및 권한 설정	상
	U-9	/etc/hosts 파일 소유자 및 권한 설정	상
	U-10	/etc/(x)inetd.conf 파일 소유자 및 권한 설정	상
	U-11	/etc/syslog.conf 파일 소유자 및 권한 설정	상
	U-12	/etc/services 파일 소유자 및 권한 설정	상
	U-13	SUID, SGID, Sticky bit 설정 파일 점검	상
	U-14	사용자, 시스템 시작파일 및 환경파일 소유자 및 권한 설정	상
	U-15	world writable 파일 점검	상
	U-16	/dev에 존재하지 않는 device 파일 점검	상
	U-17	$HOME/.rhosts, hosts.equiv 사용 금지	상
	U-18	접속 IP 및 포트 제한	상
서비스 관리	U-19	Finger 서비스 비활성화	상
	U-20	Anonymous FTP 비활성화	상
	U-21	r 계열 서비스 비활성화	상
	U-22	cron 파일 소유자 및 권한 설정	상
	U-23	DoS 공격에 취약한 서비스 비활성화	상
	U-24	NFS 서비스 비활성화	상
	U-25	NFS 접근통제	상

분류	번호	취약점 점검 항목	등급
서비스 관리	U-26	automountd 제거	상
	U-27	RPC 서비스 확인	상
	U-28	NIS, NIS+ 점검	상
	U-29	tftp, talk 서비스 비활성화	상
	U-30	Sendmail 버전 점검	상
	U-31	스팸 메일 릴레이 제한	상
	U-32	일반사용자의 Sendmail 실행 방지	상
	U-33	DNS 보안 버전 패치	상
	U-34	DNS ZoneTransfer 설정	상
	U-35	Apache 디렉터리 리스팅 제거	상
	U-36	Apache 웹 프로세스 권한 제한	상
	U-37	Apache 상위 디렉터리 접근 금지	상
	U-38	Apache 불필요한 파일 제거	상
	U-39	Apache 링크 사용금지	상
	U-40	Apache 파일 업로드 및 다운로드 제한	상
	U-41	Apache 웹 서비스 영역의 분리	상
패치관리	U-42	최신 보안패치 및 벤더 권고사항 적용	상
로그관리	U-43	로그의 정기적 검토 및 보고	상

■ 취약점 분석·평가 선택 점검항목

분류	번호	취약점 점검 항목	등급
계정 관리	U-44	root 이외의 UID '0' 금지	중
	U-45	root 계정 su 제한	하
	U-46	패스워드 최소 길이 설정	중
	U-47	패스워드 최대 사용 기간 설정	중
	U-48	패스워드 최소 사용기간 설정	중
	U-49	불필요한 계정 제거	하
	U-50	관리자 그룹에 최소한의 계정 포함	하
	U-51	계정이 존재하지 않는 GID 금지	하
	U-52	동일한 UID 금지	중
	U-53	사용자 shell 점검	하
	U-54	Session Timeout 설정	하
파일 및 디렉터리 관리	U-55	hosts.lpd 파일 소유자 및 권한 설정	하
	U-56	NIS 서비스 비활성화	중
	U-57	UMASK 설정 관리	중
	U-58	홈디렉터리 소유자 및 권한 설정	중
	U-59	홈디렉터리로 지정한 디렉터리의 존재 관리	중
	U-60	숨겨진 파일 및 디렉터리 검색 및 제거	하

분류	번호	취약점 점검 항목	등급
서비스 관리	U-61	ssh 원격접속 허용	중
	U-62	ftp 서비스 확인	하
	U-63	ftp 계정 shell 제한	중
서비스 관리	U-64	Ftpusers 파일 소유자 및 권한 설정	하
	U-65	Ftpusers 파일 설정	중
	U-66	at 파일 소유자 및 권한 설정	중
	U-67	SNMP 서비스 구동 점검	중
	U-68	SNMP 서비스 커뮤니티스트링의 복잡성 설정	중
	U-69	로그온 시 경고 메시지 제공	하
	U-70	NFS 설정 파일 접근 권한	중
	U-71	expn, vrfy 명령어 제한	중
	U-72	Apache 웹서비스 정보 숨김	중
로그 관리	U-73	정책에 따른 시스템 로깅 설정	하

→ 윈도우 서버

- 취약점 분석 · 평가 기본항목

점검분류	번호	취약점 점검 항목	등급
계정 관리	W-1	Administrator 계정 이름 바꾸기	상
	W-2	Guest 계정 상태	상
	W-3	불필요한 계정 제거	상
	W-4	계정 잠금 임계값 설정	상
	W-5	해독 가능한 암호화를 사용하여 암호 저장	상
	W-6	관리자 그룹에 최소한의 사용자 포함	상
서비스 관리	W-7	공유 권한 및 사용자 그룹 설정	상
	W-8	하드디스크 기본 공유 제거	상
	W-9	불필요한 서비스 제거	상
	W-10	IIS 서비스 구동 점검	상
	W-11	IIS 디렉터리 리스팅 제거	상
	W-12	IIS CGI 실행 제한	상
	W-13	IIS 상위 디렉터리 접근 금지	상
	W-14	IIS 불필요한 파일 제거	상
	W-15	IIS 웹 프로세스 권한 제한	상
	W-16	IIS 링크 사용금지	상
	W-17	IIS 파일 업로드 및 다운로드 제한	상
	W-18	IIS DB 연결 취약점 점검	상
	W-19	IIS 가상 디렉터리 삭제	상
	W-20	IIS 데이터 파일 ACL 적용	상

분류	번호	취약점 점검 항목	등급
서비스 관리	W-21	IIS 미사용 스크립트 매핑 제거	상
	W-22	IIS Exec 명령어 셸 호출 진단	상
	W-23	IIS WebDAV 비활성화	상
	W-24	NetBIOS 바인딩 서비스 구동 점검	상
	W-25	FTP 서비스 구동 점검	상
	W-26	FTP 디렉터리 접근권한 설정	상
	W-27	Anonymous FTP 금지	상
	W-28	FTP 접근 제어 설정	상
	W-29	DNS Zone Transfer 설정	상
	W-30	RDS(RemoteDataServices)제거	상
패치 관리	W-31	최신 서비스팩 적용	상
	W-32	최신 HOT FIX 적용	상
	W-33	백신 프로그램 업데이트	상
로그 관리	W-34	로그의 정기적 검토 및 보고	상
	W-35	원격으로 액세스할 수 있는 레지스트리 경로	상
보안 관리	W-36	백신 프로그램 설치	상
	W-37	SAM 파일 접근 통제 설정	상
	W-38	화면보호기 설정	상
	W-39	로그온하지 않고 시스템 종료 허용	상
	W-40	원격 시스템에서 강제로 시스템 종료	상
	W-41	보안 감사를 로그할 수 없는 경우 즉시 시스템 종료	상
	W-42	SAM 계정과 공유의 익명 열거 허용 안 함	상
	W-43	Autologon 기능 제어	상
	W-44	이동식 미디어 포맷 및 꺼내기 허용	상
	W-45	디스크볼륨 암호화 설정	상

■ 취약점 분석·평가 기본항목

분류	번호	취약점 점검 항목	등급
계정 관리	W-46	Everyone 사용 권한을 익명 사용자에게 적용	중
	W-47	계정 잠금 기간 설정	중
	W-48	패스워드 복잡성 설정	중
	W-49	패스워드 최소 암호 길이	중
	W-50	패스워드 최대 사용 기간	중
	W-51	패스워드 최소 사용 기간	중
계정 관리	W-52	마지막 사용자 이름 표시 안 함	중
	W-53	로컬 로그온 허용	중
	W-54	익명 SID/이름 변환 허용	중
	W-55	최근 암호 기억	중
	W-56	콘솔 로그온 시 로컬 계정에서 빈 암호 사용 제한	중
	W-57	원격터미널 접속 가능한 사용자 그룹 제한	중

분류	번호	취약점 점검 항목	등급
서비스 관리	W-58	터미널 서비스 암호화 수준 설정	중
	W-59	IIS 웹서비스 정보 숨김	중
	W-60	SNMP 서비스 구동 점검	중
	W-61	SNMP 서비스 커뮤니티스트링의 복잡성 설정	중
서비스 관리	W-62	SNMP Access control 설정	중
	W-63	DNS 서비스 구동 점검	중
	W-64	HTTP/FTP/SMTP 배너 차단	하
	W-65	Telnet 보안 설정	중
	W-66	불필요한 ODBC/OLE-DB 데이터 소스와 드라이브 제거	중
	W-67	원격터미널 접속 타임아웃 설정	중
	W-68	예약된 작업에 의심스러운 명령이 등록되어 있는지 점검	중
패치관리	W-69	정책에 따른 시스템 로깅 설정	중
로그 관리	W-70	이벤트 로그 관리 설정	하
	W-71	원격에서 이벤트 로그 파일 접근 차단	중
보안 관리	W-72	Dos공격 방어 레지스트리 설정	중
	W-73	사용자가 프린터 드라이버를 설치할 수 없게 함	중
	W-74	세션 연결을 중단하기 전에 필요한 유휴시간	중
	W-75	경고 메시지 설정	하
	W-76	사용자별 홈 디렉터리 권한 설정	중
	W-77	LAN Manager 인증 수준	중
	W-78	보안 채널 데이터 디지털 암호화 또는 서명	중
	W-79	파일 및 디렉터리 보호	중
	W-80	컴퓨터 계정 암호 최대 사용 기간	중
	W-81	시작프로그램 목록 분석	중
DB 관리	W-82	Windows 인증 모드 사용	중

chapter 3. 서버 취약점 조치방안

■ 알려진 공격에 대비

서버 취약점 점검 후에 결과에 따라 서버에 대한 취약점을 제거해 알려진 공격에 대비한다. 취약점에 대한 조치는 서비스 영향을 주지 않도록 조치 전에 서비스 영향도를 분석 후 취약점을 제거해야 한다.

■ **운영제체별 취약점 조치방안**

→ 유닉스 서버

- 계정관리
  - root 이외의 UID는 '0' 금지
    ☞ 사용자가 시스템에 접근하려면 사용자 계정이 반드시 필요함. 이때 모든 계정에는 UID가 부여되는데 이것을 통해 사용자의 이름, 패스워드, 홈 디렉터리등과 같은 사용자에 관련된 정보에 대응시킴으로 시스템은 로그인 ID가 달라도 동일한 UID를 가진 계정을 같은 사용자로 인식한다. 유닉스 시스템에서 root 계정의 UID는 '0'으로 설정되어 있는데, 만약 root 이외의 다른 사용자의 UID가 '0'일 경우 root 계정과 동일한 권한을 갖게 됨으로 root를 제외한 모든 사용자의 UID는 '0'일 수 없다.
    ☞ 만일 시스템 관리자라면 다른 UID를 갖는 2개의 계정을 가지는 것이 좋다.
    ☞ 하나는 관리업무를 위한 UID가 '0'인 root 사용자이고, 다른 하나는 일반적인 일을 하기 위한 것으로 사용한다.
    ☞ 위협 영향 : 시스템 관리자 권한 획득

점검 방법	UID 중복 계정이 있는지 확인함 # cat /etc/passwd
조치 방안	[기준] 양호 – root 계정과 동일한 UID를 갖는 계정이 존재하지 않는 경우 취약 – UID가 '0'인 계정이 두 개 이상 존재할 경우 [조치방법] 새로운 UID로 변경 ▷ SunOS, HP-UX(UID 100 이상), Linux(UID 500 이상) # usermod -u '부여할 UID''UID를 변경할 계정의 로그인 ID' 예) usermod -u '2100' test ▷ AIX # chuser -id='부여할 UID' 'UID를 변경할 계정의 로그인 ID' 예) chuser -id '2100' test
조치 영향	변경하고자 하는 계정에 관리자 권한이 필요하지 않으면 일반적으로 영향 없음

- root 계정 원격 접속 제한
  - ☞ root는 슈퍼 유져로 시스템의 모든 권한을 있어 아주 중요하다. root 계정으로 직접 로그인하도록 허용하면 불법적인 침입자의 목표가 될 수 있으므로 root 계정 접속에 대한 관리가 필요하다.
  - ☞ root 계정의 원격 접속 허용은 공격자에게 더 좋은 기회를 제공할 수 있으므로 root 계정의 보호를 위하여 원격 접속은 금지 한다.
  - ☞ 위협 영향 : 시스템 관리자 권한 획득

점검 방법	root 계정 로그인 관련 환경변수 확인(원격접속)
	▷ SunOS
	#cat /etc/default/login
	#IF CONSOLE is set, root can only login on that device.
	#comment this line out to allow remote login by root.
	#
	CONSOLE=/dev/console
	
	▷ Linux
	#cat /etc/pam.d/login
	auth required /lib/security/pam_securetty.so
	#cat /etc/security
	pts/0 ~ pts/x 설정이 없어야 함
	
	▷ AIX
	#cat /etc/security/user
	rlogin=false
	
	▷ HP-UX
	#cat /etc/securetty
	console

조치 방안	[기준] 양호 - root 원격 접속이 차단되어 있을 경우 취약 - root 원격 접속이 허용되어 있을 경우 [조치방법] ▷ SunOS # vi /etc/default/login 파일 수정 'CONSOLE=/dev/console' 이나 'CONSOLE= '로 # If CONSOLE is set, root can only login on that device. # Comment this line out to allow remote login by root. # CONSOLE=/dev/console # PASSREQ determines if login requires a password.

조치 방안	▷ Linux, AIX, HP-UX 점검 방법에서 설명한 기준으로 내용 수정 단, HP-UX의 경우 /etc/securetty 파일이 존재하지 않는 경우에는 신규로 생성한다. #vi /etc/securetty
조치 영향	일반적으로 영향 없음

- root 계정 su 제한
    - ☞ root 계정에 접속할 때 일반 사용자로 로그인한 후 root 사용자로 전환하는 것을 권장하는데 이때 su 명령을 사용한다. su 명령어는 로그아웃하지 않고 다른 사용자의 권한으로 셸을 실행하는데 su 명령어를 통해 root 계정으로 접속 시 모든 권한을 획득할 수 있으므로 허용하는 계정만 su 명령어를 통해 root 계정으로 접속 할 수 있도록 관리해야 한다.
    - ☞ 위협 영향 : 시스템 관리자 권한 획득

점검 방법	▷ SunOS, Linux, HP-UX, AIX
	1. "wheel" 그룹(su 명령어 사용 그룹) 및 그룹 내 구성원 존재 여부 확인
	　#cat /etc/group
	　wheel:x:10:root,admin (root와 admin 존재)
	2. wheel 그룹이 su 명령어를 사용할 수 있는지 설정 여부 확인
	　[SunOS] #ls -al /usr/bin/su
	　#chgrp security su
	　#chmod 4750 su
	　[AIX] #cat /etc/security/user
	　default의 "sugroups=staff" 설정 확인
	　/etc/group 에서 staff 그룹에 해당하는 계정만 su 사용 가능
	　[HP-UX] #vi /etc/default/security
	　SU_ROOT_GROUP=wheel 설정 확인
	3. 파일 권한 확인
	　#ls -l /usr/bin/su
	　-rwsr-x---- /usr/bin/su (파일 권한이 4750인 경우 양호)
	
	▷ Linux PAM 모듈
	1. 허용 그룹 설정이 되어있는지 확인(su 명령어 사용 설정 그룹)
	　#cat /etc/group
	　wheel:x:10:root,admin (root와 admin 존재)
	　#cat /etc/pam.d/su 파일에 아래 내용 첨가 확인
	　auth required /lib/security/pam_wheel.so debug group=wheel

조치 방안	[조치방법] ▷ SunOS, Linux, HP-UX, AIX 　　#groupadd wheel (wheel group 생성) 　　(AIX : #mkgroup wheel) 　　#chgrp wheel /usr/bin/su (su 명령어 그룹 변경) 　　#chmod 4750 /usr/bin/su (su 명령어 사용권한 변경) 　　#usermod -G wheel "user_name" (계정 등록) 　　(AIX : #chgroup user="user_name" wheel) 　　SunOS의 경우 vi /etc/default/security 설정 변경으로도 가능 　　SU_ROOT_GROUP=wheel (su 명령어를 사용할 그룹 지정)
조치 방안	▷ Linux PAM 모듈 　/etc/pam.d/su 내용 수정 (주석 제거) 　#vi /etc/pam.d/su 　auth sufficient /lib/security/pam_rootok.so 　auth required /lib/security/pam_wheel.so debug group=wheel 　#usermod -G wheel "user_name" 　또는 /etc/group의 wheel 그룹에 su 명령을 허용하고자 하는 사용자 등록 　wheel:x:10:root,someone (root와 someone 존재) 　만약 허용되지 않은 그룹의 사용자가 su 명령을 시도하면, /var/log/message에 로그가 남음.
조치 영향	일반적으로 영향 없음

- 패스워드 최소 길이 설정
  - ☞ 일반적으로 모든 계정은 패스워드가 존재하도록 설정하고 만약 패스워드가 없는 계정은 삭제하거나 패스워드를 설정하여 주어야한다.
  - ☞ 또한 공격자가 쉽게 유추할 수 없는 패스워드를 만들도록 패스워드 규칙을 설정하여 패스워드 무작위 공격(Brute Forcing)이나 패스워드 추측(Guessing) 공격 등에 대처할 수 있도록 한다.
  - ☞ 위협 영향 : 패스워드 노출로 인한 계정 권한 획득

점검 방법	패스워드 최소 길이 설정 확인
	▷ SunOS
	#cat /etc/default/passwd
	PASSLENGTH=8
	
	▷ Linux
	#cat /etc/login.defs
	PASS_MIN_LEN 8

점검 방법	▷ AIX
	#cat /etc/security/user
	minlen=8
	
	▷ HP-UX
	#cat /etc/default/security
	MIN_PASSWORD_LENGTH=8

조치 방안	[기준] 양호 – 최소 길이가 PASSLENGTH=8 설정되어 있는 경우 취약 – 최소 길이가 8 이하이거나 설정되어 있지 않은 경우

조치 방안	[조치방법]
	점검 방법의 기준대로 내용 수정
	▷ SunOS 수정(예)
	#vi /etc/default/passwd
	PASSLENGTH=8
	
	``
	MAXWEEKS=
	MINWEEKS=
	PASSLENGTH=8
	``
	
	▷ AIX
	default: 부분에 minlen=8을 수정 또는 생성

조치 영향	일반적으로 영향 없음

- 패스워드 최대 사용 기간 설정
    - ☞ 패스워드가 노출될 수 있음을 감안하여 주기적인 패스워드 변경이 필요하다. 공격자가 어느 시점의 암호화된 패스워드 파일과 암호화 함수를 얻어도, 패스워드 정책에 따라 주기적으로 패스워드를 변경하면 공격자는 패스워드를 추측하기 어려울 뿐만 아니라, 주기에 따라 패스워드가 변경되므로 이전 패스워드가 노출되었어도 시스템을 보호할 수 있다.
    - ☞ 다만 주기를 단기간으로 주면 보안강화를 할 수 있지만 너무 자주 변경하게 되면, 계정 사용자의 불편을 초래할 수 있음으로 보호정도와 이용 특성에 따라 적절하게 패스워드 정책을 세워야 한다.
    - ☞ 위협 영향 : 패스워드 추측 가능성 높아짐

점검 방법	패스워드 사용 가능 최대 기간 확인
	1.[root@unix /]#more /etc/shadow 명령으로 확인
	로그인ID:패스워드:최종변경일:min.:max:warning:inactive:expire:flag
	　　　　1.　　 2.　　 3. 4. 5. 6.　　 7. 8. 9.
	
	5. 패스워드를 사용할 수 있는 최대 기간.
	
	▷ SunOS
	#cat /etc/default/passwd
	MAXWEEKS=12 (12주) (default값 : MAXWEEKS=)
	
	▷ Linux
	#cat /etc/login.defs
	PASS_MAX_DAYS 90 (90일) (default값 : PASS_MAX_DAYS 99999)

점검 방법	▷ AIX
	#cat /etc/security/user
	maxage=12 (12주) (default값 : maxage=0)
	
	▷ HP-UX
	#cat /etc/default/security
	PASSWORD_MAXDAYS=90 (90일) (default값 : PASSWORD_MAXDAYS=99999)

조치 방안	[기준] 양호 - 정책에 따른 최대 사용 기간 설정 취약 - 정책에 따른 최대 사용 시간 미 설정 [조치방법] 상기 파일 내용을 수정 (내규 패스워드 정책에 따라 사용기간 설정)
조치 영향	일반적으로 영향 없음

- 패스워드 최소 사용 기간 설정
    - ☞ 사용자가 암호를 계속 바꿔서 이전에 즐겨 쓰던 암호를 다시 사용할 수 있다면 암호를 정기적으로 바꾸도록 요구하는 것은 효과가 없음으로 정책 설정을 최근 암호 기억 설정과 함께 사용하면 이전 암호를 다시 사용하는 것을 막을 수 있다. 최근 암호 기억 설정을 유효하게 하려면 최소 암호 사용 기간 정책 설정을 0보다 큰 값으로 구성해야 한다.
    - ☞ 위협 영향 : 취약한 계정을 통해 계정 권한 도용

점검 방법	[UNIX/LINUX]
	패스워드 사용 가능 최소 기간 확인
	1.[root@unix/] #more /etc/shadow 명령으로 확인
	로그인ID:패스워드:최종변경일:min.:max:warning:inactive:expire:flag
	    1. 2. 3. 4. 5. 6. 7. 8. 9.
	4. 패스워드를 사용할 수 있는 최소 기간.
	
	▷ SunOS
	#cat /etc/default/passwd
	MINWEEKS=1 (1주) (default값 : MAXWEEKS=)
	
	▷ Linux
	#cat /etc/login.defs
	PASS_MIN_DAYS 1 (1일) (default값 : PASS_MIN_DAYS)

점검 방법	▷ AIX
	#cat /etc/security/user
	minage=1 (1주)
	
	▷ HP-UX
	#cat /etc/default/security
	PASSWORD_MINDAYS=1 (1일) (default값 : PASSWORD_MINDAYS=)

조치 방안	[기준] 양호 – 정책에 따른 최소 사용 기간 설정 취약 – 정책에 따른 최소 사용 시간 미 설정 [조치방법] 상기 파일 내용을 수정 (내규 패스워드 정책에 따라 사용기간 설정)
조치 영향	일반적으로 영향 없음

- 패스워드 복잡성 설정
  ☞ 영문자 및 숫자만으로 이루어진 암호는 공개되어 있는 유틸리티를 사용하여 아주 쉽게 공격할 수 있기 때문에 암호가 공격당하는 것을 방지하려면 암호에 광범위한 문자가 있어야 한다. 최소 암호 길이를 8자 이상으로 지정하여 이 정책 설정과 함께 사용하면 하나의 암호를 만들 수 있는 경우의 수가 매우 많아져 무작위 공격을 성공하는 것이 불가능한 것은 아니지만 어렵게 할 수 있다. 초당 백만 개의 암호를 충분히 테스트할 수 있는 처리 성능을 가진 공격자는 대략 7일 반나절

이내에 암호를 알아낼 수 있으며 최소 암호 길이 설정을 높이면 공격에 성공하는 데 필요한 평균 시간도 함께 증가한다.
☞ 위협 영향 : 공격자가 암호를 쉽게 해독할 수 있어 임의의 명령어 실행, 임의의 파일 수정, 시스템 관리자 권한 획득

점검 방법	root 권한에서. # grep testuser1 /etc/shadow 로그인ID:패스워드:최종변경일:min.:max:warning:inactive:expire:flag
조치 방안	[기준] 양호 – 패스워드를 영문,숫자,특수문자 등을 혼합을 사용하여 복잡하게 설정 취약 – 패스워드를 영문,숫자,특수문자 등을 혼합을 사용하지 않고 간단하게 설정

	[조치방법]
	루트 권한을 준후.
	1. # useradd testuser1
	2. # passwd likmaxhom975 〈– 패스워드 복잡하게 설정
	내부 규정에 따라 아래 설정에 적정한 값을 적용한다.
	
	▷ SunOS
	#cat /etc/default/passwd
	MINALPHA= (예: 2 – 최소한의 알파벳(2개))
	MINDIGIT= (예: 1 – 최소한의 숫자(1개))
	MINSPECIAL= (예: 0 – 특수 문자를 사용하지 않아도 가능)
	MINLOWER= (예: 1 – 최소한의 소문자(1개))
	MINUPPER= (예: 3 – 최소한의 대문자(3개)))
	MINDFF= (예 : 2 – 새로운 비밀번호가 전 비밀번호와 2자 이상만 다르면 가능)
	▷ Linux
	#vi /etc/pam.d/system–auth
	auth required pam_tally.so per_user (faillog 설정에 따름)
	password requiste pam_craklib.so try_first_pass ucredit=–1 dcredit=–1 ocredit=–1 lcredit=–1
	– ucredit : 영어 대문자 (–1 이면 반드시 포함)
	– dcredit : 숫자 (–1 이면 반드시 포함)
	– ocredit : 숫자, 영어대/소문자를 제외한 기타문자 (–1이면 반드시 포함)
	– lcredit : 영어 소문자 (–1 이면 반드시 포함)
	▷ AIX
	#vi /etc/security/user
	minalpha=4 (최소 4개의 알파벳 포함)
	minother=2 (최소 알파벳 문자 이외의 2개 문자 포함)
	mindiff=2 (최소 2개의 반복되지 않는 문자 개수)
	▷ HP–UX
	#vi /etc/default/security
	PASSWORD_MIN_UPPER_CASE_CHARS 대문자
	PASSWORD_MIN_LOWER_CASE_CHARS 소문자
	PASSWORD_MIN_DIGIT_CHARS 숫자
	PASSWORD_MIN_SPECIAL_CHARS 특수문자

조치 영향	일반적으로 영향 없음

- 불필요한 계정 제거
  - ☞ 로그인이 가능한 사용자 계정들은 로그인을 통해서 시스템에 접근이 가능하기 때문에 로그인 계정의 패스워드 부재로 인한 패스워드 유출이나 패스워드 추측 공격으로 인한 패스워드 유출가능성이 있다. 오랫동안 로그인 하지 않은 계정은 계정만 만들어지고 관리가 되지 않는 계정일 가능성이 높으며, 이런 경우 계정을 악의적인 사용자가 불법적으로 사용해도 알 수 없으며, 패스워드 변경이 없으므로 패스워드 유출가능성이 존재한다. 또한 반복된 로그인 실패 기록이 남아있다는 계정도 패스워드 추측에 의한 불법적인 로그인 시도 가능성이 있다.
  - ☞ 따라서 사용 목적이 만료된 관리자, Guest, 테스트 계정, 무자격 사용자(예)퇴직자) 등 시스템에 불필요한 계정을 주기적으로 삭제 조치 취해야 한다.
  - ☞ 위협 영향 : 관리되지 않는 계정을 통한 시스템 접속

점검 방법	1. 휴면 계정 점검 　오랫동안 로그인하지 않은 계정, 한 번도 로그인하지 않은 계정 존재하는지 점검. 2. 로그인 실패기록 점검(반복된 로그인 실패 기록을 점검) #cat /var/adm/loginlog (Linux : cat /var/log/loginglog) #cat /var/adm/authlog (Linux : cat /var/log/authlog) #cat /var/adm/sulog (Linux : cat /var/log/sulog)
조치 방안	[기준] 양호 - 불필요한 계정을 삭제, 변경 했을 경우 취약 - 불필요한 계정을 미삭제, 방치 했을 경우 [조치방법] 오랫동안 로그인 하지 않은 계정, 한번도 로그인 하지 않은 계정이 사용되는 계정인지 확인하고 불필요한 계정이면 삭제 #userdel '오랫동안 로그인 하지 않은 계정 or 한번도 로그인하지 않은 계정 ' (AIX : #rmuser "user_name") 점검결과에서 발견된 반복된 로그인 실패시간, 로그인 시도 호스트 정보로부터 로그인 실패가 불법적인 로그인 시도에 의한 것인지 확인. [참고] 기본적으로 차단하는 Default 계정 : adm, lp, sync, shutdown, halt, news, uucp, operator, games, gopher, nfsnobody, squid 등
조치 영향	일반적으로 영향 없음

- 관리자 그룹에 최소한의 계정 포함
  - ☞ 서버는 여러 사용자가 동시에 사용하는 다중 사용자 시스템이므로, 파일에 대한 소유자와 포함 그룹에 따라 접근 할 수 있는 반경이 달라진다.
  - ☞ 시스템을 관리하는 root 계정이 속한 그룹은 시스템 운영을 위해 필요한 파일에 접근 권한이 있으므로 일반사용자가 이 그룹에 속하면 시스템 파일 등에 접근이 가능함으로 시스템 운영에 필요한 최소한의 계정만 포함해야 한다.
  - ☞ 위협 영향 : 일반사용자에 관리자 권한 부여

점검 방법	[UNIX/LINUX] 1. root가 포함된 그룹에 속한 사용자 확인 #cat /etc/group
조치 방안	[기준] 양호 – 관리자의 그룹에 최소한의 계정을 할당 했을 경우. 취약 – 관리자의 그룹에 많은 계정을 했을 경우. [조치방법] 관리자 계정이 포함된 그룹에 불필요한 계정 존재시 해당 계정 그룹 변경 #usermod –g 바꿀GID 로그인ID (AIX : #chgroup user="user_name" "group_name")
조치 영향	일반적으로 영향 없음

- 계정이 존재하지 않는 GID 금지
  - ☞ 구성원이 존재하지 않는 빈 그룹이 있다면 그룹관리가 정상적으로 이루어지지 않을 가능성이 있다. 그룹관리가 정상적으로 이루어지지 않아 구성원이 존재하지 않는 그룹이 있을 경우 해당 그룹소유의 파일이 비인가자에게 노출될 위험이 있음으로 계정이 존재하지 않는 GID 설정을 사용 유.무를 검토하여 제거해야 한다.
  - ☞ 위협 영향 : 관리되지 않는 그룹을 통한 시스템 접속

점검 방법	그룹 정보 확인 #cat /etc/group
조치 방안	[기준] 양호 – 존재하지 않는 계정에 GID 설정을 금지 했을 경우 취약 – 존재하지 않은 계정에 GID 설정을 했을 경우

조치 방안	[조치방법] 구성원이 존재하지 않는 그룹이 있을 경우 관리자와 검토하여 제거. #groupdel '구성원이 없는 사용하지 않는 그룹 명'
조치 영향	일반적으로 영향 없음

- 동일한 UID 금지
    - ☞ 사용자가 시스템에 접근하려면 사용자 계정이 반드시 필요한데 이때 모든 계정에는 UID가 부여된다. 이것을 통해 사용자의 이름, 패스워드, 홈 디렉터리 등과 같은 사용자에 관련된 정보에 대응시킴으로 시스템은 로그인 ID가 달라도 동일한 UID를 가진 계정을 같은 사용자로 인식하게 된다. 그러므로 중복된 UID가 존재할 경우 보안상 문제가 발생할 수 있다.
    - ☞ 위협 영향 : 중복된 UID를 통한 잘못된 권한부여

점검 방법	#cat /etc/passwd에서 동일한 UID 여부 확인 root:x:0:0:root:/root:/bin/bash test:x:0:5:test:/var/adm:/sbin/nologin
조치 방안	[기준] 양호 – 동일한 UID 가 설정이 되지 않도록 조치했을 경우. 취약 – 동일한 UID 가 설정이 가능 하도록 조치되었을 경우. [조치방법] 새로운 UID로 변경 #usermod –u '새로 부여할 UID' 'UID를 변경할 계정의 로그인 ID' (AIX : chuser –id='새로 부여할 UID' 'user_name')
조치 영향	일반적으로 영향 없음

- 계정 잠금 임계값 설정
    - ☞ 침입자에 의한 패스워드 무작위 공격(Brute Forcing)이나 패스워드 추측(Guessing) 공격 시 시간을 지체하게 하거나 자동공격에 시간을 끌기 위해 암호입력 횟수를 적정하게 제한하는 것이 좋다.
    - ☞ 위협 영향 : 미 설정 시 패스워드 노출 위협

점검 방법	▷ SunOS
	#cat /etc/default/login
	  RETRIES=5
	(* SunOS 5.9 이상의 경우 policy.conf 추가 확인)
	   #cat /etc/security/policy.conf
	    LOCK_AFTER_RETRIES=YES
	▷ Linux
	#cat /etc/pam.d/system-auth
	  auth required /lib/security/pam_tally.so deny=5 unlock_time=120 no_magic_root
	  account required /lib/security/pam_yally.so no_magic_root reset
	  - no_magin_root : root에는 패스워드 잠금 설정을 하지 않음
	  - deny=n : n회 입력 실패시 패스워드 잠금
	  - unlock_time=n : 계정이 잠긴후 n초후 자동 계정 잠김 해제
	  - reset : 접속 시도 성공시 실패한 횟수 초기화
	▷ AIX
	#cat /etc/security/user
	  loginretries=5
	▷ HP-UX
	#cat /tcb/files/auth/system/default
	  u_maxtries#5
	(*HP-UX는 Trusted Mode로 동작하고 있어야 설정 변경 가능
	 /etc/tsconvert / UnTrusted Mode 전환 : /etc/tsconvert -r)

조치 방안	[기준] 양호 - 암호 입력 횟수를 적정하게 제한했을 경우. 취약 - 암호 입력 횟수를 적정하게 제한하지 않았을 경우. [조치방법] 점검 방법에 따른 값을 내부 규정에 따라 적용
조치 영향	계정이 잠기게 되면 필요 시 관리자가 풀어줘야 함 HP-UX의 경우 Trusted Mode로 전환시 운영 서비스에 문제가 발생할 수 있으므로 충분한 테스트를 거친 후 Trusted Mode로 전환 필요

- 사용자 Shell 점검
  - ☞ Shell이란 유닉스 운영체제에서 사용자가 입력하는 명령을 읽고 해석하는 프로그램으로 사용자가 사용할 수 있는 유틸리티나, 명령 등을 실행할 수 있도록 하는 프로그램으로서 이것은 명령 행에서 입력된 내용을 해석하고 그에 따른 작업을 커널이 하도록 지시하며 커널에서 작업한 결과를 다시 사용자에게 보여주는 명령어 해석기이다. 이러한 기능을 공격자가 악용하여, 사용자의 명령어를 해석하여

악용할 수 있다.
☞ 위협 영향 : 명령어를 해석하여 침입 위협

점검 방법	#cat /etc/passwd root:x:0:0:root:/root:/bin/bash bin:x:1:1bin:/bin:/bin/false -> bin 계정으로는 셸이 부여되지 않음
조치 방안	[기준] 양호 – 로그인이 필요 없는 계정은 셸을 /bin/false 설정 했을 경우 취약 – 로그인이 필요 없는 계정에 별도의 설정이 없을 경우 [조치방법][UNIX] 1. bin 이라는 계정에 2. # /etc/passwd에서 /bin/flase, /sbin/nologin로 설정을 하면 셸이 부여 되지 않음. * Shlell 제한시 명령어 usermod –s /bin/false gopher usermod –s /bin/false adm usermod –s /bin/false daemon usermod –s /bin/false bin usermod –s /bin/false sys usermod –s /bin/false listen usermod –s /bin/false nobody usermod –s /bin/false nobody4 usermod –s /bin/false noaccess usermod –s /bin/false diag usermod –s /bin/false listen usermod –s /bin/false operator usermod –s /bin/false games
조치 영향	일반적으로 영향 없음

- 패스워드 파일 보호
  ☞ 셰도 패스워드는 암호화되어 있는 패스워드 정보를 일반 사용자들로부터 비밀로 유지하기 위한 한 가지 방법이다. 누구라도 이 파일을 패스워드를 추측해 내는 프로그램에 돌려서 패스워드를 알아내려고 할 수 있어 보안에 취약한 반면에 셰도 패스워드는 특별 권한이 있는 사용자들만 읽을 수 있도록 패스워드에 대한 정보를 /etc/shadow 파일에 저장한다. 셰도 패스워드를 사용하려면, 패스워드 정보를 읽어야 하는 모든 유틸리티들이 셰도 패스워드를 지원하도록 제대로 리컴파

일 되었는지 확인해야 한다.
☞ 위협 영향 : 패스워드 노출

점검 방법	* shadwow 파일은 오직 root 만이 확인 할 수 있음.
	# grep testuser1 /etc/shadow 확인하면 yundream:1pT/VnlSK$PApp4ILLblRLoZVfsd3XX1:11657:0:99999:7 암호화 되어 있는 것을 확인 할 수 있음. # cat /etc/passwd 내 두 번째 필드가 "x"로 표시되는지 확인 root:x:0:0:root:/root:/bin/bash
조치 방안	[기준] 양호 – 패스워드 저장을 #/etc/shadow 파일에 저장 취약 – 패스워드 저장을 #/etc/passwd 파일에저장 [조치방법] ▷ SunOS, Linux 　#pwconv 　　(pwconv : 세도 패스워드 정책 적용 〈–〉 pwunconv : 일반 패스워드 정책 적용) 　#useradd test 　#passwd test ▷ AIX 기본적으로 패스워드를 암호화하여 저장 관리됨 ▷ HP-UX Trusted Mode로 전환하면 패스워드를 암호화하여 "/tcb/files/auth"에 계정 이니셜과 계정 이름에 따라 파일로 저장/관리 가능하다.
조치 영향	일반적으로 영향 없음

- Session Timeout 설정
    ☞ 로그인하여 계정을 모두 사용한 후 사용자의 부주의로 계정이 접속한 상태로 방치할 경우 악의 적인 목적으로 사용 될 수 있으며, 권한이 없는 사용자에 의한 사용이 이루어 질 수 있음으로 일정 시간 이후 어떠한 이벤트가 발생하지 않으면 연결을 강제로 종료하는 session timeout 설정이 필요하다.
    ☞ 위협 영향 : 비인가자의 시스템 접속 위험

점검 방법	▷ SunOS
	#cat /etc/default/login
	　　TIMEOUT=600 (단위 : 초)
	　　export TMOUT
	▷ Linux, AIX, HP-UX
	#cat /etc/profile(.profile) 〈sh, ksh, bash 사용시〉
	　　TIMEOUT=600 (단위 : 초)
	　　export TMOUT
	또는 #cat /etc/csh.login 또는 #cat /etc/csh.cshrc 〈csh 사용시〉
	　　set autologout=10 (단위 : 분)

조치 방안	[기준] 양호 - Session Time out 을 설정해 주었을 경우. 취약 - Session Time out 을 설정해 주지 않았을 경우. [조치방법] 점검 방법에 따라 내부 규정에 따른 값을 설정
조치 영향	일반적으로 영향 없음

- 파일 및 디렉터리 관리
  - root 홈, 패스 디렉터리 권한 및 패스 설정
    ☞ root의 검색경로가 되는 $PATH 경로 내에 "." 이나 "::" 등과 같은 환경변수가 포함되어 있을 경우 침입자에게 root 권한이 노출될 수 있으므로, 특정 명령어를 실행시킬 수 있도록 조작이 가능한 위험한 환경변수 값을 갖고 있는지 검사해야 한다.
    ☞ 위협 영향 : 환경변수를 통한 root 권한 노출

점검 방법	# PATH 변수내에 "." 이나 "::" 의 항목이 있는지 확인 함
조치 방안	[기준] 양호 - Root 검색경로가 되는 "." 이나 "::" 항목 제거를 했을 경우 취약 - Root 경색경로가 되는 "." 이나 "::" 항목 제거를 하지 않았을 경우 #echo $PATH .:/usr/local/sbin:/sbin [조치방법] # env PATH 변수 내에 "." 이나 "::" 의 항목이 있으면 삭제시켜야 함

조치 방안	#vi /etc/profile
	PATH=/usr/local/sbin:/sbin
	
	[참고 – Shell에서 참조하는 환경 설정 파일]
	/bin/sh → /etc/profile, $HOME/.profile
	/bin/csh → $HOME/.cshrc, $HOME/.login, /etc/.login
	/bin/ksh → /etc/profile, $HOME/.profile, $HOME/kshrc
	/bin/bash → /etc/profile, $HOME/.bash_profile

조치 영향	일반적으로 영향 없음

- 파일 및 디렉터리 소유자 설정
  ☞ 소유자가 존재하지 않는 파일 및 디렉터리는 현재 권한이 없는 자(퇴직자 등)의 소유였거나, 관리 소홀로 인해 생긴 파일일 가능성이 있음. 만일 중요 파일 및 디렉터리일 경우 문제가 발생할 수 있으므로 관리가 필요하다.
  ☞ 위협 영향 : 삭제된 소유자의 UID와 동일한 사용자가 해당 파일, 디렉터리 접근 가능

점검 방법	User : nouser, Group : nogroup인 파일이나 디렉터리 점검 ▷ SunOS, AIX #find / –nouser –o –nogroup –xdev –ls 2 > /dev/null ▷ HP-UX #find / \(–nouser1 –o –nogroup \) –xdev –exec ls –al {} \; 2> /dev/null ▷ Linux #find / –nouser –print #find / –nogroup –print
조치 방안	[기준] 양호 – 소유자가 존재하지 않은 파일 및 디렉터리를 점검하여 불필요한 파일을 검색하여 제거 또는 적절한 소유자를 부여했을 경우 취약 – 소유자가 존재하지 않을 파일 및 디렉터리 점검을 하지 않았을 경우 [조치방법] 1. 점검 방법에 따라 검색한 결과에 따라 삭제 　#rm file_name 　#rm directory_name 2. 필요한 경우 chown 명령으로 소유자 및 그룹 변경 　#chown 'user_name' 'file_name'
조치 영향	일반적으로 영향 없음

- /etc/passwd 파일 소유자 및 권한 설정
    - ☞ etc/passwd 파일은 사용자의 ID, 패스워드(보안상 'x'로 표시), UID, GID, 홈 디렉터리, shell 정보를 담고 있는 중요 파일이다. 이 파일이 노출되면 보안상 심각한 문제를 발생할 수 있어 관리자 이외의 사용자는 접근 제한이 필요하므로 /etc/passwd 파일의 소유자와 퍼미션 지정여부를 확인해야 한다.
    - ☞ 위협 영향 : 임의적인 파일 정보 습득, 파일 변경

점검 방법	# ls -l /etc/passwd 명령으로 확인 [root@localhost etc]# ls -l /etc/passwd -rw-r--r-- 1 root root 2194 Oct 28 05:00 /etc/passwd 1 2 1 파일 소유권자 퍼미션, 소유그룹퍼미션, 일반사용자 퍼미션 2 파일 소유자
조치 방안	[기준] 양호 – 파일 퍼미션 644, 소유자 root 취약 – root 외의 사용자의 퍼미션이 644 이상이거나, 소유자가 root가 아닐 때 [조치방법] 파일의 퍼미션을 바꾸어 줌 (HP-UX는 400) # chmod 644 /etc/passwd 소유자를 root로 바꾸어 줌. # chown root /etc/passwd
조치 영향	일반적으로 영향 없음

- /etc/shadow 파일 소유자 및 권한 설정
    - ☞ /etc/shadow 파일은 /etc/passwd 파일에서 패스워드의 보안을 위해 표시하지 않는 패스워드를 따로 관리하는 파일로 암호화된 패스워드 정보를 담고 있어 root를 제외한 사용자의 접근이 허용되면 보안상 문제가 발생할 수 있다. 예를 들어 /etc/shadow 파일의 퍼미션을 444로 설정하여 일반 사용자가 접근 할 수 있다면 이 파일을 가지고 암호를 유추할 수 있으므로 /etc/shadow 파일의 소유자와 퍼미션 설정이 중요하다.
    - ☞ 위협 영향 : 임의적인 파일 정보 습득, 파일 변경

점검 방법	▷ SunOS, Linux # ls -l /etc/shadow 명령으로 확인 1 2 1 파일 소유권자 퍼미션, 소유그룹퍼미션, 일반사용자 퍼미션 2 파일 소유자 ▷ AIX #ls -ld /etc/security/passwd ▷ HP-UX #ls -ld /tcb/files/auth
조치 방안	[기준] 양호 – 파일 퍼미션 400, 소유자 root 취약 – 위와 동일한 퍼미션과 소유자가 아닐때 [조치방법] ▷ SunOS, Linux #chmod 400 /etc/shadow #chown root /etc/shadow ▷ AIX (기본적으로 /etc/security/passwd 파일에 패스워드를 암호화하여 저장 관리하므로 해당 디렉터리 권한을 기준에 맞게 설정) #chown root /etc/security/passwd #chmod 400 /etc/security/passwd ▷ HP-UX #chown root /tcb/files/auth #chmod 400 /tcb/files/auth
조치 영향	일반적으로 영향 없음

- /etc/hosts 파일 소유자 및 권한 설정
  ☞ etc/hosts.equiv 파일의 퍼미션을 600로 설정하여 일반 사용자가 접근 할 수 있다면 이 파일을 가지고 host 파일에 접근하여 snoof 공격을 할 수 있으므로 /etc/hosts.equiv 파일의 소유자와 퍼미션 설정이 중요하다.
  ☞ 위협 영향 : 외부에서 IP 스푸핑 공격 위험이 있음.

점검 방법	# ls -l /etc/hosts 명령으로 확인 rw——————— root 'hosts 파일'
조치 방안	[기준] 양호 – 파일 퍼미션 600, 소유자 root 취약 – 위와 동일한 퍼미션과 소유자가 아닐때 [조치방법] 파일의 퍼미션을 바꾸어 줌. # chmod 600 /etc/hosts 소유자를 root로 바꾸어 줌. # chown root /etc/hosts
조치 영향	일반적으로 영향 없음

- /etc/(x)inetd.conf 파일 소유자 및 권한 설정
  - ☞ inetd용 config 파일은 inetd가 데몬과 기타 서비스 제공자를 관리하는데 필요한 각 네트워크 서비스용 엔트리를 보유하고 있음. 서비스는 실행되겠지만 /etc/services에 있는 주석을 제거하여 실행 중일 때도 사용할 수 없도록 한다.
  - ☞ 위협 영향 : 임의적인 파일 정보 습득, 파일 변경

점검 방법	# ls -l /etc/inetd.conf 명령으로 확인 -rw——————— 1 root root 2935 aug 22 22:25 /etc/inetd.conf 1 2 1 파일 소유권자 퍼미션, 소유그룹퍼미션, 일반사용자 퍼미션 2 파일 소유자
조치 방안	[기준] 양호 – 파일 퍼미션 600, 소유자 root 취약 – 위와 동일한 퍼미션과 소유자가 아닐때 [조치방법] ▷ SunOS, Linux, AIX, HP-UX 파일의 퍼미션을 바꾸어 줌. # chown root /etc/inetd.conf # chmod 600 /etc/inetd.conf 소유자를 root로 바꾸어 줌. # chown root /etc/inetd.conf ▷ Linux (xinted인 경우) # chown root /etc/xinetd.conf # chmod 600 /etc/xinetd.conf (* /etc/xinetd.d/ 하위 디렉터리에 위치한 파일도 동일하게 조치)
조치 영향	일반적으로 영향 없음

- /etc/syslog.conf 파일 소유자 및 권한 설정
  - ☞ /etc/syslog.conf 파일에 로그에 대한 임의로 접근이 허용되면 보안상의 문제가 많이 때문에 /etc/syslog.conf 파일의 퍼미션을 644로 설정하여 만약에 일반 사용자가 접근 할 수 있다면 이 파일을 가지고 syslog 파일에 접근 할 수 있으므로 /etc/syslog.conf 파일의 소유자와 퍼미션 설정이 중요하다.
  - ☞ 위협 영향 : 일반 사용자가 syslog 파일에 접근할 수 있음

점검 방법	# ls -l 명령으로 확인 -rw------- 1 root root 712 aug 22 22:35 /etc/syslog.conf 1 2 1 파일 소유권자 퍼미션, 소유그룹퍼미션, 일반사용자 퍼미션 2 파일 소유자
조치 방안	[기준] 양호 – 퍼미션을 644로 설정함 취약 – 퍼미션을 위에 동일하게 설정하지 않음. [조치방법] 파일의 퍼미션을 바꾸어 줌 # chmod 644 etc/syslog.conf 소유자를 로 바꾸어 줌 # chown root etc/syslog.conf
조치 영향	일반적으로 영향 없음

- /etc/services 파일 소유자 및 권한 설정
  - ☞ /etc/services 파일에 Services 에 대한 접근 허용되면 보안상의 문제가 많이 때문에 /etc/services 파일의 퍼미션을 644로 설정함 만약에 일반 사용자가 접근 할 수 있다면 이 파일을 가지고 services 파일에 에 접근 할 수 있음으로 /etc/services 파일의 소유자와 퍼미션 설정이 중요하다.
  - ☞ 위협 영향 : 일반 사용자가 services 파일에 접근할 수 있음

점검 방법	# ls -l 명령으로 확인 -rw-r--r-- 1 root root 11231 aug 26 13:50 /etc/services 1 2 1 파일 소유권자 퍼미션, 소유그룹퍼미션, 일반사용자 퍼미션 2 파일 소유자
조치 방안	[기준] 양호 – 퍼미션을 644로 설정함 취약 – 피미션을 위에 동일하게 설정하지 않음 [조치방법] 파일의 퍼미션을 바꾸어 줌 # chmod 644 etc/services 소유자를 로 바꾸어 줌 # chown root etc/services
조치 영향	일반적으로 영향 없음

- hosts.lpd 파일 소유자 및 권한 설정
    ☞ /etc/host.lpd 파일의 퍼미션을 600로 설정하여 일반 사용자가 접근 할 수 있다면 이 파일을 가지고 host 파일에 접근하여 snoof 공격을 할 수 있으므로 /etc/host.lpd 파일의 소유자와 퍼미션 설정이 중요하다.
    ☞ hosts.lpd : 로컬 프린트 서비스를 사용 가능한 허가된 사용자 정보가 저장됨
    (hostname, IP주소)
    ☞ 위협 영향 : 외부에서 IP 스푸핑 공격 위험이 있음

점검 방법	# ls -l /etc/hosts.lpd 명령으로 확인 lrwxrwxrwx 1 root root 9 Sep 2 22:57 /etc/hosts.lpd -> /dev/null 1 2 1 파일 소유권자 퍼미션, 소유그룹퍼미션, 일반사용자 퍼미션 2 파일 소유자
조치 방안	[기준] 양호 – 파일 퍼미션 600, 소유자 root 취약 – 위와 동일한 퍼미션과 소유자가 아닐때

조치 방안	[조치방법] 파일의 퍼미션을 바꾸어 줌. # chmod 600 /etc/host.lpd 소유자를 root로 바꾸어 줌. # chown root /etc/host.lpd
조치 영향	일반적으로 영향 없음

- SUID, SGID, Sticky bit 설정 파일 점검
    - ☞ UNIX system을 보면 파일의 실행권한에 s가 있는 경우가 있는데 이 s가 사용자의 실행권한에 설정되어 있는 경우를 setuid, setgid가 설정되어 있다고 한다. 일반적으로 실행 파일은 파일 소유자와는 상관없이 파일을 실행시킨 사용자의 권한으로 작동하여 SUID(Set Uid)와 SGID(Set Gid)가 설정된 파일은 사용자가 특정 명령어를 실행할 때 보통은 접근 불가능한 시스템 자원을 접근할 수 있게 해주는 데 사용한다. 사용자가 특정 시스템 파일과 자원을 제한된 환경에서 사용할 수 있지만, 심각한 보안 문제가 발생할 수 있으므로 점검이 필요하다.
    - ☞ 특히 root 소유의 파일인 경우, 버퍼 오버플로우 공격과 Local 공격에 사용되어 root 권한을 노출시킬 수 있으며, 시스템의 장애를 유발할 수 있다.
    - ☞ SUID(Set User-ID) : 절대값 4000, 일반 사용자가 소유자의 권한으로 실행가능하도록 함
    - ☞ SGID(Set Group-ID) : 절대값 2000, 일반 사용자가 소유 그룹의 권한으로 실행가능토록 함
    - ☞ Sticky bit : 모든 사용자가 쓸 수 있는 디렉터리를 적용하여 디렉터리 내의 파일을 임의대로 삭제할 수 없고 오직 소유자에게만 삭제 변경 권한이 있음
    - ☞ 위협 영향 : 버퍼 오버플로우나 Local 공격에 사용되어 root 권한을 노출시킬 우려가 있음

점검 방법	SUID/SGID 설정된 의심스러운 파일 확인 # find / –user root –type f \(–perm –04000 –o –perm –02000 \) –xdev –exec ls –al {} \; # ls –alL [check_file] | awk '{print $1}' | grep –i 's'
조치 방안	[기준] 양호 – 디렉터리의 설정에 따라서 SUID ,SGID, Sticky bit 설정 및 제거 취약 – 디렉터리를 확인하지 않고, SUID ,SGID, Sticky bit 설정 [조치방법] 보안에 취약한 root 소유의 SetUID 파일들의 경우에는 꼭 필요한 파일을 제외한 SetUID, SetGID 파일에 대하여 SetUID, SetGID를 제거해주고, 잘못 설정되어 보안 위협이 되고 있는지 주기적인 진단 및 관리가 필요하다. #chmod –s 'file_name' 필요한 경우 특정 그룹에서만 사용하도록 제한하려면 일반 사용자의 Setuid 사용을 제한한다 (임의의 그룹만 가능) #/usr/bin/chgrp 'group_name' 'setuid_file_name' #/user/bin/chmod 4750 'setuid_file_name' [참고 – SUID, SGID] ▷ SunOS 	/usr/bin/admintool	/usr/dt/bin/dtprintinfo	/usr/sbin/arp
---	---	---
/usr/bin/at	/usr/dt/bin/sdtcm_convert	/usr/sbin/lpmove
/usr/bin/atq	/usr/lib/fs/ufs/ufsdump	/usr/sbin/prtconf
/usr/bin/atrm	/usr/lib/fs/ufs/ufsrestore	/usr/sbin/sysdef
/usr/bin/lpset	/usr/lib/lp/bin/netpr	/usr/sbin/sparcv7/prtconf
/usr/bin/newgrp	/usr/openwin/bin/ff.core	/usr/sbin/sparcv7/sysdef
/usr/bin/nispasswd	/usr/openwin/bin/kcms_calibrate	/usr/sbin/sparcv9/prtconf
/usr/bin/rdist	/usr/openwin/bin/kcms_configure	/usr/sbin/sparcv9/sysdef
/usr/bin/yppasswd	/usr/openwin/bin/xlock	
/usr/dt/bin/dtappgather	/usr/platform/sun4u/sbin/prtdiag	| ▷ Linux | /sbin/dump	/usr/bin/lpq-lpd	/usr/bin/newgrp
---	---	---
/sbin/restore	/usr/bin/lpr	/usr/sbin/lpc
/sbin/unix_chkpwd	/usr/bin/lpr-lpd	/usr/sbin/lpc-lpd
/usr/bin/at	/usr/bin/lprm	/usr/sbin/traceroute
/usr/bin/lpq	/usr/bin/lprm-lpd	| ▷ AIX | /usr/dt/bin/dtaction	/usr/dt/bin/dtterm	/usr/bin/X11/xlock
---	---	---
/usr/sbin/mount	/usr/sbin/lchangelv		

조치 방안	▷ HP-UX		
	/opt/perf/bin/glance	/usr/dt/bin/dtprintinfo	/usr/sbin/swreg
	/opt/perf/bin/gpm	/usr/sbin/arp	/usr/sbin/swremove
	/opt/video/lbin/camServer	/usr/sbin/lanadmin	/usr/contrib/bin/traceroute
	/usr/bin/at	/usr/sbin/landiag	/usr/dt/bin/dtappgather
	/usr/bin/lpalt	/usr/sbin/lpsched	/usr/sbin/swmodify
	/usr/bin/mediainit	/usr/sbin/swacl	/usr/sbin/swpackage
	/usr/bin/newgrp	/usr/sbin/swconfig	
	/usr/bin/rdist	/usr/sbin/swinstall	
조치 영향	SUID 제거 시 OS 및 응용 프로그램 등 서비스 정상작동 유무 확인 필요		

- NIS 서비스 비활성화
  - ☞ 네트워크 정보 서비스(Network Information service, 예전의 YP:Yellow Page)는 그룹의 컴퓨터들에 정보를 배포하는 한 가지 방식으로 NIS 주 서버는 정보표를 소유하며 그것들을 NIS 대응(map) 파일들로 변환한다. 이 파일들이 네트워크를 통해 제공됨으로써 NIS 클라이언트 컴퓨터들은 로그인과 패스워드, 홈 디렉터리와 셸에 대한 정보(즉 보통의 /etc/passwd 파일에 들어 있는 모든 정보)를 얻을 수 있게 된다. NIS를 이용하면 사용자들은 패스워드를 한 번만 바꾸면 그 NIS 영역에 들어 있는 모든 컴퓨터에(정보가 갱신되도록) 할 수 있다.
  - ☞ NIS서비스를 이용하면 NIS 도메인의 이름을 알고 사람은 passwd 파일 복사본을 얻을 수 있어 패스워드 크랙 툴을 이용하여 패스워드를 습득할 수 있다.
  - ☞ 위협 영향 : 서버 정보 유출 위험

점검 방법	# ps -ef | grep yp NIS 서버가 실행되는지 확인
조치 방안	[기준] 양호 - 불필요한 서비스를 비활성화 한 경우 취약 - 불필요한 서비스를 활성화 한 경우

조치 방안	[조치방법] NIS 서비스가 필요하지 않다면 비활성화 필요 # /usr/lib/netsvc/yp/ypstop -> NIS 서비스 정지 # ps -ef | grep yp -> 서비스 확인 # rm -r /var/yp/blue.org # rm /etc/ethers /etc/netgroup /etc/timezone /etc/bootparams # vi /etc/nsswitch.conf NIS 설정 삭제
조치 영향	일반적으로 영향 없음

- UMASK 설정 관리
    ☞ Umask는 unix에서 파일/ 디렉터리 생성시 기본적으로 부여하는 권한 설정이며, unix 의 파일 권한은 rwxrwxrwx 형태로 표현되며, on/off 는 1/0으로 표현이 됨. 기본적으로 rwxr-xr-x 권한을 가진 파일 이라면 chmod는 이를 755 로 표현하며 umask 는 022로 표현을 해야한다.
    ☞ 위협 영향 : umask 값이 022 값으로 주어지지 않으면 파일 접근이 안될 가능성이 있음

점검 방법	다음 명령어로 현재 값 알아봄
	#umask
	#vi /etc/profile
	UMASK=022

조치 방안	[기준]
	양호 - 마스크값 022
	취약 - 그 외의 값
	
	[조치방법]
	마스크의 값을 바꾸어 줌.
	▷ SunOS
	 #vi /etc/profile
	   umask 022
	   export umask
	 #vi /etc/default/login
	   UMASK=022
	▷ Linux, HP-UX
	 #vi /etc/profile
	   umask 022
	   export umask

	▷ AIX
	#vi /etc/profile
	  umask 022
	  export umask
	#vi /etc/security/user
	  umask=022
	(예) umask 122 로 지정되었을 경우
	#/home/oracle〉 mkdir 1
	#/home/oracle〉 cd 1
	#/Permission denied
	#/home/oracle〉 ls –lad 1
	drw–r–xr–x 2 oracle oinstall 4096 Feb 28 10:46 1
	#/home/oracle〉 chmod 755 1
	#/home/oracle〉 cd 1
	umask 1 과 같이 값을 줄 수 없다는 것을 알 수 있음.
	umask 값을 022 로 원복해서 directory / file 에 대해 권한할당 정보를 확인 시
	#/home/oracle〉 mkdir 1
	#/home/oracle〉 ls –lad 1
	drwxr–xr–x 2 oracle oinstall 4096 Feb 28 10:52 1
	#/home/oracle〉 cd 1
	#/home/oracle/1〉 touch 1
	#/home/oracle/1〉 ls –la
	total 20
	drwxr–xr–x 2 oracle oinstall 4096 Feb 28 10:52 .
	drwxr–xr–x 18 oracle dba 4096 Feb 28 10:52 ..
	–rw–r––r–– 1 oracle oinstall 0 Feb 28 10:52 1
	위 결과를 보면 디렉터리에 대해서는 umask 설정이 그대로 적용되었지만 파일에 대해서는 execute 권한이 빠져있는 걸 확인할 수 있다.

조치 영향	일반적으로 영향 없음

- 홈 디렉터리 소유자 및 권한 설정
  - ☞ 사용자 홈 디렉터리는 사용자가 로그인후 작업을 하는 디렉터리로 사용자 홈 디렉터리에는 사용자 환경설정을 위한 파일이 들어 있어 로그인 후 사용자의 환경은 이 환경설정파일에 의해 설정된다.
  - ☞ 홈 디렉터리의 소유자가 /etc/passwd 내에 등록된 홈 디렉터리 사용자와 일치하지 않으면 해당 사용자 로그인시 사용자의 홈 디렉터리로 접근 및 사용자 홈 디렉터리 내의 파일에 대한 접근 권한관리를 해당 사용자가 할 수 없게 되므로 소유자를 확인해야 한다. 사용자 환경 파일 내에 등록되어 있는 umask 값이 사용자이외에 쓰기 가능하도록 설정되었을 경우 그룹이나 타 사용자에 의해 파일변경

가능성이 있다.
☞ 위협 영향 : 접근 권한 관리를 사용할 수 없음

점검 방법	# ls -l 명령으로 확인 -rwsr-xr-x 1 root root 14112 1월 16 2001 /bin/su 　　1　　　2 1 파일 소유권자 퍼미션, 소유그룹퍼미션, 일반사용자 퍼미션 2 파일 소유자 Directory Mode가 아닌 home directory가 존재하는지 점검 타 사용자에게 쓰기 권한이 설정된 home directory가 존재하는지 점검 home directory가 존재하지 않는 사용자 계정이 존재하는지 점검 home directory의 소유자가 /etc/passwd file에 등록된 사용자와 일치하는지 점검 #cat /etc/passwd (사용자별 홈 디렉터리 확인) #ls -ald 'user_home_directory'
조치 방안	[기준] 양호 - /etc/passwd 에 나와 있는 홈디렉터리 존재 취약 - /etc/passwd 에 나와 있는 홈디렉터리 미 존재 [조치방법] 파일의 퍼미션을 바꾸어 줌. # chmod 711 /home 소유자를 로 바꾸어 줌. # chownd root /home 홈 디렉터리의 소유자를 /etc/passwd에 등록된 홈디렉터리의 사용자로 변경. #chown "/etc/passwd에 등록된 홈 디렉터리의 사용자" "홈 디렉터리 경로" #chown o-w "홈 디렉터리 경로"
조치 영향	홈 디렉터리를 업로드 등의 용도로 애플리케이션에서 사용할 수 있기 때문에 권한 변경 시 확인이 필요함

- 홈 디렉터리로 지정한 디렉터리의 존재 관리
  ☞ 사용자 홈 디렉터리는 사용자가 로그인 후 작업을 하는 디렉터리로 사용자 홈 디렉터리에는 사용자 환경설정을 위한 파일이 들어있어 로그인후 사용자의 환경은 이 환경설정파일에 의해 설정된다.
  1. 홈 디렉터리가 존재하지 않는 경우, root 계정이 아닌 일반사용자의 홈 디렉터리가 /로 되어있을 경우 로그인을 하면 사용자의 현재디렉터리가 /로 로그인 되므

로 관리,보안상 문제가 발생됨
2. 홈 디렉터리내에 숨겨진 디렉터리가 존재하는 경우 정당하지 못한 사용자가 파일을 숨길 목적으로 만들어놓은 것일 수 있음
3. 사용자 홈 디렉터리내에 시스템 명령의 이름을 가진 불법적인 실행파일이 존재하고 상대경로를 입력하여 시스템 명령을 수행하면 이 불법적인 실행파일이 수행되어 원하지 않는 일을 수행할 수 있음

☞ 위협 영향 : 내부의 관리, 보안상 문제 발생, 불법 실행 파일 실행

점검 방법	#cat /etc/passwd test:x:1232:1232::/home/test:/bin/bash -> /home/test 홈디렉터리 부분을 확인 할 수 있음.
조치 방안	[기준] 양호 - 홈 디렉터리에 지정한 디렉터리가 있는지 확인하고, 불법적인 거나 의심스러운 디렉터리가 있을 경우 삭제 했을 경우 취약 - 홈 디렉터리에 지정한 디렉터리에 이상 유무를 확인하지 않았을 경우 [조치방법] * /etc/passwd에 사용자 홈 디렉터리를 설정하거나 수정함 홈 디렉터리 수정 시 #vi /etc/passwd rara:x:1232:1232::/home/test:/bin/bash -> /home/test 홈디렉터리 부분 rara:x:1232:1232::/data:bin/bash -> 홈디렉터리 /data 로 수정 * 숨겨진 디렉터리가 정당하지 못한 사용자에 의해서 생성된 것인지 확인. * 사용자 홈 디렉터리 내에 의심스러운 실행파일(시스템 명령의 이름을 가진 실행파일 등)이 존재하면 해당 파일이 정당한사용자에 의해서 생성된 것인지 확인하고 필요 없는 파일이면 삭제.
조치 영향	일반적으로 영향 없음

- 사용자, 시스템 시작파일 및 환경파일 소유자 및 권한 설정
  ☞ 시스템 초기 파일들은 시스템 부팅시 시스템 환경변수를 설정하거나 부팅시 서비스를 가동시키는 설정들이 들어있음. 그러므로 시스템 초기 파일은 시스템 전체, 그리고 시스템의 모든 사용자에게 영향을 미치므로 중요하게 관리해야하는 파일

이다.
1. 시스템 초기 파일의 내용이 변경되었을 경우 시스템 전체, 그리고 시스템의 모든 사용자에게 영향을 미침
2. 시스템 초기 파일의 소유자, 혹은 그룹이 변경되면 적절하지 않은 사용자에 의해서 파일이 수정될 수 있음
3. 시스템 초기 파일의 접근모드가 변경되면 적절하지 않은 사용자에 의해서 파일이 수정될 수 있음
4. 추가된 시스템 초기 파일이 존재하거나 삭제된 시스템 초기 파일이 존재하면 원하지 않는 환경설정이나 서비스가 수행될 수 있음

☞ 위협 영향 : 시스템 초기 파일이 변경되는 경우 시스템 전체에 영향을 미침

점검 방법	# ls -l 명령으로 확인 -rwsr-xr-x 1 root root 14112 1월 16 2001 /bin/su ① ② ① 파일 소유권자 퍼미션, 소유그룹퍼미션, 일반사용자 퍼미션 ② 파일 소유자 초기 시스템 설정 * 처음으로 실행되어 list file을 생성하는지 점검. * 체크섬(md5)의 값이 변경되었는지 점검. * startup file의 소유자가 변경되었는지 점검. * startup file의 그룹이 변경되었는지 점검. * startup file의 모드가 변경되었는지 점검. * 새로 생성된 startup file이 존재하는지 점검. * 삭제된 startup file이 존재하는지 점검.
조치 방안	[기준] 양호 - 환경파일이 변경되지 않았고, root와 소유자만 write 가능한 경우 취약 - 환경파일이 변경되었거나, root와 소유자 이외에도 write 가능한 경우 [조치방법] 파일의 퍼미션을 바꾸어 줌. # chmod 644 /etc/profile # chmod 644 /.profile 소유자를 로 바꾸어 줌. # chown root /etc/profile # chown root /.profile 일반 사용자 쓰기 권한 제거 방법 #chmod o-w 'file_name'

조치 방안	환경변수 파일 (.profile / .kshrc / .cshrc / .bashrc / .bash_profile / .login / .exrc / .netrc 등)
조치 영향	홈 디렉터리를 업로드 등의 용도로 애플리케이션에서 사용할 수 있기 때문에 권한 변경 시 확인이 필요함

- Worldwritable 파일 점검
  - ☞ 공격자가 사용자의 시스템에 사용권을 얻게 되고, 시스템 파일이나 World-writable 파일들을 변경할 수 있게 되면 심각한 보안 허점이 존재하게 되고, World-writable 디렉터리도 위험하다. 이러한 파일 및 디렉터리들도 찾아보고 설정되어 있는지 확인해봐야 하며 불필요한 경우에는 "쓰기가능"을 제거해 주어야 한다.
  - ☞ 위협 영향 : 공격자에 의하여 World-writable 파일 변경

점검 방법	[UNIX/LINUX] # find / -perm -2 -ls 명령어를 친후 존재 유무를 확인.
조치 방안	[기준] 양호 - world writable 파일 찾아보고 쓰기가능 설정 이유 확인하는 경우 취약 - world writable 파일을 찾아보지 않는 경우 [조치방법] 1.# find / -perm -2 -ls 명령을 쳐 World-writable 파일들을 찾는다. 2. 일반 사용자 쓰기 권한 제거 　#chmod o-w 'file_name' 　또는, 파일 삭제 　#rm -rf 'world-writable 파일명'
조치 영향	일반적으로 영향 없음

- $HOME/.rhosts, hosts.equiv 사용 금지
  - ☞ rlogin, rsh, rcp 는 패스워드를 입력하지 않고 원격서버로 신뢰받는 원격로그인을 하기 위한 명령어이다. 이와 같이 원격에서 수행되는 명령어들을 원격명령어,

r-commands라고 하는데 이들 명령어들이 모두 원격에서 신뢰된 로그인 또는 접근을 할 수 있기 위해서는 접근할 원격서버의 /etc/hosts.equiv 또는 홈디렉터리내에 있는 .rhosts파일의 접근허용설정이 있어야 정상적인 수행이 된다. 따라서 rlogin과 함께 rsh, rcp등의 명령어 사용 시에는 /etc/hosts.equiv, 그리고 홈디렉터리내에 있는 .rhosts파일의 설정을 확인해야 하고, 이들 명령어들은 모두 원격에서 패스워드 인증과정 없이 바로 실행이 될 수 있기 때문에 서버자체의 보안도 고려하여야 한다.

☞ 위협 영향 : 불법적인 접근을 통한 시스템 접근

점검 방법	# ls -l $HOME/.rhosts 명령으로 확인 # ls -l hosts.equiv 명령으로 확인
조치 방안	[기준] 양호 - 1. /etc/hosts.equiv 및 $HOME/.rhosts 파일 소유자가 root 또는, 해당 계정인 경우 2. /etc/hosts.equiv 및 $HOME/.rhosts 파일 권한이 600 이하인 경우 3. /etc/hosts.equiv 및 $HOME/.rhosts 파일 설정에 '+' 설정이 없는 경우 취약 - login, shell, exec 서비스를 사용하고, 위와 같은 설정이 적용되지 않은 경우 [조치방법] [$HOME/.rhosts는 기본적으로 잘 쓰지 않음.)] 개인 계정의 홈 디렉터리에 .rhosts 파일을 가지고 있지 않도록 확인해야 함. 이 파일들은 각각의 유저들에 의해 만들어질 수 있기 때문에 /etc/hosts.equiv 파일 보다 더 보안상 위험한 상태에 놓여지게 됨. 그리고 주기적으로 cron을 사용하여 이것을 체크해주고 내용을 정리해서 $HOME/.rhosts 파일을 지워 주도록 해야 함 [만약 이 파일의 사용이 꼭 필요하다면] 1) 파일의 첫번째 문자가 '-'로 시작하지 않도록 확인 2) 파일 퍼미션이 600으로 되어있는지 확인 3) 파일의 소유자가 해당계정의 소유자인지 확인 4) 파일내에 어떤 라인에서도 '+'가 포함되지 않도록 해야 함. 이것은 해당 계정에 다른 이용자의 로그인이 가능성이 있을 수 있기 때문 5) 이 파일은 주석문을 사용할 수 없기 때문에 파일에 '!'혹은 '#' 을 허용을 하지 않아야 함 6) HOME/.rhosts의 사용을 제한할 수 있는 log daemon을 사용할 수 있다는 점 유의 [/etc/hosts.equiv] rlogin과 같은 프로그램들은 패스워드의 적용없이 어떤 허가된 시스템으로부터 여러분들의 시스템의 동일 계정으로 로그인하는데 사용될 수 있음.. 만일 r command를 사용하지 않거나 다른 시스템으로부터의 로그인 허용을 원하지 않을 경우에는 이 파일을 사용하지 않아도 되고 필요하다면 삭제 가능. 이 파일이 존재하지 않는다면 그것은 r command들을 사용하더라도 큰 문제 없음.

	[/etc/hosts.equiv 파일을 가지고 있어야만 한다면] 1) 최소한의 신뢰된 호스트의 목록만을 유지하는지 확인. 2) NIS 혹은 NIS+를 사용한다면 좀 더 관리에 쉬운 네트워크 그룹을 사용. 3) 관리하에 있거나 도메인 내부의 호스트들만을 허가해야 함 4) salsari.org 와 같은 완벽하게 사용되어지는 호스트 네임 들을 사용하는지 확인 5) 시스템을 access하는 유저의 허용때문에 파일 어느 곳에도 "+"를 가지지 않도록 주의 6) 이 파일에서는 주석을 위한 어느 문자도 지원하지 않으므로 '!' 혹은 '#'를 사용하지 않도록 주의. 7) 파일의 퍼미션이 600으로 셋팅되어 있는지 확인 8) 파일의 소유자가 root 인지 확인 9) O/S 인스톨이나 패치 후에는 꼭 체크
조치 영향	일반적으로 영향 없음

- 숨겨진 파일 및 디렉터리 검색 및 제거
    ☞ 기본적으로 파일들을 검색할 때 ls 명령어를 이용하여 파일들을 검색하는데, 이때 숨은 파일은 출력되지 않는다. 숨은 파일들은 기본적으로 [-a] 명령어를 이용하여 검색하여 파일이름이 .으로 시작하는 숨은 파일들의 리스트를 볼 수 있다. 보통 ls 명령어로 파일을 검색 할 경우가 많기 때문에 디렉터리 내에 존재하는 불필요한 파일이나 의심 가는 파일이 있을 경우 삭제해야 한다.
    ☞ 위협 영향 : 불법적인 파일로 인한 파일임의 변경, 정보 습득

점검 방법	# ls -al 명령어로 불필요한 파일이 있는지를 확인
조치 방안	[기준] 양호 - 디렉터리 내에 숨겨진 파일을 확인 및 검색 하여 , 불필요한 파일 존재 경우 삭제 했을 경우 취약 - 디렉터리 내에 숨겨진 파일을 확인하지 않고, 불필요한 파일 방치 했을 경우 [조치사항] # ls -al 해당디렉터리 1. 숨겨진 파일 목록에서 불필요한 파일이 있으면 삭제 2. 마지막으로 변경된 시간에 따라, 최근 작업한 파일들을 알고 싶으면 [-t] 플래그를 사용.
조치 영향	일반적인 영향 없음

- 서비스 관리
  - 접속 IP 및 포트 제한
    ☞ 원격지에서 서버를 관리하려면 안전하고 통제가 가능한 접속 방법을 찾는 것이 중요한데, TCP Wrapper 프로토콜이 사용된다. TCP Wrapper는 암호화는 지원하지 않지만 서버와 로그로의 외부 접근을 제한 할 수 있는 특징이 있다.
    ☞ 위협 영향 : 불법적인 시스템 접근 및 스니핑 공격 우려

점검 방법	1.#cat /etc/hosts.allow 명령어로 확인 2.#cat etc/hosts.deny 명령어로 확인

조치 방안	[기준]
	양호 - 서버로 접속하는 접속 IP 를 설정했을 경우
	    - /etc/hosts.deny 파일에 ALL Deny 설정 및
	      /etc/hosts.allow 파일에 허용 호스트 등록
	    - HP-UX는 /var/adm/inetd.sec에서 확인 가능
	
	취약 - 서버로 접속하는 접속 IP 를 설정을 하지 않았을 경우
	
	[조치사항]
	▷ SunOS, Linux, AIX
	1. .#/etc/hosts.allow 〈예문〉
	in.telnetd :192.168.100.100 , 192.168.100.101
	(192.168.100.100 와 192.168.100.101 IP에 대해서 telnet 접속 허용)
	in.telnetd :192.168.100
	(192.168.100.0 ~ 255 네트워크에 대해서 telnet 접속 허용)
	in.ftpd :192.168.100.100
	(192.168.100.100 에 대해서 ftp 접속을 허용)
	
	2.#etc/hosts.deny 〈예문〉
	ALL:ALL (inetd 서비스의 모든 서비스에 대해 접속 거부)
	
	▷ HP-UX
	 기본적으로 /var/adm/inetd.sec 파일 이용
	 (존재하지 않는 경우 /usr/newconfig/var/adm/inetd.sec 복사 사용)
	1. telnet deny *.*.*.* (telnet 모든 접속 차단)
	2. telnet allow 192.168.100.3 (192.168.100.3 접속 허용)

조치 영향	허용되지 않은 IP는 접속 불가

  - SSH 원격접속 허용
    ☞ SSH는 사용자와 시스템과의 모든 통신을 암호화하여 사용할 수 있다. TELNET

과 같은 경우는 암호화되지 않기 때문에 스니핑 으로부터 네트워크 트래픽을 보호하지 못하며 패스워드를 포함한 키 스트로크를 캡쳐 할 수 있어 위험 요소가 존재한다. 이렇게 원격 작업시 데이터나 통신이 캡쳐 되거나 누군가에 의해 침해당할 우려가 있는 중요한 것이라면 telnet과 ftp를 ssh로 대체하는 것을 권장한다.

☞ 위협 영향 : telnet과 ftp는 스니핑과 트래픽 공격에 취약

점검 방법	ssh로 접속 확인

조치 방안	[기준]
	양호 – 원격 접속 시 SSH 프로토콜을 사용 했을 경우
	
	취약 – 원격 접속 시 Telnet 이나 안전하지 않은 프로토콜을 사용 했을 경우
	
	[조치방법]
	[LINUX]
	SSH 설정
	1.#sudo apt-get install ssh -〉 SSH 설치
	2.#ps -ax | grep sshd -〉 데몬 실행 확인
	3./user/sbin/sshd 라는 줄이 있으면 실행 중 없으면 /etc/init.d/ssh restart 명령어 실행.
	
	[Solaris 10]
	SSH 설정
	# svcs -a | grep ssh
	  disabled 14:31:56 svc:/network/ssh:default
	# svcs -a ssh
	  svcs: -a ignored when used with arguments.
	  STATE STIME FMRI
	  online 14:34:13 svc:/network/ssh:default
	
	── log 확인 ──
	
	/var/svc/log/ network-ssh:default.log
	
	[7월 11 14:34:13 Executing start method ("/lib/svc/method/sshd start")]
	[7월 11 14:34:13 Method "start" exited with status 0]
	
	[root 접속 설정]
	
	#cd /etc/ssh
	#vi sshd_config
	
	 PermitRootLogin no ===〉 PermitRootLogin yes 변경.
	# svcadm refresh ssh

조치 영향	암호화되지 않는 프로토콜 접속 불가

- finger 서비스 비활성화
  ☞ finger(사용자정보 확인 서비스)를 통해서 네트워크 외부에서 해당 ip를 사용하는 사용자의 개인 정보 등을 확인할 수도 있으므로, 사용하지 않는다면 비활성화 시켜야 한다.
  ☞ 위협 영향 : 사용자 접속 상태를 원격에서 알 수 있으며, 관리자의 IP가 노출되어 IP 도용 공격의 대상이 될 수 있음

점검 방법	▷ Linux, AIX, HP-UX, SunOS 5.9 이하 #cat /etc/inetd.conf (주석처리 확인) 　#finder stream tcp nowait bin /usr/lbin/fingered ▷ SunOS 5.10 이상 #inetadm | grep "finger" ▷ Linux (xinetd일 경우) #ls -alL /etc/xinetd.d/* | egrep "echo finger"

조치 방안	[기준]
	양호 - Finger 서비스를 비활성화 했을 경우.
	취약 - Finger 서비스를 활성화 시켰을 경우.
	
	[조치방법]
	▷ Linux, AIX, HP-UX, SunOS 5.9 이하
	1. /etc/inetd.conf에서 Finger 서비스에 주석처리(#) 를 하여 해당 서비스를 비활성 화 시켜 놓는다.
	2. inetd 서비스 재시작
	#ps -ef | grep inetd (inetd PID 확인)
	#kill -HUP [pid]
	
	▷ SunOS 5.10 이상
	inetadm -d svc/network/finger:default (서비스 데몬 중지)
	
	▷ Linux (xinetd일 경우)
	1. #vi /etc/xinetd.d/finger
	2. Disable=yes 설정
	　service finger
	　{
	　　socket_type = stream
	　　wait　　　 = no
	　　user　　　 = nobody
	　　server　　 = /usr/sbin/in.fingerd
	　　diable　　 = yes
	　}
	3. #service xinetd restart (xinetd 서비스 재시작)

조치 영향	허용되지 않은 IP는 접속 불가

- ftp 계정 shell 제한
  ☞ FTP 서비스를 사용하면 계정을 발급하게 될 때 Shell 라는 접속이 있는데 보안 상 취약하고 계정을 shell 로 발급될시 외부의 침입자가 접근하여 계정에 대한 정보를 빼내어 갈 수 있으므로 shell을 부여하지 못하도록 접속을 끊는 것이 좋다.
  ☞ 위협 영향 : 공격자에게 계정이 노출될 수 있어 보안성 취약

점검 방법	# cat /etc/passwd 명령어를 쳐 끝부분에 shell 차단 명령어를 하였는지 확인. ftp:x:500:100:Anonymous FTP USER:/var/ftp:/bin/false

조치 방안	[기준]
	 양호 - ftp 계정의 Shell 을 접속을 하지 못하도록 설정 했을 경우
	 취약 - ftp 계정의 Shell 을 접속을 할 수 있도록 설정 했을 경우
	
	 [조치방법]
	
	 방법 1
	 # vi /etc/passwd
	  ftp:x:500:500::/home/test:/bin/bash 〈── /bin/bash 가 shell 설정 부분
	  ─〉 ftp:x:500:500::/home/test:/bin/false
	  /bin/false 로 했을 경우 shell 이 차단되지만 ftp 서비스까지 할 수 없으므로 유의 하여야 함
	
	 방법 2.
	 # cat /etc/shells 셸이 등록되어 있는 장소에서 /bin/nosh 임의의 하나를 등록
	 # cd /bin
	 # touch nosh (퍼미션777)
	 # vi /etc/passwd 쪽에서 셸부분 세팅만 바꿔줌.
	  ftp:x:500:500::/hom/test:/bin/nosh 〈─ 이곳을 nosh 로 바꿔주어 shell 차단

조치 영향	일반적으로 영향 없음

- ftpusers 파일 소유자 및 권한 설정
  ☞ 사용자는 ftp 에 접속하지 못하며, 해당 접속하기 위해서 권한을 요청을 해야 함. 공격자가 ftp로 접속하여 악의적인 용도로 사용 할 수 있으므로 ftpusers 설정을 해주는 것이 좋음.
  ☞ 위협 영향 : 임의로 내용 변경 및 삭제 우려

점검 방법	1. /etc/vsftpd/ftpusers -> FTP 유저 확인 2. /etc/vsftpd/user_list -> FTP 유저 리스트 확인 3. rw-r——— root 'ftpusers 파일' -> 권한 확인

조치 방안	[기준]
	양호 - ftpuser 명령어를 사용하여 특정 사용자 계정 에게만 ftp 서버에 접근 할 수 있도록 설정 했을 경우
	취약 - ftpuser 명령어를 사용하지 않고, 사용자 계정이 ftp 를 이용하여 접근 했을 경우
	
	[조치방안]
	1. /etc/vsftpd/ftpusers -> ftp 로그인을 허락하지 않은 계정 정보가 있음.
	   * root , bin, daemon , adm , lp , sync, shutdown, halt, mail, news, uucp operator, games, nobody 는 기본적으로 ftp의 유저로 등록된 사용자임
	
	2. /etc/vsftpd/user_list
	   userlist_enable=yes
	   userlist_deny=NO
	* 거부자 목록으로 쓰지 않으면 user_list 에 등록된 사용자는 ftp 사용이 가능하며 user_list 에 등록이 되었더라고 /etc/vsftpd/ftpusers에 등록된 사용자는 접속이 불가능함. 이와 같이 설정을 해주고 ftpusers에서 root를 삭제하면 root로도 ftp 접속 할 수 있음.
	* /etc/vsftpd/user_list 에 등록된 사용자는 접속 거부/승인 목록이 될 수 있음.
	* /etc/vsftpd/ftpusers에 등록된 사용자는 user_list에 상관없이 접속불가
	* userlist_enable=YES
	  - vsftpd.ftpusers, vsftpd.user_list에 등록된 모든 계정의 접속이 차단
	* userlist_enable=NO
	  - vsftpd.ftpusers 파일에 등록된 계정들만 접속이 차단
	
	3. chown root /etc/vsftpd/ftpusers
	   chmod 640 /etc/vsftpd/ftpusers
	
	[참고 - FTP 종류별 ftpusers 위치]
	1. 기본 FTP : /etc/ftpusers 또는 /etc/ttpd/ftpusers
	2. ProFTP : /etc/ftpusers 또는 /etc/ttpd/ftpusers
	3. vsFTP : /etc/vsftpd/ftpusers, /etc/vsftpd/user_list 또는 /etc/vsftpd.ftpusers, /etc/vsftpd.user_list

조치 영향	일반적으로 영향 없음

- Anonymous FTP 비활성화
  ☞ 익명 ftp 서비스(anonymous ftp)는 익명 ftp를 사용하는 접근제한을 설정하지 않으므로 익명 ftp 사용자가 서비스 사용 중 필요이상의 권한을 갖는 것을 막아야 한다. 익명 ftp 서비스만을 제공해야하므로 익명 ftp 계정으로 로그인이 가능하지 못하게 해야 함. 익명 ftp 서비스 사용자에 의해서 익명 ftp 생성에 관계된 파일이 수

정될 수 있어 권한도용에 사용을 방지하기 위하여 ~ftp에 생성되는 모든 파일은 root 소유이고 root외의 사용자가 쓰기권한을 가지도록 설정한다.

☞ 위협 영향 : 공격자가 서버로 접근하여 임의 파일 변경 및 삭제할 수 있음

점검 방법	1. etc/vsftpd/vsftpd.conf에서 anonymous_enable = No 인지 확인해야 함

조치 방안	[기준]
	양호 – Anonymous FTP (익명 ftp) 를 비활성화 시켰을 경우
	취약 – Anonymous FTP (익명 ftp) 를 활성화 시켰을 경우
	
	[조치방법]
	# vi etc/vsftpd/vsftpd.conf
	  anonymous_enalble = No
	
	* 익명접속을 허용할 것인가 않을 것인가를 결정할 때 기본 값은 YES로 되어 있으므로 NO 로 설정해야 함
	
	* 일반FTP와 ProFTP는 ftp 계정을 삭제하여야 한다.
	  #rmuser ftp

조치 영향	일반적으로 영향 없음

- r 계열 서비스 비활성화

☞ rlogin, rsh, rcp 는 패스워드를 입력하지 않고 원격서버로 신뢰받는 원격로그인을 하기 위한 명령어 이다. 참고로 이와 같이 원격에서 수행되는 명령어들을 원격명령어, r-commands라고 한다. 이들 명령어들이 모두 원격에서 신뢰된 로그인 또는 접근을 할 수 있기 위해서는 접근할 원격서버의 /etc/hosts.equiv 또는 홈디렉터리 내에 있는 .rhosts파일의 접근허용설정이 있어야 정상적인 수행이 된다. 따라서 rlogin과 함께 rsh, rcp등의 명령어 사용시에는 /etc/hosts.equiv, 그리고 홈디렉터리 내에 있는 .rhosts파일의 설정을 확인해야 한다. 또한 이들 명령어들은 모두 원격에서 패스워드 인증과정 없이 바로 실행이 될 수 있기 때문에 서버자체의 보안문제도 고려해야 한다.

☞ 위협 영향 : r-command 계열의 보안상 취약점 발생

점검 방법	▷ SunOS #svcs -a | grep rlogin ▷ AIX #cat /etc/inetd.conf | grep rlogin (주석 처리 여부 확인) #cat /etc/inetd.conf | grep rsh (주석 처리 여부 확인) ▷ HP-UX #vi /etc/inetd.conf (r로 시작하는 필드 존재시 취약) ▷ SunOS 5.10 이상 버전 #inetadm | egrep "shell|rlogin|rexec" (r-command 관련 데몬 확인) ▷ Linux (xinetd일 경우) #ls -alL /etc/xinetd.d/* | egrep "rsh|rlogin|rexec" | egrep -v "grep|klogin|kshell|kexec"

조치 방안	[기준]
	양호 - r 계열 서비스 비활성화인 경우
	취약 - r 계열 서비스 활성화인 경우
	
	[조치방법]
	▷ SunOS
	 #svcadm disable svc:/network/login:rlogin
	▷ AIX
	 #vi /etc/inetd.conf (rlogin 주석(#) 처리, rsh 주석(#) 처리)
	 /etc/hosts.equiv 파일에는 신뢰된 시스템을 등록
	 .rhosts 파일은 사용자 별로 r-command를 통해 접근 권한을 설정 가능($HOME/.rhosts)
	▷ HP-UX
	 #vi /etc/inetd.conf (주석처리)
	 #inetd -C
	▷ SunOS 5.10 이상 버전
	 1. r-command 관련 데몬 확인
	 (svc/network/login:rlogin, svc/network/rexec:default, svc/network/shell:kshell)
	 2. inetadm -d '데몬' 명령으로 데몬 중지
	 #inetadm -d svc:/network/login:rlogin
	▷ Linux (xinetd일 경우)
	# cd /etc/xinetd.d
	# vi rlogin (rsh, rexec도 동일하게 변경
	   ─────── 생략
	   {
	      socket_type = stream
	      wait = no
	      user = root
	      log_on_success += USERID
	      log_on_failure += USERID
	      server = /usr/sbin/in.rlogind
	      disable = yes 〈== 비활성화를 활성화로 바꿈
	   }

조치 영향	일반적인 영향 없음

- cron 파일 소유자 및 권한설정
  ☞ crontab은 멀티 시스템 환경하의 규칙적인 작업에 주로 사용되며 /var/spool/cron/crontabs 디렉터리 밑의 파일에 유저 별로 작업 내용을 저장, 데몬은 /etc/cron.d/cron.allow과 /etc/cron.d/cron.deny 파일들에 의해 엑세스 컨트롤 된다. 침입자는 보통 cron과 at 명령으로 수행되는 파일들에 백도어 프로그램을 남겨둠으로 이러한 프로그램으로 수행되는 파일들은 쓰기 금지로 설정해야한다. cron을 허용하는 계정의 목록은 cron.allow 파일, cron을 허용하지 않는 계정의 목록, cron.deny 파일이 있으며 만약 cron.allow 파일이 존재하면 cron.deny 파일은 유효성이 없다. cron.deny 파일은 그 안에 포함된 계정으로 하여금 cron 명령을 수행하지 못하도록 한다.
  ☞ 위협 영향 : 불법적인 예약 파일 실행으로 시스템 피해

점검 방법	# ls -l 명령으로 확인 -rw-r--r-- 1 root sys 14112 1월 16 2001 cron.allow -rw-r--r-- 1 root sys 14112 1월 16 2001 cron.deny 1 2 1 파일 소유권자 퍼미션, 소유그룹퍼미션, 일반사용자 퍼미션 2 파일 소유자

조치 방안	[기준]
	양호 - 파일권한이 640 미만
	취약 - 파일권한이 640 이상
	
	[조치방법]
	파일의 퍼미션을 바꾸어 줌.
	# chmod 640 cron.allow
	# chmod 640 cron.deny
	소유자는 root
	# chown root cron.allow
	# chown root cron.deny
	
	[참 고 - 파일 위치]
	▷ Linux, AIX, HP-UX
	  /var/spool/cron/crontabs/*
	
	▷ SunOS
	  /etc/crontab, /etc/cron.daily/*, /etc/cron.hourly/*, /etc/cron.monthly/*, /etc/cron.weekly/*, /var/spool/cron/*

조치 영향	일반적으로 영향 없음

- SNMP 서비스 구동 점검
  ☞ SNMP 서비스는 시스템 상태를 실시간으로 파악하거나 설정하기 위하여 사용하는 서비스로 SNMP 서비스를 사용하지 않을 경우 중지시킨다.
  ☞ 위협 영향 : 시스템의 주요 정보 유출 및 불법 수정

점검 방법	# ps -ef | grep snmp -> 프로세서 확인 # netstat -an | grep 161 -> 포트 확인 # cat /etc/snmpd.conf 명령으로 확인
조치 방안	[기준] 양호 - SNMP 서비스를 사용하지 않음 취약 - SNMP 서비스를 사용 함 [조치방법] 불필요시 서비스 중지/사용 안 함 ▷ SunOS 5.9 이하 #/etc/init.d/init.snmpdx stop #mv /etc/rc3.d/S76snmpdx /etc/rc3.d/_S76snmpdx (rc*/_S**snmpdx의 수치는 다름) ▷ SunOS 5.10 이상 # svcadm disable svc:application/management/snmpdx:default ▷ Linux, AIX, HP-UX # service snmpd stop
조치 영향	허용되지 않은 IP는 접속 불가

- at 파일 소유자 및 권한설정
  ☞ at은 싱글 시스템 하의 자동 작업 시 주로 사용하며 /var/spool/cron/atjobs 디렉터리 밑의 파일에 저장되고 데몬은 /etc/cron.d/at.deny 파일들에 의해 엑세스 컨트롤 된다. 침입자는 보통 cron과 at 명령으로 수행되는 파일들에 백도어 프로그램을 남겨둠으로 이러한 프로그램으로 수행되는 파일들은 쓰기 금지로 설정해야 한다. at을 허용하지 않는 계정의 목록은 at.deny 에 저장되어 있으며, at. deny 파일은 그 안에 포함된 계정으로 하여금 cron 명령을 수행하지 못하도록 한다.
  ☞ 위협 영향 : 불법적인 예약 파일 실행으로 시스템 피해

점검 방법	# ls –l 명령으로 확인 –rw–r––r–– 1 root sys 14112 1월 16 2001 at.deny 1 2 1 파일 소유권자 퍼미션, 소유그룹퍼미션, 일반사용자 퍼미션 2 파일 소유자
조치 방안	[기준] 양호 – 파일권한이 640 미만 취약 – 파일권한이 640 이상 [조치방법] 파일의 퍼미션을 바꾸어 줌. # chmod 640 at.deny 소유자는 # chown root at.deny
조치 영향	일반적으로 영향 없음

- snmp 서비스 커뮤티니스트링의 복잡성 설정
    - ☞ SNMP 서비스는 시스템 상태를 실시간으로 파악하거나 설정하기 위하여 사용하는 서비스로 이 정보를 받기 위한 일종의 패스워드인 Community String이 Default로 public, private로 설정되어 있는 경우가 많으며, 이를 변경하지 않으면 이 String을 악용하여 비인가사용자가 시스템의 주요 정보 및 설정 상황을 파악 할 수 있는 취약성이 존재한다.
    - ☞ 위협 영향 : 커뮤니티명을 변경하지 않고 기본 커뮤니티 사용할 경우 보안상 취약

점검 방법	snmpd.conf에서 커뮤니티스트링 확인

조치 방안	[기준]
	양호 – SNMP Community 이름이 public, private 이 아닐 경우
	취약 – SNMP Community 이름이 public, private 인 경우
	
	[조치방법]
	▷ SunOS 9 이하 버전
	# vi /etc/snmp/conf/snmpd.conf
	  read–community '값' / write–community '값'
	▷ SunOS 10 이상 버전
	# vi /etc/sma/snmp/snmpd.conf
	  rcommunity '값' / rwcommunity '값'

조치 방안	▷ Linux
	# vi /etc/snmp/snmpd.conf
	  com2sec notConfigUser default '값'
	
	▷ AIX
	# vi /etc/snmpdv3.conf (SNMP v1 사용시 vi /etc/snmpd.conf)
	  COMMUNITY '값' '값' noAuthNoPriv 0.0.0.0 0.0.0 -
	
	▷ HP-UX
	# vi /etc/snmpd.conf
	  get-community-name : '값' / set-community-name : '값'
	
	커뮤니티명을 확인하여 디폴트 커뮤니티명인 "public, private"를 사용하지 않고 추측하기 어려운 커뮤니티 명으로 변경해야 함

조치 영향	일반적으로 영향 없으나, NMS 등 SNMP를 사용하는 경우에는 설정 변경시 관련 시스템에서도 Community를 변경해야 함

- 로그온 시 경고 메시지 제공
  ☞ 유닉스나 리눅스 서버에 로그인하는 사용자들에게 로그인 배너를 통하여 적절한 경고 메시지를 알려주는 것은 매우 중요하다. 공격자들이 침입했을 때 법적인 경고를 함으로써 시스템 보안에 효율적으로 사용될 수 있다.
  ☞ 위협 영향 : 경고 메시지를 표시함으로써 접속 시도자에게 경각심을 주어 비인가된 행동을 억제해주는 효과가 있음

점검 방법	1. /etc/issue.net 설정 확인 2. /etc/motd 설정 확인.
조치 방안	[기준] 양호 - 로그온 경고 메시지를 설정했을 경우. 취약 - 로그온 경고 메시지를 설정을 안했을 경우. [조치사항] 시스템에 로그인하기 전과 후에 보여주는 메시지를 편집할 때. 1. 시스템을 운영하는 관리자는 로그인하는 사용자들에게 알리고픈 공지사항 등을 로그인할 당시에 보여주는 것이 가장 효과 적임. 2. TELNET으로 remote로그인을 하는 사용자들에게 메시지를 보여주는 절차는 크게 두 가지로 나뉨. ◆ 첫째, 로그인 전에 보여주는 메시지, 즉 ID와 패스워드의 입력을 요구하는 단계에서 시스템의 정상사용자인증을 받지 못했을 경우. 이 메시지는 /etc/issue.net파일에 보관되어 있음. 이 메시지를 원하는 내용으로 변경하려면 이 파일의 내용을 수정.

조치 방안	◆ 둘째, ID와 패스워드를 정상적으로 입력한 후 즉, 정상사용자로 인증된 후에 메시지임. 즉, ID와 패스워드를 입력하고 시스템에 로그인한 바로 다음에 보여줄 메시지를 말함인데 이 메시지는 /etc/motd에 보관 되어 있음. 따라서 정상사용자들에게 안내할 공지사항이나 필독 사항 등은 여기에 넣어두면 로그인에 성공한 사용자들은 모두 이 메시지를 볼 수 있음. 시스템관리자의 측면에서의 이 파일에 대한 일반적인 용도는 시스템 점검일자 등에 대한 공지 등으로 이용 가능. ▷ Linux #vi /etc/motd (로그온 메시지 입력) #vi /etc/issne.net (배너 설정) ▷ AIX #vi /etc/motd (로그온 메시지 입력) #vi /etc/security/login.cfg (herald='로그온 메시지' 설정 추가) ▷ HP-UX #vi /etc/motd (로그온 메시지 입력) #vi /etc/inetd.conf (배너 설정 - telnet의 경우 telnet 부분에 로그인 파일 설정) telnet stream tcp nowait root /usr/lbin/telnetd telnetd -b /etc/issue
조치 영향	일반적으로 영향 없음

- DoS 공격에 취약한 서비스 비활성화
  - ☞ DoS(서비스 거부 공격) 공격에 취약한 echo, discard, daytime , chargen 은 취약점이 많이 때문에 서비스를 비활성화하는 것이 좋다.
  - ☞ 위협 영향 : echo, discard, daytime, chargen은 DoS(서비스 거부 공격)에 악용 소지가 있음

점검 방법	▷ SunOS #svcs -a | grep echo #svcs -a | grep daytime #svcs -a | grep discard #svcs -a | grep chargen ▷ AIX, HP-UX #vi /etc/inetd.conf (주석 확인) ▷ SunOS 5.10 이상 버전 #inetadm | grep enabled | egrep "echo|discard|daytime|chargen"
조치 방안	[기준] 양호 - DoS 공격에 취약한 echo , discard , daytime , chargen 서비스를 사용하지 않았을 경우 취약 - DoS 공격에 취약한 DoS공격에 취약한 echo, discard, daytime, chargen를 설정했을 경우

조치 방안	[조치사항] ▷ SunOS #svcadm disable svc:/network/echo:dgram #svcadm disable svc:/network/echo:stream #svcadm disable svc:/network/daytime:dgram #svcadm disable svc:/network/daytime:stream #svcadm disable svc:/network/discard:dgram #svcadm disable svc:/network/discard:stream #svcadm disable svc:/network/chargen:dgram #svcadm disable svc:/network/chargen:stream ▷ AIX #vi /etc/inetd.conf (echo, discard, chargen, daytime 주석 처리) ▷ HP-UX #vi /etc/inetd.conf (echo, discard, chargen, daytime 주석 처리) #inetd -C ▷ SunOS 5.10 이상 버전 #inetadm -d svc:/network/echo:stream (각 데몬 중지 / SunOS 부분 참조) ▷ Linux (xinetd일 경우) #vi /etc/xinetd.d/echo (discard, daytime, chargen)에서 disable=yes로 변경 #service xinetd restart
조치 영향	일반적으로 영향 없음

- NFS 서비스 비활성화
  ☞ NFS와 NIS(Network Information Service) 같은 패키지를 이용하면 원격 컴퓨터의 파일 시스템을 로컬 시스템에 마운트하여, 마치 로컬 파일 시스템처럼 사용할 수 있게 된다. NFS를 사용하려면 접근제한을 설정해야 하고 만일 사용하지 않는다면 반드시 제거해야 하며, 사용하지 않는 서비스 NFS를 시스템에서 제거하기 위해서는 /etc/dfs/dfstab의 모든 공유를 제거하고 NFS 데몬 nfsd, statd, mountd을 중지, 시동' 스크립트를 삭제하거나, 이름을 변경해서 시스템 부팅 시에 실행되지 않도록 설정해야 한다.
  ☞ 위협 영향 : 로컬 시스템 침입할 가능성이 있음

점검 방법	# ps -ef | grep mountd 명령어로 확인 # ps -ef | grep nfs 명령어로 확인 # ps -ef | grep statd 명령어로 확인
조치 방안	[기준] 양호 - 사용하지 않는 NFS를 시스템에서 제거 했을 경우 취약 - 사용하지 않는 NFS를 방치 했을 경우 [조치사항] ▷ Linux, AIX, HP-UX, SunOS 5.9 이하 # ps -ef | grep mountd root 163 1 0 Sep 27 ? 0:04 /usr/lib/autofs/automountd root 3234 3156 1 02:08:22 pts/4 0:00 grep mountd # kill -9 163 # ps -ef | grep nfs root 146 1 0 Sep 27 ? 0:16 /usr/lib/nfs/nfs root 3236 3156 1 02:08:28 pts/4 0:00 grep nfs # kill -9 146 # ps -ef | grep statd root 147 1 0 Sep 27 ? 0:16 /usr/lib/nfs/statd root 3242 3156 1 02:09:31 pts/4 0:00 grep statd # kill -9 147 # cd /etc/rc3.d # mv S15nfs.server s15nfs.server # cd /etc/rc2.d # mv S73nfs.client s73.nfs.client ▷ SunOS 5.10 이상 #inetadm -d svc:/network/nfs/server:default
조치 영향	showmount, share, exportfs 등의 명령어를 통해 로컬 서버에 마운트 되어 있는 디렉터리 확인 및 NFS 설정파일에 공유 디렉터리 설정 여부 확인 후 해당 디렉터리가 존재하지 않을 경우 서비스 중지 가능 디렉터리가 존재한다면, 해당 디렉터리 사용 여부 및 필요성을 검토하여 조정후 서비스 중지 가능

- NFS 설정 파일 접근 권한
  - ☞ NFS를 사용할 경우 /etc/dfs/dfstab에 공유할 디렉터리를 설정하기 때문에 NFS 설정 파일에 대한 접근 권한을 점검해야 한다.
  - ☞ 위협 영향 : 로컬 시스템 침입할 가능성이 있음

점검 방법	# ls -l -rw-r--r-- 1 root sys 393 3월 12 2009 dfstab 　　　1　　　　2 1 파일 퍼미션 2 파일 소유자
조치 방안	[기준] 양호 - 파일 퍼미션이 644이하인 경우 취약 - 파일 퍼미션이 644초과인 경우 [조치방법] 파일의 퍼미션을 바꾸어 줌. # chmod 644 /etc/dfs/dfstab 소유자는 # chown root /etc/dfs/dfstab
조치 영향	일반적으로 영향 없음

- NFS 접근 통제
    - ☞ NFS를 사용한다면 /etc/dfs/dfstab에 공유할 디렉터리를 설정하기 때문에 NFS 설정 파일에 대한 접근 권한을 점검해야 한다. 그리고 /etc/dfs/dfstab 에 공유할 디렉터리 설정 시, 디렉터리 권한(RO, RW)을 고려해야 한다.
    - ☞ 위협 영향 : 공유 디렉터리 자료 변경 가능

점검 방법	▷ SunOS, HP-UX # cd /etc/dfs # cat dfstab 으로 공유 디렉터리 권한 확인 ▷ Linux, AIX, HP-UX 　#cat /etc/exports
조치 방안	[기준] 양호 - 공유 디렉터리 권한이 적절한 경우 취약 - 공유 디렉터리 권한이 부적절한 경우 [조치방법] ▷ SunOS, HP-UX 공유 디렉터리 권한 수정 share [-F fstype] [-o options] [-d "⟨text⟩"] ⟨pathname⟩ [resource] 1. share : 공유 시킴 2. -F nfs : 파일 시스템형식 nfs 방식 3. -o ro : read only 권한 　 -o rw : read write 권한 4. -d "공유시킬 디렉터리"

조치 방안	예문) share –F nfs –o rw, ro /home/test
	
	▷ Linux, AIX, HP-UX
	1. /etc/exports 파일에 접근 가능한 호스명 추가
	   예문) /home/test host1 host2 (host1, host2에서만 /home/test 접근 가능)
	2. NFS 서비스 재구동
	   #/etc/exportfs –u
	   #/etc/exportfs –a
	
	[참 고]
	NFS 서비스가 필요없는 경우에는 서비스를 중단시킨다 (NFS 서비스 비활성화 참조)

조치 영향	showmount, share, exportfs 등의 명령어를 통해 로컬 서버에 마운트 되어 있는 디렉터리 확인 및 NFS 설정파일에 공유 디렉터리 설정 여부 확인 후 해당 디렉터리가 존재하지 않을 경우 서비스 중지 가능 디렉터리가 존재한다면, 해당 디렉터리 사용 여부 및 필요성을 검토하여 조정후 서비스 중지 가능

- automountd 제거
  - ☞ SUN 솔라리스 시스템의 automountd는 일반적으로 UDP나 TCP프로토콜을 통해서 패킷을 받아들일 수 없지만 rpc.statd가 포워딩 해주는 TLI(Transport Layer Interface) 프로토콜을 통해서는 패킷을 받아들일 수 있다. 공격자는 이를 이용해 자신이 실행시키고자 하는 명령어를 rpc.statd에 패킷형태로 보내 실행시킬 수 있고, 간단한 명령으로 공격 대상 원격 시스템의 rpc서비스 정보를 얻거나 rstatd 데몬의 실행 여부를 확인이 가능하다.
  - ☞ 위협 영향 : 공격자는 rpc 서비스와 rstatd 데몬 실행 여부를 확인할 수 있음

점검 방법	▷ SunO 5.10 이상 #svcs –a | egrep "autofs" ▷ 그외 # ps –ef | grep automount root 186 1 0 9월 07 ? 0:00 /usr/lib/autofs/automountd
조치 방안	[기준] 양호 – automountd 를 제거 했을 경우 취약 – automountd 를 제거 하지 않았을 경우

조치 방안	[조치방법] # ps –ef | grep auto # /etc/init.d/autofs stop (또는 ps후 kill –9 [PID]) # mv /etc/rc2.d/SXXautofs /etc/rc2.d/sXXautofs ▷ SunO 5.10 이상 #svcadm disable svc:/system/filesystem/autofs:default
조치 영향	NFS 및 Samba서비스에서 사용 시 automountd 사용 여부 확인이 필요

- RPC 서비스 확인
  ☞ RPC 서비스의 취약점을 이용한 공격을 통하여 관리자의 권한을 획득하게 된다. 아래 나열되어 있는 서비스 목록은 원격 버퍼오버프로우 취약점 및 인증을 거치지 않아 원격에서 시스템에 접속을 가능하게 해주는 서비스로 취약점이 다수 존재하여 공격에 이용될 수 있다.

  sadmind, rpc.rwalld, rpc.rusersd, rpc.cmsd, rpc.rexd, rpc.rquotad, rpc.ttdbserverd, rstatd, rpc.sprayd, shell, login, exec, talk, time, discard, chargen, printer, uucp, echo, daytime, dtscpd, finger, kcms_server, cachefsd, rusersd, walld., sprayd, rpc.nisd, rexd, rpc.pcnfsd, rpc.statd, rpc.ypupdated

  ☞ 위협 영향 : 관리자의 권한을 획득

점검 방법	▷ Linux, AIX, HP–UX, SunOS 5.9 이하 # cat /etc/inetd.conf ▷ Linux (xinetd) # cat /etc/xinetd.d/[서비스 파일명] ▷ SunOS 5.10 이상 # inetadm | grep rpc | grep enabled | egrep "ttdbserver|rex|rstat|rusers|spray|wall|rquota"
조치 방안	[기준] 양호 – RPC 서비스를 중지거나, 최신 패치를 적용 시켰을 경우 취약 – RPC 서비스를 중지하지 않거나, 최신패치를 설치하지 않았을 경우 [조치방법] 패치를 설치하거나 RPC 서비스를 제한한다. ▷ Linux, AIX, HP–UX, SunOS 5.9 이하 1. 불필요 RPC 서비스 주석 처리 #vi /etc/inetd.conf

	2. inetd 서비스 재시작 　　#ps –ef	grep inetd 　　#kill –HUP [pid] ▷ Linux (xinetd) 1. #vi /etc/xinetd.d 디렉터리내 불필요 RPC 서비스 파일을 열어 disable=yes 설정 2. #service xinetd restart (재시작) ▷ SunOS 5.10 이상 1. 불필요 rpc 서비스 관련 데몬 확인후 중지 　　#inetadm –d svc:/network/rpc/rusers:default
조치 영향	서비스 중지 시 시스템 운영에 영향 고려

- NIS , NIS+ 점검
  - ☞ NIS는 사용자의 정보 등을 여러 client가 NIS server로부터 받아서 사용을 할 수가 있는데, 여러 시스템을 여러 사용자가 사용할 경우 NIS server에서만 관리를 할 수 있다는 강점을 갖고 있지만, 역시 사용자 정보보안에 문제점을 많이 내포하고 있다. NIS를 써야 한다면 NIS+를 쓰도록 하는 것이 좋다. NIS+는 보안에 대해 신경을 많이 사용한 제품이며, 그리고, Sun의 Secure RPC를 사용하는 경우에 더 편리하게 사용할 수 있으며, Secure RPC는 데이터의 인증을 강화하여 불법적으로 데이터가 유출되어도 알지 못하도록 한다.
  - ☞ 위협 영향 : 불법적으로 데이터가 유출될 우려가 있음

점검 방법	NIS+ 서비스 확인 # ps –ef	grep nis 또는 # ps –ef	egrep "ypserv|ypbind|ypxfrd|rpc.yppasswdd|rpc.ypupdated" 	grep –v "grep" SunOS 5.10 이상에서는 #svcs –a	grep nis
조치 방안	[기준] 양호 – NIS 보단 데이터 인증이 강화된 NIS+ 쓰면서 주기적으로 검사했을 경우 취약 – 기본적인 NIS 를 사용하거나, 주기적으로 검사가 미흡했을 경우

조치 방안	[조치방법] NIS 가 필요하다면 NIS+ 로 구동 (/etc/rc2.d/S71rpc 스크립트에서 부팅 시 구동 됨) NIS 프로세스는 kill -9 [PID], SunOS 5.10 이상에서는 #svcadm disable "중지데몬명"으로 서비스 데몬을 중지할 수 있다.
조치 영향	일반적으로 영향 없음

- tftp, talk 서비스 비활성화
  - ☞ 모든 불필요한 OS 시스템 서비스를 비 활성화하는 것으로 보안을 높일 수 있다. 운영체제 서비스, 예를 들어 FTP, TFTP, TELNET, TALK 등의 서비스를 포함하고 있고, 반드시 UDP와 TCP 포트의 양쪽을 닫고 이러한 서비스가 비활성화 되도록 해야 한다.
  - ☞ 위협 영향 : 보안적으로 취약해질 수 있음

점검 방법	tftp, talk 서비스 확인 #ps -ef | egrep "tftp|talk" #inetadm | egrep "tftp|talk" (SunOS 5.10 이상 버전)
조치 방안	[기준] 양호 - tftp , tallk 서비스를 비활성화 시켰을 경우 취약 - tftp , talk 서비스를 활성화 시켰을 경우 [조치방법] # vi /etc/inetd.conf 아래에 있는 서비스 제한 (# 주석처리) #talk dgram udp wait root /usr/sbin/in.talkd in.talkd #tftp dgram udp6 wait root /usr/sbin/in.tftpd in.tftpd 기존의 조치 방안과 마찬가지로 xinetd에서는 /etc/xinetd.d/해당 파일을 열어 disable=yes를 추가하고, service xinetd restart로 서비스를 재시작한다. SunOS 5.10이상에서는 #inetadm -d "중지하고자 하는 데몬"으로 서비스 데몬을 중지할 수 있다.
조치 영향	서비스 중지 시 시스템 운영에 영향 고려

- Sendmail 버전 점검
    ☞ 원격으로 이용할 수 있는 취약점이 Sendmail에서 발견 되었다. 이 취약점은 SMTP 헤더 분석(parsing) 구성 요소의 버퍼 오버플로우 상태 때문에 발생하며, 원격 침입자는 대상 SMTP 서버에 연결하고 서버에 손상된 SMTP 데이터를 전송하여 이 취약점을 이용할 수 있다. 수신 전자 메일 메시지를 처리할 때 발생하며 주소가 유효함을 확인하는 작업 중 하나에 오류가 있으면 버퍼 오버플로우 상태가 되어, 침입자는 이 취약점을 사용하여 감염된 서버에 대한 기본 권한을 원격으로 얻을 수가 있다. sendmail 프로그램은 입력 검증 오류, 접근 검증 오류, 예외 조건 처리 오류, 환경변수오류 등 프로그램의 잘못된 구현으로 인한 취약점들이 계속적으로 발견되고 있다. 이러한 취약점이 해커에게 노출될 경우 시스템의 중요한 정보가 유출되거나 시스템 전체가 허가되지 않은 사용자 혹은 외부 침입자에게 점령당할 수 있다.
    ☞ 위협 영향 : 오버플로우에 취약하고 기본 권한을 원격으로 얻을 수 있음

점검 방법	sendmail 서비스 확인 # ps -ef | grep sendmail root 522 1 0 9월 07 ? 0:00 /usr/lib/sendmail -bd -q15m smmsp 520 1 0 9월 07 ? 0:00 /usr/lib/sendmail -Ac -q15m sendmail 버전 확인 # echo ₩$Z | /usr/lib/sendmail -bt -d0 Version 8.12.5+Sun
조치 방안	[기준] 양호 - Sendmail 버전을 정기적으로 점검하고, 패치를 했을 경우 취약 - Sendmail 버전을 점검하지 않고 , 패치도 안 했을 경우 [조치방법] sendmail 설치 및 업그레이드를 위해서는 현재 사용중인 sendmail 데몬 중지 필요. 그러므로 담당자와 협의하여 업그레이드 고려 sendmail 버전 확인. # echo ₩$Z | /usr/sbin/sendmail -bt -d0
조치 영향	업그레이드시 데몬 중지로 인한 sendmail 서비스 중지 패치 적용시 시스템 및 서비스 영향 정도 고려

- 스팸 메일 릴레이 제한
  ☞ 메일서버 설치시 Anti-Spam 메일서버의 정확한 설치와 환경설정방법을 몰라 자사의 메일서버가 스팸 릴레이(Relay) 서버로 이용되는 불미스러운 일이 발생하기도 함. 뿐만 아니라 국내 메일 서버들이 스팸메일 서버로 오인되게끔 하여 메일 서버로서의 제 기능을 담당하지 못하도록 하는 일이 종종 발생하기도 한다.
  ☞ 위협 영향 : 메일 서버로서의 기능이 떨어짐

점검 방법	스팸 메일 릴레이 제한 확인
	# cat /etc/mail/sendmail.cf 메일과 해당 수신 여부를 확인 할 수 있음
	  (AIX는 /etc/sendmail.cf)
	
	#ps -ef | grep sendmail | grep -v "grep"
	#cat /etc/mail/sendmail.cf | grep "R$₩*" | grep "Relaying denied"
	  R$* $#error $@ 5.7.1 $: "550 Relaying denied"

조치 방안	[기준] 양호 - 스팸 메일 릴레이를 방지 설정을 했을 경우 취약 - 스팸 메일 릴레이를 방지 설정을 안했을 경우 [조치방법] 1. sendmail 8.9.0부터는 기본적으로 메일 릴레이 기능을 제한하는 기능이 지원이 되며, 버전이 향상되면서 추가된 'Anti Spam'이 바로 그것인데, Access DB라는 새로운 데이터 베이스의 도입으로 이것을 설정하여 특정 메일들을 받지 않을 수 있음. spam@jabra.com REJECT psp2.com REJECT antispam.com OK 110.242.120 RELAY 110.243.124 RELAY 설명 : jabra.com'의 아이디 'spam'으로 오는 메일과 'psp2'에서 오는 모든 메일을 수신 거부하고, antispam.com에서 오는 메일은 모두 받고, 110.242.120 과 110.243.124 네트워크의 IP주소에 대하여는 릴레이를 허가함 2. 여기서 설정된 사항은 /etc/mail/access란 이름의 access DB로 파일 시스템에 저장되며, 파일구조는 텍스트 형식이고 sendmail이 참조할 수 없음 그래서 makemap이란 프로그램을 사용하여 sendmail이 인식할 수 있는 DB형태로 다음과 같이 변경해야 함 #/etc/mail/makemap dbm /etc/mail/access < /etc/mail/access access.dir과 access.pag라는 이름의 DB가 생성된 것을 볼 수 있음. 한가지 번거로운 점은 /etc/mail/access 파일을 수정할 때마다 makemap을 사용해서 DB를 새로 만들어 주어야 함
조치 영향	일반적으로 영향 없음 릴레이가 필요시에는 릴레이를 허용할 대상에 대한 정보를 입력하여야 한다.

- 일반사용자의 Sendmail 실행 방지
    ☞ 가장 일반적으로 사용되고 있는 간이 이메일 전송 프로토콜(SMTP) 서버 소프트웨어로 인터넷 이메일 분배는 오랫동안 센드메일로만 처리되어 왔기 때문에 SMTP 서버의 사실상의 표준으로 널리 사용되고 있다. 메일 큐 처리 명령은 일반 사용자에게 꼭 필요한 기능이 아니므로 다음과 같은 방법으로 실행권한을 루트 권한으로 제한한다.
    ☞ 위협 영향 : 권한 없는 일반사용자의 sendmail 설정

점검 방법	# cat /etc/mail/sendmail.cf #ps -ef | grep sendmail | grep -v "grep" #grep -v '^ *#' /etc/mail/sendmail.cf | grep PrivacyOptions
조치 방안	[기준] 양호 - 일반사용자의 sendmail 실행 방지가 설정되어 있는 경우 취약 - 일반사용자의 sendmail 실행 방지가 설정되어 있지 않은 경우 [조치방법] SMTP 서비스 운영시 일반사용자의 q 옵션을 사용한 sendmail 실행 방지 # vi /etc/mail/sendmail.cf O PrivacyOptions=authwarnings,novrfy,noexpn,restrictqrun 변경 #/etc/rc.d/init.d/sendmail restart 재시작한다. 위와 같이 설정한 후에 는 다음과 같은 경고 메시지를 보내며, 처리가 제한된다. $ sendmail -q You do not have permission to process the queue
조치 영향	일반적으로 영향 없음

- expn, vrfy 명령어 제한
    ☞ 인증되지 않은 사용자의 Sendmail Deamon사용을 제한하기 위해서 Sendmail에는 Anti-Spam Feature를 포함하고 있음. 이 기능을 제대로 사용하기 위해서는 /etc/mail/sendmail.cf 또는 /etc/sendmail.cf파일에서 옵션을 바꾸어 주어야 한다. sendmail에서 goaway 옵션을 사용할 경우에 SMTP의 EXPN,

VRFY명령어를 제한하게 되며, 이로 인해서 VERB명령어도 더불어 제한하게 된다. SMTP 명령어는 아래와 같이 접속 후 HELP 명령어를 타이핑하면 HELO, EHLO, MAIL, RCPT, DATA, RSET, NOOP, QUIT, HELP, VRFY, EXPN, VERB ETRN, DSN, AUTH, STARTTLS등의 사용 가능한 명령어를 볼 수 있다.
☞ 위협 영향 : 인증되지 않은 사용자가 접속하여 sendmail을 임의적으로 사용 가능

점검 방법	sendmail(25 번 포트)에 접속하여 expn 과 vrfy 명령을 통해 aliases 정보와 사용자 정보를 알아낼 수 있는지 점검
조치 방안	[기준] 양호 - expn , vrfy 접근을 못하도록 설정했을 경우 취약 - expn , vrfy 접근을 허용했을 경우 [조치방법] 다음과 같은 방법으로 goaway 옵션을 설정함 1 /etc/mail/sendmail.cf 또는 /etc/sendmail.cf 파일에서 옵션을 바꾸어준다. # privacy flags O PrivacyOptions=authwarnings, goaway 위와 같은 옵션 설정으로 인증받지 않은 사용자는 EXPN, VRFY, VERB 명령어를 사용할 수 없게 됨 2. sendmail.cf 파일을 저장하고 아래와 같이 sendmail deamon을 재시작함 # /etc/rc.d/init.d/sendmail restart expn과 vrfy만 실행을 불가능하도록 하려면 O PrivacyOptions=authwarnings, noexpn, novrfy 설정
조치 영향	일반적으로 영향 없음

- DNS 보안 버전 패치
  ☞ DNS 보안에 관하여 소홀했거나 패치를 하지 않는다면 DNS의 Cach Poisoning 취약점에 취약해질 수 있다. 공격자는 취약한 DNS 를 사용하는 시스템에 조작된 DNS 쿼리를 전송하여 캐시의 정보를 변경, 정상적인 사이트에 접속 시 다른 사이트의 ip를 변조하는 방법을 사용한다. 조작된 DNS 쿼리를 다량으로 전달하여 DNS 캐시서버의 내용을 임의로 변경할 수 있고, 악성코드가 설치된 임의의 주소 등으로 변경이 가능하다.
  ☞ 위협 영향 : DNS를 이용한 다양한 공격에 취약

점검 방법	취약점 확인 방법 - 다음 명령 실행 $dig @localhost +short porttest.dns-oarc.net TXT 또는 $dig @해당서버IP +short porttest.dns-oarc.net TXT 조회. - 취약한 경우 응답 내용 확인 porttest.y.x.w.v.u.t.s.r.q.p.o.n.m.l.k.j.i.h.g.f.e.d.c.b.a.pt.dns-oarc.net. "해당서버IP is POOR: 26 queries in 3.6 seconds from 1 ports with std dev 0" - 취약하지 않은 경우 DNS 확인 내용 확인 z.y.x.w.v.u.t.s.r.q.p.o.n.m.l.k.j.i.h.g.f.e.d.c.b.a.pt.dns-oarc.net. "IP-of-GOOD is GOOD: 26 queries in 2.0 seconds from 26 ports with std dev 17685.51"

조치 방안	[기준]
	
	양호 - DNS 보안 패치를 최신 버전으로 유지 하고 점검 했을 경우
	취약 - DNS 보안 패치를 구 버전으로 설정하거나, 점검이 미흡 했을 경우
	
	[조치방법]
	* BIND는 거의 모든 버전이 취약하므로, 최신 버전으로 업데이트 하여야 한다.
	
	- 업그레이드 외에 recursive query 제한
	$ vi /etc/named.conf
	acl xxx { 127.0.0.1; 해당서버IP; };
	 options { version "unknown";
	             .
	             .
	             .
	         allow-recursion { xxx; };
	         };
	
	* BIND 취약점 : https://kb.isc.org/ 에서 BIND Security Vulnerability Matrix 확인

조치 영향	업그레이드(패치)시 시스템 및 서비스 영향도를 고려하여야 한다

- DNS Zone Transfer 설정
    ☞ 네임서버 간에는 Secondary NS 측에 의하여 Primary NS측 도메인의 Zone에 대한 복사본을 얻기위해, Zone 데이터베이스를 끌어오는 Zone Transfer작업이 주기적으로 이루어지게 된다. 하지만 이 Zone Transfer를 무제한으로 허용할 경우에는 내부 네트웍의 정보가 필요이상으로 외부에 유출되는 결과가 되므로 Primary NS측 입장에서 Zone Transfer를 오직 한 호스트로부터만 접근 가능

하도록 DNS 구성을 변경설정 하여야 한다.
☞ 위협 영향 : 외부로 정보가 유출될 우려가 있음

점검 방법	named.conf 파일에서 권고사항에 나와 있는 바와 같이 Secondary Name Server 로만 Zone Transfer 를 할 수 있도록 설정되어 있는지 점검 # cat /etc/named.conf

조치 방안	[기준]
	양호 – DNS ZoneTransfer 를 허가된 사용자에게 허용 했을 경우
	취약 – DNS ZoneTransfer 를 허가되지 않은 사용자에게 허용 했을 경우
	
	[조치방법]
	DNS서버를 디폴트로 설치할 경우 임의의 사용자가 Zone Transfer를 할 수 있도록 설정되며, BIND-8 버전의 경우 named.conf 설정파일에서 Zone 데이터를 획득할 수 있는 시스템을 제한할 수 있음
	Primary Name Server에서는 다음과 같이 Zone Transfer를 허용하는 서버를 지정
	
	  Options {
	      allow-transfer{10.10.10.111; 10.10.10.112;};
	  };
	특정 도메인의 Zone에 대해서 제한할 경우에는 다음과 같이 설정할 수 있음.
	Zone "xxx.co.kr" {
	  Type master ;
	  File "db.xxx.co.kr";
	  allow-transfer{10.10.10.111; 10.10.10.112;};
	}
	Secondary Server에서는 다음과 같이 설정하여 Zone 데이터 유출을 허용하지 않아야 함
	 allow-transfer{none; }
	외부공격자로부터 address spoofing 공격을 당하지 않도록 관리하고 있는 DNS를 다음과 같이 설정
	1. 클라이언트에 DNS 서비스를 제공하지 않는 DNS라면 다음과 같이 recursion 모드를 해지
	  options {
	      recursion no;
	  }
	2. 클라이언트에게 DNS 서비스를 제공해야 하는 경우 DNS 서버가 받아들일 수 있는 요청을 제한할 수 있도록 설정한다. 즉, 특정 주소로부터 온 질의에 대해서만 DNS 서버가 응답하도록 설정하거나, 특정 Zone에 대한 요청에만 응답하도록 설정한다. 일반적으로 DNS 서버가 관리하는 Zone에 대한 요청은 외부나 내부 모두에게서 발생할 수 있으며, DNS 서버가 관리하지 않는 Zone에 대해서는 내부에서만 발생되게 된다. 이는 다음과 같이 allow-query를 사용하여 제한할 수 있게 함
	 acl internal { 10.10.10.176/24; };
	 options {
	    directory "/var/named";
	    allow-query { internal; };
	 };
	 zone "xxx.co.kr" {

조치 영향	일반적으로 영향 없음

- Apache 디렉터리 리스팅 제거
    ☞ 디렉터리 검색은 디렉터리에 대한 요청 시 그 디렉터리에 기본 문서가 존재하지 않을 경우 디렉터리 내에 존재하는 모든 파일들의 목록을 보여주는 것이다. 디렉터리 검색이 허용되면 외부에서 디렉터리 내의 모든 파일들에 대한 접근이 가능하여 백업 파일이나 소스 파일 등 공개되어서는 안 되는 중요한 파일들이 노출될 수 있음으로 아파치에서 따로 리스팅이 방지 되도록 설정해야 한다.
    ☞ 위협 영향 : 외부로 정보가 유출될 수 있음

점검 방법	apache 디렉터리 리스팅 확인 # cat httpd.conf Options 부분에 Indexes 확인

조치 방안	[기준]
	양호 – 디렉터리 리스팅을 제거하거나 방지 해주었을 경우
	
	취약 – 디렉터리 레스팅이 계속 실행 되었을 경우
	
	[조치방법]
	아파치 설치후, 웹에서 엑세스 가능한 디렉터리에 접근했을때,DirectoryIndexes 지시자에 의하여 지정된 Index 파일이 존재하지 않는다면, 디렉터리를 리스팅 하는 경우가 있음.
	
	# vi httpd.conf
	〈Directory "/usr/local/apache2/htdocs"〉
	    Options Indexes FollowSymLinks
	    AllowOverride None
	    Order allow,deny
	    Allow from all
	〈/Directory〉
	
	Options에서 Indexes 부분만 삭제하여 주면, 디렉터리가 리스팅되지 않음.

조치 영향	일반적으로 영향 없음

- Apache 웹 프로세스 권한 제한
    ☞ Apache 웹 서버 운영 시에 위험을 최소화하기 위해서 웹 서버 애플리케이션만을 위한 하나의 유일하고 관리자 권한이 아닌 최소 권한의 사용자 ID와 그룹을 생성하는 것이 안전하다. 대부분의 경우에 이러한 목적을 위해 사용자 ID와 그룹으로

"nobody"를 사용한다. 물론 웹 서버를 위해 nobody가 아닌 다른 root 권한 이외의 사용자 ID 와 그룹을 생성해도 무방하다. 웹 서버를 위해 생성된 root가 아닌 계정은 인터렉티브한 로그인을 허락해서는 안 된다. 즉 이 계정을 통해서 사용자가 로그인할 수 없도록 해야 한다. 패스워드 파일에서 Apache를 위한 사용자 계정(nobody)이 locked되어 로그인할 수 없는지 확인한다.

☞ 위협 영향 : 웹 프로세스의 관리자 권한을 획득하여 임의의 명령어와 파일 수정

점검 방법	웹 서버 프로세스 소유자 확인
	
	# ps -ef | grep http
	  nobody 453 1 0 9월 07 ? 2:31 /usr/local/apache/bin/httpd
	  nobody 465 1 0 9월 07 ? 30:37 /usr/local/apache/bin/httpd

조치 방안	[기준]
	양호 - 웹 프로세스 권한을 제한 했을 경우
	취약 - 웹 프로세스 권한을 제한 하지 않았을 경우
	
	[조치방법]
	Apache 서버가 초기설정될 때, 로그 파일을 열고, 웹 서버 데몬을 구동하고, 적당한 TCP 포트(일반적으로 80 포트)를 열기 위해 root 권한이 필요하다. 일단 초기 구동단계가 완료되면 웹 서버 데몬은 root가 아닌 이미 사전에 생성한 사용자 ID와 그룹(nobody)으로 전환한다.
	웹 서버 데몬(httpd)이 root로 구동된 후 다른 사용자로 변환할 때 사용할 사용자와 그룹은 httpd.conf 파일에서 지정해 줄 수 있다.
	일반적으로 nobody를 사용할 경우 다음과 같다.
	    User nobody
	    Group nobody
	
	위의 설정으로 구동된 웹서비스 프로세스들은 초기 구동된 httpd 데몬 1개만이 root 권한이고 나머지는 nobody 권한으로 띄워져 있는 것을 확인할 수 있다. 일반 사용자들이 웹 브라우져를 이용해서 웹 서비스를 받을 경우 nobody 권한의 httpd 데몬과 연결을 맺게 된다.

조치 영향	일반적으로 영향 없음

- Apache 상위 디렉터리 접근 금지
    ☞ 상위패스로 이동하는 것이 가능할 때 하위경로에 접속하여 상위로 이동함으로써 해킹을 당할 위험이 있으며, Unicode 버그 및 서비스 거부 공격에 이용당하기 쉬우므로 되도록이면 ".."와 같은 상위 경로를 사용하지 못하도록 설정하는 것이

바람직하다. ".." 는 unicode 버그, 서비스 거부와 같은 공격에 쉽게 이용되므로 허용하지 않는 것을 권장한다.
☞ 위협 영향 : 임의 명령어 실행, 임의의 파일 수정, 시스템 관리자 권한 획득

점검 방법	# cat httpd.conf 〈Directory "/usr/local/www"〉 　AllowOverride AuthConfig 〈/Directory〉
조치 방안	[기준] 양호 – 상위 디렉터리에 이동제한을 설정 했을 경우 취약 – 상위 디렉터리에 이동제한을 설정 하지 않았을 경우 [조치방법] 먼저 각 디렉터리별로 사용자 인증을 하기 위해서 httpd.conf 파일 내의 AllowOverride 지시자의 옵션을 None에서 AuthConfig 또는 All로 바꾼다.(사용자 인증만을 위해서는 AuthConfig 사용을 권고) 〈Directory "/usr/local/www"〉 　AllowOverride AuthConfig 〈/Directory〉 그리고, 사용자 인증이 필요한 디렉터리에 다음의 지시자들이 포함된 .htaccess 파일을 생성한다. | 지시자 | 설명 | |---|---| | AuthType | 인증 형태(Basic 또는 Digest) | | AuthName | 인증 영역(웹 브라우저의 인증창에 표시됨) | | AuthUserFile | 사용자 패스워드 파일의 위치 | | AuthGroupFile | 그룹 파일의 위치(옵션) | | Require | 접근을 허용할 사용자 또는 그룹 정의 ex) Require user userid [userid] ... Require group group-name [group-name] ... Require valid-user | 패스워드 파일에 등록된 모든 사용자들이 접근할 수 있도록 하기 위해서는 사용자를 지정하는 대신 Require valid-user "라고 하면 된다. 　# cd /usr/local/www 　# vi .htaccess 　　AuthType Basic 　　AuthName "Welcome" 　　AuthUserFile /usr/local/apache/passwords 　　Require valid-user #htpasswd -c /usr/local/apache/passwords (사용자 인증에 사용할 아이디 및 패스워드)
조치 영향	디렉터리 내 파일들은 아이디/패스워드 인증절차 없이는 불가능하게 된다. 대외 서비스인 경우 해당 디렉터리에 대한 외부자의 접근 필요성을 검토하여야 한다.

- Apache 불필요한 파일 제거
  - ☞ 서버 내에서 불필요한 파일을 제거하여, 혹시 모를 외부에서 침입한 불법 파일에 대하여 대비해야 한다. 의심 가는 파일이 있거나, 사용하지 않는 파일이 있을 경우에는 제거를 해주어야 한다.
  - ☞ 위협 영향 : 임의의 파일 변경, 삭제

점검 방법	웹 서버를 정기적으로 검사하여 불필요한 파일 확인
조치 방안	[기준] 양호 - 불필요한 파일을 제거 했을 경우 취약 - 불필요한 파일을 제거를 안했을 경우 [조치방법] 웹 서버를 정기적으로 검사하여 임시 파일들을 삭제하도록 한다. 특히 웹 서비스의 업데이트나 유지보수 시 생성되는 백업파일이나 중요한 파일 등은 작업이 끝난 후 반드시 삭제하도록 한다. 아파치를 설치하면 기본적으로 설치되는 cgi-bin은 공격에 이용 될 수 있으므로 삭제하고 메뉴얼 파일은 시스템에 대한 정보를 포함하고 있어서 해킹에 도움이 될 수 있기 때문에 웹 서버에서 삭제한다. 정확한 관리를 위해 폴더와 파일의 이름과 위치, 개수 등이 적혀있는 별도의 문서를 관리하는 것이 좋다. 그래서 문서에 등록되지 않은 불필요한 파일들을 점검해서 삭제하도록 한다.
조치 영향	일반적으로 영향 없음

- Apache 링크 사용 금지
  - ☞ 몇몇 서버는 심블릭 링크를 이용해서 기존의 웹 문서 이외의 파일 시스템에 접근 가능하도록 하고 있다. 이러한 방법은 편리할 수는 있지만 심각한 보안 문제를 야기시킬 수 있다. 가령 시스템 자체의 root 디렉터리(/)를 링크 걸면 웹 서버 구동 사용자 권한(nobody)으로 모든 파일 시스템의 파일에 접근할 수 있게 된다. 즉, /etc/passwd 와 같은 대단히 민감한 파일까지 누구나 열람가능하게 된다.
  - ☞ 위협 영향 : 해당 링크 사용시 디렉터리 파일에 접근하여 시스템 중요 파일에 접근

점검 방법	심블릭 링크 설정 확인 # cat httpd.conf Options FollowSymLinks 확인

조치 방안	[기준]
	양호 – 심볼릭 링크 , aliases 을 사용 금지 했을 경우
	취약 – 심볼릭 링크 , aliases 을 사용 했을 경우
	
	[조치방법]
	"Options" 지시자에서 심블릭 링크를 가능하게 하는 옵션인
	FollowSymLinks 를 제거함으로써 이를 막을 수 있음.
	
	# vi httpd.conf
	〈Directory /〉
	    .....
	    Options FollowSymLinks （제거）
	    AllowOverride None
	    .....
	〈/Directory〉

조치 영향	일반적으로 영향 없음

- Apache 파일 업로드 및 다운로드 제한
  ☞ 불필요한 파일 업로드, 다운로드 시에, 대량의 업로드, 다운로드로 인한 서비스 불능상태가 발생함. 불필요한 업로드 와 다운로드는 허용하지 않으며, 웹 서버에 의해 처리되지 못하게 해야 하며, 자동이나 수동으로 파일의 보안성 검토를 하도록 해야 한다.
  ☞ 위협 영향 : 대량의 업로드와 다운로드시 서비스 불능상태 발생

점검 방법	# cat httpd.conf 파일을 열어 용량이 잘 설정되어 있는지 확인
조치 방안	[기준] 양호 – 파일 업로드 및 다운로드를 제한하도록 한다. 취약 – 파일 업로드 및 다운로드를 제한하지 않는다. [조치방법] # vi httpd.conf

조치 방안	밑의 보이는 것과 같이 용량을 설정 해준다. (시스템에 따라 용량을 설정) 〈Directory /〉 　LimitRequestBody 5000000 〈/Directory〉 〈Directory /home/userdir/〉 　LimitRequestBody 10240000 〈/Directory〉 위와 같이 LimitRequestBody 를 설정하면 아파치 웹 서버를 이용하여 (/)는 모든 파일의 사이즈를 5M로 제한하고 /home/userdir/ 폴더에 대해서는 10M로 제한하게 됨.
조치 영향	일반적으로 영향 없음

- Apache 웹 서비스 영역의 분리
  ☞ 웹 서버를 안전하게 하기 위해서 서버 데몬과 컨텐트가 별도의 하드 디스크 파티션에 인스톨되어야만 한다. 웹 컨텐트는 DocumentRoot에 설치되는데 DocumentRoot는 모든 웹 컨텐트가 저장될 Apache 내부의 디렉터리 구조이다. 가능하면 이 디렉터리는 서버 root나 chroot로부터 별도의 파티션이나 하드 드라이버를 사용하는 것이 좋다. Apache 웹 서버 애플리케이션 파일들로부터 컨텐트를 분리하는 것은 공격자가 웹 서버 공격을 훨씬 어렵게 한다. Apache 기본 설치 시에는 htdocs 디렉터리를 DocumentRoot로 사용하고 있는데 이를 바꾸도록 한다. htdocs 디렉터리는 공개되어서는 안 될 (또는 공개될 필요가 없는) Apache 문서를 포함하고 있으며, 공격에 이용될 수 있는 시스템 관련 정보도 포함하고 있다.
  ☞ 위협 영향 : 웹 서비스 침해가 시스템 영역으로 확장

점검 방법	DocumentRoot 디렉터리 확인 # cat httpd.conf Document Root "usr/local/apache/htdocs"₩
조치 방안	[기준] 양호 – DocumentRoot를 별도의 디렉터리로 지정 취약 – DocumentRoot를 기본 디렉터리로 지정

조치 방안	[조치방법] 1. DocumentRoot를 /usr/local/www로 지정하였다. 　설정은 httpd.conf 파일에서 다음과 같이 할 수 있다. 　#Document Root "/usr/local/apache/htdocs " 　 Document Root "/usr/local/www"
조치 영향	일반적으로 영향 없음

- Apache 웹서비스 정보 숨김
    - ☞ 에러페이지, 웹 서버 종류, 사용 OS, 사용자 계정 이름 등 웹 서버와 관련된 불필요한 정보가 노출되지 않도록 한다. 이러한 정보를 아는 것만으로도 공격에 필요한 정보를 수집하는 데 도움이 될 수 있다.
    - ☞ 위협 영향 : 공격자가 여러 정보를 수집함으로써 다양한 공격을 시도할 수 있음

점검 방법	Apache 웹서비스 정보 확인 # telnet xxx .xxx .xxx .xxx 80 Try ing xxx .xxx .xxx .xxx . . . Connect ed t o xxx .xxx .xxx .xxx . Escape character is '^] ' . GET / HTTP/ 1. 1 HTTP/ 1. 1 400 Bad Reques t Dat e : Tue , 15 Oct 2002 11:25 : 10 GMT Server : Apache / 1.3.19 (Unix) PHP/ 4.0 .4pl1
조치 방안	[기준] 양호 – 웹 서버와 불필요한 정보 유출 서비스를 차단 취약 – 웹 서버와 불필요한 정보 유출 서비스 미차단 [조치방법] 이 정보는 공격자에 의해 Apache 웹 서버 버전별 또는 구동되고 있는 응용프로그램에 잘 알려진 취약점을 공격하는 데 유용하게 이용될 수 있으며, 인터넷 웜과 같은 자동화된 공격에서도 이러한 banner 정보가 이용되기도 한다. 따라서 공격자에게 웹 서버의 버전과 같은 banner 정보를 숨기는 것이 안전하다. Apache 웹 서버에서는 ServerTokens 지시자를 수정함으로써 헤더에 의해 전송되는 정보를 바꿀 수 있다. (httpd.conf의 〈Directory /〉 ServerTokens Prod 추가) 　Syntax: ServerTokens Minimal	Product Only(Prod)	OS	Full ServerTokens 지시자에서 설정할 수 있는 각 키워드에 의해 나타나는 정보는 다음과 같다.

키워드	제공하는 정보	예
Prod[uctOnly]	웹서버 종류	Server: Apache
Min[imal]	Prod 키워드 제공 정보 + 웹서버 버전	Server: Apache/1.3.0
OS	Min 키워드 제공 정보 + 운영체제	Server: Apache/1.3.0 (Unix)
Full	OS 키워드 제공 정보 + 설치된 모듈(응용프로그램) 정보	Server: Apache/1.3.0 (Unix) PHP/3.0 MyMod/1.2

ServerToken은 Apache 1.3 이상에서 가능하고 ProductOnly 키워드는 1.3.12 이상의 버전에서 사용가능하다. 일반적으로 ServerToken은 httpd.conf에서 명시되어 있지 않는 경우가 많은데 이럴 경우에는 기본값인 ServerTokens Full이 적용되어 운영체제 정보, 웹 서버 정보, 버전정보, 설치된 모듈 정보 등이 모두 서버의 응답 헤더에 포함되어 클라이언트에게 전송된다.
최소한의 정보를 주기 위해서 ServerTokens Prod를 설정하는 것이 바람직하다.
공격자를 속이기 위해서 서버의 헤더 정보를 앞에서 명기한 내용과는 전혀 다른 내용으로 조작하여 클라이언트에 보내기를 원할 수도 있는데 이 경우에는 Apache 소스코드를 수정해서 재 컴파일 하여야 하므로 권고하지 않는다.

조치 영향	일반적으로 영향 없음

- 패치 관리
  - 최신 보안패치 및 벤더 권고사항 적용
    ☞ 보안패치를 안했을 경우에는 외부의 공격에 매우 취약함으로 정기적으로 최신패치인지를 확인 하여야 한다. 각종 물리적 접근, 계정 도용, 파일 시스템 비밀성 및 무결성 침해, 비인가된 네트웍 접근 등의 다양한 공격들에 의하여 침입을 당할 위험이 있으므로 정기적인 점검이 필요하다.
    ☞ 위협 영향 : 외부의 공격으로 인한 계정 도용, 파일 시스템 비밀성 및 무결성 침해 등 각종 공격에 취약

점검 방법	▷ SunOS showrev -p 라는 명령어로 패치가 적용되어 있는지 확인 할 수 있음 ▷ AIX instfix -iv | grep ML로 서버에 적용되어 있는 패치 리스트를 확인할 수 있음 ▷ HP-UX swlist -l product로 서버에 적용된 패치 리스트를 확인할 수 있다. ▷ Linux rpm -qa, yum 등을 이용하여 버전 및 패치 등을 확인할 수 있다.

조치 방안	[기준] 양호 – 최신보안 패치 및 벤더를 적용하고 정기적으로 점검 했을 경우 취약 – 최신보안 패치 및 벤더를 적용하지 않고 미 점검 했을 경우 [조치방법] 각 OS사의 사이트를 통해 최신 보안 패치 파일을 찾아 조치한다.
조치 영향	일반적으로 영향 없음

- 로그 관리
  - 정책에 따른 시스템 로깅 설정
    ☞ 감사 설정이 구성되어 있지 않거나 감사 설정 수준이 너무 낮으면 보안 관련 문제 발생시 원인을 파악하기 어려우며 법적 대응을 위한 충분한 증거로 사용될 수도 없다. 그러나 감사 설정이 너무 높으면 보안 로그에 불필요한 항목이 많이 기록되므로 매우 중요한 항목과 혼동할 수 있으며 컴퓨터 성능에도 심각한 영향을 줄 수 있기 때문에 법적 요구 사항과 조직의 정책에 따라 필요한 로그를 남기도록 해야 한다.
    ☞ 위협 영향 : 각종 침해 사실에 대한 확인과 대응책 및 법적 대응이 어려움

점검 방법	# cat /etc/syslog.conf에서 로그 설정 확인
조치 방안	[기준] 양호 – 아래와 같은 이벤트에 대한 감사 설정이 되어 있는 경우. 취약 – 아래와 같은 이벤트에 대한 감사 설정이 되어 있지 않은 경우. [조치방법] syslog.conf 파일은 선택자 필드와 액션 필드로 구성되어 있는데, 선택자 필드는 어떤 것을 기록할 것인가를 설정하는 부분이고, 액션필드는 어느 파일에 로그를 기록할 것인가를 설정하는 부분이다. 선택자 필드에는 메시지 종류(facility)와 메시지 우선 순위(Priority)를 지정 * 메시지 종류 auth : 로그인 등의 인증 프로그램 유형이 발생한 메시지 authpriv : 개인인증을 요구하는 프로그램 유형이 발생한 메시지 cron : cron이나 at과 같은 프로그램이 발생하는 메시지 daemon : telnetd, ftpd등과 같은 데몬이 발생한 메시지 kern : 커널이 발생한 메시지

조치 방안	lpr : 프린터 유형의 프로그램이 발생한 메시지 mail : 메일시스템에서 발생한 메시지 news : 유즈넷 뉴스 프로그램 유형이 발새? 메시지 syslog : syslog 프로그램 유형이 발생한 메시지 user : 사용자 프로세스 uucp : 시스템이 발생한 메시지 local0 :여분으로 남겨둔 유형 * 메시지 우선 순위 alert : 즉각적으로 조치를 취해야 할 상황 crit : 급한 상황은 아니지만, 치명적인 시스템 문제 발생 시 debug : 프로그램 실행 시 발생되는 오류 발생 시 emerg : 매우 위험한 상황 err : 에러가 발생되었을 경우 info : 단순한 프로그램에 대한 정보 메시지 notice : 에러가 아닌 알림에 관한 메시지 warning : 주의를 요하는 메시지 액션 필드에는 선택자 필드에서 설정한 메시지들이 전달될 곳을 지정하는데 이에 사용될 수 있는 값으로는 콘솔, 파일명, 사용자 또는 원격 시스템 등이 있다. 로그 설정 방법에 대해 살펴보면 kern.* /dev/consol 이것이 뜻하는 바는 커널 메시지의 모든 것을 콘솔로 보내라는 것이다. 만일 /var/log/messages 로 파일명을 지정하면 지정된 파일명으로 커널의 모든 메시지들을 기록하게 된다. * OS별로 syslog 설정 방법이 다르므로, 각 OS별 syslog 설정방법을 숙지하여야 한다.
조치 영향	일반적으로 영향 없음

- 로그의 정기적 검토 및 보고
    - ☞ 컴퓨터에 관한 작업은 로그라는 정보로 저장함. 로그는 컴퓨터 관련 범죄가 발생했을 시 해킹의 흔적을 찾기 위하여 로그를 분석. 단순히 해킹의 흔적을 찾기 위한 수단만이 아니라 로그분석을 통해 공격기법을 발견하여 시스템 취약점을 제거할 수 있고, 공격에 대한 근원을 찾을 수 있다면 자산의 손실을 공격자에게 법적인 책임을 물을 수가 있으므로 로그에 대한 관리와 분석이 중요시 된다.
    - ☞ 위협 영향 : 로그 자료가 없을시 공격자에 대한 방어대응 취약, 자산의 재산 손실 우려

점검 방법	정기적으로 로그 분석에 대한 결과물 존재 확인
조치 방안	[기준] 양호 – 로그기록에 대해 정기적 검토, 분석, 그에 대한 리포트 작성 및 보고 등의 조치를 지속적으로 수행하는 경우 취약 – 로그기록에 대해 미 검사, 미 검토 되었을 경우. [조치방법] log 파일에는 해킹의 흔적들이 남겨져 있을 수 있다. 그러므로 주기적으로 로그 파일을 백업 검토해야 한다. 가. su 시도에 관한 로그들을 주기적으로 모니터링 해야 한다. 나. 반복적인 로그인 실패에 관해 주기적으로 모니터링 해야 한다. 다. 로그인 거부 메세지에 대해 주기적으로 모니터링 해야 한다. 라. 기본적 log 파일의 위치는 (/var/adm, /var/log)이다. 커널과 시스템 로그 메시지들을 분석함으로써 시스템의 비정상적인 작동을 점검할 수 있고 외부로부터 불법적인 침입을 하였는지 감시할 수 있다. 커널과 시스템에 관련된 로그 메시지들은 syslogd와 klogd 두 개의 데몬에 의해서 /var/log/messages에 기록하게 된다. 이 파일을 분석함으로써 시스템을 항상 점검 관리해야 한다.
조치 영향	일반적으로 영향 없음

→ 윈도우 서버

- 계정관리

  - Administrator 계정 이름 바꾸기

    ☞ Administrator 계정은 로그온 시 몇 번이고 실패해도 절대 접속을 차단하지 않기 때문에 시스템을 공격하려는 사람들은 이 계정의 패스워드 유추를 계속 시도할 수 있음으로 관리자 계정의 이름을 바꿈으로써 공격자는 패스워드뿐만 아니라 계정이름도 유추해야 하는 어려움을 줄 수 있다. 또 하나의 방법은 보안정책 설정에서 로그온 실패 횟수에 따른 계정 잠금을 설정함으로써 brute force 공격이나 사전공격에 대응할 수 있다.

    ☞ 위협 영향 : 임의의 명령어 실행, 임의의 파일 수정, 시스템 관리자 권한 획득

점검 방법	[Windows 2012] 1. 시작〉실행〉LUSRMGR.MSC〉그룹〉 Administrators〉속성에서 확인
조치 방안	[기준] 양호 – Administrators 그룹에 관리자 계정이 하나만 존재 할 경우 취약 – 두 개 이상 존재할 경우 [조치방법] 불필요한 Administrators 그룹에 포함된 계정을 Administrators 그룹에서 제거하고 다른 그룹에 넣어줌 Administrator 계정을 관리자 계정이 아닌 일반 계정으로 사용하거나, 또는 Administrator 가 아닌 다른 이름의 관리자 계정을 생성해 사용하도록 해야 하며, Administrator 권한을 가지는 유저는 최소한의 숫자로 제한 되어야 함. 또한, Password는 최소 8자리 이상으로 숫자와 영어, 특수문자를 혼합하여 사용하도록 하여야 함 [Windows 2012] 1. 시작〉실행〉LUSRMGR.MSC〉그룹〉 Administrators〉속성 2. Administrators 그룹에서 불필요한 계정 제거 후 그룹 변경
조치 영향	Administrators 권한이 필요 없을 경우 변경 시 영향 없음

- GUEST 계정 상태
  - ☞ 대부분의 시스템은 Guest 계정의 사용을 필요치 않으며 앞으로도 계속 Guest 계정의 사용을 제한해야 하며, 불특정 다수의 접근이 필요할 경우 Guest 가 아닌 일반 사용자 계정을 생성해 사용 하도록 해야 한다.
  - ☞ 위협 영향 : 임의의 명령어 실행, 임의의 파일 수정, 시스템 관리자 권한 획득

점검 방법	[Windows 2012] 1. 시작〉실행〉LUSRMGR.MSC〉그룹〉Administrators〉속성에서 확인
조치 방안	[기준] 양호 – Guest 계정 비활성화 취약 – Guest 계정 활성화 [조치방법] Guest 계정 비활성화 [Windows 2012] 1. 시작〉실행〉LUSRMGR.MSC〉사용자〉Guest〉속성 2. "계정 사용 안 함"에 체크
조치 영향	일반적으로 영향 없음

- 불필요한 계정 제거
  ☞ 퇴직, 전직, 휴직 등의 이유로 더 이상 사용하지 않는 계정, 불필요한 계정, 의심스러운 계정이 있는지 점검한다.
  ☞ 위협 영향 : 시스템에 대한 접속을 통해 파일의 삭제 및 유출과 관련된 피해

점검 방법	[Windows 2012] 1. 시작〉실행〉LUSRMGR.MSC〉사용자〉"불필요한 사용자 선택"〉속성에서 확인
조치 방안	[기준] 양호 – 불필요한 계정이 존재하지 않을 경우 취약 – 불필요한 계정이 존재할 경우
조치 방안	[조치방법] 현재 계정현황 확인후 불필요한 계정 삭제, 불필요한 계정 없으면 양호 [Windows 2012] 1. 시작〉실행〉LUSRMGR.MSC〉사용자〉"불필요한 사용자 선택"〉속성 2. "계정 사용 안 함" 에 체크하거나 계정 삭제
조치 영향	계정의 사용여부를 파악하여 사용하지 않는 계정일 경우 제거

- Everyone 사용 권한을 익명 사용자에게 적용
    - ☞ 디폴트 공유인 C$, D$, Admin$, IPC$ 등을 제외한 공유폴더를 Everyone 그룹으로 공유가 금지되었는지 여부를 점검함. Everyone이 공유계정에 포함 되어 있을 경우 익명 사용자의 접근이 가능하므로 접근을 확인하여 제어하게 되면 익명 사용자에 의한 접근을 차단 할 수 있다.
    - ☞ 위협 영향 : 악의적인 사용자에 의한 접근 제한

점검 방법	[Windows 2012] 1. 시작〉실행〉FSMGMT.MSC〉공유에서 확인
조치 방안	[기준] 양호 – 일반공유 디렉터리가 없거나 공유 디렉터리 접근 권한에 Everyone이 없을 경우 취약 – 일반공유 디렉터리의 접근 권한에 Everyone이 있을 경우
조치 방안	[조치방법] 공유 디렉터리 접근 권한에서 Everyone 권한 제거 후 필요한 계정 추가 [Windows 2012] 1. 시작〉실행〉FSMGMT.MSC〉공유 2. 사용 권한에서 Everyone 으로 된 공유를 제거하고 접근이 필요한 계정의 적절한 권한을 추가 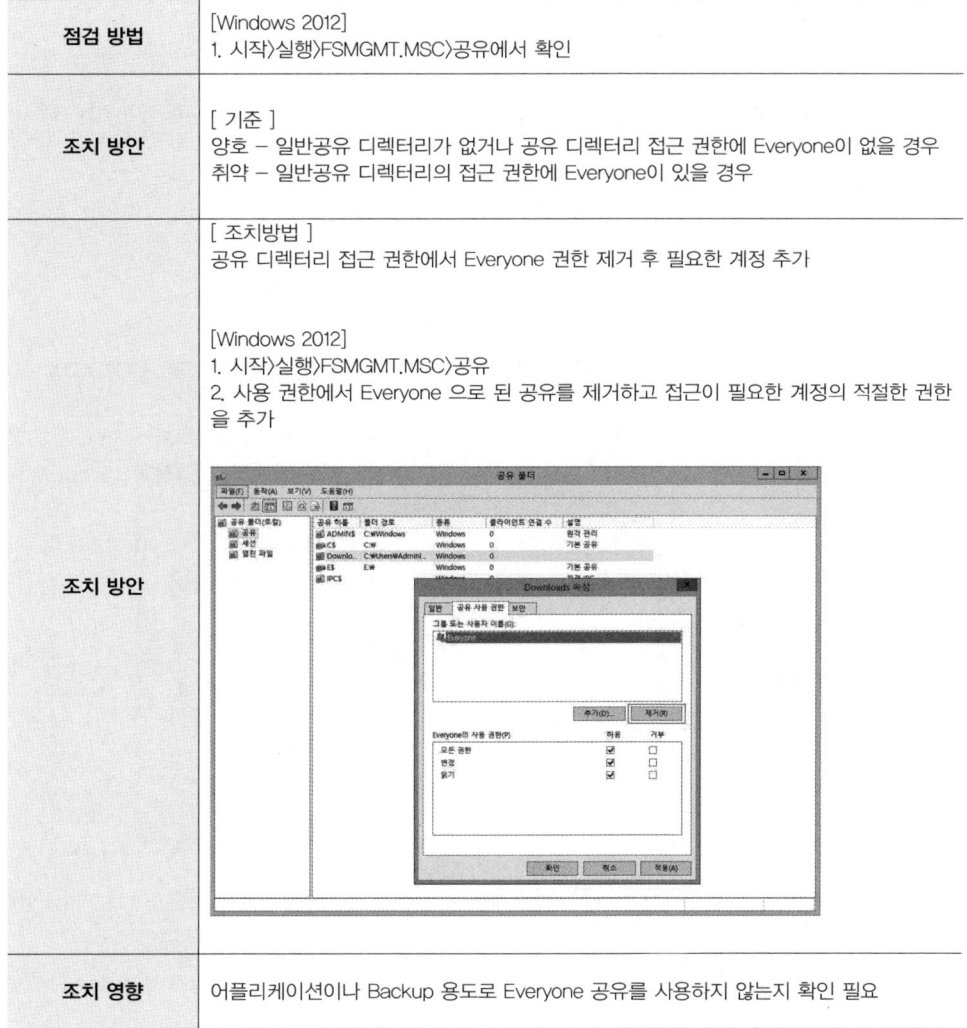
조치 영향	어플리케이션이나 Backup 용도로 Everyone 공유를 사용하지 않는지 확인 필요

- 패스워드 복잡성 설정
  ☞ 영문자 및 숫자만으로 이루어진 암호는 공개되어 있는 유틸리티를 사용하여 아주 쉽게 공격할 수 있기 때문에 암호가 공격당하는 것을 방지하려면 암호에 광범위한 문자가 있어야 한다.
  ☞ 위협 영향 : 공격자가 암호를 쉽게 해독할 수 있으며, 임의의 명령어 실행, 임의의 파일 수정, 시스템 관리자 권한 획득 가능

점검 방법	[Windows 2012] 1. 시작〉실행〉SECPOL.MSC〉계정 정책〉암호정책에서 확인
조치 방안	[기준] 양호 – "암호는 복잡성을 만족해야 함" 정책이 "사용" 으로 되어 있을 경우 취약 – "암호는 복잡성을 만족해야 함" 정책이 "사용 안 함" 으로 되어 있을 경우
조치 방안	[조치방법] 암호는 복잡성을 만족해야 함 -〉 사용 [Windows 2012] 1. 시작〉실행〉SECPOL.MSC〉계정 정책〉암호정책 2. "암호는 복잡성을 만족해야 함" 을 "사용" 으로 설정 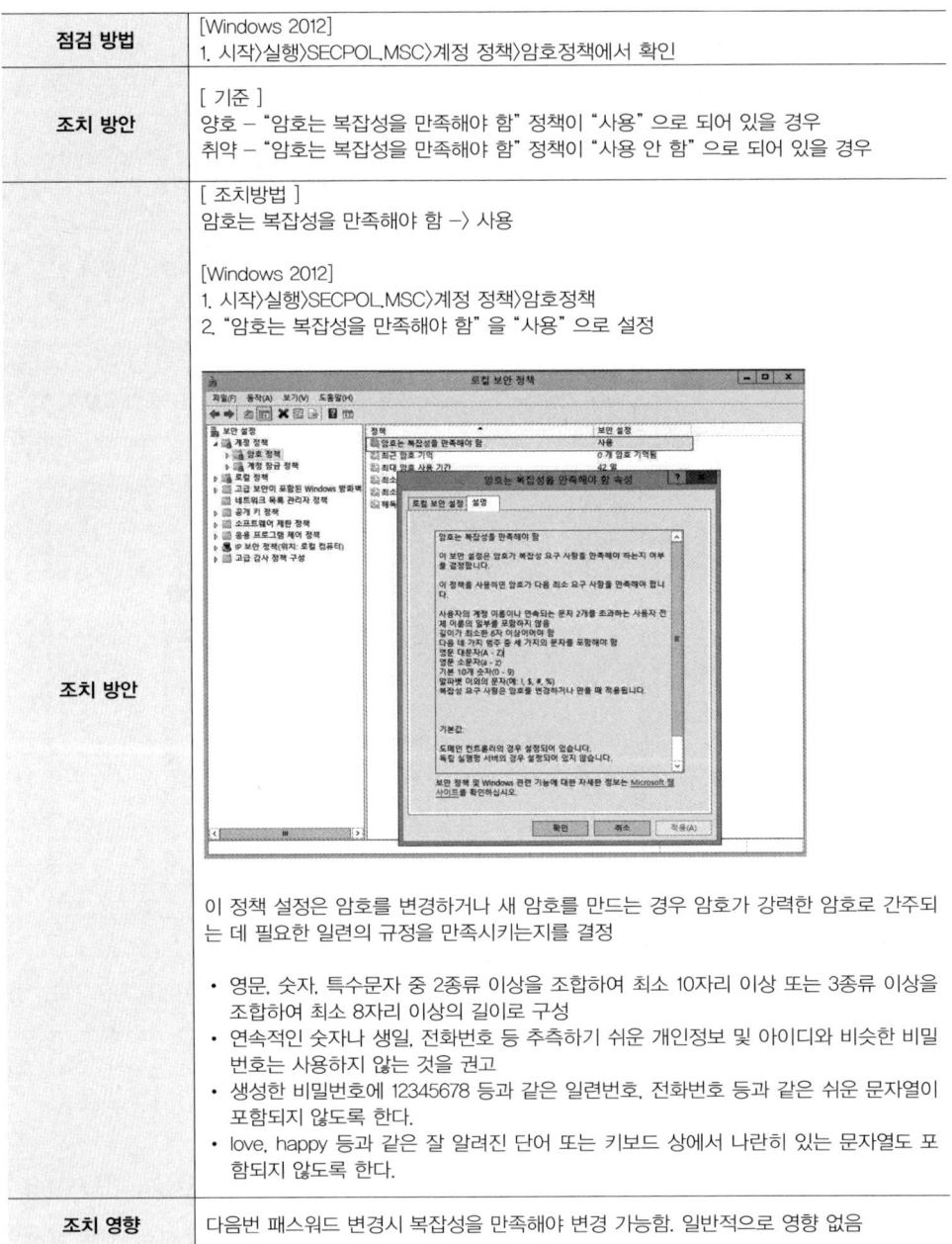 이 정책 설정은 암호를 변경하거나 새 암호를 만드는 경우 암호가 강력한 암호로 간주되는 데 필요한 일련의 규정을 만족시키는지를 결정 • 영문, 숫자, 특수문자 중 2종류 이상을 조합하여 최소 10자리 이상 또는 3종류 이상을 조합하여 최소 8자리 이상의 길이로 구성 • 연속적인 숫자나 생일, 전화번호 등 추측하기 쉬운 개인정보 및 아이디와 비슷한 비밀번호는 사용하지 않는 것을 권고 • 생성한 비밀번호에 12345678 등과 같은 일련번호, 전화번호 등과 같은 쉬운 문자열이 포함되지 않도록 한다. • love, happy 등과 같은 잘 알려진 단어 또는 키보드 상에서 나란히 있는 문자열도 포함되지 않도록 한다.
조치 영향	다음번 패스워드 변경시 복잡성을 만족해야 변경 가능함. 일반적으로 영향 없음

- 해독 가능한 암호화를 사용하여 암호 저장
  ☞ 이 정책을 사용하면 인증을 위해 사용자 암호를 알아야 하는 응용 프로그램 프로

토콜이 지원되지만 해독 가능한 방식으로 저장되는 암호는 해독할 수 있기 때문에 이 암호화를 공격할 수 있는 공격자가 노출된 계정을 사용하여 네트워크 리소스에 로그온 할 수 있다.
☞ 위협 영향 : 공격자가 암호를 쉽게 해독할 수 있음

점검 방법	[Windows 2012] 시작〉실행〉SECPOL.MSC〉계정 정책〉암호정책에서 확인
조치 방안	[기준] 양호 – "해독 가능한 암호화를 사용하여 암호 저장" 정책이 "사용 안 함"으로 되어 있을 경우 취약 – "해독 가능한 암호화를 사용하여 암호 저장" 정책이 "사용"으로 되어 있을 경우 [조치방법] 해독 가능한 암호화를 사용하여 암호 저장 -〉 사용 안 함 [Windows 2012] 1. 시작〉실행〉SECPOL.MSC〉계정 정책〉암호정책 2. "해독 가능한 암호화를 사용하여 암호 저장"을 "사용 안 함"으로 설정 (스크린샷 이미지)
조치 영향	일반적으로 영향 없음

- 마지막 사용자 이름 표시 안 함
  ☞ 컴퓨터에 마지막으로 로그온한 사용자의 이름을 Windows 로그온 대화 상자에

표시할지 여부를 결정함. 실제로 콘솔에 액세스할 수 있는 사용자 또는 터미널 서비스를 통해 서버에 연결할 수 있는 사용자 등 콘솔에 액세스할 수 있는 공격자는 서버에 마지막으로 로그온한 사용자의 이름을 볼 수 있으며 공격자는 암호를 추측하거나 무작위 공격을 통해 로그온을 시도할 수 있다.

☞ 위협 영향 : Login ID를 공격자가 알 수 있으므로 공격 가능

점검 방법	[Windows 2012] 1. 시작〉실행〉SECPOL.MSC〉로컬정책〉보안옵션에서 확인
조치 방안	[기준] 양호 – "마지막 사용자 이름 표시 안 함"이 "사용"으로 설정되어 있을 경우 취약 – "마지막 사용자 이름 표시 안 함"이 "사용 안 함"으로 설정되어 있을 경우 [조치방법] 대화형 로그온 : 마지막 사용자 이름 표시 안 함 —〉 사용 [Windows 2012] 1. 시작〉실행〉SECPOL.MSC〉로컬정책〉보안옵션 2. "마지막 사용자 이름 표시 안 함" 을 사용으로 설정 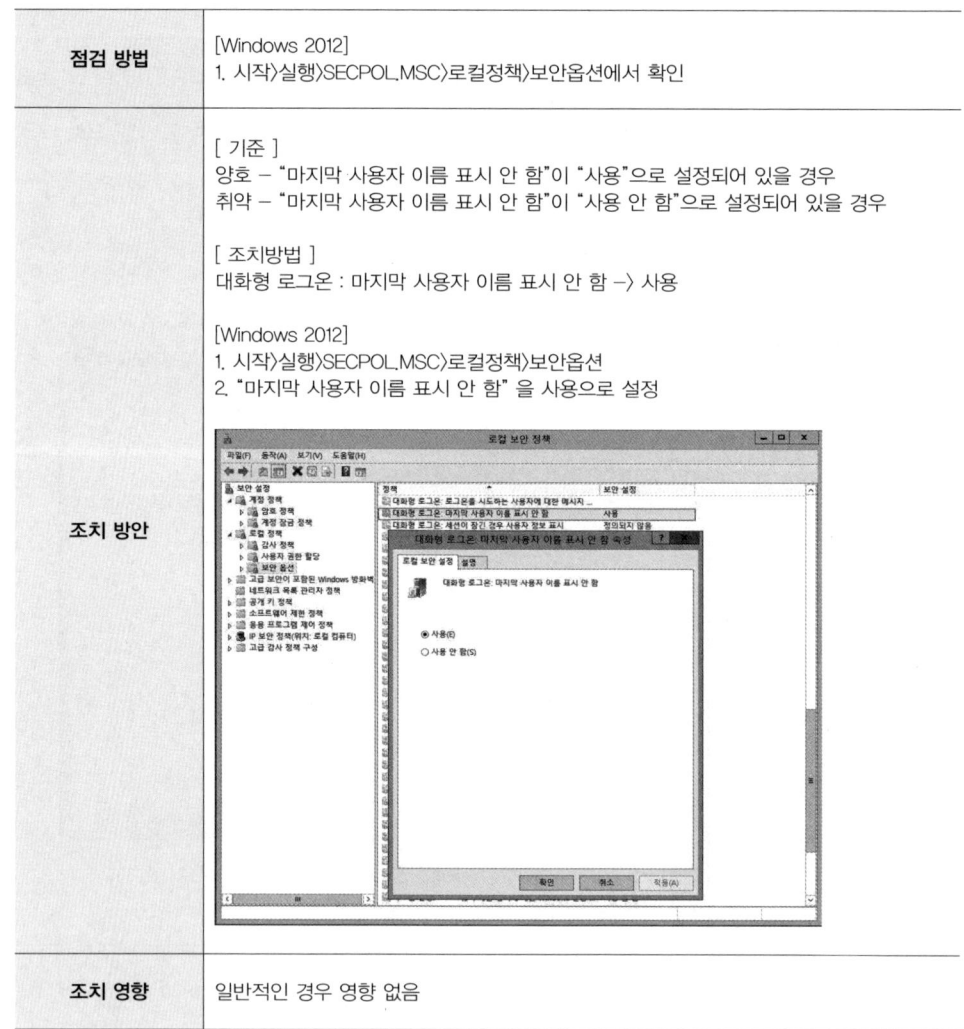
조치 영향	일반적인 경우 영향 없음

- 로컬 로그온 허용
  - ☞ 로컬 로그온 허용 권한이 있는 계정은 콘솔에서 로그온 할 수 있으며 컴퓨터 콘솔에 로그온 해야 하는 적법한 사용자로 이 사용 권한을 제한하지 않으면 권한이 없는 사용자가 자신의 사용 권한 향상을 위해 악의적인 코드를 다운로드하여 실행할 수 있다. IIS를 사용할 경우 이 권한에 IUSR_⟨ComputerName⟩ 계정을 할당해야 한다.
  - ☞ 위협 영향 : 임의의 사용자가 로컬로 로그온 할 수 있음

점검 방법	[Windows 2012] 1. 시작〉실행〉SECPOL.MSC〉로컬 정책〉사용자 권한 할당 2. "로컬 로그온 허용" 정책에서 확인
조치 방안	[기준] 양호 – "로컬 로그온 허용" 정책에 "Administrators", "IUSR_" 만 존재할 경우 취약 – "로컬 로그온 허용" 정책에 "Administrators", "IUSR_" 외 다른 계정 및 그룹이 존재할 경우 [조치방법] 로컬 로그온 허용 –〉 Administratrors, IUSR_ [Windows 2012] 1. 시작〉실행〉SECPOL.MSC〉로컬 정책〉사용자 권한 할당 2. "로컬 로그온 허용" 정책에 "Administrators", "IUSR_" 외 다른 계정 및 그룹 제거
조치 영향	Anonymous FTP 를 사용하지 않고 로컬 계정을 사용하여 윈도우 대화형 로그인 형식의 FTP 를 사용할 경우 해당 계정을 넣어줘야 함.(예: Internet Explorer 을 이용하여 FTP를 사용할 경우)

- 익명 SID/이름 변환 허용
  ☞ 이 정책 설정은 익명 사용자가 다른 사용자의 SID 특성을 요청할 수 있는지 여부를 결정. 이 정책 설정을 사용하는 경우 로컬 액세스 권한이 있는 사용자는 잘 알려진 Administrator SID를 사용하여 Administrator 계정의 실제 이름을 알아낼 수 있으며 암호 추측 공격을 실행할 수 있다. 이 정책을 "사용 안 함"으로 설정할 경우 Windows NT 도메인 환경에서 통신이 안 될 수 있다.
  ☞ 위협 영향 : 암호 추측 공격이 쉬워짐

점검 방법	[Windows 2012] 시작>실행>SECPOL.MSC>로컬 정책>보안옵션에서 확인
조치 방안	[기준] 양호 - "익명SID/이름 변환 허용" 정책이 "사용 안 함"으로 되어 있을 경우 취약 - "익명SID/이름 변환 허용" 정책이 "사용"으로 되어 있을 경우 [조치방법] 네트워크 엑세스 : 익명 SID/이름 변환 허용 -> 사용 안 함 [Windows 2012] 1. 시작>실행>SECPOL.MSC>로컬 정책>보안옵션 2. "익명 SID/이름 변환 허용" 정책이 "사용 안 함"으로 설정 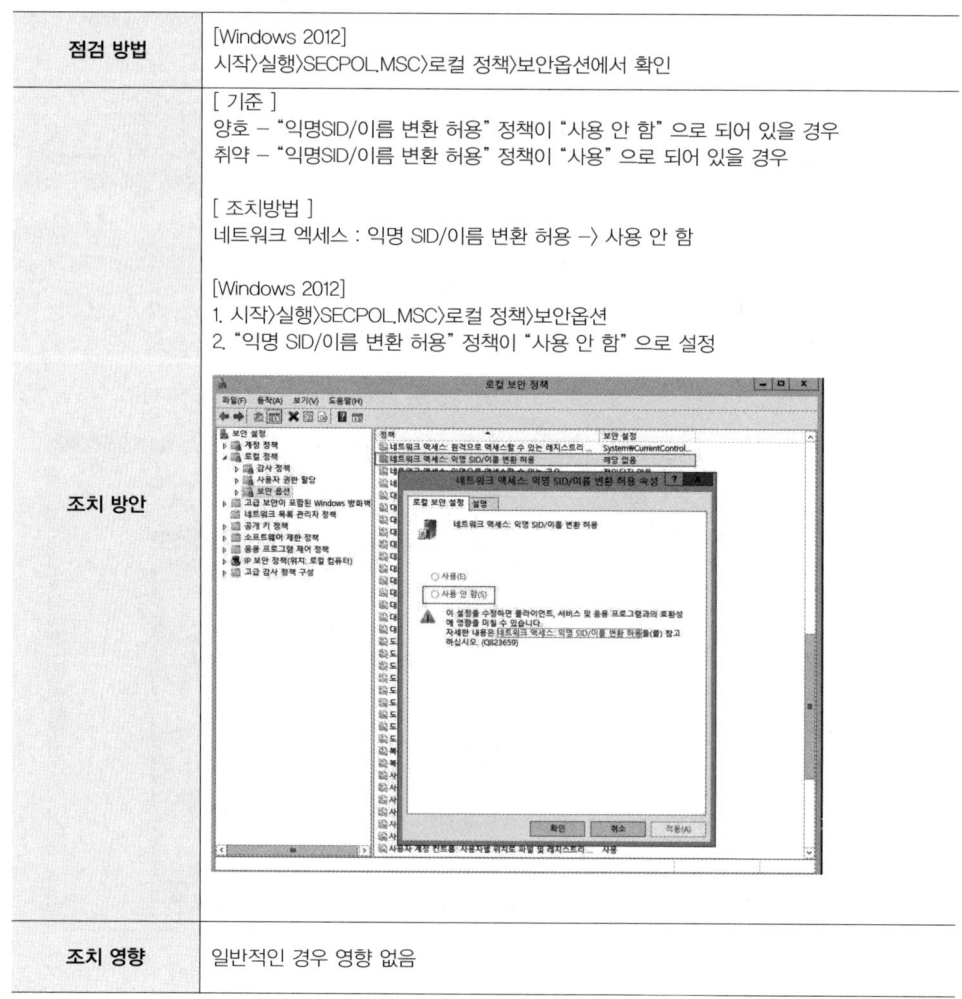
조치 영향	일반적인 경우 영향 없음

- 관리자 그룹에 최소한의 사용자 포함
  ☞ 일반적으로 관리자를 위한 계정과 일반 사용자들을 위한 계정을 분리하여 사용하는 것이 바람직하며 만일 시스템 관리자라면 두 개의 계정을 가지는 것이 좋다. 하나는 관리업무를 위한 것이고, 다른 하나는 일반적인 업무를 하기 위한 것으로 생성한다. 예를 들어 일반사용자 권한으로부터 활성화된 바이러스에 비해 관리자 권한을 가진 계정으로부터 활성화된 바이러스라면 시스템에 훨씬 많은 피해를 줄 수 있다.
  ☞ 위협 영향 : 임의의 명령어 실행, 임의의 파일 수정, 시스템 관리자 권한 획득

점검 방법	[Windows 2012] 1. 시작〉실행〉LUSRMGR.MSC〉그룹〉 Administrators〉속성에서 확인
조치 방안	[기준] 양호 – Administrators 그룹에 관리자 계정이 하나만 존재 할 경우 취약 – 두개이상 존재할 경우 [조치방법] 불필요한 Administrators 그룹에 포함된 계정을 Administrators 그룹에서 제거하고 다른 그룹에 넣어줌 Administrator 계정을 관리자 계정이 아닌 일반 계정으로 사용하거나, 또는 Administrator가 아닌 다른 이름의 관리자 계정을 생성해 사용하도록 해야 하며, Administrator 권한을 가지는 유저는 최소한의 숫자로 제한되어야 함. 또한, Password는 최소 8자리 이상으로 숫자와 영어, 특수문자를 혼합하여 사용하도록 하여야 함 [Windows 2012] 1. 시작〉실행〉LUSRMGR.MSC〉그룹〉 Administrators〉속성 2. Administrators 그룹에서 불필요한 계정 제거 후 그룹 변경 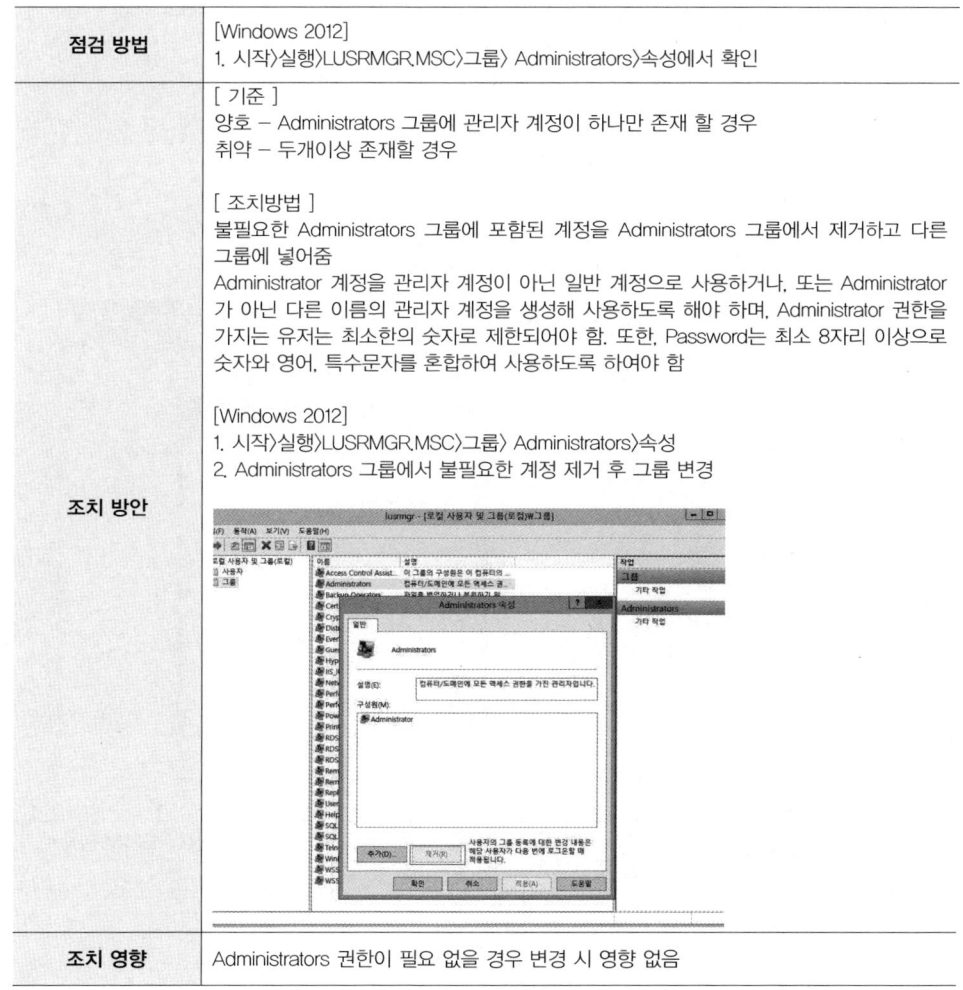
조치 영향	Administrators 권한이 필요 없을 경우 변경 시 영향 없음

- 최근 암호 기억
  ☞ 특정 계정에 같은 암호를 오래 사용할수록 공격자가 무작위 공격을 통해 암호를 확인할 수 있는 가능성이 커지며 손상된 계정은 암호를 바꾸지 않는 한 계속 악용될 수 있다. 암호를 변경해야 할 경우 암호를 다시 사용하는 것을 금지하지 않거나 적은 수의 암호를 계속해서 다시 사용할 수 있도록 허용하면 좋은 암호 정책의 효과가 크게 반감된다.
  ☞ 위협 영향 : 취약한 계정을 통해 계정 권한이 도용당할 수 있음

점검 방법	[Windows 2012] 1. 시작〉실행〉SECPOL.MSC〉암호 정책에서 확인
조치 방안	[기준] 양호 – 최근 암호 기억이 12번인 경우 취약 – 최근 암호 기억이 12번이 아닌 경우 [조치방법] 최근 암호 기억 12일 설정 [Windows 2012] 1. 시작〉실행〉SECPOL.MSC〉암호 정책 2. "최근 암호 기억"을 12번으로 설정 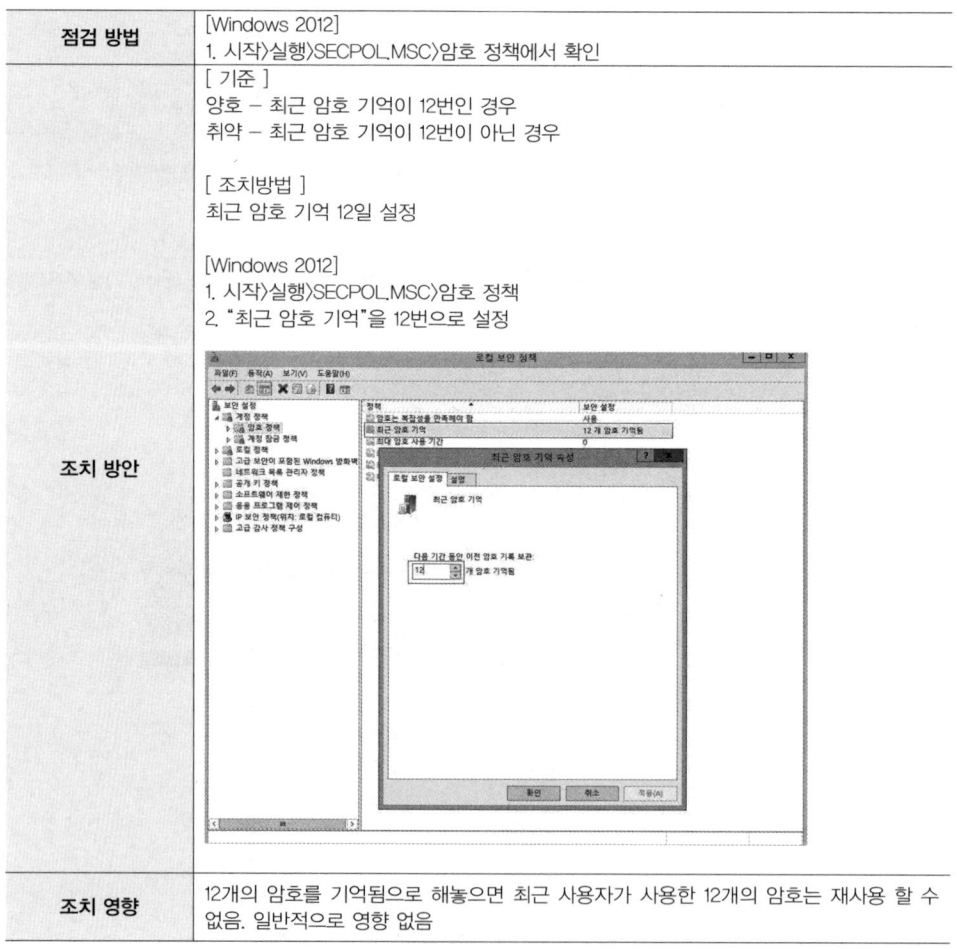
조치 영향	12개의 암호를 기억됨으로 해놓으면 최근 사용자가 사용한 12개의 암호는 재사용 할 수 없음. 일반적으로 영향 없음

- 콘솔 로그온 시 로컬 계정에서 빈 암호 사용 제한
    - ☞ 이 정책 설정은 빈 암호를 사용하는 로컬 계정에 터미널 서비스, Telnet 및 FTP와 같은 네트워크 서비스의 원격 대화형 로그온을 허용할지 여부를 결정한다. 이 정책 설정은 콘솔에서 실제로 수행하는 대화형 로그온이나 도메인 계정을 사용하는 로그온에는 영향을 주지 않는다.
    - ☞ 위협 영향 : 서비스 거부 공격에 이용될 수 있음

점검 방법	[Windows 2012] 시작〉실행〉SECPOL.MSC〉로컬 정책〉보안옵션에서 확인
조치 방안	[기준] 양호 – "콘솔 로그온 시 로컬 계정에서 빈 암호 사용 제한" 정책이 "사용" 으로 되어 있을 경우 취약 – "콘솔 로그온 시 로컬 계정에서 빈 암호 사용 제한" 정책이 "사용 안 함" 으로 되어 있을 경우 [조치방법] 계정 : 콘솔 로그온 시 로컬 계정에서 빈 암호 사용 제한 -〉 사용 [Windows 2012] 1. 시작〉실행〉SECPOL.MSC〉로컬 정책〉보안옵션 2. "콘솔 로그온 시 로컬 계정에서 빈 암호 사용 제한" 정책을 "사용" 으로 설정
조치 영향	일반적으로 영향 없음

- 원격터미널 접속 가능한 사용자 그룹 제한
  - ☞ 원격터미널의 그룹이나 계정을 제한하지 않는다면 임의의 사용자가 원격으로 접속하여 해당 서버에 정보를 임의로 변경하거나 정보를 훔쳐 갈 가능성이 있으므로 사용자 그룹과 계정을 설정 및 제한해야 한다.
  - ☞ 위협 영향 : 원격으로 서버에 접속하여, 데이터 변경/손실 등 해킹할 가능성이 있음

점검 방법	[Windows 2012] 1.제어판〉시스템〉원격설정 -〉 "원격 탭 메뉴에서 확인"
조치 방안	[기준] 양호 - 관리자 계정과 이외의 계정을 생성, 권한을 제한 설정 시 취약 - 관리자 계정과 이외의 계정을 생성, 권한을 제한 미설정시 [조치방법] 관리자 계정에 대한 원격터미널 접속을 제한하고 별도의 계정을 생성하여 접속설정 [Windows 2012] 1. 제어판〉사용자 계정 -〉 "관리자 계정 이외의 계정 생성 한 후 " 2. 제어판〉시스템〉원격 탭 -〉 "원격 탭 메뉴에서 (사용자가 이 컴퓨터에 원격으로 연결할 수 있음)에 체크 후 확인 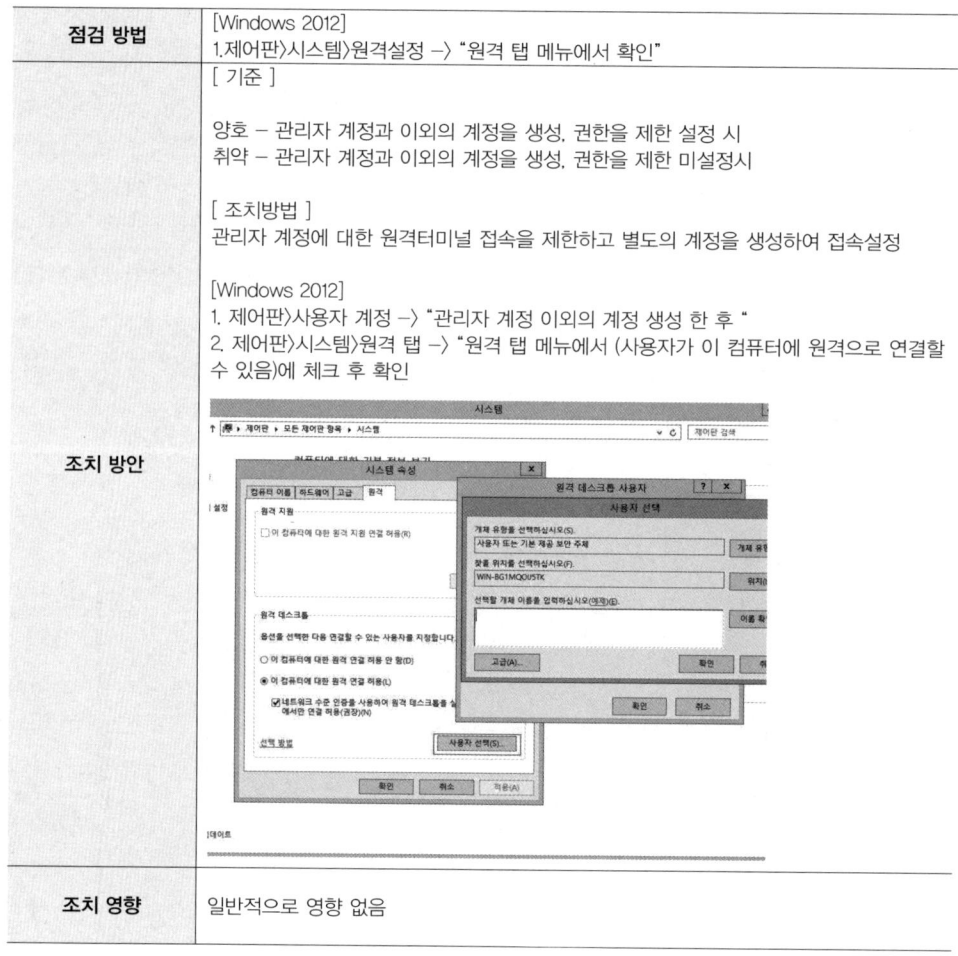
조치 영향	일반적으로 영향 없음

- 서비스 관리
  - 공유 권한 및 사용자 그룹 설정

☞ 디폴트 공유인 C$, D$, Admin$, IPC$ 등을 제외한 공유폴더를 Everyone 그룹으로 공유가 금지되었는지 여부를 점검한다. Everyone이 공유계정에 포함 되어 있을 경우 익명 사용자의 접근이 가능하므로 접근을 확인하여 제어하게 되면 익명사용자에 의한 접근을 차단 할 수 있다.
☞ 위협 영향 : 악의적인 사용자에 의한 접근 제한

점검 방법	[Windows 2012] 1. 시작〉실행〉FSMGMT.MSC〉공유에서 확인
조치 방안	[기준] 양호 - 일반공유 디렉터리가 없거나 공유 디렉터리 접근 권한에 Everyone없을 경우 취약 - 일반공유 디렉터리의 접근 권한에 Everyone이 있을 경우 [조치방법] 공유 디렉터리 접근 권한에서 Everyone 권한 제거 후 필요한 계정 추가 [Windows 2012] 1. 시작〉실행〉FSMGMT.MSC〉공유 2. 사용 권한에서 Everyone 으로 된 공유를 제거하고 접근이 필요한 계정의 적절한 권한을 추가 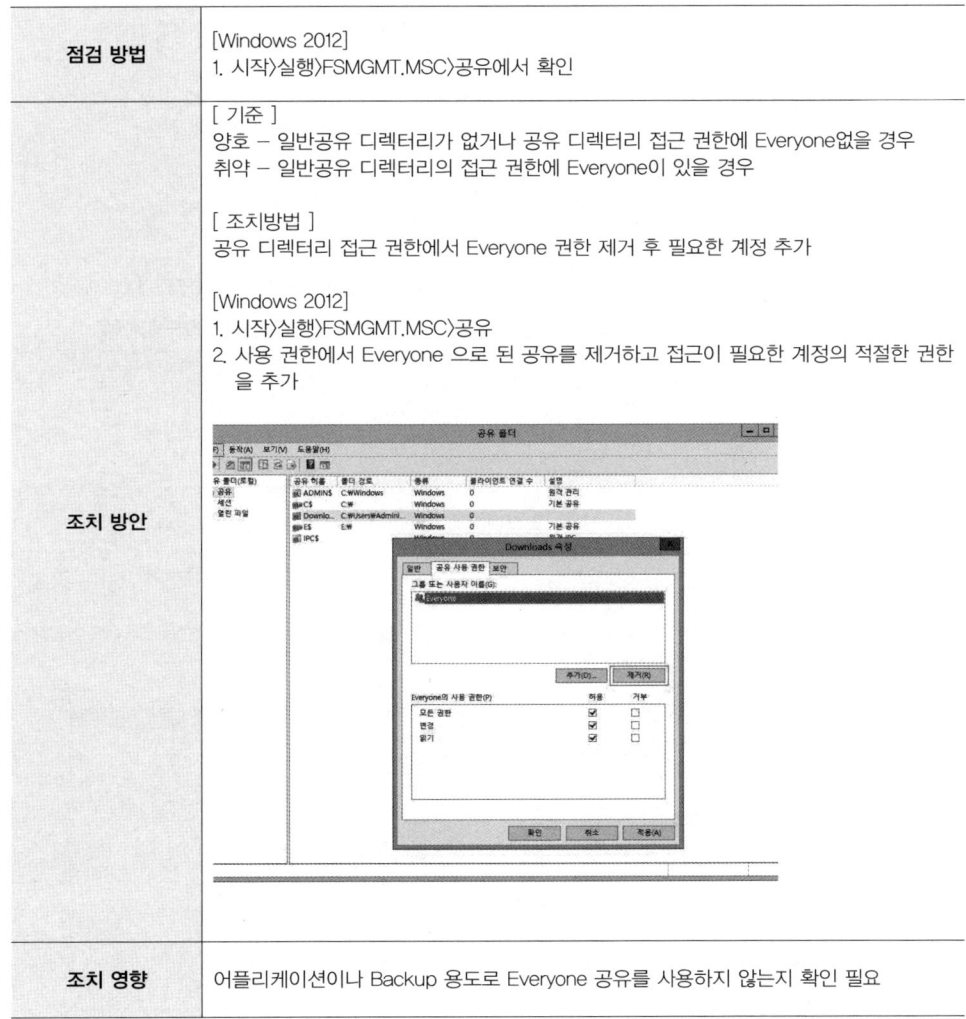
조치 영향	어플리케이션이나 Backup 용도로 Everyone 공유를 사용하지 않는지 확인 필요

- 하드디스크 기본 공유 제거
  - ☞ 시스템의 기본공유 항목이 제거되지 않게 되면 모든 시스템 자원에 접근할 수 있는 위험한 상황이 발생할 수 있음. 최근에 발생한 Nimda 바이러스도 여러 가지 방법 중에서 이러한 공유기능을 침투의 한 경로로 이용한 것이다.
  - ☞ 위협 영향 : 임의의 명령어 실행, 임의의 파일 수정, 시스템 관리자 권한 획득

점검 방법	[Windows 2012] 1. 시작〉실행〉FSMGMT.MSC〉공유〉기본공유 선택〉공유에서 확인
조치 방안	[기준] 양호 - AutoShareServer가 0 이며 기본 공유가 존재하지 않을 경우 취약 - AutoShareServer가 1 이거나 기본 공유가 존재할 경우 [조치방법] 기본 공유 중지 후 레지스트리 값 설정(IPC$, 일반공유 제외) [Windows 2012] 1. 시작〉실행〉FSMGMT.MSC〉공유〉기본공유 선택〉공유 중지 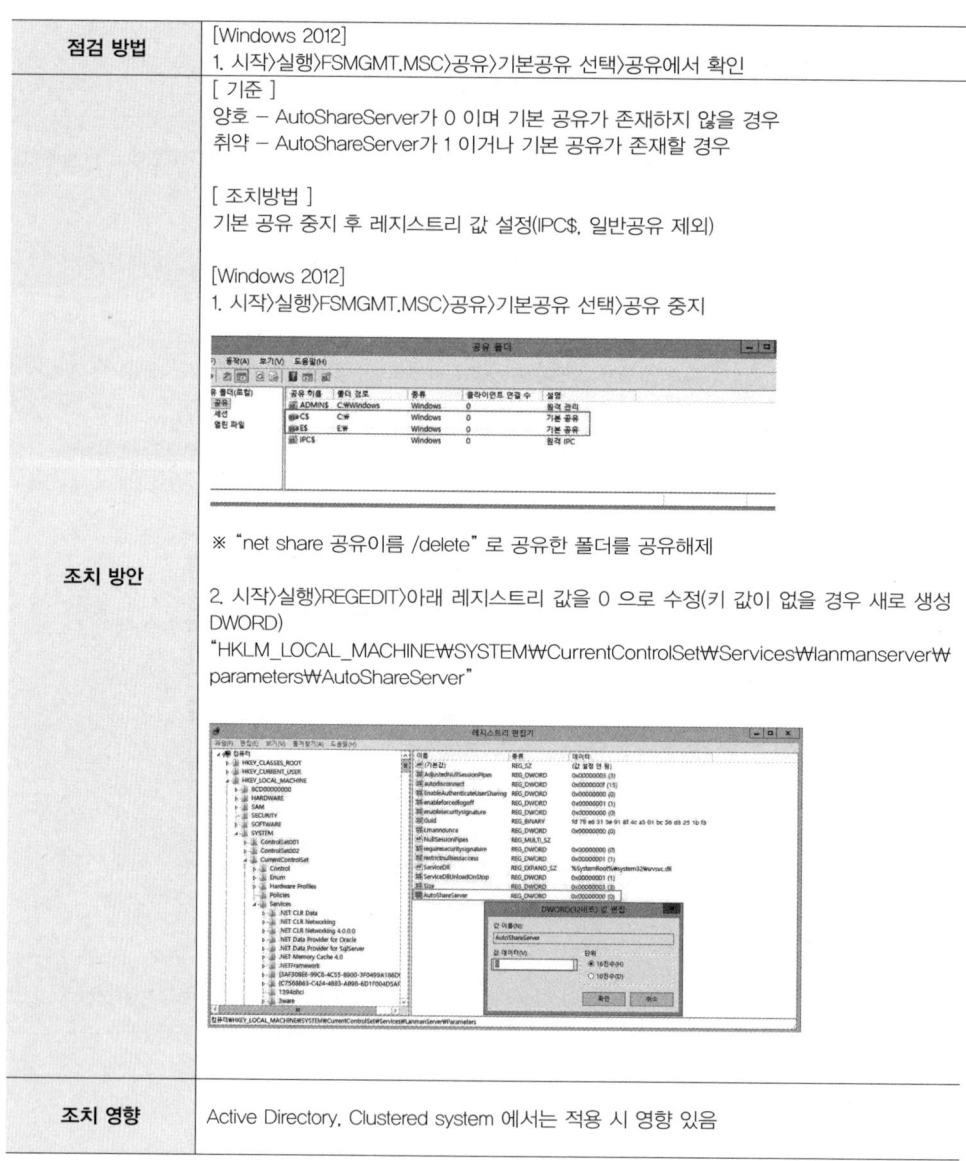 ※ "net share 공유이름 /delete" 로 공유한 폴더를 공유해제 2. 시작〉실행〉REGEDIT〉아래 레지스트리 값을 0 으로 수정(키 값이 없을 경우 새로 생성 DWORD) "HKLM_LOCAL_MACHINE₩SYSTEM₩CurrentControlSet₩Services₩lanmanserver₩parameters₩AutoShareServer"
조치 영향	Active Directory, Clustered system 에서는 적용 시 영향 있음

- 불필요한 서비스 제거
    - ☞ 일반적으로 시스템에는 필요하지 않은 취약한 서비스들이 디폴트로 설치되어 실행되고 있으며 이러한 서비스 또는 응용 프로그램은 공격 지점이 될 수 있으므로 사용자의 환경에서 필요하지 않은 서비스나 실행 파일을 사용하지 않거나 제거해야 한다.
    - ☞ 위협 영향 : 임의의 명령어 실행, 임의의 파일 수정, 시스템 관리자 권한 획득

점검 방법	[Windows 2012] 시작>실행>SERVICES.MSC>"해당 서비스 선택">속성에서 확인
조치 방안	[기준] 양호 – 아래 서비스가 중지되어 있을 경우 취약 – 아래 서비스가 구동중일 경우 MSFtpsvr(FTP Publishing) TIntSvr(Telnet) W3SVC(World Wide Web Publishing) SMTPSVC(Simple Mail Transfer Protocol) 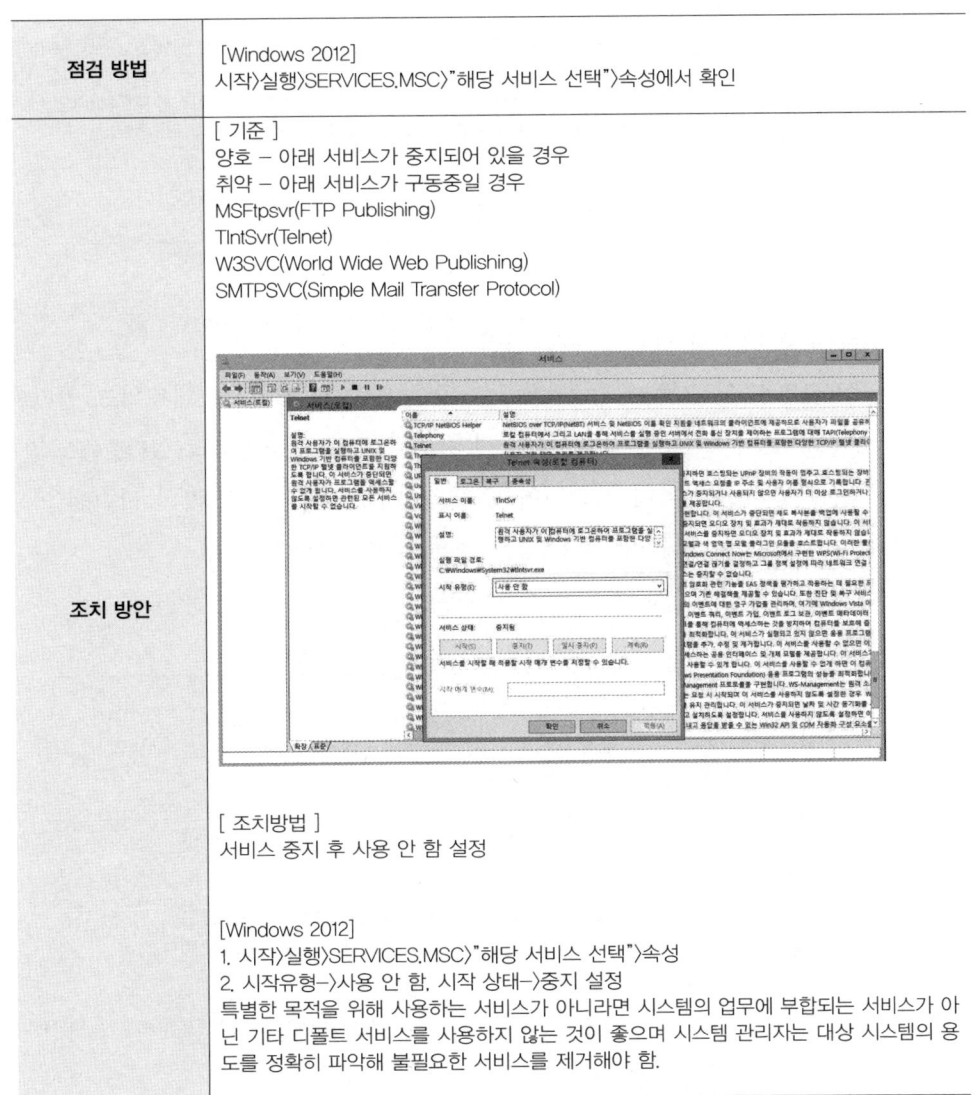 [조치방법] 서비스 중지 후 사용 안 함 설정 [Windows 2012] 1. 시작>실행>SERVICES.MSC>"해당 서비스 선택">속성 2. 시작유형->사용 안 함, 시작 상태->중지 설정 특별한 목적을 위해 사용하는 서비스가 아니라면 시스템의 업무에 부합되는 서비스가 아닌 기타 디폴트 서비스를 사용하지 않는 것이 좋으며 시스템 관리자는 대상 시스템의 용도를 정확히 파악해 불필요한 서비스를 제거해야 함.

조치 방안	서비스 시작 유형	설명
	자동(지연된 시장)	부팅 후 2~3분 후 실행
	자동	부팅 시에 해당 장치 드라이버가 로드된 후에 운영 체제에 의해 시작됨
	수동	다른 서비스나 응용 프로그램에서 해당 기능을 필요로 할 때만 시작됨
	사용 안 함	설치되어 있으나 실행되지 않음
	각 서비스 마다 옵션을 설정할 수 있으며 해당 서비스를 선택하고 더블클릭하게 되면 시작 유형을 선택할 수 있으며 시작시 로그온 계정을 별도로 설정할 수 있음. 만약, 시스템 시작시 자동으로 시작되게 하려면 [자동], 수동으로 서비스를 시작하려면 [수동], 서비스 자체를 사용하지 않으려면 [사용 안 함]을 선택한 후 [확인]을 클릭.	
조치 영향	일반적으로 영향 없음	

- NetBIOS 바인딩 서비스 구동 점검
    ☞ NetBIOS(Network Basic Input/Output System)은 IBM PC를 위한 네트워크 인터페이스 체계로 네임, 세션 데이터그램의 세 가지 서비스를 제공하고 있다. 윈도우 NT 시스템이 인터넷에 직접 연결되어 있을 경우 공격자가 쉽게 파일 시스템을 사용할 수 있으므로 NetBIOS에 대한 접근 통제가 필요하다.
    ☞ 위협 영향 : 시스템의 주요 정보 유출

점검 방법	[Windows 2012] 시작 〉 실행 〉 ncpa.cpl 〉 이더넷 〉 속성 〉 TCP/IP 〉 속성 〉 [일반]탭 〉 [고급] 〉 [WINS]탭〉 NetBIOS 설정에서 확인
조치 방안	[기준] 양호 - TCP/IP와 NetBIOS 간의 바인딩이 제거 되어있다. 취약 - TCP/IP와 NetBIOS 간의 바인딩이 제거 되어있지 않다. [조치방법] 네트워크 제어판을 이용하여 TCP/IP와 NetBIOS 간의 바인딩(binding) 제거한다.

조치 방안	[Windows 2012] 시작〉실행〉ncpa.cpl〉로컬 영역 연결〉속성〉 TCP/IP〉속성)[일반]탭〉[고급]〉[WINS]탭 〉NetBIOS 설정〉 TCP/IP에서 NetBIOS 사용 안 함 선택 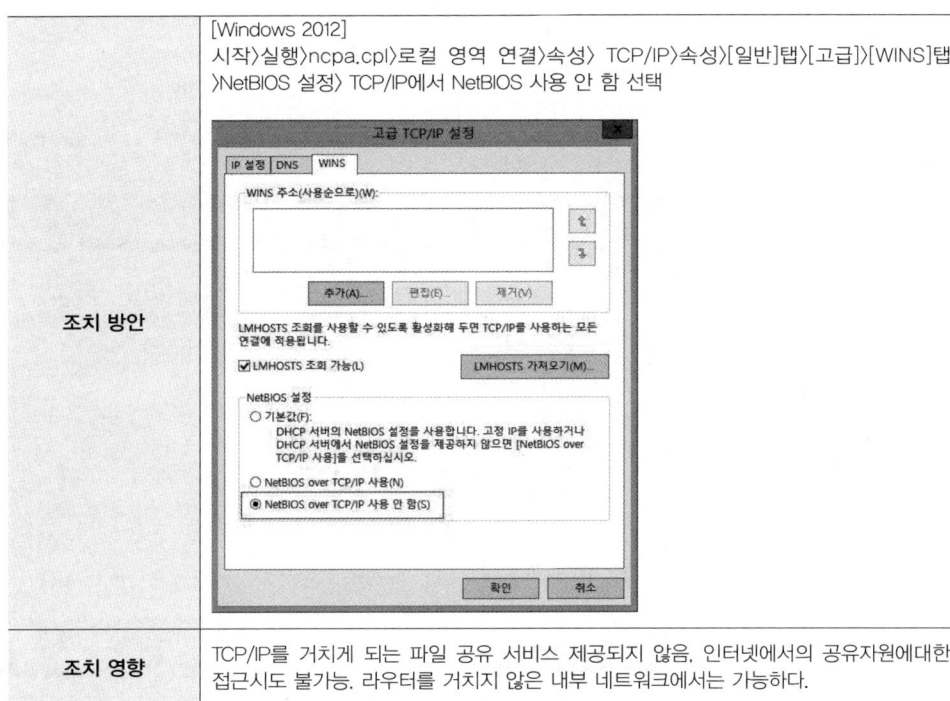
조치 영향	TCP/IP를 거치게 되는 파일 공유 서비스 제공되지 않음. 인터넷에서의 공유자원에대한 접근시도 불가능. 라우터를 거치지 않은 내부 네트워크에서는 가능하다.

- 원격터미널 접속 타임아웃 설정
  ☞ 보안강화를 위하여 원격제어를 이용한 터미널에 접속한 후에 어떠한 이벤트 나 Action이 발생시키지 않는다면 Timeout 설정을 해주어야 한다.
  ☞ 위협 영향 : 타인의 의하여 원격으로 정보 습득. 또한 명령어 조작. 임의의 파일 조작

점검 방법	[windowns 2012] 시작〉실행〉gpedit.msc〉컴퓨터구성〉관리템플릿〉Windows 구성 요소〉터미널서비스〉 원격 데스크톱 세션 호스트〉 세션시간 제한에서 확인
조치 방안	[기준] 양호 – 원격제어시 Timeout 을 제어설정을 했을 시. 취약 – 원격제어시 Timeout 을 제어설정을 안했을 시. [조치방법] 원격 접속 시 Timeout 설정

조치 방안	[windowns 2012] 1. 시작〉실행〉gpedit.msc를 실행. 2. 컴퓨터구성〉관리템플릿〉Windows 구성 요소〉터미널서비스〉원격 데스크톱 세션 호스트〉세션 시간 제한 확인. 3. 활성 원격 데스크톱 서비스 세션에 대한 시간제한 설정에서 Idle session time 세션이 끊어지도록 원하는 시간을 삽입. 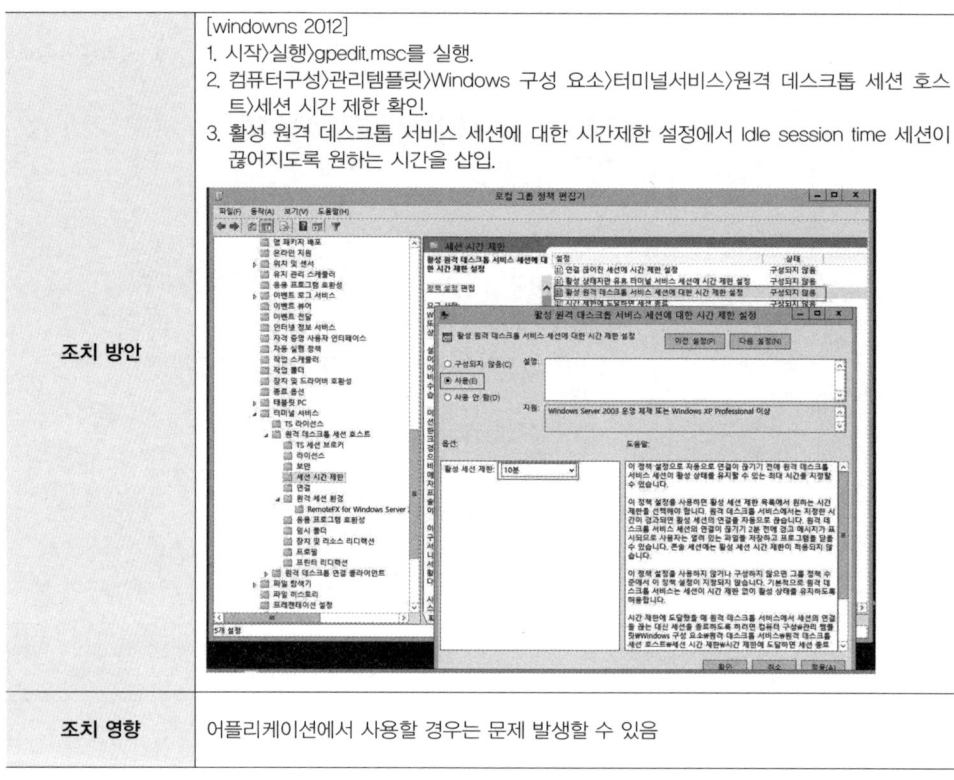
조치 영향	어플리케이션에서 사용할 경우는 문제 발생할 수 있음

- 예약된 작업에 의심스러운 명령이 등록되어 있는지 점검
    - ☞ 일정 시간마다 미리 설정해둔 프로그램을 실행할 수 있는 예약된 작업은 시작프로그램 과 더불어서 해킹과 트로이목마, 백도어가 설치하여 공격하기 좋은 루트임으로 예약된 작업에서 수시로 확인하는 것을 권장한다.
    - ☞ 위협 영향 : 트로이목마/백도어 공격에 취약. 해커들이 공격하기 용이함

점검 방법	[windowns 2012] 1. 시작〉실행〉Taskschd.msc〉작업 스케줄러 확인. 2. cmd 창에서 C:₩〉schtasks.exe 명령어 실행 하여 확인.
조치 방안	[기준] 양호 - 예약된 작업에 접속하여 불필요한 명령어나 파일이 있는지 확인. 취약 - 예약된 작업에 접속을 하지 않아 확인을 하지 않거나, 방치 했을 경우. [조치방법] 불필요한 예약 작업 제거

	[windowns 2012] GUI 확인 방법 1. 시작〉실행〉Taskschd.msc〉작업 스케줄러 확인. 2. 등록된 실행 중인 작업을 Click하여 상세 내역을 확인. 3. 불필요한 파일 있다면 삭제. 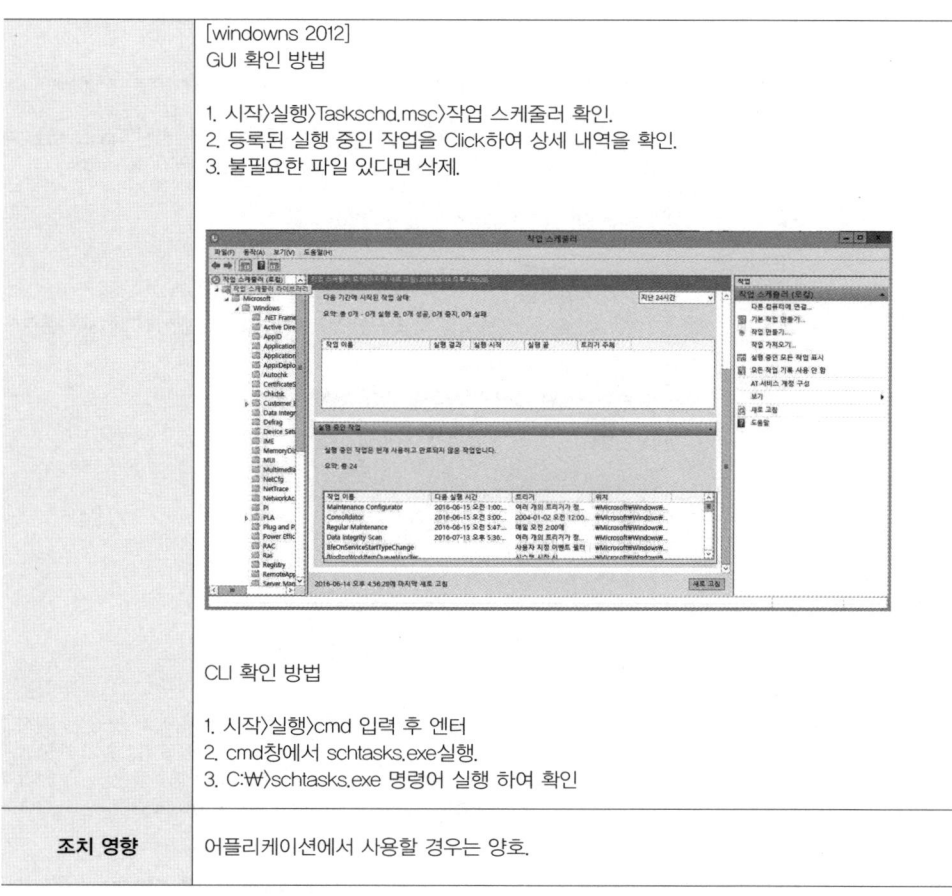 CLI 확인 방법 1. 시작〉실행〉cmd 입력 후 엔터 2. cmd창에서 schtasks.exe실행. 3. C:₩〉schtasks.exe 명령어 실행 하여 확인
조치 영향	어플리케이션에서 사용할 경우는 양호.

- 패치 관리
  - 최신 서비스팩 적용
    ☞ 서비스 팩은 Windows 시스템을 마이크로소프트에서 출시하고 난 뒤 Windows 와 관련된 응용프로그램, 서비스, 실행파일 등 여러 수정 파일들을 모아 놓은 프로그램으로 보안 취약점 개선 내용이 포함되어 있다.
    ☞ 위협 영향 : 임의의 명령어 실행, 임의의 파일 수정, 시스템 관리자 권한 획득

점검 방법	[Windows 2012] 1. 시작〉실행〉Winver에서 Service Pack 버전 확인 2. 최신 Hotfix 설치유무 확인

조치 방안	[기준] 양호 - 최신 서비스팩이 설치되어 있을 경우, 최신 Hotfix 또는 PMS(Patch Management System) Agent 가 설치되어 있을 경우 취약 - 최신 서비스팩이 설치 되어 있지 않은 경우, 최신 Hotfix 또는 PMS(Patch Management System) Agent 가 설치 되어 있지 않은 경우 [조치방법] 최신 서비스팩 설치 [Windows 2012] 1. 시작〉실행〉Winver 2. Service Pack 버전 확인 후 최신 버전이 아닐 경우 아래 사이트에서 다운로드하여 설치 Service Pack 설치 시에는 네트워크와 분리된 상태에서 설치 할 것을 권장 함. 현재 많은 인터넷 웜(Worm)이 Windows 의 취약점을 이용하여 공격을 하기 때문에 O/S를 설치한 후 곧바로 네트워크에 연결하는 것은 곧바로 서버에 피해를 입을 수 있기 때문 임. https://www.microsoft.com/ko-kr/download/servicepack.aspx 최신 Hotfix 설치 1. 아래의 패치 리스트를 조회하여, 서버에 필요한 패치를 선별하여 수동으로 설치 https://technet.microsoft.com/ko-kr/security/bulletins 2. Windows 자동 업데이트 기능을 이용한 설치 수동 업데이트의 부담을 덜어주기 위하여 Microsoft에서는 자동으로 시스템에 필요한 Hot Fix 및 소프트웨어 업그레이드를 보여주고 다운로드 및 적용을 쉽게 하기 위한 사이트를 마련해 놓고 있음. Internet Explorer 도구 메뉴 중 "Windows Update" 라는 것을 선택하여 주면 자동으로 Windows Update 사이트로 이동하게 되며 또한 다음의 URL 을 직접 주소 입력창에 입력해도 됨. http://windowsupdate.microsoft.com/?IE 3. PMS(Patch Management System) Agent를 설치하여 자동으로 업데이트되도록 설정한다. - 주의 보안 패치 및 Hot Fix의 경우는 적용 후 시스템 재시작을 요하는 경우가 대부분이므로 관리자는 서비스에 지장이 없는 시간대에 적용을 하는 것을 권장함 시스템에 알맞은 Hot Fix는 수행되고 있는 OS프로그램 및 특히 개발되거나 구매한 Application 프로그램에 영향을 줄 수 있음. 따라서 패치 적용전 Application 프로그램을 구분하고, 필요하다면 OS 벤더 또는 Application 엔지니어의 확인 하에 패치를 수행해야 함.
조치 영향	설치 후 시스템 재시작이 필요하며 설치에 따른 영향도 필요함.

- 최신 HOT FIX 적용
  - ☞ Hot Fix는 즉시 교정되어야만 하는 주요한 취약점(주로 보안과 관련된)을 패치하기 위해 배포되는 프로그램으로 Hot Fix는 각각의 Service Pack 이 발표된 이후 패치가 추가될 필요가 있을 때 별도로 발표 된다. 때론, Hot Fix 보다 취약성을 이용한 공격도구가 먼저 출현 할 수 있으므로 Hot Fix는 발표 후 가능한 빨리 설치할 것을 권장한다.
  - ☞ 위협 영향 : Brute force에 의한 지속적인 계정 공격의 위험

점검 방법	[windowns 2012] 최신 패치가 설치되어 있는지 확인
조치 방안	[기준] 양호 – 최신Hotfix 또는 PMS(Patch Management System) Agent 가 설치되어 있을 경우 취약 – 최신Hotfix 또는 PMS(Patch Management System) Agent 가 설치되어 있을 경우 [조치방법] 최신 패치 적용 [windowns 2012] 최신 Hotfix 설치 아래의 패치 리스트 조회. 서버에 필요한 패치 선별 하여 수동 설치 요망 http://www.microsoft.com/korea/technet/security/current.asp 보안 패치 및 Hot Fix 의 경우는 적용 후 시스템 재시작을 요하는 경우가 대부분이므로 관리자는 서비스에 지장이 없는 시간대에 적용을 하는 것을 권장. 시스템에 알맞은 Hot Fix 는 수행되고 있는 OS 프로그램 및 특히 개발되거나 구매한 Application 프로그램에 영향을 줄 수 있음. 따라서 패치 적용전 Application 프로그램을 구분하고, 필요하다면 OS 벤더 또는 Application 엔지니어의 확인하에 패치를 수행해야 함
조치 영향	어플리케이션에서 사용할 경우는 양호.

- 백신 프로그램 업데이트
  - ☞ 계속되는 신종 바이러스의 출현으로 인해 백신 프로그램의 설치만으로는 그 효과를 볼 수 없으므로 바이러스 정보에 대한 주기적인 업데이트를 통해 최신의 바이러스까지 치료할 수 있는 기능이 필요하다.
  - ☞ 위협 영향 : 새로운 바이러스에 파일 감염이 가능함

점검 방법	바이러스 백신 프로그램 최신 엔진 업데이트 설치 유무 확인
조치 방안	[기준] 양호 – 바이러스 백신 프로그램의 최신 엔진 업데이트가 설치되어 있을 경우 취약 – 바이러스 백신 프로그램의 최신 엔진 업데이트가 설치되어 있진 않은 경우 [조치방법] 담당자를 통해 바이러스 백신을 설치 후 엔진 업데이트를 설정하도록 권고 백신사들 마다 다소 차이는 있으나 매주 업데이트가 이뤄지고, 긴급한 경우 수시로 업데이트를 하기도 함. 정기적인 업데이트를 통해 검색엔진을 최신 버전으로 유지하고, 백신사에서 발표하는 경보를 주시해야 함 또한, 백신 프로그램의 자동 업데이트 기능을 이용하면 인터넷에 연결되어 있을 때 변동사항을 자동으로 업데이트 함.
조치 영향	일반적으로 영향 없음

- 로그 관리
  - 정책에 따른 시스템 로깅 설정
    ☞ 감사 설정이 구성되어 있지 않거나 감사 설정 수준이 너무 낮으면 보안 관련 문제 발생 시 원인을 파악하기 어려우며 법적 대응을 위한 충분한 증거로 사용될 수도 없다. 그러나 감사 설정이 너무 높으면 보안 로그에 불필요한 항목이 많이 기록되므로 매우 중요한 항목과 혼동할 수 있으며 컴퓨터 성능에도 심각한 영향을 줄 수 있기 때문에 법적 요구 사항과 조직의 정책에 따라 필요한 로그를 남기

도록 해야 한다.
☞ 위협 영향 : 각종 침해 사실에 대한 확인과 대응책 및 법적 대응이 어려움

점검 방법	[Windows 2012] 시작〉실행〉SECPOL.MSC〉로컬정책〉감사정책에서 확인
조치 방안	[기준] 양호 - 아래와 같은 이벤트에 대한 감사 설정이 되어 있는 경우. 취약 - 아래와 같은 이벤트에 대한 감사 설정이 되어 있지 않은 경우 로그온 이벤트, 계정 로그온 이벤트, 정책 변경 : 성공/실패 감사 계정 관리, 디렉터리 서비스 액세스, 권한 사용 : 실패 감사 [조치방법] 위와 같은 이벤트에 대한 추가적인 감사 설정 [Windows 2012] 1. 시작〉실행〉SECPOL.MSC〉로컬정책〉감사정책
조치 영향	일반적으로 영향 없음

- 이벤트 로그 관리 설정
  ☞ 최대 로그 크기는 10MBytes 이상, 이벤트 로그 관리는 '이벤트 겹쳐 쓰지 않음'으로 설정하여 시스템에 보안상 로그가 자동으로 덮어쓰지 않도록 설정 되어 있는지 확인한다.
  ☞ 위협 영향 : 보안 로그의 크기를 유지하여 접근자 추적 및 불법 접근자 확인 자료로 이용

점검 방법	[Windows 2012] 시작〉실행〉EVENTVWR.MSC에서 확인
조치 방안	[기준] 양호 – 최대 로그 크기 10240KB 이상이고 "90일 이후 이벤트 덮어씀" 으로 설정되어 있을 경우 취약 – 최대 로그 크기 10240KB 미만이거나 "이벤트 덮어쓰는 기간이 90일 이하일 경우" 가 설정되어 있을 경우 [조치방법] 최대 로그 크기 10240KB 이상 설정 [Windows 2012] 1. 시작〉실행〉EVENTVWR.MSC〉해당 로그〉속성〉일반 2. "최대 로그 크리"→10240 이상
조치 영향	일반적으로 영향 없음

- 원격에서 이벤트 로그 파일 접근 차단
  ☞ 익명으로 중요 '시스템로그' 파일 및 '어플리케이션 로그' 파일에 접근 가능하여 중요 보안 감사 정보의 변조/삭제/유출의 위험이 존재하므로 원격 익명사용자의 시스템 로그 접근을 방지해야 된다. 일반적으로 시스템 로그파일은 C:\winnt\system32\config(%systemroot%\system32\config 또는 %SystemDrive%\system32\config)에 저장되나 어플리케이션 로그파일은 각각의 어플리케이션마다 로그 저장 위치가 다르다. 웹 서버에 많이 사용하는 IIS 의 경우에는 C:\winnt\system32\LogFiles(%systemroot%\system32\LogFile 또는 %SystemDrive%\system32\LogFiles 또는 %SystemDrive%\inetpub\logs\LogFiles)에 IIS 로그 저장이 이루어진다.

☞ 위협 영향 : 시스템 정보 변조/삭제/유출

점검 방법	[Windows 2012] 1. 탐색기〉로그 디렉터리〉속성〉보안에서 확인
조치 방안	[기준] 양호 – 로그 디렉터리의 권한에 Everyone 이 없는 경우 취약 – 로그 디렉터리의 접근권한이 Everyone 이 있는 경우 　　– 시스템 로그 디렉터리: %systemroot%\system32\config 　　– IIS 로그 디렉터리: %systemroot%\system32\LogFiles [조치방법] Everyone 권한 제거 [Windows 2012] 1. 탐색기〉로그 디렉터리〉속성〉보안 2. Everyone 을 제거
조치 영향	일반적으로 영향 없음

- 로그의 정기적 검토 및 보고
  ☞ 컴퓨터에 관한 작업은 로그라는 정보로 저장함. 로그는 컴퓨터 관련 범죄가 발생했을 시 해킹의 흔적을 찾기 위하여 로그를 분석. 단순히 해킹의 흔적을 찾기 위한 수단만이 아니라 로그분석을 통해 공격기법을 발견하여 시스템 취약점을 제거할 수 있고, 공격에 대한 근원을 찾을 수 있다면 자산의 손실을 공격자에게 법적인 책임을 물을 수가 있으므로 로그에 대한 관리와 분석이 중요시 된다.
  ☞ 위협 영향 : 로그 자료가 없을 시, 공격자에 대한 방어대응 취약. 자산의 재산 손실 우려

점검 방법	[Windows 2012] 1. 이벤트 뷰어 -> 시작>실행>EVENTVWR.MSC 2. 로컬보안정책 -> 시작>설정>제어판>관리도구>로컬보안정책
조치 방안	[기준] 양호 – 로그기록에 대해 정기적 검토, 분석, 그에 대한 리포트 작성 및 보고등의 조치가 되 있을 경우 취약 – 로그기록에 대해 미 검사, 미검토되었을 경우 [조치방법] [Windows 2012] – 이벤트 로그를 확인하기 위해서는 Windows의 이벤트 뷰어를 사용. 1. 시작>제어판>관리도구>이벤트 뷰어 2. 응용 프로그램 로그, 보안 로그, 시스템 로그와 같은 세 가지 로그를 이벤트에 기록 3. OS 구성에 따라 디렉터리 서비스 로그, 파일 복제 서비스 로그, DNS 서버 로그 추가 – 감사 정책을 구성하는 방법으로 서는 로컬보안정책 설정을 이용. * 로컬보안정책을 이용하여 감사 정책을 구성하기 위해서는 Administrators 그룹 구성원 또는 적절한 권한이 임이 된 사용자 이여야 함 1. 시작>설정>제어판>관리도구>로컬보안정책 2. 보안 템플릿을 이용한 감사 정책을 구성. (보안 템플릿이란 보안 구성을 표시하는 파일로 로컬 컴퓨터 및 그룹 정책 개제를 적용 보안 분석에 사용)
조치 영향	일반적인 경우 영향 없음

- 보안 관리
  - 원격에서 이벤트 로그 파일 접근 차단
    ☞ Windows에 의해 사용되는 모든 초기화와 환경설정 정보는 레지스트리에 저장되어 있다. 레지스트리 편집기는 원격접속으로도 그 키를 바꿀 수 있는데 이는 대단히 위험한 것으로 네트워크를 통한 레지스트리 접속을 차단해야 하고 원격에서

레지스트리로의 접근을 위해서는 관리자의 권한 또는 원격에서 접근하기 위한 특별한 계정이 필요하다. 윈도우에서는 원격에서 레지스트리 접근에 대한 요구를 다루기 위해 원격 레지스트리 서비스를 제공하고 있는데 이 서비스를 중지시키면 레지스트리에 대한 어떠한 원격 접근도 막을 수 있다.

☞ 위협 영향 : 임의의 레지스트리 변조

점검 방법	[Windows 2012] 시작〉실행〉SERVICES.MSC〉Remote Registry〉속성에서 확인
조치 방안	[기준] 양호 – Remote Registry Service 가 중지되어 있을 경우 취약 – Remote Registry Service 가 사용중일 경우 [조치방법] 불필요할 경우 서비스 중지/사용 안 함 설정 [Windows 2012] 1. 시작〉실행〉SERVICES.MSC〉Remote Registry〉속성 2. "시작유형"-〉사용 안 함, 서비스 상태-〉중지 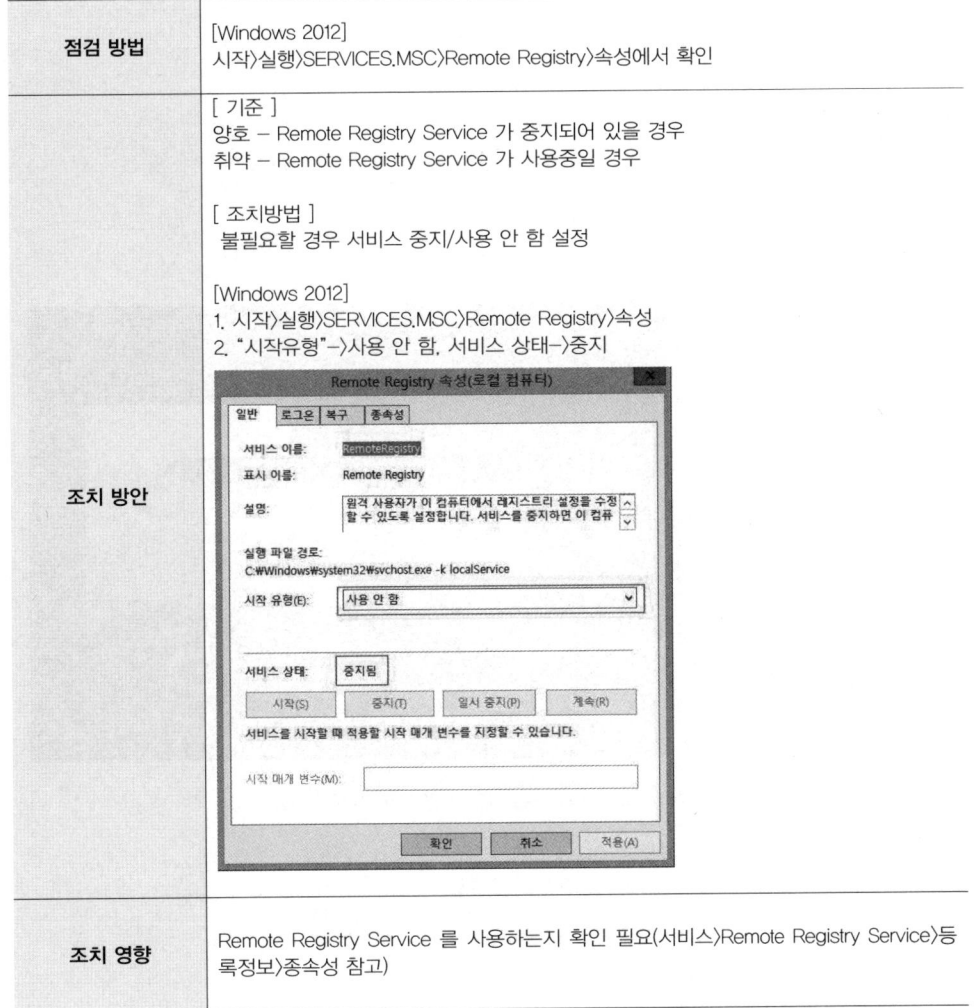
조치 영향	Remote Registry Service 를 사용하는지 확인 필요(서비스〉Remote Registry Service〉등록정보〉종속성 참고)

- 백신 프로그램 설치
  ☞ 웜, 트로이목마 등의 악성 바이러스로 인한 피해규모가 커지고 있으며 이에 대한 피해를 최소화하기 위해 반드시 바이러스 백신 프로그램을 설치해야 한다. 바이러스 백신 프로그램은 바이러스 감염 여부 진단 및 치료, 파일의 보호를 할 수 있으며 예방도 가능하다.
  ☞ 위협 영향 : 바이러스로 인한 파일의 감염을 예방할 수 있음

점검 방법	바이러스 백신 설치유무 확인
조치 방안	[기준] 양호 - 바이러스 백신 프로그램이 설치되어 있는 경우 취약 - 바이러스 백신 프로그램이 설치되어 있지 않은 경우 [조치방법] 바이러스 백신을 설치 바이러스 백신 프로그램을 반드시 설치해야 함 안철수 연구소 : http://www.ahnlab.com 하우리 : http://www.hauri.co.kr 시만텍코리아 : http://www.symantec.co.kr 한국트렌드마이크로 : http://www.trendmicro.co.kr
조치 영향	일반적으로 영향 없음

- 사용자가 프린터 드라이버를 설치할 수 없게 함
  - ☞ 이 정책 설정은 모든 사용자가 프린터 드라이버를 설치할 수 있는지를 결정. 서버에 프린터 드라이버를 설치하는 경우 악의적인 사용자가 고의적으로 잘못된 프린터 드라이버를 설치하여 컴퓨터를 손상시킬 수도 있고, 사용자가 프린터 드라이버로 위장한 악성 코드를 실수로 설치할 수도 있다.
  - ☞ 위협 영향 : 악의적인 사용자에 의한 악성코드 설치

점검 방법	[Windows 2012] 1. 시작〉실행〉SECPOL.MSC〉로컬 정책〉보안옵션에서 확인
조치 방안	[기준] 양호 – "사용자가 프린터 드라이버를 설치할 수 없게 함" 정책이 "사용"으로 되어 있을 경우 취약 – "사용자가 프린터 드라이버를 설치할 수 없게 함" 정책이 "사용 안 함"으로 되어 있을 경우 [조치방법] 장치 : 사용자가 프린터 드라이버를 설치할 수 없게 함 -〉 사용 [Windows 2012] 1. 시작〉실행〉SECPOL.MSC〉로컬 정책〉보안옵션 2. "사용자가 프린터 드라이버를 설치할 수 없게 함" 정책을 "사용" 으로 설정 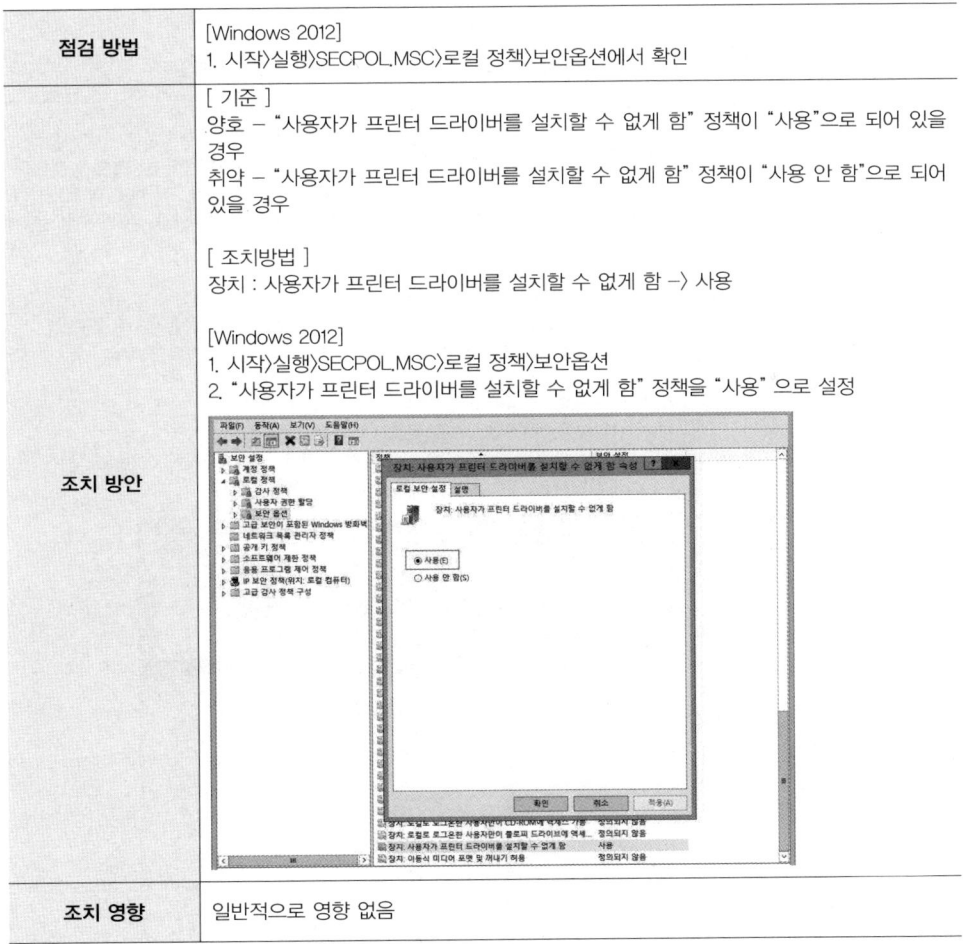
조치 영향	일반적으로 영향 없음

- 세션 연결을 중단하기 전에 필요한 유휴시간
  - ☞ 이 정책 설정은 세션이 중단되기 전에 SMB(서버 메시지 블록) 세션에서 보내야 하는

연속 유휴 시간을 결정. 각 SMB 세션에서는 서버 리소스를 사용하며, null 세션의 수가 많으면 서버 속도가 느려지거나 서버에 오류가 발생할 수 있으며 공격자는 SMB 세션을 반복 설정하여 서버의 SMB 서비스가 느려지거나 응답하지 않도록 하여 서비스 거부 공격을 실행 할 수 있다. 클라이언트가 작업을 다시 시작하면 SMB 세션이 자동으로 다시 설정되기 때문에 별다른 영향 없다.

☞ 위협 영향 : 서비스 거부공격이 가능

점검 방법	[Windows 2012] 1. 시작〉실행〉SECPOL.MSC〉로컬 정책〉보안옵션에서 확인
조치 방안	[기준] 양호 – "로그온 시간이 만료되면 클라이언트 연결 끊기" 정책을 "사용"으로 설정하고 "세션 연결을 중단하기 전에 필요한 유휴 시간" 정책이 "15분" 으로 설정되어 있을 경우 취약 – "로그온 시간이 만료되면 클라이언트 연결 끊기" 정책이 "사용 안 함" 으로 설정되어 있거나 "세션 연결을 중단하기 전에 필요한 유휴 시간" 정책이 "15분" 으로 설정되어 있지 않을 경우 [조치방법] Microsoft 네트워크 서버 : 로그온 시간이 만료되면 클라이언트 연결 끊기 –〉 사용 Microsoft 네트워크 서버 : 세션 연결을 중단하기 전에 필요한 유휴 시간 –〉 15분 [Windows 2012] 1. 시작〉실행〉SECPOL.MSC〉로컬 정책〉보안옵션 2. "로그온 시간이 만료되면 클라이언트 연결 끊기" "사용" 설정 및 "세션 연결을 중단하기 전에 필요한 유휴 시간" 정책을 "15분" 설정
조치 영향	일반적으로 영향 없음

- 경고 메시지 설정
    ☞ 시스템에 로그온 하려는 사용자들에게 관리자는 시스템의 불법적인 사용에 대하여 경고 창을 띄울 수 있음. 로그온 하기 이전에 사용자는 이러한 경고 메시지를 주지한 후 "확인" 버튼을 누름으로써 패스워드를 입력할 수 있는 로그인 창이 나타난다. 이러한 경고창의 효과는 악의의 사용자로부터 시스템을 직접적으로 보호하지는 못하지만 관리자가 적절한 보안수준으로 시스템을 보호하고 있으며 공격자의 활동을 주시하고 있다는 생각을 들게 하여 간접적으로 공격 피해를 감소시키는 효과를 볼 수 있다.
    ☞ 위협 영향 : 위협 영향: 시스템 침해 시도 감소

점검 방법	[Windows 2012] 1. 시작〉실행〉SECPOL.MSC〉로컬정책〉보안옵션에서 확인
조치 방안	[기준] 양호 – 로그인 경고 메시지/제목이 설정되어 있을 경우 취약 – 로그인 경고 메시지/제목이 설정되어 있지 않을 경우 [조치방법] 로그인 경고 메세지 설정 [Windows 2012] 1. 시작〉실행〉SECPOL.MSC〉로컬정책〉보안옵션 2. "로그온 시도하는 사용자에 대한 메시지 제목", "로그온 시도하는 사용자에 대한 메시지 텍스트"에 적절한 값을 입력 예)로그온 시도하는 사용자에 대한 메시지 제목 : Warnning!! 　　로그온 시도하는 사용자에 대한 메시지 텍스트 : This system is for the use of authorized users only.
조치 영향	일반적인 경우 영향 없음

- 사용자별 홈 디렉터리 권한 설정
  ☞ 사용자 계정별 홈 디렉터리의 권한이 제한되어 있지 않을 경우 임의의 사용자가 다른 사용자의 홈 디렉터리의 파일 및 디렉터리에 접근이 가능하므로 해당 사용자만의 접근 권한을 설정해야 한다.
  ☞ 위협 영향 : 홈디렉터리 파일 위/변조

점검 방법	[Windows 2012] 1. C:₩Documents and Settings₩사용자 홈디렉터리〉속성〉보안에서 확인
조치 방안	[기준] 양호 - 홈디렉터리에 Everyone 권한이 없을 경우(All Users, Default User 디렉터리는 제외) 취약 - 홈디렉터리에 Everyone 권한이 있을 경우 [조치방법] Everyone 권한 제거 [Windows 2012] 1. C:₩Documents and Settings₩사용자 홈디렉터리〉속성〉보안 2. Everyone 권한 제거(All Users, Default User 디렉터리는 제외)
조치 영향	일반적으로 영향 없음

- SAM 파일 접근 통제 설정
  ☞ Security Account Manager(SAM) 파일은 사용자와 그룹 계정들을 다루고, LSA를 위한 인증을 제공한다. 패스워드 공격 시도에 의한 Password Database 노출될 수 있으므로 Administrator 및 Sytem 그룹 외에는 SAM 파일에 대한 접근이 제한되어야 한다.
  ☞ 위협 영향 : 패스워드 유출

점검 방법	[Windows 2012] %systemroot%\system32\config\SAM)속성>보안에서 확인
조치 방안	[기준] 양호 - SAM 파일 접근권한에 Administrator, System 그룹만 모든권한으로 등록되어 있는 경우 취약 - SAM 파일에 Administrator, System 그룹 외 다른 그룹에 권한이 설정되어 있을 경우 [조치방법] SAM 파일 권한 확인후 Administrator, System 그룹외 나머지 제거 [Windows 2012] 1. %systemroot%\system32\config\SAM)속성>보안 2. Administrator, System 그룹 외 다른 사용자 및 그룹 권한 제거
조치 영향	일반적으로 영향 없음

- 시스템 종료
  - ☞ 이 보안 설정은 컴퓨터에 로컬로 로그온한 사용자 중에서 시스템 종료 명령을 사용하여 운영 체제를 종료할 수 있는 사용자 및 그룹을 결정하며 해당 권한 부여가 부적절 할 경우 서비스 거부 공격에 이용 될 수 있다.
  - ☞ 위협 영향 : 임의의 사용자가 시스템을 종료 할 수 있음

점검 방법	[Windows 2012] 1. 시작〉실행〉SECPOL.MSC〉로컬 정책〉사용자 권한 할당 2. "시스템 종료" 정책에서 확인
조치 방안	[기준] 양호 - "시스템 종료" 정책에 "Administrators" 만 존재할 경우 취약 - "시스템 종료" 정책에 "Administrators" 외 다른 계정 및 그룹이 존재할 경우 [조치방법] 시스템 종료 -〉 Administrators [Windows 2012] 1. 시작〉실행〉SECPOL.MSC〉로컬 정책〉사용자 권한 할당 2. "시스템 종료" 정책에 "Administrators" 외 다른 계정 및 그룹 제거 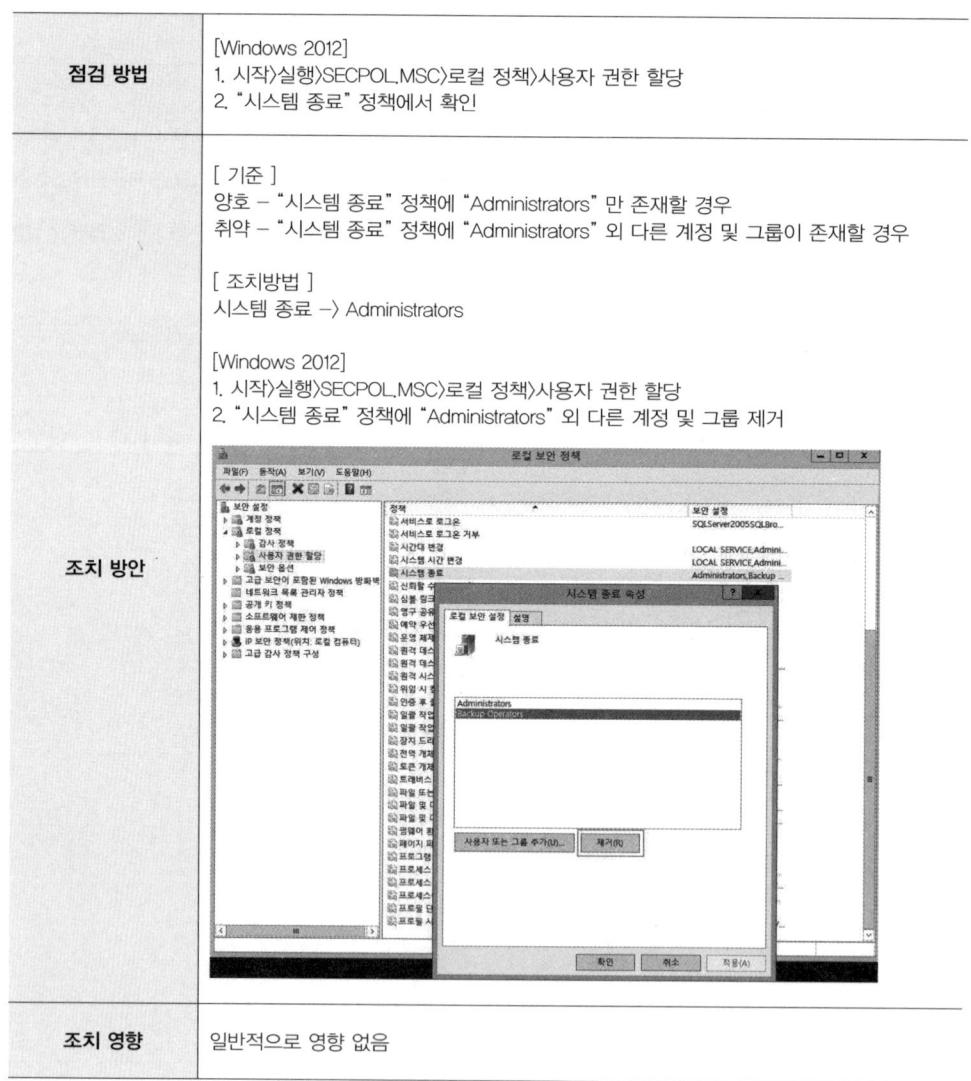
조치 영향	일반적으로 영향 없음

- 로그온하지 않고 시스템 종료 허용
  ☞ 로그온 창에 "시스템 종료" 버튼이 활성화되면, 비인가된 사용자가 또는 인가된 사용자의 비의도적인 실수 등으로 로그인을 하지 않고도 시스템의 불법적인 시스템 다운을 가능하게 하여, 정상적인 서비스에 장애를 발생시킬 수 있다.
  ☞ 위협 영향 : 시스템 종료 버튼을 비활성화 시킴으로써 비인가된 사용자로부터의 불법적인 시스템 다운, 비의도적인 실수 등을 미연에 방지할 수 있음

점검 방법	[Windows 2012] 시작〉실행〉SECPOL.MSC〉로컬정책〉보안옵션에서 확인
조치 방안	[기준] 양호 – "로그온 하지 않고 시스템 종료 허용"이 "사용 안 함"으로 설정되어 있을 경우 취약 – "로그온 하지 않고 시스템 종료 허용"이 "사용"으로 설정되어 있을 경우 [조치방법] 시스템 종료 : 로그온 하지 않고 시스템 종료 허용 -〉 사용 안 함 [Windows 2012] 1. 시작〉실행〉SECPOL.MSC〉로컬정책〉보안옵션 2. "로그온 하지 않고 시스템 종료 허용"을 사용 안 함 으로 설정 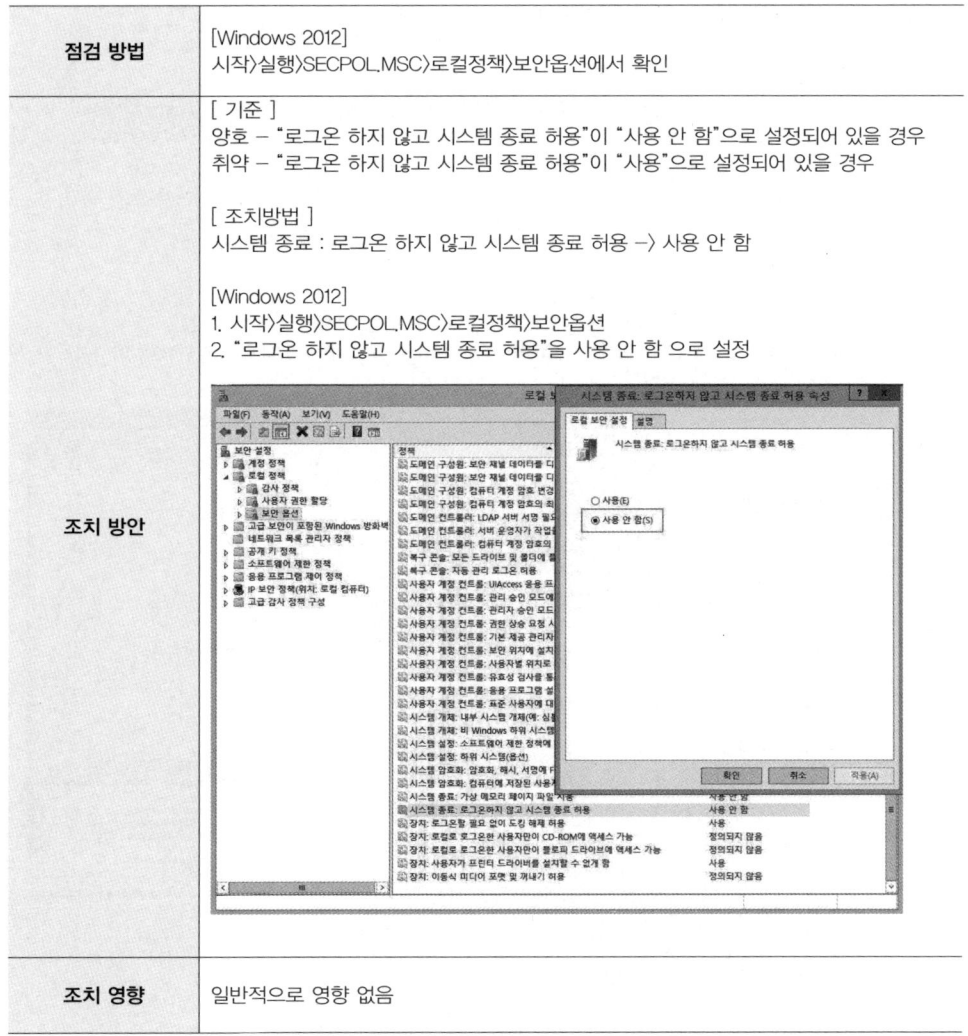
조치 영향	일반적으로 영향 없음

- 원격 시스템에서 시스템 강제 종료 차단
  ☞ 이 보안 설정은 원격에서 네트워크를 사용하여 운영 체제를 종료할 수 있는 사용자 및 그룹을 결정하며 해당 권한 부여가 부적절 할 경우 서비스 거부 공격에 이용 될 수 있다.
  ☞ 위협 영향 : 임의의 사용자가 원격에서 시스템을 종료 할 수 있다.

점검 방법	[Windows 2012] 1. 시작〉실행〉SECPOL.MSC〉로컬 정책〉사용자 권한 할당 2. "원격 시스템에서 강제로 시스템 종료" 정책에서 확인
조치 방안	[기준] 양호 – "원격 시스템에서 강제로 시스템 종료" 정책에 "Administrators" 만 존재할 경우 취약 – "원격 시스템에서 강제로 시스템 종료" 정책에 "Administrators" 외 다른 계정 및 그룹이 존재할 경우 [조치방법] 원격 시스템에서 강제로 시스템 종료 –〉 Administrators [Windows 2012] 1. 시작〉실행〉SECPOL.MSC〉로컬 정책〉사용자 권한 할당 2. "원격 시스템에서 강제로 시스템 종료" 정책에 "Administrators" 외 다른 계정 및 그룹 제거 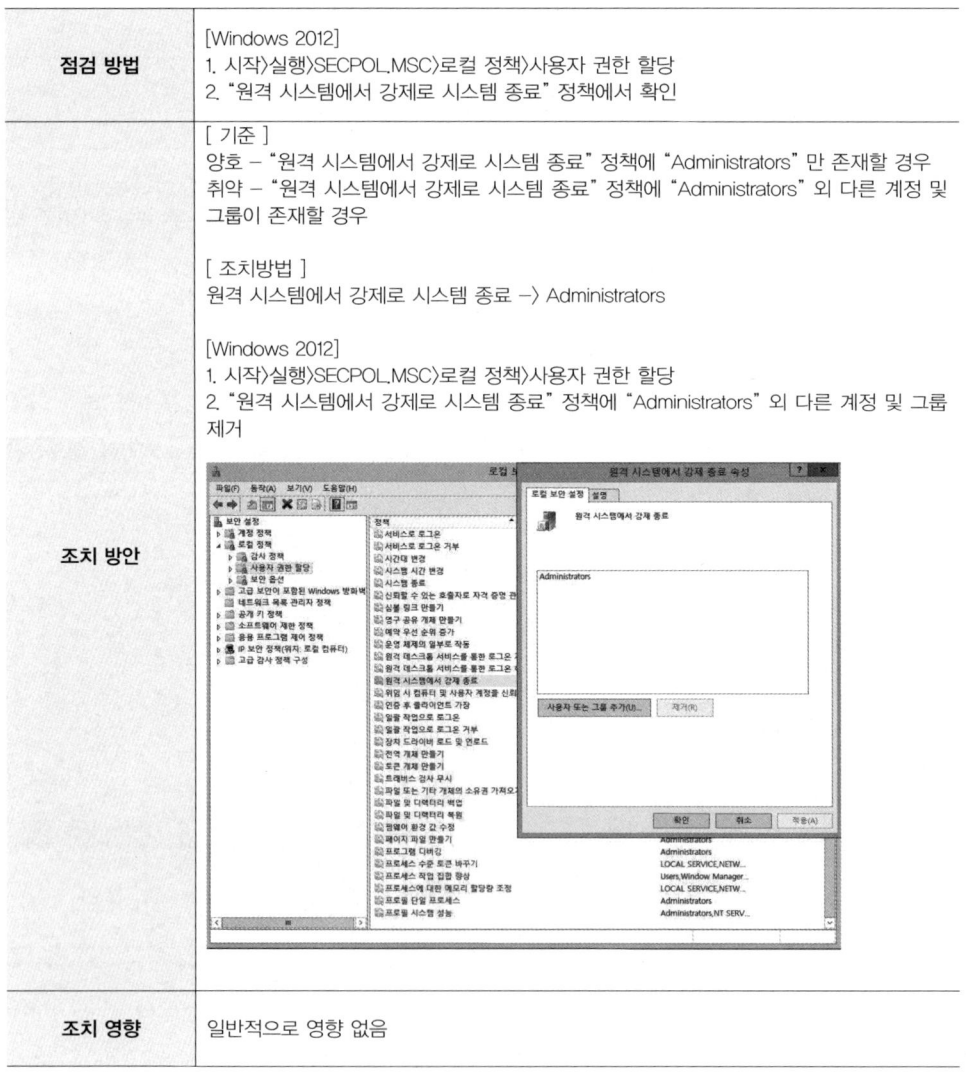
조치 영향	일반적으로 영향 없음

- 보안 감사를 로그할 수 없는 경우 즉시 시스템 종료
  - ☞ 이 정책 설정은 보안 이벤트를 기록할 수 없는 경우 컴퓨터를 종료할 것인지 여부를 정한다. 이 정책을 사용할 경우 서비스 거부 공격으로 사용될 수 있으며 비정상 종료로 인해 시스템 및 데이터에 손상을 입힐 수 있다.
  - ☞ 위협 영향 : 서비스 거부 공격에 이용될 수 있음

점검 방법	[Windows 2012] 시작>실행>SECPOL.MSC>로컬 정책>보안옵션에서 확인
조치 방안	[기준] 양호 – "보안 감사를 로그할 수 없는 경우 즉시 시스템 종료" 정책이 "사용 안 함" 으로 되어 있을 경우 취약 – "보안 감사를 로그할 수 없는 경우 즉시 시스템 종료" 정책이 "사용" 으로 되어 있을 경우 [조치방법] 감사:보안 감사를 로그할 수 없는 경우 즉시 시스템 종료 -> 사용 안 함 [Windows 2012] 1. 시작>실행>SECPOL.MSC>로컬 정책>보안옵션 2. "보안 감사를 로그할 수 없는 경우 즉시 시스템 종료" 정책을 "사용 안 함" 으로 설정
조치 영향	일반적으로 영향 없음

- SAM 계정과 공유의 익명 열거 허용 안 함
  - ☞ SAM(보안 계정 관리자) 계정과 공유의 익명 열거가 허용될 경우 Windows에서는 익

명 사용자가 도메인 계정(사용자, 컴퓨터 및 그룹)과 네트워크 공유의 이름 열거를 통해 악의적인 사용자가 계정 이름 목록을 익명으로 표시한 다음 이 정보를 사용하여 암호를 추측하거나 사회 공학적 기술 공격을 수행 할 수 있다.

☞ 위협 영향 : 임의의 명령어 실행, 임의의 파일 수정, 시스템 관리자 권한 획득

점검 방법	[Windows 2012] 시작〉실행〉SECPOL.MSC〉로컬정책〉보안옵션에서 확인
조치 방안	[기준] 양호 – 해당 보안옵션 값이 설정 되어 있을 경우 취약 – 해당 보안옵션 값이 설정 되어 있지 않을 경우 [조치방법] 레지스트리 값 또는 로컬보안정책 설정 [Windows 2012] 1. 시작〉실행〉SECPOL.MSC〉로컬정책〉보안옵션 2. "SAM 계정과 공유의 익명 열거 허용 안 함", "SAM 계정의 익명 열거 허용 안 함" 에 각각 "사용" 을 선택 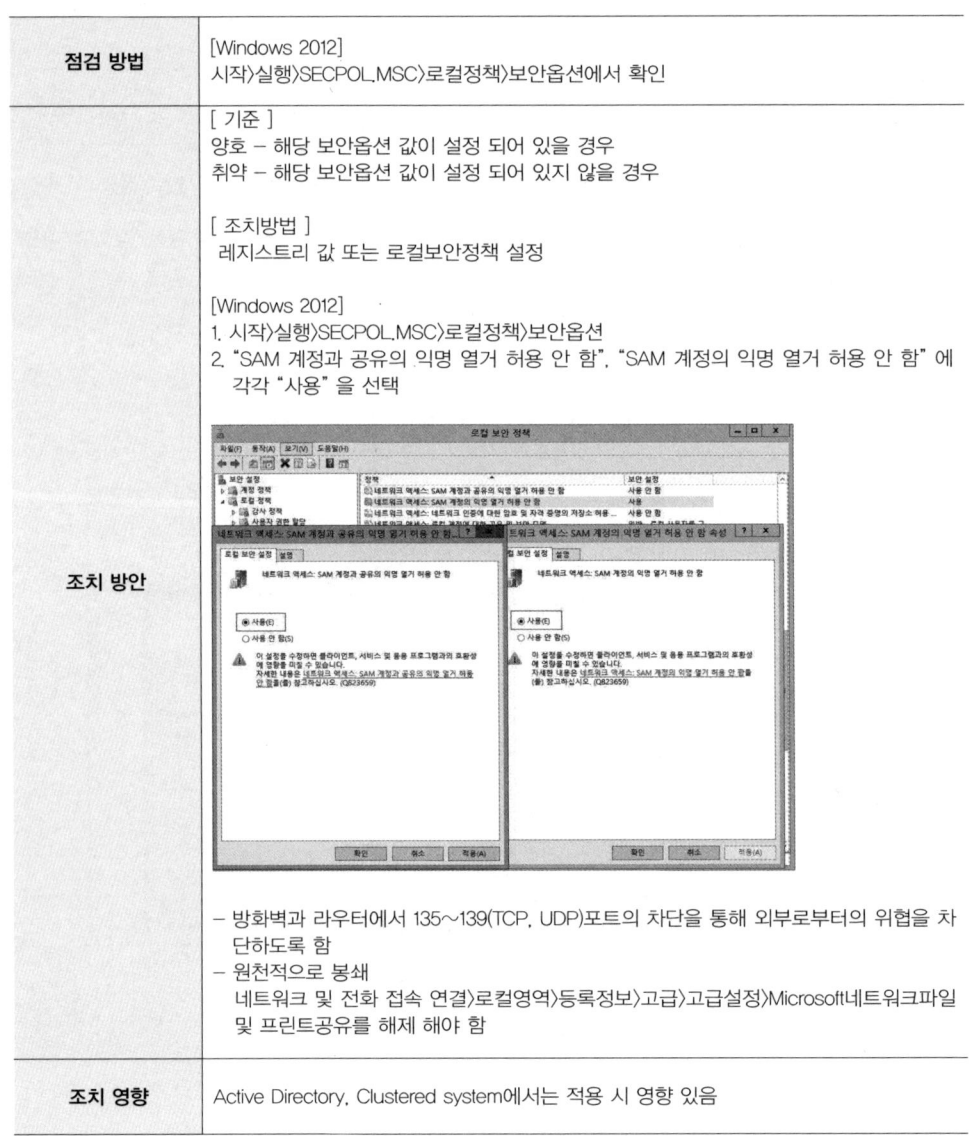 - 방화벽과 라우터에서 135~139(TCP, UDP)포트의 차단을 통해 외부로부터의 위협을 차단하도록 함 - 원천적으로 봉쇄 　네트워크 및 전화 접속 연결〉로컬영역〉등록정보〉고급〉고급설정〉Microsoft네트워크파일 및 프린트공유를 해제 해야 함
조치 영향	Active Directory, Clustered system에서는 적용 시 영향 있음

- LAN Manager 인증 수준
  - ☞ 이 정책 설정은 네트워크 로그온에 사용할 Challenge/Response 인증 프로토콜을 결정한다. LAN Manager는 네트워크를 통한 파일 및 프린터 공유 등과 같은 작업 시 인증을 담당한다. 보다 안전한 인증을 위해 NTLMv2를 사용하는 것이 좋다.
  - ☞ 위협 영향 : 암호 재생 공격에 취약함

점검 방법	[Windows 2012] 시작〉실행〉SECPOL.MSC〉로컬 정책〉보안옵션에서 확인
조치 방안	[기준] 양호 – "LAN Manager 인증 수준" 정책에 "NTLMv2 응답만 보냄" 이 설정되어 있을 경우 취약 – "LAN Manager 인증 수준" 정책에 "LM" 및 "NTLM"인증이 설정되어 있을 경우 [조치방법] 네트워크 보안:LAN Manager 인증 수준 -〉 NTLMv2 응답만 보냄 [Windows 2012] 1. 시작〉실행〉SECPOL.MSC〉로컬 정책〉보안옵션 2. "LAN Manager 인증 수준" 정책에 "NTLMv2 응답만 보냄" 을 설정 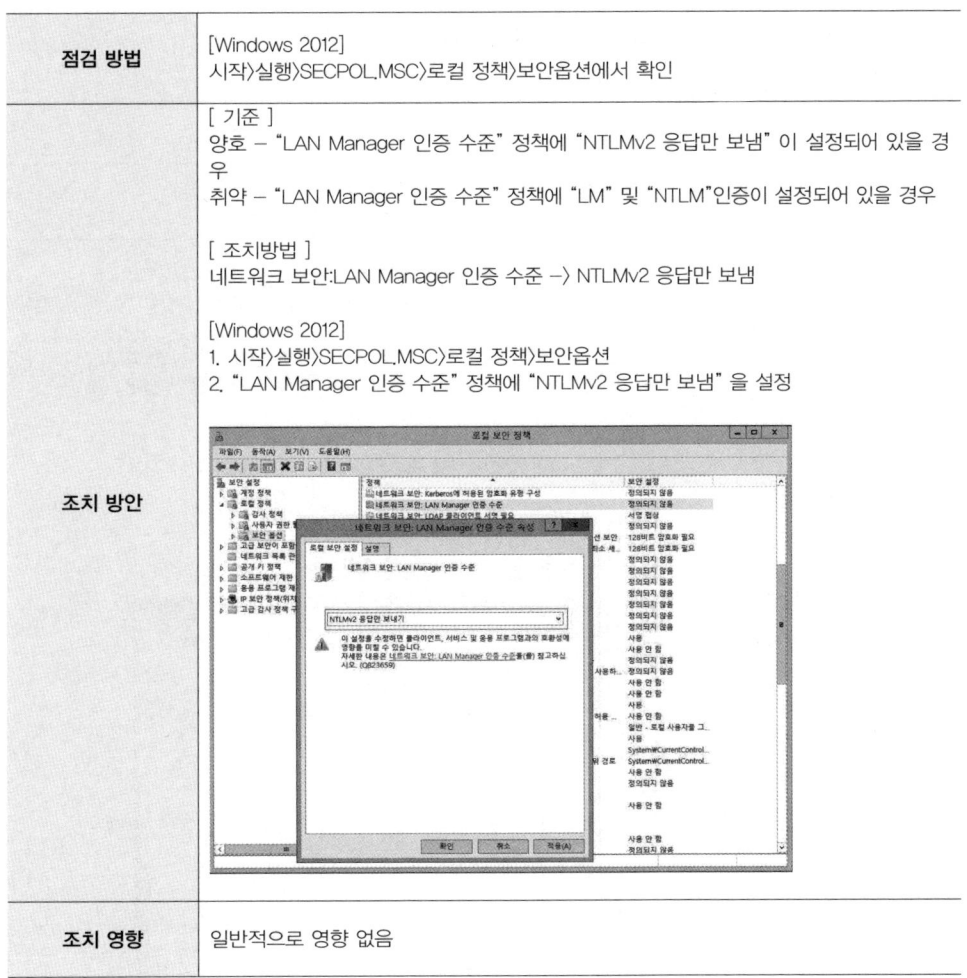
조치 영향	일반적으로 영향 없음

- 보안 채널 데이터 디지털 암호화 또는 서명
  - ☞ 이 정책 설정은 도메인 구성원이 시작하는 모든 보안 채널 트래픽을 서명하거

나 암호화할지 여부를 설정한다. 인증 트래픽을 끼어들기 공격, 반복 공격 및 기타 유형의 네트워크 공격에서 보호하기 위해 Windows 기반 컴퓨터에서는 NetLogon을 통해 보안 채널이라는 통신 채널을 만들며 이 채널은 컴퓨터 계정을 인증하며 원격 사용자가 네트워크 리소스에 연결되어 있고 사용자 계정이 신뢰할 수 있는 도메인에 있는 경우 사용자 계정도 인증함. 이 정책을 활성화 할 경우 "보안 채널 데이터를 디지털 암호화(가능하면)", "보안 채널 데이터를 디지털 서명(가능하면)"도 자동으로 활성화 된다.

☞ 위협 영향 : 암호 추측 공격이 쉬워짐

점검 방법	[Windows 2012] 시작〉실행〉SECPOL.MSC〉로컬 정책〉보안옵션에서 확인
조치 방안	[기준] 양호 – 아래 3가지 정책이 "사용" 으로 되어 있을 경우 취약 – 아래 3가지 정책이 "사용 안 함" 으로 되어 있을 경우 • 도메인 구성원: 보안 채널 데이터를 디지털 암호화 또는 서명(항상) • 도메인 구성원: 보안 채널 데이터를 디지털 암호화(가능한 경우) • 도메인 구성원: 보안 채널 데이터를 디지털 서명(가능한 경우) [조치방법] 보안 채널 데이터를 디지털 암호화/서명 관련 3개 정책 -〉 사용 [Windows 2012] 1. 시작〉실행〉SECPOL.MSC〉로컬 정책〉보안옵션 2. 위 3가지 정책을 모두 "사용" 으로 설정
조치 영향	도메인 구성원만 해당. Windows 98/NT 와 파일 및 프린터 공유 등의 작업을 하지 않을 경우 일반적으로 영향 없음

- 이동식 미디어 포맷 및 꺼내기 허용
  - ☞ 이 정책 설정은 이동식 NTFS 미디어 포맷 및 꺼내기가 허용되는 사용자를 결정한다. 사용자가 관리 권한을 가진 다른 컴퓨터로 이동식 디스크의 데이터를 이동하여 파일에 대한 소유권을 얻고 자신에게 모든 권한을 부여하여 파일을 보거나 수정할 수 있다.
  - ☞ 위협 영향 : 중요 데이터 유출

점검 방법	[Windows 2012] 1. 시작〉실행〉SECPOL.MSC〉로컬 정책〉보안옵션
조치 방안	[기준] 양호 – "이동식미디어 포맷 및 꺼내기 허용" 정책이 "Administrator"으로 되어 있을 경우 취약 – "이동식미디어 포맷 및 꺼내기 허용" 정책이 "Administrator"으로 되어 있지 않을 경우 [조치방법] 이동식 미디어 포맷 및 꺼내기 허용 –〉 Administrator [서비스영향] 일반적으로 영향 없음 [Windows 2012] 1. 시작〉실행〉SECPOL.MSC〉로컬 정책〉보안옵션 2. "이동식 미디어 포맷 및 꺼내기 허용" 정책을 "Administrator" 로 설정
조치 영향	일반적으로 영향 없음

- 디스크볼륨 암호화 설정
  - ☞ 데이터 스토리지 분실 시 데이터 열람이 가능
  - ☞ 위협 영향 : 데이터 유출

점검 방법	[Windows 2012] 1. 폴더선택〉속성〉[일반]탭〉고급〉고급특성에서 "데이터 보호를 위해 내용을 암호화" 확인
조치 방안	[기준] 양호 – "데이터 보호를 위해 내용을 암호화" 정책이 선택 된 경우 취약 – "데이터 보호를 위해 내용을 암호화" 정책이 선택 되어 있지 않은경우 [조치방법] EFS(Encryping File System) 활성화 [Windows 2012] 1. 폴더선택〉속성〉[일반]탭〉고급〉고급특성〉데이터 보호를 위해 내용을 암호화 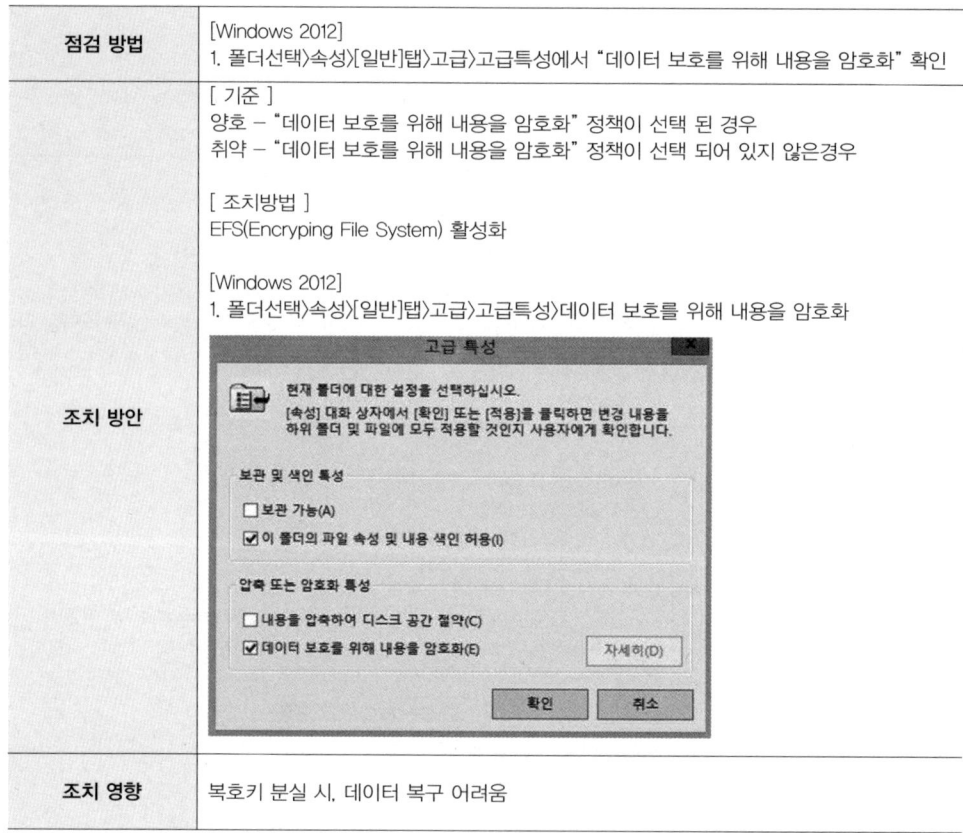
조치 영향	복호키 분실 시, 데이터 복구 어려움

- 컴퓨터 계정 암호 최대 사용 기간
  - ☞ 이 정책 설정은 도메인 구성원이 도메인 암호를 변경해야 하는 기간을 결정. 기본적으로 도메인 구성원의 도메인 암호는 자동으로 변경하도록 설정되어 있다.
  - ☞ 위협 영향 : 사용자 암호 해독 우려.

점검 방법	1. 관리도구〉로컬 보안 정책〉보안 옵션〉도메인 구성원: 컴퓨터 계정 암호 최대 사용 기간 에서 일수 확인. 2. 관리도구〉컴퓨터 관리〉시스템 도구〉로컬 사용자 및 그룹〉사용자에서 확인.
조치 방안	[기준] 양호 – "컴퓨터계정 암호 변경 사용 안 함" 정책 "사용 안 함" 설정 및 "컴퓨터 계정 암호 최대 사용 기간" 정책이 "90일"로 설정되어 있을 경우 취약 – "컴퓨터계정 암호 변경 사용 안 함" 정책이 "사용"으로 설정되어 있거나 "컴퓨터 계정 암호 최대 사용 기간" 정책이 "90일"로 설정되어 있지 않을 경우 [조치방법] 도메인 구성원: 컴퓨터 계정 암호 변경 사용 안 함 –〉 사용 안 함 도메인 구성원: 컴퓨터 계정 암호 변경 사용 안 함 –〉 90일 [서비스영향] 도메인 구성원만 해당, 일반적으로 영향 없음 [Windows 2012] 1. 시작〉실행〉SECPOL.MSC〉로컬 정책〉보안옵션 2. "컴퓨터 계정 암호 변경 사용 안 함" 정책 "사용 안 함" 설정 및 "컴퓨터 계정 암호 최대 사용 기간" 정책을 "90일"로 설정
조치 영향	일반적으로 영향 없음

1.2 보안·네트워크 장비 취약점 점검

chapter 1. 보안·네트워크 장비 취약점 진단 개요

■ **보안·네트워크 장비의 취약점 점검**

보안·네트워크 장비의 취약점 점검은 장비 설정 또는 장비를 통과하는 트래픽 처리 설정을 통해 공격자에 의해 공격당하지 않도록 보안점검 항목을 정의하여 점검을 실시한다. 취약점 점검 항목에 의해 현황을 파악하고 보안 기준에 부합하도록 설정을 유지하여 안정적인 서비스와 보안 위험을 사전 제거하는 것을 목적으로 한다.

→ 보안·네트워크 장비의 취약점 점검은 장비에 따라 세부적인 내용이 달라지지만 사전 정의된 취약점 점검 항목을 바탕으로 이루어진다.

취약점 점검은 계정관리, 접근 관리, 로그 관리, 기능 관리 등으로 나누어 실시한다.

- 계정관리: 시스템에 등록되어 있는 관리자 및 사용자 계정의 권한 오남용 여부, 패스워드의 안전한 설정 적용
- 접근 관리: 장비에 접근 IP설정 등 장비 자체에 대한 접근 통제 현황 점검
- 패치 관리: 장비 별 최신 보안 패치 및 제조사 권고사항 적용 내역 점검
- 로그 관리: 시스템 로그 접근 권한 점검, 로그수집에 대한 점검
- 기능 관리: 장비를 통과하는 트래픽에 대하여 보안 설정 점검

→ 보안·네트워크 장비 취약점 점검 방법
- 직접적으로 점검대상인 시스템에 접근 수동진단을 통해 현황을 파악하고 결과를 분석하여 진단

chapter 2. 보안 · 네트워크 장비 취약점 진단 기술

■ **특성에 따른 체크리스트**

일반적으로 서버 취약점 진단은 사전에 체크리스트를 준비하여 제조사별 특성에 따라 점검을 실시한다. 다음은 과학기술정보통신부의 주요정보통신기반시설에 대한 취약점 분석 · 평가 기준 중 보안 · 네트워크 장비에 대한 취약점 점검 항목이다.

→ 보안장비
  ■ 취약점 분석 · 평가 기본 점검항목

점검분류	번호	취약점 점검 항목	등급
계정 관리	S-1	보안장비 Default 계정 변경	상
	S-2	보안장비 Default 패스워드 변경	상
	S-3	보안장비 계정별 권한 설정	상
	S-4	보안장비 계정 관리	상
접근 관리	S-5	보안장비 원격 관리 접근 통제	상
	S-6	보안장비 보안 접속	상
	S-7	Session timeout 설정	상
패치관리	S-8	벤더에서 제공하는 최신 업데이트 적용	상
기능 관리	S-9	정책 관리	상
	S-10	NAT 설정	상
	S-11	DMZ 설정	상
	S-12	최소한의 서비스만 제공	상
	S-13	이상징후 탐지 경고 기능 설정	상
	S-14	장비 사용량 검토	상
	S-15	SNMP 서비스 확인	상
	S-16	SNMP community string 복잡성 설정	상

  ■ 취약점 분석 · 평가 선택 점검항목

분류	번호	취약점 점검 항목	등급
계정 관리	S-17	로그인 실패횟수 제한	중
로그 관리	S-18	보안장비 로그 설정	중
	S-19	보안장비 로그 정기적 검토	중
	S-20	보안장비 로그 보관	중

점검분류	번호	취약점 점검 항목	등급
로그 관리	S-21	보안장비 정책 백업 설정	중
	S-22	원격 로그 서버 사용	중
	S-23	로그 서버 설정 관리	하
	S-24	NTP 서버 연동	중
기능 관리	S-25	부가 기능 설정	중
	S-26	유해 트래픽 차단 정책 설정	중

→ 네트워크 장비

- 취약점 분석·평가 기본 점검항목

점검분류	번호	취약점 점검 항목	등급
계정 관리	N-1	패스워드 설정	상
	N-2	패스워드 복잡성 설정	상
	N-3	암호화된 패스워드 사용	상
접근 관리	N-4	VTY 접근(ACL) 설정	상
	N-5	Session Timeout 설정	상
패치관리	N-6	최신 보안 패치 및 벤더 권고사항 적용	상
기능 관리	N-7	SNMP 서비스 확인	상
	N-8	SNMP community string 복잡성 설정	상
	N-9	SNMP ACL 설정	상
	N-10	SNMP 커뮤니티 권한 설정	상
	N-11	TFTP 서비스 차단	상
	N-12	Spoofing 방지 필터링 적용	상
	N-13	DDoS 공격 방어 설정	상
	N-14	사용하지 않는 인터페이스의 shutdown 설정	상

- 취약점 분석·평가 기본 점검항목

분류	번호	취약점 점검 항목	등급
계정 관리	N-15	사용자. 명령어별 권한 수준 설정	중
접근 관리	N-16	VTY 접속 시 안전한 프로토콜 사용	중
	N-17	불필요한 보조 입출력 포트 사용 금지	중
	N-18	로그온 시 경고 메시지 설정	중
로그 관리	N-19	원격 로그서버 사용	하
	N-20	로깅 버퍼 크기 설정	중
	N-21	정책에 따른 로깅 설정	중

분류	번호	취약점 점검 항목	등급
로그 관리	N-22	NTP 서버 연동	중
	N-23	timestamp 로그 설정	하
기능 관리	N-24	TCP keepalive 서비스 설정	중
	N-25	Finger 서비스 차단	중
	N-26	웹 서비스 차단	중
	N-27	TCP/UDP small 서비스 차단	중
	N-28	Bootp 서비스 차단	중
	N-29	CDP 서비스 차단	중
	N-30	Directed-broadcast 차단	중
	N-31	Source 라우팅 차단	중
	N-32	Proxy ARP 차단	중
	N-33	ICMP unreachable, Redirect 차단	중
	N-34	identd 서비스 차단	중
	N-35	Domain lookup 차단	중
	N-36	pad 차단	중
	N-37	mask-rely 차단	중
	N-38	스위치 허브 보안 강화	하

MEMO

제 2장

웹 취약점 진단 기술

2.1 웹 취약점 진단

chapter 1. 웹 취약점 진단 개요

■ **웹 어플리케이션 취약점**

웹사이트에 존재하는 웹 어플리케이션 취약점은 다른 해킹 기법과 비교하여 상대적으로 낮은 수준의 기술로도 해킹이 가능하고, 이를 이용해 많은 사용자들을 대상으로 빠른 시간 내 악성코드의 전파가 가능하다. 또한 웹페이지를 방문하는 고객을 대상으로 악성코드가 전파되므로, 공격자의 입장에서는 특정 분야의 사용자를 목표로 한 공격이 가능하다. 웹 어플리케이션 취약점의 보완을 위해서는 취약점의 원인이 되는 웹페이지의 소스코드 레벨의 수정이 필요하나 홈페이지 소스에 대한 변경이 불가능한 경우에는 웹방화벽 등의 솔루션을 이용하여 취약점을 제거하기도 한다.

→ 웹 취약점 점검은 주로 자동화 도구를 이용하여 취약점을 점검하거나 직접 웹에 접속하여 수동으로 모의해킹을 진행하는 방식을 사용한다.

chapter 2. 웹 취약점 항목별 진단 기술

■ **웹 취약점 진단**

일반적으로 웹 취약점 진단은 서비스 중인 웹 서비스에 대하여 알려진 취약점에 대하여 진단을 실시한다. 취약점은 지속적으로 발생하고 있음으로 새로운 취약점에 대한 점검을 주기적으로 실시해야 한다.

→ 웹취약점 진단은 주로 도구를 활용하여 점검하며, 기업의 환경 및 특성에 맞는 도구를 선택하여 사용하면 된다. 각 웹취약점 점검 도구의 간략한 특성은 다음과 같다.

- Acunetix Web Vulnerability Scanner
  - 상용 웹 취약점 스캐너로써 2005년 6월에 처음 발표된 이후 지금까지 지속적으로 개발되어 현재 가장 많이 사용되는 상용 웹 취약점 스캐너 중 하나. 자동으로 웹 사이트에 대한 취약점을 스캔 할 수 있는 환경을 제공하며, 웹 응용프로그램뿐만 아니라 웹 서버도 검색할 수 있으며, 취약점을 발견했을 때 공격 코드를 입력할 수 있다.

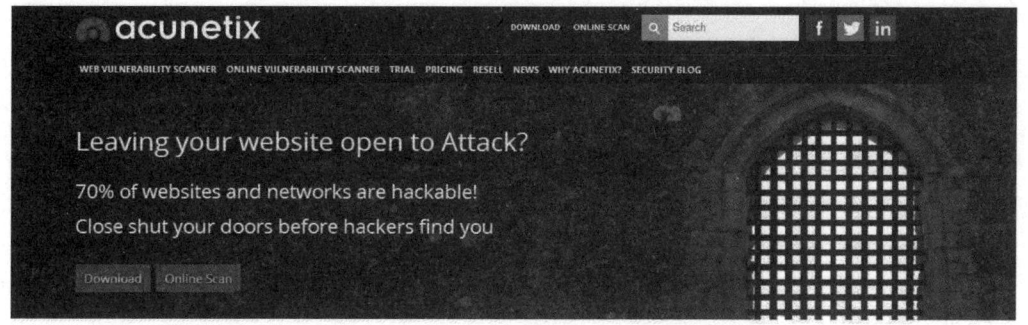

  - Acunetix 웹 취약점 스캐너의 기능
    - ☞ 웹 어플리케이션 자동화 취약점 진단
    - ☞ OWASP top 10, SANS top 8 기반 취약점 진단
    - ☞ Site Crawling 기능 제공
    - ☞ Acusensor를 활용한 정밀 취약점 진단 가능
    - ☞ 웹 취약점 발견 시 취약점 리포팅 수행
    - ☞ HTTP Editor 패킷 편집 기능 제공
    - ☞ HTTP Fuzzer 기능 제공
    - ☞ Admin page cracker 기능 제공
    - ☞ Blind SQL Injector 기능 제공
    - ☞ Subdomain Scanner 기능 제공

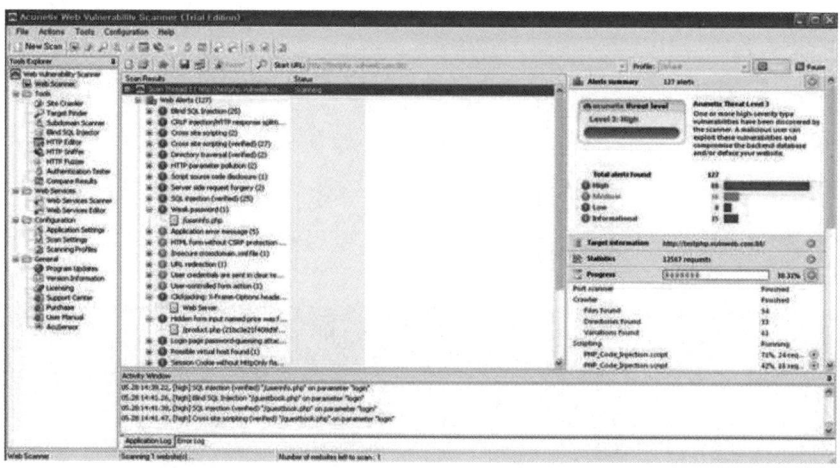

- IBM Security AppScan
  - 웹 애플리케이션 보안 취약점을 점검하는 Black Box 기반의 점검 도구로 외부 단에서 URL 기반의 점검을 진행하여 점검 대상 웹 사이트/ 애플리케이션에 대한 별도의 설정 또는 모듈의 설치 없이 쉽고 빠르게 취약점 점검이 가능하다.
  - 국내의 복잡한 웹 환경을 모두 지원하며, GUI와 보고서 전체를 한글로 제공하여 확장성 및 편의성이 용이한 국내 웹 애플리케이션 취약점 점검 시 많이 사용된다.

  - AppScan은 웹 애플리케이션의 보안 취약점 점검과 조치를 위한 수정권고안 및 보

안/코딩 가이드라인 제공하며, 탁월한 확장성과 운용성을 가지고 있고 모든 운영체제에서 운영되는 웹 서버(IIS, 아파치, 넷트케이프 등) 및 기반기술(ASP, PHP, AJAX, NET 등)에 대한 인프라스트럭쳐 및 애플리케이션 점검 지원하고 있다. 일반 사용자, 보안 전문가 및 모의해커를 위한 다양한 도구 및 Client Side의 인증, SSL, NTLM 등 다양한 인증관리/ 로그인도 지원한다. 국내 사용자가 편리하게 볼 수 있도록 GUI 및 보고서의 한글화가 지원된다.

- AppScan 주요 취약점 점검항목
  - ☞ 크로스 사이트 스크립팅, SQL 인젝션, 취약한 문자열 강도, 불충분한 인증
  - ☞ 취약점 패스워드 복구 기능, 크로스 사이트 요청 위조 공격
  - ☞ 링크 인젝션, 헤더 인젝션, iframe 삽입 공격
  - ☞ 세션 예측 및 세션 고정 공격, 불충분한 인가 및 세션 만료
  - ☞ 파일 업로드, 파일 다운로드 공격 수행
  - ☞ 관리자 페이지 노출, 테스트 페이지 및 스크립트 탐지
  - ☞ 경로 추적, 데이터 평문 전송, 쿠키 변조 공격 수행
  - ☞ 주민등록번호, 신용카드번호, 핸드폰번호 등 개인정보 등 기타 패턴 검색 및 추출

- Burp Suite
  - Burp Suite는 웹 애플리케이션 보안을 테스트하는 데 사용할 수 있는 웹 프록시 도구. 웹페이지의 내용을 전송하기 전에 GET 및 POST 데이터를 편집하거나 수정할 수 있으며, 자동 SQL 인젝션 취약성을 검출하는데 사용 할 수 있다.

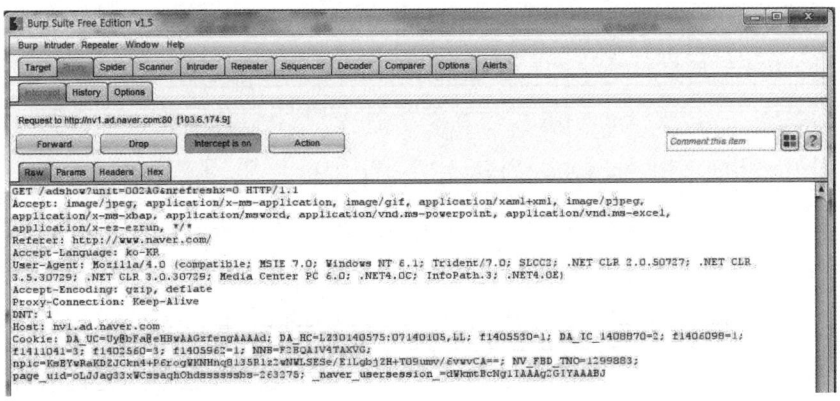

- Burp suite는 web application 을 공격하기 위한 통합 플랫폼/local proxy program이다. Web application의 분석, 스캔 (취약점 파악)이 가능하며 Linux, Windows 모두 사용 가능함. 최근에는 취약점 진단 도구로 많이 사용되고 있으며, Burp Suite의 일부분인 Burp Proxy도 많이 사용된다.
- Burp Proxy 주요 기능
  - ☞ Burp Proxy는 web application을 공격 또는 테스트하기 위한 대화형 HTTP/HTTPS Proxy 서버
  - ☞ Burp Proxy는 end browser와 target web server 사이의 중간자로써 작동하며 양방향(end browser에서 server로, server에서 end browser로)지나가는 raw traffic을 가로채거나 검사, 수정 가능
  - ☞ Burp Proxy으로 웹 서버에서 전송된 data, 주요 파라미터를 모니터링하고 수정하여 어플리케이션 취약점을 발견가능
  - ☞ 다양한 악의적인 방법으로 browser의 요청(request)을 수정함으로써 공격 가능

- Nessus Vulnerability Scanner
  - Nessus는 세계에서 가장 인기있는 보안 프로그램 중 하나로 무료로 사용하며 다양한 형태의 리포트(txt,html,pdf)를 제공. Nessus는 네트워크에 연결되어있는 서버와 네트워크 장비에대한 Scanning점검을 통해 보안상 취약한 서비스, 서버설정, 낮은버전의 프로그램 등을 알려줌으로써 보안 사고를 미연에 방지하도록 도움. 또한, 취약점에 대한 빠른 plug-in 제공으로 네트워크에서 설치되어있는 패치대상 장비를 쉽게 찾을 수 있다.
  - Nessus는 네트워크의 전반적인 보안 취약점 파악네트워크 대역이나 서버 팜을 대상으로 주기적인 Scanning 점검을 통한 취약점에대한 변동 사항을 파악하여 보안 사고 예방. 서버 하드닝을 위한 서버취약점 파악 및 새로운 서버 구축시 해당 서버에 대한 Scanning점검을 하여 점검 결과물을 바탕으로 프로그램 업데이트 및 서버 취약점을 제거하는데 이용가능. Nessus는 Server-Client구조로 취약점 점검을 하는 Nessus Server와 취약점 점검설정과 결과물을 제공하는 NessusClient로 이루어진다.

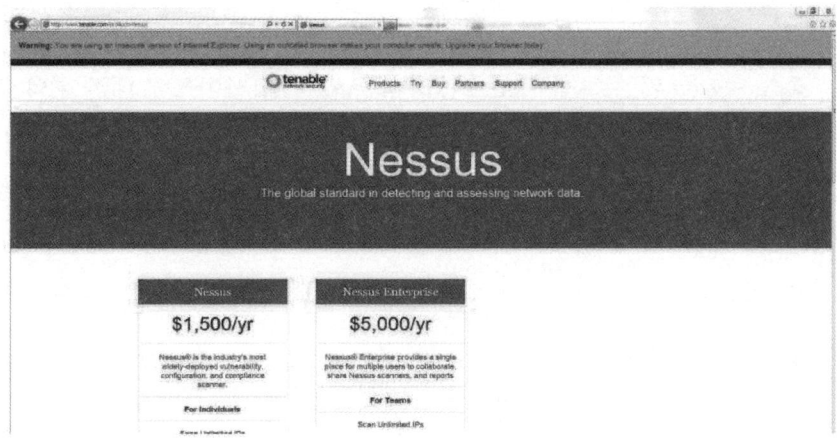

- Nessus 주요 기능
  - ☞ Malware Detection
  - ☞ Web Application Scanning
  - ☞ WSUS,SCCM, Tivoli, Red Hat Patch Management Integration
  - ☞ Mobile Device Detection
  - ☞ Exportable Reports
  - ☞ Scan Scheduling & Email Notifications
  - ☞ Sensitive Data Searches
  - ☞ SCADA Plugins
  - ☞ Multi-scanner Support
  - ☞ Access to the VMware Virtual Appliance
  - ☞ Product Support (Email/Chat)
  - ☞ Add Users, Create Groups, & Assign New Roles
  - ☞ Assign Resources (policies, schedules, scanners, reports)
  - ☞ LDAP Authentication (on-premise only)
  - ☞ Perimeter Scanning

- Paros
  - 파로스(Paros)는 웹 프록시 프로그램의 일종으로 웹 사이트에 대한 취약성 분석은 물론 강력한 웹 해킹 도구로 사용. 파로스는 웹 서버와 클라이언트 사이에 위치해 HTTP와 HTTPS 데이터 뿐만 아니라 쿠키와 폼필드 등을 중간에서 가로채 모니터링하거나 값을 변경해 서버로 전송한다. 파로스는 스파이더 기능, 스캔 기능, 필터 기능, HTTP request와 response Trapping 기능 등 다양한 기능을 가진다.

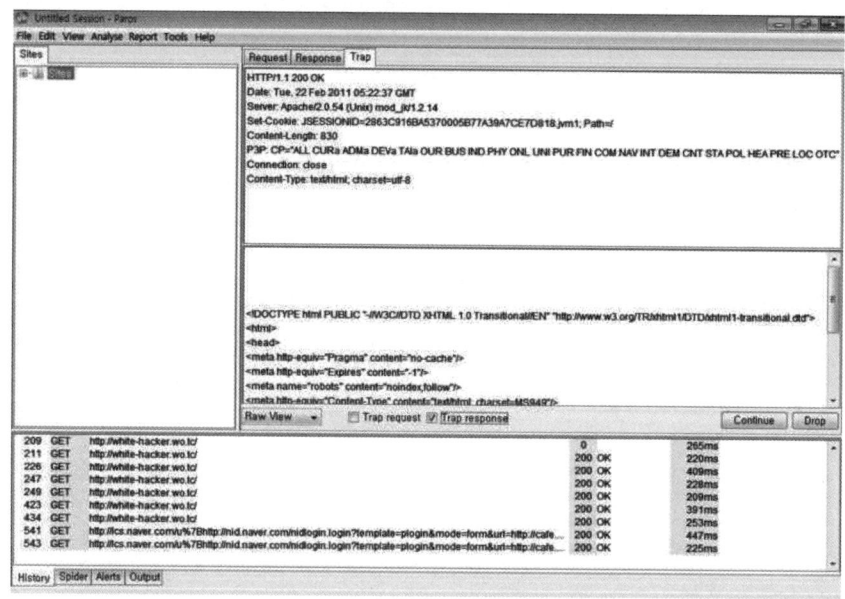

  - 스파이더 기능은 웹 사이트를 크롤링해서 가능한 많은 URL 링크를 수집하는 것으로 이 기능을 이용하면 직접 확인하기 전 짧은 시간 내에 웹 사이트의 링크 계층 구조를 더 잘 이해할 수 있다.
  - 스캔 기능은 웹 사이트 계층 구조에 기반을 둔 서버를 스캐닝하는 것으로, 서버 설정에 문제가 있는지 여부를 점검 할 수 있다.
  - 필터 기능은 Filter가 서버와 파로스 사이를 오가는 각 HTTP, HTTPS 메시지를 가로채 분석하는 기능을 하며, HTTP request와 response Trapping 기능은 웹 클라이언트가 웹 서버로 보낸 데이터를 임시로 가두고 데이터 수정을 가능하게 해준다. 파로스를 통해 전달되는 모든 HTTP와 HTTPS 를 분석한다.

→ 웹 취약점을 점검하기 위한 항목선택 기준은 다양하나 주로 OWASP Top 10, SANS TOP25, 국정원 8대취약점, 주요정보통신기반시설 취약점 분석·평가 기준 등을 사용하는데 거의 유사하며, 여기서는 과학기술정보통신부의 주요정보통신기반시설에 대한 취약점 분석·평가 기준(웹 부문) 항목을 살펴보기로 한다.

※ 국제 웹보안 분야 비영리기구인 OWASP(The Open Web Application Security Project)에서 3년마다 발표하는 'OWASP Top 10'은 웹어플리케이션을 중심으로 공격 빈도가 가장 많이 발생하고, 보안상 크게 영향을 줄 수 있는 상위 10가지 항목을 3년 단위로 업데이트

→ 웹
- 취약점 분석·평가 기본항목

코드	취약점명	설 명	등급
BO	버퍼오버플로우	메모리나 버퍼의 블록 크기보다 더 많은 데이터를 넣음으로써 결함을 발생시키는 취약점	상
FS	포맷스트링	스트링을 처리하는 부분에서 메모리 공간에 접근할 수 있는 문제를 이용하는 취약점	상
LI	LDAP인젝션	LDAP(Lightweight Directory Access Protocol) 쿼리를 주입함으로서 개인정보 등의 내용이 유출될 수 있는 문제를 이용하는 취약점	상
OC	운영체제명령실행	웹사이트의 인터페이스를 통해 웹 서버를 운영하는 운영체제 명령을 실행하는 취약점	상
SI	SQL인젝션	SQL문으로 해석될 수 있는 입력을 시도하여 데이터베이스에 접근할 수 있는 취약점	상
SS	SSI인젝션	SSI(Server-side Include)는 "Last modified"와 같이 서버가 HTML 문서에 입력갚는 변수 값으로, 웹 서버상에 있는 파일을 include 시키고, 명령문이 실행되게 하여 데이터에 접근할 수 있는 취약점	상
XI	XPath인젝션	조작된 XPath(XML Path Language) 쿼리를 보냄으로써 비정상적인 데이터를 쿼리해 올 수 있는 취약점	상
DI	디렉터리인덱싱	요청 파일이 존재하지 않을 때 자동적으로 디렉터리 리스트를 출력하는 취약점	상
IL	정보누출	웹 사이트 데이터가 노출되는 것으로 개발과정의 코멘트나 오류 메시지 등에서 중요한 정보가 노출되어 공격자에게 2차 공격을 하기 위한 중요한 정보를 제공할 수 있는 취약점	상
CS	악성콘텐츠	웹애플리케이션에 정상적인 컨텐츠 대신에 악성 컨텐츠를 주입하여 사용자에게 악의적인 영향을 미치는 취약점	상
XS	크로스사이트 스크립팅	웹애플리케이션을 사용해서 다른 최종 사용자의 클라이언트에서 임의의 스크립트가 실행되는 취약점	상
BF	약한문자열강도	사용자의 이름이나 패스워드, 신용카드 정보나 암호화 키 등을 자동으로 대입하여 여러 시행착오 후에 맞는 값이 발견되는 취약점	상

코드	명칭	설명	등급
IA	불충분한 인증	민감한 데이터에 접근할 수 있는 곳에 취약한 인증 메커니즘으로 구현된 취약점	상
PR	취약한 패스워드 복구	취약한 패스워드 복구 메커니즘(패스워드 찾기 등)에 대해 공격자가 불법적으로 다른 사용자의 패스워드를 획득, 변경, 복구할 수 있는 취약점	상
CF	크로스사이트 리퀘스트변조(CSRF)	CSRF 공격은 로그온한 사용자 브라우저로 하여금 사용자의 세션 쿠키와 기타 인증 정보를 포함하는 위조된 HTTP 요청을 취약한 웹애플리케이션에 전송하는 취약점	상
SE	세션 예측	단순히 숫자가 증가하는 방법 등의 취약한 특정 세션의 식별자(ID)를 예측하여 세션을 가로챌 수 있는 취약점	상
IN	불충분한 인가	민감한 데이터 또는 기능에 대한 접근권한 제한을 두지 않은 취약점	상
SC	불충분한 세션만료	세션의 만료 기간을 정하지 않거나, 만료일자를 너무 길게 설정하여 공격자가 만료되지 않은 세션 활용이 가능하게 되는 취약점	상
SF	세션고정	세션값을 고정하여 명확한 세션 식별자(ID) 값으로 사용자가 로그인하여 정의된 세션 식별자(ID)가 사용 가능하게 되는 취약점	상
AU	자동화공격	웹애플리케이션에 정해진 프로세스에 자동화된 공격을 수행함으로써 자동으로 수많은 프로세스가 진행되는 취약점	상
PV	프로세스검증누락	공격자가 응용의 계획된 플로우 통제를 우회하는 것을 허가하는 취약점	상
FU	파일업로드	파일을 업로드 할 수 있는 기능을 이용하여 시스템 명령어를 실행할 수 있는 웹 프로그램을 업로드 할 수 있는 취약점	상
FD	파일다운로드	파일 다운로드 스크립트를 이용하여 첨부된 주요 파일을 다운로드 할 수 있는 취약점	상
AE	관리자페이지 노출	단순한 관리자 페이지 이름(admin, manager 등)이나 설정, 프로그램 설계상의 오류로 인해 관리자 메뉴에 직접 접근할 수 있는 취약점	상
PT	경로추적	공격자에게 외부에서 디렉터리에 접근할 수 있는 것이 허가되는 문제점으로 웹 루트 디렉터리에서 외부의 파일까지 접근하고 실행할 수 있는 취약점	상
PL	위치공개	예측 가능한 디렉터리나 파일명을 사용하여 해당 위치가 쉽게 노출되어 공격자가 이를 악용하여 대상에 대한 정보와 민감한 정보가 담긴 데이터에 접근이 가능하게 되는 취약점	상
SN	데이터평문전송	서버와 클라이언트간 통신 시 암호화하여 전송을 하지 않아 중요 정보 등이 평문으로 전송되는 취약점	상
CC	쿠키변조	적절히 보호되지 않은 쿠키를 사용하여 쿠키 인젝션 등과 같은 쿠키 값 변조를 통한 다른 사용자로의 위장 및 권한 상승 등이 가능한 취약점	상

chapter 3. 웹 취약점 조치방안

- **웹어플리케이션 취약점에 대한 조치**

웹어플리케이션 취약점에 대한 조치는 기본적으로 웹 소스 코드를 수정해 주어야 하나 서비스 단절이 어려운 경우에는 웹방화벽 설정, 보안서버 적용 등을 이용하여 외부에서 접근을 차단하여 주기도 한다.

→ 운영체제 명령 실행
- 웹 어플리케이션에서 system(), exec()와 같은 시스템 명령어를 실행시킬 수 있는 함수를 제공하며 사용자 입력 값에 대한 필터링이 제대로 이루어지지 않을 경우 공격자가 운영체제 시스템 명령어를 호출하여 백도어 설치나 관리자 권한 탈취 등 시스템 보안에 심각한 영향을 미칠 수 있는 취약점
  - 시스템 계정 정보 유출, 백도어 설치, 관리자 권한 탈취, 시스템 명령어 실행

〈운영체제 명령실행 동작 과정〉

- **판단기준**

점검위치	행위	취약반응
URL	URL/파라미터에 ls, cat 등의 명령어 삽입(리눅스 계열)	운영체계 명령어 실행 결과 출력
	URL/파라미터에 dir, ipconfig 등의 실행 결과 출력 명령어 삽입(윈도우 계열)	

- 대응방안 : 웹방화벽 설정, 웹 어플리케이션 소스코드 시큐어 코딩 적용
  - 웹 방화벽에서 모든 사용자 입력 폼(로그인 폼, 검색 폼, URL 등)을 대상으로 특수문자, 특수구문 필터링 규칙 적용
    - ☞ 필터링 대상 : ; type cat dir ls ipconfig ifconfig set netstat 등 시스템 명령어에 대한 필터

type	cat	dir	ls	ipconfig	ifconfig	set]
netstat						

  - 웹 어플리케이션 운영 시 소스코드 상에 운영체제 명령어를 사용하지 않는 것이 바람직하나 부득이하게 운영체제 명령어를 사용해야 한다면 다음 같이 허용 가능한 명령어를 지정하여 지정된 명령어만 실행할 수 있도록 설정해야 함
    - ☞ 예시 : switch 문을 이용한 통한 명령어 실행 (JAVA)

```
1: // 서버로 전달된 파라미터를 변수에 저장
2: String in_code = request.getParament("cmd");
3: // 파라미터 값 확인 후 허용된 명령어만 실행 가능하도록 제어
4: switch ( in_code ) {
5: case "001":
6: comm_exec = "dir";
7: break;
8: case "002":
9: comm_exec = "netstat";
10: break;
11: default :
12: comm_exec = "n/a";
13: break;
14: }
15: // 허용 가능한 명령어가 존재할 경우
16: if (comm_exec != "n/a")  {
17: String cmd = new String("cmd.exe /c");
18: // 명령어 실행
19: Runtime.getRuntime().exec(cmd +" "+ comm_exec);
20: }
```

→ SQL 인젝션
- 데이터베이스와 연동된 웹 어플리케이션에서 SQL 질의문에 대한 필터링이 제대로 이루어지지 않을 경우 공격자가 입력이 가능한 폼(웹 브라우저 주소입력창 또는 로그인 폼 등)에 조작된 질의문을 삽입하여 웹 서버의 데이터베이스 정보를 열람 또는 조작을 할 수 있는 취약점

- 데이터베이스 정보노출, 데이터삽입, 삭제 및 변경, 데이터베이스 서비스 중지, 사용자인증 우회

〈SQL 인젝션 동작 과정〉

- 판단기준

점검위치	행위	취약반응
URL 검색 폼	['], ["], [;], [#], [—] 입력 [' having 1=1 —] 입력	DB 에러 문구 발생
URL 검색 폼	[' and 'a'='a], [' and 'a'='b] 입력 후 결과 비교	두 입력에 대해 서로 다른 반응
로그인폼	[' or '1=1] 입력	로그인 성공

- 대응방안 : 웹방화벽 설정, 웹 어플리케이션 소스코드 시큐어 코딩 적용
  - 웹 방화벽에서 모든 사용자 입력 폼(로그인 폼, 검색 폼, URL 등)을 대상으로 특수문자, 특수구문 필터링 규칙 적용
    - ☞ 필터링 대상

'	"	—	#	=	(	)
*/	/*	+	<	>	&&	||
%	union	select	insert	form	where	update
drop	if	join	decalre	and	or	column_name
tble_name	openrowset	substr	substring	xp_	sysobjects	syscolumns

  - JAVA의 PreparedStatement 클래스에 존재하는 setString 혹은 setInt 메소드를 통해 바인딩된 질의문을 활용하여 질의문의 구조가 변경되지 않도록 해야 함. 질의문에 필요한 변수를 직접 삽입하지 않고 바인딩이라는 과정을 통해 실행할 경우 SQL 인젝션 공격을 예방할 수 있음
    - ☞ 예시 : 바인딩된 질의문 사용 (JAVA)

```
1: // JAVA PreparedStatement 객체 생성
2: PreparedStatement stmt = connection.prepareStatement("SELECT *
FROM users WHERE idx=? AND userid=? AND password=?");
3: // setInt 메소드를 통한 바인딩질의 사용
4: stmt.setInt(1, user_idx);
5: // setString 메소드를 통한 바인딩질의 사용
6: stmt.setString(2, user_id);
7: stmt.setString(3, user_password);
8: ResultSet rs = stmt.executeQuery();
```

  - #{} 구문을 사용하면 기본적으로 PreparedStatement 파라미터를 생성하고 그 값을 대입하므로 자동으로 바인딩된 질의문을 사용할 수 있음. 부득이하게 ${} 구문을 사용해야 할 경우 질의문에 사용자 입력 값을 인자로 사용하지 않거나 적절한 검증 또는 예외 처리 과정이 필요함
    - ☞ 예시

```
1: // 바인딩된 질의문을 사용하기 위한 질의문 선언
2: insert into USER (id, name, email, phone) values (# {id }, # {name },
# {email }, # {phone })
3: update USER set name = # {name }, email = # {email }, phone =
# {phone } where id = # {id }
4: delete from USER where id = # {id }
```

→ XPath 인젝션
- 데이터베이스와 연동된 웹 어플리케이션에서 XPath 및 XQuery 질의문에 대한 필터링이 제대로 이루어지지 않을 경우 공격자가 입력이 가능한 폼(웹 브라우저 주소입력창 또는 로그인 폼 등)에 조작된 질의문을 삽입하여 인증 우회를 통해 XML 문서로부터 인가되지 않은 데이터를 열람 할 수 있는 취약점
  - 사용자 인증 우회, 사용자 정보노출, 웹 사이트 로직 손상

〈XPath 및 XQuery 인젝션 동작 과정〉

- 판단기준

점검위치	행위	취약반응
로그인 폼	['] | * | user[@role='admin] 입력	계정 및 개인정보 노출
로그인 폼	[something' or '1'='1] 입력	계정 및 개인정보 노출

- 예시: http://www.test.or.kr/board.php?search=content&login=yes&id=test

■ 대응방안 : 웹방화벽 설정, 웹 어플리케이션 소스코드 시큐어 코딩 적용
  - 웹 방화벽에서 모든 사용자 입력 폼(로그인 폼, 검색 폼, URL 등)을 대상으로 특수문자, 특수구문 필터링 규칙 적용
    ☞ 필터링 대상

'	,	=	(	)	[	]
/	:	*				

  - 서버로 전달되는 사용자 입력 값 검증 시 XPath 인젝션에 주로 사용되는 문자(', ", [등)들을 리스트로 지정하여 해당하는 문자가 존재할 경우 질의문 실행이 불가능하도록 설정해야 함. 또한 URLDecoder 클래스에 존재하는 decode 메소드를 통해 URL 인코딩이 적용된 사용자 입력 값을 디코딩함으로써 우회공격을 차단할 수 있음
    ☞ 예시 : 바인딩된 질의문 사용 (JAVA)

```
1: // XPath 인젝션 시 사용되는 문자 패턴
2: String CharList = "()='[]:,*/ ";
3: // 서버로 전달된 파라미터를 변수에 저장
4: String xStr = request.getParameter("query");
5: // 인코딩 우회를 방지하기 위한 디코딩
6: String dValue = URLDecoder.decode(xStr, Charset.defaultCharset().name());
7: // 인젝션 문자가 존재하는지 확인
8: for ( char c : dValue.toCharArray() ) {
9:   if ( CharList.indexOf(c) != -1 ) { // 인젝션 문자가 존재할 경우
10:    ... ... // 에러 메시지 출력
11:    break;
12: }
13: }
```

→ 정보누출

■ 웹 어플리케이션의 민감한 정보가 개발자의 부주의로 인해 노출되는 것으로 중요 정보(관리자 계정 및 테스트 계정 등)를 주석구문에 포함시켜 의도하지 않게 정보가 노출되는 취약점

■ 또한 디폴트로 설정된 에러 페이지를 그대로 사용할 경우 시스템 내부 문제점을 자세하게 출력해주기 때문에 절대경로, 상태코드, 데이터베이스 종류, 질의문 등이 노출될

수 있으며 이밖에도 공격자가 검색엔진을 통하여 각종 개인정보 및 서버 정보 등 해킹에 필요한 정보를 획득할 수 있음
- 개발 이력 노출, 테스트 및 관리자 계정 노출, 데이터베이스 정보 노출

- 판단기준

점검위치	행위	취약반응
웹 페이지 전체	웹 페이지 소스보기	중요정보 노출
URL	URL에 웹 서버 디렉터리 명 입력	서버정보 노출

- 대응방안 : 웹 어플리케이션 소스코드 시큐어 코딩 적용, 미흡한 웹 서버 보안 설정 변경
  - 모든 웹 페이지에 대해 개발단계에서 디버깅 및 테스트를 목적으로 작성한 주석구문에 서버 주요 정보가 포함되어 있을 경우 공격자가 해당 정보를 다른 취약점과 연계해 사용할 수 있으므로 제거해야 함
  - 전체적인 통합 에러 페이지를 작성한 후 모든 에러코드에 대해 통합 에러 페이지로 리다이렉트 되도록 설정하여 공격자가 서버정보 및 에러코드를 수집할 수 없도록 설정해야 함
    ☞ 예시 : 안전한 서버 설정

```
1: <web-app>
2: <error-page>
3: <error-code>404</error-code>
4: <location>/error.jsp</location>
5: </error-page>
6: <error-page>
7: <error-code>403</error-code>
8: <location>/error.jsp</location>
9: </error-page>
10: <error-page>
11: <error-code>500</error-code>
12: <location>/error.jsp</location>
13: </error-page>
14: </web-app>
```

→ 악성콘텐츠

- 웹 어플리케이션에서 사용자 입력 값에 대한 필터링이 제대로 이루어지지 않을 경우 공격자가 악성콘텐츠를 삽입할 수 있으며, 악성콘텐츠가 삽입된 페이지에 접속한 사용자는 악성코드 유포 사이트가 자동으로 호출되어 악성코드에 감염될 수 있는 취약점
- 악성콘텐츠는 SQL 인젝션, Cross Site Script, 파일 업로드를 통한 페이지 위변조 기법 등을 통해 삽입이 가능하므로 해당 취약점을 반드시 제거하여 악성콘텐츠 삽입이 불가능 하도록 조치가 필요함
  - 악성코드 감염, 웹 페이지 변조

〈악성콘텐츠 동작 과정〉

- 판단기준

점검위치	행위	취약반응
XSS 발생지점	〈script src="악성콘텐츠 주소"〉〈/script〉 입력 〈iframe src="악성콘텐츠 주소"〉〈/iframe〉 입력	악성 콘텐츠 삽입

- 대응방안
  - 크로스 사이트 스크립팅(XSS) 대응 방안과 동일

→ 크로스 사이트 스크립팅(XSS)
- 웹 어플리케이션에서 사용자 입력 값에 대한 필터링이 제대로 이루어지지 않을 경우, 공격자가 입력이 가능한 폼(웹 브라우저 주소입력 또는 게시판 등)에 악의적인 스크립트를 삽입하여 사용자 세션 도용, 악성코드를 유포할 수 있는 취약점
  - 사용자의 개인정보 및 쿠키정보 탈취, 악성코드 감염, 웹 페이지 변조

〈XSS 동작 과정〉

- 판단기준

점검위치	행위	취약반응
사용자 입력 폼	〈script〉alert()〈/script〉 입력	팝업창 발생

- **대응방안** : 웹방화벽 설정, 웹어플리케이션 소스코드 시큐어코드 적용
  - 웹 방화벽에서 모든 사용자 입력 폼(로그인 폼, 검색 폼, URL 등)을 대상으로 특수문자, 특수구문 필터링 규칙 적용
    - ☞ 필터링 대상

〈	〉	onstop	layer
javascript	eval	onactivae	onfocusin
applet	document	onclick	onkeydown
xml	create	onbeforecut	onkeyup
link	binding	ondeactivate	onload
script	msgbox	ondragend	onbounce
object	embed	ondragleave	onmovestart
frame	applet	ondragstart	onmouseout
ilayer	javascript	onerror	onmouseup
bgsound	href	embed	onabort
base	onstart	onfocus	onmovestart
onmove	onrowexit	onunload	onsubmit
innerHTML	onpaste	ondblclick	vbscript
charset	onresize	ondrag	expression
string	onselect	ondragenter	onchange
append	onscroll	ondragover	meta
alert	title	ondrop	void
refresh	iframe	oncopy	oncut
ilayer	blink	onfinish	frameset
cookie	style	onreset	onselectstart

  - JAVA의 내장 함수인 replaceAll 메소드를 이용하여 "〈", "〉"와 같이 HTML 태그 실행에 사용되는 문자열을 치환하여 공격자가 삽입한 악의적인 스크립트가 실행되지 않도록 설정해야 함. 부득이하게 사용해야 될 HTML 태그가 존재한다면 상기 예제와 같이 replaceAll 메소드를 사용하여 치환된 문자열을 다시 원래의 태그로 치환함으로써 HTML 태그가 실행 가능하도록 설정 하는 것을 권장함

☞ 예시 : 특수문자 치환(JAVA)

```
1: // 서버로 전달된 게시판 내용(content)을 ckeckContent 변수에 저장
2: String checkContent = request.getParameter("content");
3: // 게시판 내용이 존재할 경우
4: if ( checkContent != null ) {
5: // HTML 태그가 실행되지 않도록 문자열 치환
6: checkContent = checkContent.replaceAll("<", "&lt;");
7: checkContent = checkContent.replaceAll(">", "&gt;");
8: ... ...
9: // 허용할 HTML 태그만 실행 가능하도록 변경
10: checkContent = checkContent.replaceAll("&lt;P&gt;", "<P>");
11: }
12: else { ... ... }
```

변환 대상	변환 값	변환 대상	변환 값
<	&lt;	)	&#41;
>	&gt;	#	&#35;
(	&#40;	&	&#38;
"	&quot;	'	&#x27;
/	&#x2F;		

〈치환이 필요한 특수문자〉

- 서버로 전달된 사용자 입력 값 검증 시 XSS에서 주로 사용되는 문자(〈, 〉 등)들을 리스트로 지정하여 해당 문자가 존재할 시 삽입이 불가능하도록 설정해야 함
- 또한 URLDecoder 클래스에 존재하는 decode 메소드를 통해 URL 인코딩이 적용된 사용자 입력 값을 디코딩함으로써 우회공격을 차단할 수 있음

☞ 예시 : 패턴 기법을 통한 XSS 방어

```
1: // XSS에 사용되는 문자 패턴
2: String xssCharList = "<>";
3: // 서버로 전달된 파라미터를 변수에 저장
4: String xssStr = request.getParameter("contents");
5: // 인코딩 우회를 방지하기 위한 디코딩
6: String decodeValue = URLDecoder.decode(xssStr, Charset.defaultCharset().name());
7: // XSS에 사용되는 문자가 존재하는지 확인
8: for ( char c : decodeValue.toCharArray() ) {
9: // 문자가 존재할 경우
10: if ( xssCharList.indexOf(c) != -1 ) {
11: ... ... // 에러 메시지 출력
12: break;
13: }
14: }
```

→ 약한 문자열 강도
- 웹 어플리케이션에서 회원가입 시 안전한 패스워드 규칙이 적용되지 않아 취약한 패스워드로 회원가입이 가능할 경우 공격자가 추측을 통한 대입 및 주변 정보를 수집하여 작성한 사전파일 통한 대입을 시도하여 사용자의 패스워드를 추출할 수 있는 취약점
  - 추측을 통한 사용자 권한 탈취

〈약한 문자열 강도 동작 과정〉

- 판단기준

점검위치	행위	취약반응
로그인 폼	추측 가능한 계정 및 패스워드를 입력하여 로그인 시도	로그인 성공

- 대응방안 : 웹 어플리케이션 소스코드 시큐어 코딩 적용
  - 비밀번호 설정 시 영문자, 숫자, 특수문자가 반드시 하나씩 존재하도록 설정하는 것을 권장하며 아래와 같은 사항들을 주기적으로 점검하여 사용자가 취약한 패스워드를 사용할 수 없도록 패스워드 규칙을 선정하여 안내하는 것을 권장함

☞ 필터링 대상

1) admin, master 등 유추하기 쉬운 계정 이름 사용 금지
2) 간단한 문자(영어단어 포함)나 숫자의 연속사용은 금함
3) 키보드 상에서 일련화 된 배열을 따르는 패스워드 선택 금지
4) 사전에 있는 단어, 이를 거꾸로 철자화한 단어 또는 숫자 하나를 더한 단어 사용 금지
5) 생일, 전화번호 개인정보 및 아이디와 비슷한 추측하기 쉬운 비밀번호는 사용하지 않도록 함
6) 패스워드를 주기적으로 변경해야 함
7) 패스워드의 최소 사용기간, 최대 사용기간을 설정함
8) 이전에 사용한 패스워드는 재사용 금지
9) 계정 잠금 정책 설정 ex) 로그인 5회 실패 시 30분 동안 사용 중지

〈안전한 계정 설정 항목〉

- 또한 로그인 시 아이디와 패스워드에 따라 다르게 출력되는 팝업창으로 인해 사용자의 계정 존재유무를 확인할 수 있으므로 "회원 정보가 올바르지 않습니다."와 같은 일관성 있는 팝업창을 출력해야 함

☞ 예시 : 특수문자 치환(JAVA)

```
1: // 비밀번호 복합도 상태 저장
2: boolean isValidChar = false;
3: boolean isValidNum = false;
4: // 서버로 전달된 파라미터를 변수에 저장
5: String pwStr = request.getParament("passwd");
6: // 허용 가능한 숫자 설정
7: String validNum = "0123456789";
8: // 허용 가능한 특수문자 설정
9: String validChar = "!@$%&^*";
10: // 비밀번호에 숫자가 존재하는지 확인
11: for ( char c : pwStr.toCharArray() ) {
12: if ( validNum.indexOf(c) != -1 ) { // 숫자가 존재할 경우
13: isValidNum = true;
14: break;
15: }
16: }
17: // 비밀번호에 특수문자가 존재하는지 확인
18: for ( char c : pwStr.toCharArray() ) {
19: if ( validChar.indexOf(c) != -1 ) { // 특수문자가 존재할 경우
20: isValidChar = true;
21: break;
22: }
23: }
24: // 비밀번호에 특수문자와 숫자가 존재할 경우
25: if ( validChar && validNum ) {
26: ... ... // 정상적인 회원가입 처리
27: }
```

→ 불충분한 인증 및 인가
- 웹 어플리케이션에서 개인정보 수정 페이지나 통합 로그인(SSO)과 같은 곳에서 사용자 인증이 미흡(아이디로 인증)할 경우 공격자가 파라미터로 전달되는 값을 수정하여 사용자 도용 및 개인정보 노출 문제가 발생할 수 있는 취약점
- 관리자 권한을 가지고 있는 페이지에 대해 접근 제한을 설정하지 않았을 경우 공격자가 해당 페이지로 접근하여 조작이 가능한 문제가 발생 할 수 있음
  - 개인정보 노출, 사용자 인증 우회, 사용자 및 관리자 권한 도용, 관리자 권한 획득

〈불충분한 인증 및 인가 동작 과정〉

- 판단기준

점검위치	행위	취약반응
URL	웹 프록시 도구를 사용하여 각종 파라이터 변조	인증 우회를 통한 사용자 페이지 접근
URL	페이지 명을 추측하여 URL에 강제 브라우징	관리자 기능 페이지 접근

- 대응방안 : 웹 어플리케이션 소스코드 시큐어 코딩 적용
  - 공격자가 파라미터 변조를 통해 권한 없는 사용자의 인증을 요청할 경우 로그인한 사용자들의 아이디 정보를 세션에 저장하여 세션에 저장된 아이디 값과 전달된 파라미터 값을 비교하여 사용자 검증(인증)을 할 수 있도록 설정해야 함
    ☞ 예시 : 세션을 이용한 사용자 인증(JAVA)

```
1: // 서버로 전달된 파라미터를 변수에 저장
2: String userID = request.getParameter("userid");
3: // 사용자의 세션 정보를 반환
4: HttpSession session = request.getSession(true);
5: // 세션에 존재하는 userID 정보를 반환
6: String sessionID = session.getAttribute("userID");
7: // 세션 정보와 파라미터 값을 비교 (사용자 검증)
8: if ( !sessionID.equals(userID) ) {
9: ... ... // 에러 메시지 출력 (인증 실패)
10: }
```

  - 공격자가 파라미터 변조를 통해 권한 없는 사용자의 인증을 요청할 경우 로그인한 사용자들의 아이디 정보를 세션에 저장하여 세션에 저장된 아이디 값과 전달된 파라미터 값을 비교하여 사용자 검증(인증)을 할 수 있도록 설정해야 함
    ☞ 예시: IP접근 제한(JAVA)

```
인가된 사용자만 접근할 수 있는 페이지 (관리자페이지)
1: // 사용자의 IP 정보를 반환
2: String userIP = request.getRemoteAddr();
3: // 사용자의 IP가 접근 가능한 IP인지 비교 (IP 접근 제한)
4: if ( !userIP.equals("192.168.1.2") ) {
5: ... ... // 에러 메시지 출력 (비인가 사용자)
6: }
```

→ 취약한 패스워드 복구
- 웹 어플리케이션에 존재하는 비밀번호 찾기 기능 또는 관리자에 의한 임시 비밀번호 발급 시 사용자 인증이 미흡하거나 비밀번호를 화면에 즉시 출력할 경우 공격자가 불법적으로 다른 사용자의 비밀번호를 획득, 변경, 복구할 수 있는 취약점
  - 사용자 패스워드 노출

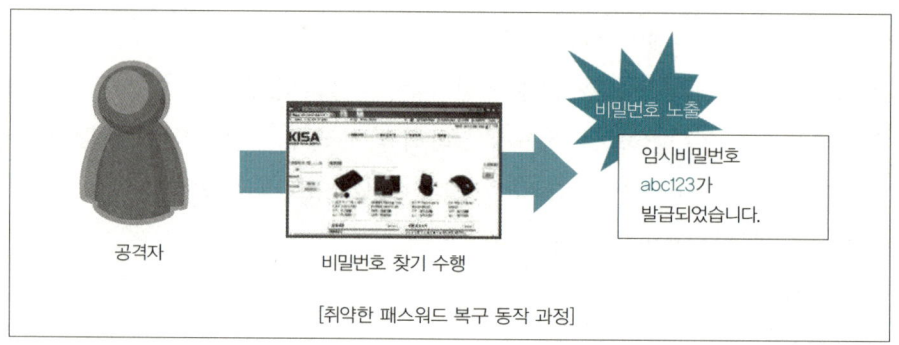

[취약한 패스워드 복구 동작 과정]

- 판단기준

점검위치	행위	취약반응
비밀번호 찾기 페이지	임의의 정보를 입력하여 비밀번호 찾기 시도	사용자 비밀번호 노출

- 대응방안 : 웹 어플리케이션 소스코드 시큐어 코딩 적용
  - 사용자 비밀번호 찾기 시 데이터베이스에 저장되어 있는 사용자 정보와 입력한 사용자 정보가 일치하는지 비교하는 인증 구문을 적용해야 하며, 인증 후 발급되는 임시 비밀번호의 경우 웹 페이지에 노출시키지 않고 사용자의 이메일 또는 SMS를 통해 전송되도록 설정해야 함
    - ☞ 예시 : DB 연동을 통한 사용자 인증(JAVA)

```
1: // 서버로 전달된 파라미터를 변수에 저장
2: String userID = request.getParameter("userID");
3: String userEmail = request.getParameter("userEmail");
4: // JAVA PreparedStatement 객체 생성
5: PreparedStatement stmt = connection.prepareStatement("SELECT idx FROM users WHERE userid=? AND email=?");
6: // setString 메소드를 통한 바인딩질의 사용
7: stmt.setString(1, userID);
8: stmt.setString(2, userEmail);
9: // 질의문 실행
10: ResultSet rs = stmt.executeQuery();
11: int userIdx = 0;
12: // 사용자의 idx 값을 반환
13: int userIdx = rs.getInt("idx");
14: // 정상적인 사용자인지 확인 (사용자 인증)
15: if ( userIdx != 0 ) {
16: … … // 정상적인 비밀번호 찾기 실행
17: }
```

→ 불충분한 세션 관리
- 웹 어플리케이션에서 사용자가 로그인을 할 경우 매번 동일한 세션 ID(일정한 패턴이 존재)를 발급하거나 세션 타임아웃을 너무 길게 설정하였을 경우 공격자가 다른 사용자의 세션을 재사용하여 해당 사용자의 권한을 탈취할 수 있는 취약점
  - 사용자 권한 획득

〈취약한 패스워드 복구 동작 과정〉

- 판단기준

점검위치	행위	취약반응
로그인 후 세션 ID	세션 값을 변조하여 로그인 시도	다중 로그인 성공
로그인 후 세션 ID	로그인, 로그아웃을 반복하여 수집된 세션 IS의 패턴 분석	타 사용자 로그인 성공

- **대응방안 : 웹 어플리케이션 소스코드 시큐어 코딩 적용**
  - 로그인한 사용자들의 정보를 저장하는 별도의 변수를 지정하여 로그인 시 사용자의 아이디와 세션 값을 저장하여 추후에 발생되는 세션 요청에 대해 저장소의 값과 비교하여 저장소에 존재하는 사용자라면 중복 로그인으로 판단하여 로그인이 불가능하도록 관리가 필요함

  아래 예시는 로그인 페이지에서만 적용이 가능한 코딩 예제이며, 로그인 페이지 이외에 세션 변조를 통한 중복 로그인 방지를 위해서는 사용자의 IP주소 및 토큰 값을 별도로 저장하여 추후에 발생되는 요청에 대해 검증이 필요함

  ☞ 예시 : 중복 로그인 방지(JAVA)

```
LoginManager.java
 1: // 로그인한 사용자들을 저장하는 저장소
 2: static Hashtable loginusers = new Hashtable();
 3: // 중복 로그인을 막기 위해 사용자 아이디 검증 메소드
 4: public boolean CheckUsing(String userID) {
 5: // 로그인 중 인지 판단하는 변수
 6:   boolean isUsing = false;
 7: // 저장소에 존재하는 사용자들을 불러옴
 8:   Enumeration e = loginUsers.key();
 9:   String key = "";
10: // 사용자들을 모두 체크
11:   while ( e.hasMoreElements() ) {
12:     key = (String)e.nextElement();
13: // 저장소에 존재하는 아이디와 같은 경우
14:     if ( userID.equals(loginUsers.get(key)) ) { isUsing = true; }
15:   }
16:   return isUsing;
17: }
```

```
Login_ok.jsp
 1: <%@ page import="LoginManager"%>
 2: <% LoginManager loginManager = new LoginManager();
 3: // 서버로 전달된 파라미터(로그인 아이디)를 변수에 저장
 4: String userID = request.getParameter("userID");
 5: // 중복 로그인 판단
 6: if ( !loingManager.CheckUsing(userID) ) {
 7: ... ... // 정상 로그인 처리
 8: } else { ... ... } // 에러 메시지 출력 (중복 로그인)
```

  - 세션 타임아웃 설정을 통해 일정 시간 동안 움직임이 없을 경우 자동으로 로그아웃 되도록 설정하는 것을 권장함.

☞ 예시 : 세션 타임아웃 설정(JAVA)

```
1: HttpSession session = request.getSession();
2: // 세션 타임아웃을 15분으로 설정
3: session.setMaxInactiveInterval(60*15);
```

→ 크로스 사이트 리퀘스트 변조(CSRF)
- 웹 어플리케이션에서 정상적인 경로를 통한 요청과 비정상적인 경로를 통한 요청을 서버가 구분하지 못할 경우 공격자가 스크립트 구문을 이용하여 정상적인 사용자로 하여금 조작된 요청을 전송 하도록 하여 게시판 설정 변경 및 자동 댓글, 회원 등급 변경 등의 문제가 발생할 수 있는 취약점. 크로스 사이트 리퀘스트 변조의 경우 공격을 당한 사용자의 권한을 그대로 사용하게 되므로 사용자의 권한 수준에 따라 그 피해범위가 달라질 수 있음
  - 사용자 권한 도용, 사용자 정보 변경

〈CSRF 동작 과정〉

- 판단기준

점검위치	행위	취약반응
사용자 입력 폼	⟨img src="조작된 요청"⟩ 입력	조작된 요청 실행

- 대응방안 : XSS 대응방안을 참고하여 웹방화벽 설정, 웹 어플리케이션 소스코드 시큐어 코딩 적용
  - 크로스 사이트 리퀘스트 변조의 경우 웹 어플리케이션에 존재하는 모든 HTTP 요청 내에 예측할 수 없는 임의의 토큰을 추가하여 정상적인 요청과 비정상적인 요청을 판별하는 것을 권장하며 추가적으로 XSS 와 공격 방식이 유사하므로 "크로스 사이트 스크립팅(XSS)" 대응방안을 참고하여 XSS 취약점을 제거하는 것을 권장함

☞ 예시 : 토큰 사용(JAVA)

```
#1 로그인 성공 시 로그인 처리와 함께 토큰을 생성하여 세션에 저장
1: // 무작위 문자열 생성을 위한 변수
2: char [] initRandomChar = {'A', 'B', 'C', 'D', 'F', 'G', 'H', 'I', 'J',
3: 'K', 'L', 'M', 'N', 'O', 'P', 'Q', 'R', 'S',
4: 'N', 'T', 'U', 'V', 'W', 'X', 'Y', 'Z', '0',
5: '1', '2', '3', '4', '5', '6', '7', '8', '9' };
6: // 랜덤 함수를 이용하여 무작위 문자열 생성
7: StringBuffer sb = new StringBuffer();
8: for ( int n=0; n<6; n++) {
9: int index = (int) (initRandomChar.length * Math.random());
10: sb.append(initRandomChar[index]);
11: }
12: // 토큰 생성
13: String CSRF_Token = sb.toString();
14: // 세션에 토큰 내용 저장
15: session.setAttribute("Token", CSRF_Token);

#2 웹 페이지 호출 시 URL을 통해서 토큰 전송
1: <input type="hidden" name="Token" value="<%=session.getAttribute("Token")%>">

#3 URL을 통해서 전송된 토큰과 세션에 저장된 토큰을 비교
1: // 서버로 전달된 파라미터를 변수에 저장
2: String token = request.getParament("Token");
3: // 서버로 전달된 토큰과 세션에 저장된 토큰이 다를 경우
4: if ( !token.equals(session.getAttribute("Token")) ) {
5: ... ... // 에러 메시지 출력 (비정상적인 요청)
6: }
```

→ 자동화 공격
- 웹 어플리케이션 운영 시 특정 프로세스에 대한 접근시도 횟수 제한을 설정하지 않을 경우 공격자가 자동화 툴 및 봇을 활용하여 일분에 수백 번의 접근을 시도할 수 있으며 특정 프로세스를 반복 수행함으로써 자동으로 수많은 프로세스(DoS, 무차별 대입 기법 등)가 진행되어 시스템 성능에 영향을 미칠 수 있는 취약점
  - 시스템 과부하, 웹 서비스 중지, 사용자 계정 탈취

〈자동화 공격 동작 과정〉

- 판단기준

점검위치	행위	취약반응
로그인 폼	자동화 도구를 이용한 무차별 대입 공격 시도	계정 정보 획득

- 대응방안 : 웹방화벽 설정, 웹 어플리케이션 소스코드 시큐어 코딩 적용
  - 웹 방화벽에서 특정 시간 내 동일 프로세스가 반복 실행되지 않도록 시간제한을 설정해야 하며, 자동화 공격에 의한 시스템 과부하를 방지하기 위해 다량의 패킷이 유입될 경우 해당 접속을 차단하는 것을 권장함
  - 웹 어플리케이션 로그인 관련 테이블에 로그인 시도 횟수를 저장하는 컬럼을 추가하여 로그인 시도가 있을 때마다 횟수를 증가시키고, 일정 횟수 이상이 되면 자동화 공격으로 인식하여 로그인을 할 수 없도록 차단해야 함
    ☞ 예시 : 로그인 시도 횟수를 판단 (JAVA)

```
1: // JAVA PreparedStatement 객체 생성
2: PreparedStatement stmt = connection.prepareStatement("SELECT
   login_count FROM users WHERE userid=?);
3: // setString 메소드를 통한 바인딩질의 사용
4: stmt.setString(1, user_id);
5: ResultSet rs = stmt.executeQuery();
6: // 로그인 시도 횟수가 5회이상인지 확인.
7: if ( rs.getInt(1) > 5 ) {
8: ... ... // 로그인이 불가능 하도록 설정(계정 잠금)
9: }
10: else { ... ... } // 정상적인 로그인 절차
```

- 캡챠를 사용할 경우 서버에 요청하는 사용자가 실제 사람인지, 컴퓨터 프로그램인지 구별 할 수 있기 때문에, 이를 회원 가입 및 로그인 등 프로세스에 적용 시 자동화 도구를 통한 공격을 방어할 수 있음

☞ 예시 : 캡챠를 이용 (JAVA)

```
1: // 캡챠 사용을 위한 라이브러리
2: <%@ page import = "nl.captcha.Captcha" %>
3: <%
4: // 캡챠 생성
5: Captcha captcha = (Captcha)session.getAttribute(Captcha.NAME);
6: request.setCharacterEncoding("UTF-8");
7: String answer = request.getParameter("answer");
8: // 캡챠 내용이 맞는지 확인
9: if ( captcha.isCorrect(answer) ) {
10: ... ... // 정상적인 프로세스 처리
11: }
12: else { ... ... } // 에러 메시지 출력
13: %>
```

- 캡챠란 실제 사람인지, 컴퓨터 프로그램인지를 구별하기 위한 방법으로 사람이 쉽게 인식할 수 있는 임의의 문자와 숫자를 그림으로 변환하여 제시하고 제시된 문자는 왜곡되거나 덧칠되어 기계가 자동으로 읽기 어려운 상태로 만드는 것이 특징임

〈캡챠 예〉

→ 파일 업로드
- 파일 업로드 기능이 존재하는 웹 어플리케이션에서 확장자 필터링이 제대로 이루어지지 않았을 경우 공격자가 악성 스크립트 파일(웹셸)을 업로드 하여 웹을 통해 해당 시스템을 제어할 수 있어 명령어 실행 및 디렉터리 열람이 가능하고 웹 페이지 또한 변조가 가능한 취약점
  - 시스템 장악, 웹 페이지 변조

[파일 업로드 동작 과정]

- 판단기준

점검위치	행위	취약반응
게시판 (파일 업로드)	악성 스크립트 파일 업로드 시도	업로드 성공

- 대응방안 : 웹방화벽 설정, 웹 어플리케이션 소스코드 시큐어 코딩 적용
  - 웹 방화벽에서 파일 업로드 필드를 대상으로 특수문자 필터링 규칙 적용
    ☞ 필터링 대상

%	;	..				

  - 화이트리스트 정책을 활용하여 허용 가능한 파일 확장자 목록을 만들고, 허용된 확

장자가 아닌 경우 업로드가 불가능하도록 설정해야 함
- 파일 업로드 시 기존 파일명을 그래도 사용하는 것이 아니라 업로드 시간 또는 특수한 규칙(개발 시 적용)에 따라 파일명을 변경 하여 공격자로 하여금 경로 추적을 할 수 없도록 해야 함

☞ 예시 : 화이트리스트를 통한 파일 업로드(JAVA)

```
1: // 허용 가능한 확장자
2: String allowUpload[] = {"png", "jpg", "gif" };
3: // 서버로 전달된 파일명을 fileName 변수에 저장
4: String fileName = request.getParameter("filename");
5: // 파일명 중 확장자 부분만 저장
6: String fileExt = fileName.substring(fileName.lastIndexOf('.') + 1).toLowerCase();
7: int point = 0;
8: // 허용 가능한 확장자가 맞는지 확인
9: for ( int n=0; n<allowUpload.length; n++ ) {
10: // 허용 가능한 확장자가 존재할 경우
11: if ( fileExt.contentEquals(allowUpload[n]) ) {
12: point += 1;
13: }
14: }
15: if ( point > 0 ) {
16: // 시간에 따라 파일명 변경
17: String timemask = "KISA" + System.currentTimeMillis();
18: ... ... // 정상적인 업로드 실행
19: }
20: else { ... ... } // 차단 메시지 출력
```

→ 경로 추적 및 파일 다운로드
- 파일 다운로드 기능이 존재하는 웹 어플리케이션에서 파일 다운로드 시 파일의 경로 및 파일명을 파라미터로 받아 처리하는 경우 파일에 대한 접근권한이 설정되어 있지 않다면 공격자가 파라미터를 조작하여 환경설정 파일, 웹 소스코드 파일, 데이터베이스 연동 파일 등을 다운 받을 수 있는 취약점 경로추적의 경우 인증되지 않은 사용자가 시스템에 접근하여 중요한 파일을 읽거나 권한 없는 기능 등을 수행할 수 있는 취약점

- 서버 주요파일 노출, 소스코드 직접 다운로드, 데이터베이스 정보노출

〈경로추적 및 파일 다운로드 동작 과정〉

- 판단기준

점검위치	행위	취약반응
URL	파일 다운로드 시 파라미터 값을 조작하여 서버파일 다운로드 시도	파일 다운로드 성공
URL	웹 루트 상위로 접근 시도	주요 파일 노출

- 대응방안 : 웹방화벽 설정, 웹어플리케이션 소스코드 시큐어 코딩 적용
    - 웹 방화벽에서 다운로드 파라미터를 대상으로 특수문자 필터링 규칙 적용
        ☞ 필터링 대상

%	;	..				

    - 파일 다운로드 시 우선적으로 웹 루트 상위 경로로 접근되지 않도록 권한설정을 권장 하며 파일 경로 및 파일 이름을 처리하는 파라미터 변수에 대해 null 여부를 체크 및 상대경로를 설정할 수 있는 문자(/, ₩₩, &, .. 등)가 존재할 경우 파일 다운로드가 불가능 하도록 구현하길 권장함

☞ 예시 : 다운로드 시 특수문자 필터링 (JAVA)

```
1: // 서버로 전달된 파일명을 변수에 저장
2: String fileName= request.getParameter("filename");
3: // 전달된 파라미터가 null 인지 체크
4: if ( fileName == null || "".equals(fileName) ) {
5: ... ... // 에러 메시지 출력
6: }
7: // 파일 경로 + 파일 이름
8: String filePath = UPLOAD_PATH + fileName;
9: // 인코딩 우회를 방지하기 위한 디코딩
10: String decodeFileName = URLDecoder.decode(fileName, Charset.defaultCharset().name());
11: // 파일 이름 체크 (특수문자 필터링)
12: if ( decodeFileName.equalsIgnoreCase("..") ||
13: decodeFileName.equalsIgnoreCase("/") ) {
14: ... ... // 에러 메시지 출력
15: }
```

→ 데이터 평문전송
- 로그인 또는 실명인증 시 민감한 데이터(개인 식별번호, 계정정보 등)가 평문으로 통신채널을 통해 송수신 될 경우 공격자가 감청(스니핑)을 통해 다른 사용자의 민감한 데이터를 획득할 수 있는 취약점
  - 사용자 개인정보 노출

〈데이터 평문전송 동작 과정〉

- 판단기준

점검위치	행위	취약반응
웹 어플리케이션	로그인 시 전송 데이터 확인	개인 정보 노출

- 대응방안 : 웹어플리케이션 소스코드 시큐어 코딩 적용, 보안서버 적용
  - 사용자가 입력한 개인정보(또는 중요 데이터)에 대해 상기 예제와 같이 암호화를 적용하여 송수신 할 경우, 공격자가 중간에 데이터를 감청하더라도 암호화된 데이터를 복호화 할 수 없기 때문에 데이터의 기밀성을 유지할 수 있음
    - ☞ 예시 : 비밀번호 암호화 (JAVA)

```
1: // 비밀번호를 char 배열에 저장
2: char[] passWord = password.toCharArray();
3: String encrypted = "";
4: try {
5: // 암호화 알고리즘 선택
6: MessageDigest md = MessageDigest.getInstance("SHA-1");
7: // UTF-8 인코딩
8: md.update(new String(passWord).getBytes("UTF-8"));
9: // 선택한 알고리즘으로 암호화
10: byte[] digested = md.digest();
11: // 암호화된 비밀번호를 base64로 인코딩
12: encrypted = new String(Base64Coder.encode(digested));
13: } catch (Exception e) {
14: ... ... // 예외 처리
15: }
```

  - 보안 서버 적용 : 서버와 클라이언트 통신 시 중요정보가 사용되는 구간에 SSL 등 암호화 통신을 적용
    - ☞ SSL(Secure Sockets Layer)이란 웹 서버 인증, 서버 인증이라 불리는 프로토콜을 말하며, 클라이언트와 서버 간 통신에서 정보를 암호화하기 때문에 공격자의 감청으로 정보가 유출되더라도 정보의 내용을 보호할 수 있게 해주는 보안 솔루션

- 정보통신망 이용촉진 및 정보보호 등에 관한 법률 시행령
제 15조 (개인정보의 보호조치)
... 중략 ...
④ 법 제28조제1항제4호에 따라 정보통신서비스 제공자등은 개인정보가 안전하게 저장·전송될 수 있도록 다음 각 호의 보안조치를 하여야 한다.
... 중략 ...
3. 정보통신망을 통하여 이용자의 개인정보 및 인증정보를 송신·수신하는 경우 보안서버 구축 등의 조치

- 개인정보의 기술적 관리적 보호조치 기준(방송통신위원회 고시)
제 6조 (개인정보의 암호화)
... 중략 ...
③ 정보통신서비스 제공자등은 정보통신망을 통해 이용자의 개인정보 및 인증 정보를 송·수신할 때에는 안전한 보안서버 구축 등의 조치를 통해 이를 암호화해야 한다.
보안서버는 다음 각 호 중 하나의 기능을 갖추어야 한다.
1. 웹 서버에 SSL(Secure Socket Layer) 인증서를 설치하여 전송하는 정보를 암호화하여 송·수신하는 기능
2. 웹 서버에 암호화 응용프로그램을 설치하여 전송하는 정보를 암호화하여 송·수신하는 기능

→ 쿠키 변조

- 웹 어플리케이션 운영 시 사용자 인증 방식 중 하나인 쿠키를 공격자가 변조하여 다른 사용자로 전환하거나 권한 상승이 가능한 취약점 클라이언트 측에 저장되는 쿠키는 그 특성상 변조 위험에 노출되어 있으나 활용 분야가 다양하고 구현이 쉽다는 이유로 인해 현재까지 많이 사용되고 있음
  - 사용자 인증 우회, 권한 상승

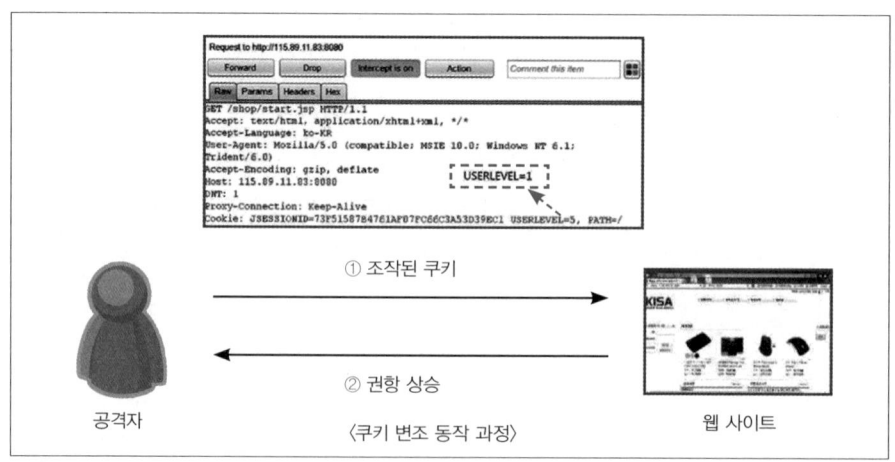

〈쿠키 변조 동작 과정〉

■ 판단기준

점검위치	행위	취약반응
쿠키	쿠키 값 변조 시도	권한 상승

■ 대응방안 : 웹 어플리케이션 소스코드 시큐어 코딩 적용

- 쿠키에 중요정보가 포함 되어있으면 공격자가 사용자의 중요한 정보를 변조하거나 획득할 수 있는 위험이 있으므로 웹 어플리케이션 운영 시 가급적 쿠키 방식 대신 세션 방식을 사용하는 것을 권장하며 부득이하게 쿠키를 사용해야 할 경우 SEED, 3DES, AES 등 공인된 암호화 알고리즘을 사용하여 암호화를 적용시켜야 함
- 세션 방식은 접속자 별로 세션을 생성하여 사용자의 정보를 각각 지정할 수 있는 오브젝트로써, 페이지의 접근을 허가 또는 금지하거나 사용자 별 정보를 저장할 때 많이 사용함
- 따라서, 클라이언트의 자원을 사용하는 쿠키 보다 서버의 자원을 사용하므로 세션이 보안성 측면에서 우수하므로 웹 어플리케이션 개선·구축 시 세션 방식을 사용하길 권장함

☞ 예시: 바인딩된 질의문 사용 (JAVA)

```
1: // 암호화 시 사용될 키 설정
2: public static String key = "this_is_kisa_key";
3: // 암호화 비밀키 생성
4: SecretKeySpec skeySpec = new SecretKeySpec(key.getBytes(), "AES");
5: // 암호화 알고리즘 선택
6: Cipher cipher = Cipher.getInstancce("AES");
7: // 초기 값 설정
8: cipher.init(Cipher.ENCRYPT_MODE, skeySpec);
9: // 선택한 알고리즘으로 userLevel을 암호화
10: byte[] encrypted = cipher.doFinal(userLevel.getBytes());
11: // byte 배열을 16진수 문자열로 변경
12: StringBuffer sb = new StringBuffer(encrypted.length * 2);
13: String hexNumber;
14: for ( int n = 0; n < encrypted.length; n++ ) {
15: hexNumber = "0" + Integer.toHexString(0xff & encrypted[n]);
16: sb.append(hexNumber.substring(hexNumber.length() -2));
17: }
18: // 암호화된 값을 쿠키로 설정
19: Cookie cookie = new Cookie("USERLEVEL", sb.toString());
```

→ URL/파라미터 변조
  ▪ 웹 어플리케이션 상에 존재하는 모든 실행경로에 대해서 접근제어를 검사하지 않거나 미흡한 경우 공격자가 접근 가능한 실행경로를 통해 사용자의 정보를 유출 하거나 일시적인 권한 상승이 가능한 취약점
    − URL/파라미터 변조의 경우 불충분한 인증 및 인가 취약점과 유사하지만 프로세스 검증을 우회하는 것 이외에 사용자 입력 값에 대한 검증 누락이 발생하는 모든 상황을 포함하고 있으므로 SQL 인젝션, 불충분한 인증 및 인가, 크로스 사이트 스크립팅(XSS) 공격에 활용될 수 있음
    − 사용자 권한 획득, 인증 우회, 홈페이지 장악

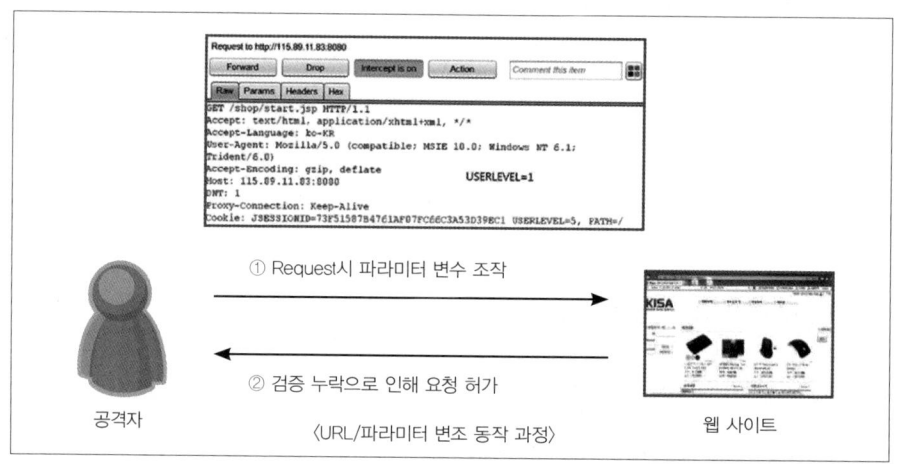

〈URL/파라미터 변조 동작 과정〉

  ▪ 판단기준

점검위치	행위	취약반응
게시판 파라미터	게시판 페이지에 존재하는 파라미터 변수 값 조작	일시적인 권한 상승

  ▪ 대응방안 : 웹 어플리케이션 소스코드 시큐어 코딩 적용
    − 웹 어플리케이션에서 제공하는 정보와 기능을 역할에 따라 배분함으로써 사용자가 변경할 수 있는 데이터의 노출을 최소화하는 것이 필요하며, 서버로 전송된 사용자

입력 값의 경우 세션 및 데이터베이스와 비교를 하여 데이터가 변조되었는지 검증할 수 있는 과정을 구현해야 함

chapter 4. 웹 모의해킹

■ 모의해킹

모의해킹은 점검자의 관점에 따라 외부/내부 모의해킹으로 구분되며, 외부에 존재하는 공격자 입장에서 시스템에 침투하는 방식인 외부 모의해킹과 내부자의 권한을 가진 입장에서 시스템에 침투하는 내부 모의 침투형태로 구분되어 점검하게 된다. 모의해킹을 통해서 회원정보 탈취, 내부주요정보 획득 등의 시스템 내부정보 유출을 통한 2차 피해가능성 여부를 진단한다.

연번	절차	수행업무
1	사전협의 단계 (Establish goal)	- 담당고객(관리 실무자)와 모의해킹 진행 범위 결정 - 모의해킹 수행 시 시스템에 미치는 영향 등에 대한 주의사항 협의
2	정보수집 단계 (Intelligence Gathering)	- 모의해킹 대상에서 외부로 노출되어 있는 관련정보 수집 - 수집대상 : 네트워크 및 서버 정보, 서비스, 포트, 검색엔진, 보안장비 유무, 웹 프로그래밍 언어 등
3	위협모델링 단계 (Threat Modeling)	- 정보수집 단계에서 수집된 관련정보를 토대로 대상 시스템의 중요 정보 노출 가능성 및 기타 보안상 문제가 발생될 수 있는 취약점 분류

4	취약점분석 단계 (Vulnerability Assessment)	- 위협모델링 단계에서 분류된 공격 분류를 토대로 실제시스템의 약점(Weakness)과 취약점(Vulnerability)을 분석
5	침투 단계 (Exploitation)	- 모의해킹 진단 시나리오 기반으로 각 진단 항목별로 진단대상에서 발생할 수 있는 취약점을 진단하고 침투 가능 여부 확인
6	내부침투 단계 (Post Exploitation)	- 침투단계에서 모의해킹 업무를 수행하고 1차적인 모의해킹을 통해서 추가적인 내부 시스템 침투 가능 여부를 확인
7	보고서 작성 (Reporting)	- 모의해킹 시 발견된 시스템의 위험(Risk)가 시스템에 미치는 영향도를 분석하여 영향도 및 대응방안에 대한 결과보고서 작성

→ 침투 테스트에는 아래 표와 같이 White Box Test(내부에서 내부 환경 지식을 토대로 테스트), Black Box Test(외부 환경에서 테스트를 시도), Grey Box Test(White Box Test와 Black Box Test 방식을 혼합하여 테스트)로 나누어진다.

연번	침투 테스트	설 명
1	Blind Test	검사 대상에 대한 정보 없이 수행한다. 또한 수행 시에 미리 검사 대상에 통보하고 수행한다. 미리 통지한다는 윤리적 측면 때문에 많이 사용되고 있다.
2	Double Blind Test (Black Box Test)	해당 검사는 Pentester 도 정보를 알지 못하지만 검사 대상 역시 모의해킹테스트를 진행한다는 사실을 알지 못하고 실제 환경에 가장 근접한 테스트이다. 다만 짧은 시간 안에 결과를 도출하기가 어려우며 프로젝트 기간이 길어질 수 있다. 프로젝트 기간은 비용과 연관되어 있으므로 비용대비 성과를 충분히 고려하고 선택해야 한다.
3	Grey Box Test	Pentester는 제한적인 지식을 제공 받는다. 예를 들면 취약점 점검 결과를 넘겨 받거나 실제 수행 할 수 있게끔 기회를 받는다. 해당 테스트 역시 모의해킹을 시작하기 전 검사 대상에 미리 통보를 한다.
4	Double Gray Box Test (White Box Test)	감사의 시간이 제한되어 있고 채널과 벡터는 테스트하지 않는 점이 그레이 박스 테스트와 다른 점이다.
5	Tandem Test	tandem 테스트의 핵심은 Pentester가 모든 결과 값을 볼 수 있다는 것이다. 검사 대상 역시 테스트 수행 전에 통보를 받는다. 해킹이 가능한 취약점을 다 확인 해볼 수 있다. 가장 이상적인 결과를 제출 할 수 있다. Crystal box Test 가 그 예이다.
6	Reversal Test	Pentester 가 모든 정보를 알고 있지만 검사 대상은 검사가 실시된다는 사실을 모르게 된다. Red Team 테스트가 그 예이다.

→ 웹 어플리케이션 점검 방안

구분	점검 방법	비고
웹 어플리케이션 보안점검	Security Process내 문제점을 검색하고 취약점, 설정 등의 문제점을 점검	인터뷰
		수동점검
		취약점 스캐너 (Acunetix)

→ 웹 어플리케이션 점검 도구

웹 어플리케이션 점검 과정에서 스캐닝 도구를 사용하면서 내부 시스템 과부화가 발생될 수 있음으로 해당 스캐닝 도구를 사용할 경우 사전에 통보하여야 한다.

연번	구분	도구 명	설 명
1	Port Scanning	Nmap	Port Scanning 호스트나 네트워크 서비스 정보 스캐닝
2	검색 엔진	Google Site	구글 검색 엔진을 이용하여 공개된 정보 획득
3	WEB Proxy tools	Burp suite	Web에서의 Request, Response 를 인터셉하여, 취약점 파악 및 조작을 위한 도구
		ZAP	
4	SQL Injection tools	Pangolin	SQL Injection 취약점을 이용한 DB 정보 탈취
		N3015M	
5	Web Scanning tools	Acunetix Web Vulnerability Scanner	웹 어플리케이션 취약점 스캐닝
		Nikto	
6	Packet Sniffing	Wireshark	네트워크에서 전송되는 패킷 확인
7	Web Page Structure	DirBuster	모의해킹에 앞서 홈페이지의 구조 및 기능 파악
8	Server Scanning	Nessus	서버에 구동중인 서비스에 대한 취약점 점검
9	Vulnerability tool	Metasploit	최신 취약점을 이용한 모의해킹용 도구
10	Bypass IP	Tor	IP 차단에 따른 대체 IP 확보
		Real Hide IP	

MEMO

부록

(사)한국사이버감시단 소개

참고문헌

□ 사단법인 한국사이버감시단

- **감독관청** : 방송통신위원회 (허가번호 제2001-40, 정보통신부 서울체신청)
- **홈페이지** : www.wwwcap.or.kr
- **설립목적** : 급변하는 정보화 사회에 나날이 늘어나는 사이버공간에서의 네티즌피해를 최소화하고 네티즌의 권리는 네티즌 스스로가 지켜가자는 취지에서 설립된 비영리 민간단체입니다.

- **활동 연혁 (1999년~2018년)**

2017.07	정보보호활용능력 민간자격증 시행
2016.07	정보보안관제사 민간자격증 시행
2016.03	서울신문, 인터넷 예의지국을 만들자! 기획시리즈
2015.06	한국청소년정책연구원, 온라인 불건전 유해정보 유통실태 조사
2015.04	한국청소년정책연대 결성 참여
2014.04	국회 토론회, 청소년 유해매체 접촉실태와 대책
2013.12	한국정보화진흥원, 사이버지킴이연합회 활동 감사패
2013.11	정보문화실천 유공 과학기술정보통신부 장관 표창
2013.06	한국정보화진흥원, 행복한 스마트문화 실천연합
2012.12	행정안전부, 사이버지킴이연합회 활동 감사패
2012.09	온라인 음란물 차단 모니터링 방법론 교재 배포
2012.06	사이버지킴이연합회 결성 (청소년 유해음란물 클린운동)
2011.06	명의도용 피해신고 코너 개설
2011.04	게임이용 확인서비스 코너 개설
2009.09	피싱사기 피해신고 코너 개설
2009.05	메신져 금융사기 피해신고 코너 개설
2006.06	국회 토론회, 넘쳐나는 사행성게임산업, 이대로 좋은가?
2005.11	KISA, 주민번호 대체수단 활성화 대책반
2005.09	KBS 1R, 인터넷실명제 열린토론회

2005.03	일본인터넷핫라인연락협의회 국제컨퍼런스 참여
2004.10	제15회 청소년문제 심포지엄 참여
2003.11	청소년디지털미디어체험박람회 제2회 주관 (청소년보호위원회)
2003.07	KBS 아침마당,'인터넷 청소년의 문제' 기획 참여
2003.06	정보통신부, e-Clean Korea 캠페인 민간단체 주관 사업 시행
2003.05	동아일보'건강한 인터넷' 캠페인 공동주관단체 참여
2003.04	KBS 추적60분, 청소년 유해사이트 실태조사
2002.07	제14회 부산아시경기대회 사이버민간홍보단 운영
2002.06	제15회 정보문화대상 (대통령 표창) 수상
2002.04	건전한 사이버 청소년 문화를 위한 민관협의회
2002.03	일본 인터넷핫라인연락협의회 협력교류
2001.12	한국사이버범죄백서 편찬 (전자신문사)
2001.07	사이버소비자협의회, 전자상거래(쇼핑몰)업체 이용실태조사
2001.06	YTN,'네티켓을 지키자' 공동캠페인 실시
2001.05	안전한온라인을위한민간네트워크(안전넷) 결성 및 발대식 주관
2001.02	경찰청 '사이버테러대응센터' 업무 협조 연계
2001.01	사단법인 설립 승인 (정보통신부)
2000.07	서울경찰청 '사이버범죄수사대' 업무협조 연계
2000.06	인터넷금융다단계 '8억메일' 불법성 캠페인 전개
2000.02	사이버피해신고센터 운영 (피해구제 상담 활동)
1999.11	한국사이버감시단 발족

참고 문헌

- 국가법령정보센터 (www.law.go.kr)
- 국가 정보보안 기본지침
- 국가 사이버안전 관리규정
- 국가정보원, 국가 전산망 관제지침
- 과학기술정보통신부, 사이버안전센터 업무편람
- 과학기술정보통신부, 사이버안전센터 침해사고 대응 체계도
- 과학기술정보통신부, 사이버안전센터 DDoS 공격대응 매뉴얼
- 과학기술정보통신부, 주요정보통신기반시설 기술적 취약점 분석·평가 기준
- 과학기술정보통신부, 취약점 분석평가 기술적 점검항목 설명서
- 과학기술정보통신부, 보안관제전문업체 소개
- KISA, DDoS 사이버 대피소 설명
- KISA, CERT 구축 및 운영 가이드
- KISA, 주요 침해사고 사례와 대응
- KISA, 침해사고 분석절차 가이드
- KISA, 침해사고 대응 절차
- KISA, 암호이용활성화 (seed.kisa.or.kr)
- KISA, 홈페이지 취약점 진단 제거 가이드
- 한국정보보호심사원협회, 보안관제 실무가이드 (인포더북스)
- 한국침해사고대응협회, CERT 구축 및 운영가이드
- 정보통신산업진흥원, SIEM 시스템 발전 단계

- 충북대, 네트워크 보안연구실 (www.slidegur.com)
- 군산대, 디지털포렌식 전공 (www.forensic.re.kr)
- 세종사이버대학원, 암호학이론 교안 (박영호)
- 정보보호개론 (한명묵, 이철수 공저)
- 정보보안개론 (양대일 저)
- 현대 암호학 및 응용 (이만영 외 5명)
- 암호학의 이해 (황규범 외 2인)
- (주)이글루시큐리티, CERT 대응, 융합 보안관제 개념도
- (주)윈스, DDoS 장비의 탐지로그에 대한 설명
- (주)코닉글로리, WIPS 구축 구성도
- (주)넷맨, NAC 시스템 구성도
- 지니네트웍스(주), NAC 시스템 기능요약
- (주)유엠브이기술, 웹셸 모니터링 시스템

MEMO